DAS GROSSE KOCHBUCH DER

FISCHE &
MEERESFRÜCHTE

DAS GROSSE KOCHBUCH DER

FISCHE & MEERESFRÜCHTE

BELLAVISTA

© Copyright, Text, Design, Fotografien und Illustrationen – Murdoch Books 2000.
Titel der Originalausgabe: The Essential Seafood Cookbook
Alle Rechte für diese Ausgabe bei Murdoch Books.
Jegliche – auch auszugsweise – Verwertung, Wiedergabe, Vervielfältigung oder Speicherung, ob elektronisch, mechanisch, in Fotokopie bedarf der vorherigen schriftlichen Genehmigung durch Murdoch Books.

© für die deutsche Ausgabe: Bellavista, ein Imprint der Verlag Karl Müller GmbH, Köln 2003

www.karl-mueller-verlag.de

Übersetzung aus dem Englischen: Dagmar Rohde, Kiel (für Übersetzungsbüro Sieck), Annerose Sieck, Martensrade
Redaktion und Satz der deutschen Ausgabe: Redaktionsbüro Annerose und Jörg-Rüdiger Sieck, Martensrade

Herstellungsleitung: Ursula Schümer

Druck und Bindung: Mateu Cromo Artes Gráficas, S.A.
Printed in Spain

ISBN: 3-89893-667-8

UNSER STERNE-SYSTEM ist kein Beurteilungssystem nach Qualitätskriterien, sondern klassifiziert die Gerichte danach, wie einfach oder aufwendig sie herzustellen sind.
★ Bei einem Stern ist eine schnelle und unkomplizierte Zubereitung möglich – ideal für Anfänger.
★★ Bei Gerichten mit zwei Sternen sollte man ein wenig mehr Sorgfalt und Zeit aufwenden.
★★★ Gerichte mit drei Sternen sind recht aufwendig und erfordern verhältnismäßig viel Zeit, Aufmerksamkeit und Geduld. Doch lohnt der Aufwand allemal. Anfänger: Keine Angst! Wenn Sie sich genau an die Rezeptbeschreibungen halten, gelingen die Gerichte.

NÄHRWERTANGABEN: Die Nährwertangaben am Ende der Rezepte enthalten nicht jede Beilage wie Reis oder Pasten, auch wenn diese in der Zutatenliste aufgezählt werden. Die Nährwerte sind Annäherungswerte und aufgrund der Natur der Zutaten gewissen Schwankungen unterworfen. Zudem ist bei einigen industriell hergestellten Produkten die Zusammensetzung nicht bekannt.

HINWEIS

Das vorliegende Buch ist sorgfältig erarbeitet worden. Dennoch erfolgen alle Angaben ohne Gewähr. Autoren und Verlag bzw. dessen Beauftragte können für eventuelle Personen-, Sach- oder Vermögensschäden keine Haftung übernehmen.

MEERESFRÜCHTE

Ob Krebs-Küchlein im New Yorker Imbiß, Miesmuscheln in Zwiebelsud im französischen Bistro oder heiße Fish and Chips an einer windigen Küste – kulinarisch betrachtet sind Meeresfrüchte so gut wie überall zu Hause. Heutzutage bringen Feinschmeckerrestaurants, die der Fast-Food-Kultur fernstehen, exklusive Kaviarsorten und Edelfische auf die Speisekarte. Da fällt es schwer, sich vorzustellen, daß Fisch bis weit ins 19. Jahrhundert hinein noch ein Arme-Leute-Essen war. Hummer und Austern erstand man günstig, und freitags auf Fleisch zu verzichten, um sich mit einer bescheidenen Fischmahlzeit zu begnügen, galt als eine Übung in religiöser Demut. Doch die Zeiten haben sich geändert: Heute genießt man frische Meeresfrüchte als absolute Delikatesse, die man sich nicht jeden Tag gönnt.

INHALT

Wissenswertes über Meeresfrüchte

Tips für Einkauf, Lagerung und Zubereitung   8

Übersicht   Abbildungen der häufigsten Meeresfrüchte und Fische mit den bekannten und weniger bekannten Namen, Beschreibung der Fleischarten, der besten Zubereitungsmethoden und möglichen Alternativen   12

Vorbereitung   Schritt für Schritt wird gezeigt, wie Fische gesäubert, entgrätet und serviert, Krebse, Hummer, Garnelen, Muscheln oder Tintenfische zum Kochen vorbereitet werden   24

Suppen & Chowders   32

Dips, Pasteten & Snacks   56

Salate   98

Braten, Fritieren & Anbraten   118

Pochiert & Gedämpft   168

Köstliches vom Grill 192

Meeresfrüchte mit Pasta, Reis & Nudeln 228

Pies, Geschmortes & Überbackenes 254

Register 296

SPEZIELLE BEITRÄGE

COURT-BOUILLON & FISCHFOND	34
SUSHI & SASHIMI	72
AUSTERN	88
EINGELEGTE MEERESFRÜCHTE	108
MEERESFRÜCHTE-SAUCEN	128
PANADEN & BACKTEIGE	144
MEERESFRÜCHTE-PLATTEN	158
YUM CHA	180
MARINADEN & SAUCEN	204
GERÄUCHERTE MEERESFRÜCHTE	220

WISSENSWERTES ÜBER MEERESFRÜCHTE

In diesem Kochbuch erfahren Sie, wie man Meeresfrüchte auswählt, zubereitet und serviert. Viele glauben, die Zubereitung von Meeresfrüchten sei schwierig. Manchmal bedarf es in der Tat aufwendiger Vorbereitungen. Durch relativ kurze Garzeiten wird dies allerdings ausgeglichen. Es gelten die gleichen Zubereitungsmethoden wie für Fleisch, jedoch besitzt Fisch in der Regel weniger Bindegewebe und zerfällt somit leichter beim Erhitzen. Beim Einkauf mag verwirrend sein, daß ein und derselbe Fisch häufig unter verschiedenen Namen angeboten wird. Wir werden beides ausführlich ansprechen und möchten Sie damit zum Experimentieren in der Küche anregen und Sie zur Nutzung des fast überall reichhaltig verfügbaren Angebots an Fischen und Meeresfrüchten verführen.

Da es unmöglich ist, jede Gattung im Bild vorzustellen, haben wir uns auf die verbreiteten Arten und Fischprodukte beschränkt und die gebräuchlichen Namen angefügt. In dieser Übersicht empfehlen wir Ihnen auch die geeignetsten Zubereitungsmethoden für jede Sorte. Einige Arten sind sehr vielseitig. Sie lassen sich braten, panieren, fritieren, pochieren, dämpfen oder als Füllung für Pasteten, Terrinen und Fischküchlein verwenden. Bei anderen Meeresfrüchten hingegen sind die Zubereitungsmöglichkeiten aus Gründen des Geschmacks oder der Beschaffenheit eingeschränkt.

Auf den Seiten 24–31 erfahren Sie, wie Sie Meeresfrüchte küchenfertig vorbereiten, also säubern und zerlegen. Dazu zeigen wir Serviervorschläge für im ganzen gegarten Fisch. Wenn möglich, nennen wir Ihnen in den Rezepten Fische, die Sie alternativ verwenden können. Falls das Filetieren von Fisch oder das Zerlegen von Tintenfischen Ihnen Unbehagen bereitet, wenden Sie sich an Ihren Fischhändler. In der Regel wird er Ihnen die nötigen Vorbereitungen gern abnehmen.

FEST ODER WEICH – FETT ODER MAGER?

Während die einzelnen Fischarten im Handel nach See- und Süßwasserfisch getrennt werden, kommt es beim Kochen nur darauf an, ob ein Fisch festes, weiches, fettes oder mageres Fleisch besitzt.

FESTES FLEISCH Festes Fleisch zerfällt nicht so schnell und hält gut die Form. Es ist für die meisten Zubereitungsmethoden geeignet.

FARBE UND GESCHMACK Helles Fleisch weist im allgemeinen auf einen milden Geschmack und ein zartes Aroma hin. Süßwasserfische sind meist mild, doch gibt es auch Sorten mit kräftigem Aroma.

FETTGEHALT Fette Fische speichern ihr Fett im gesamten Fleisch. Die meisten weißen Fische lagern das Fett in der Leber ein und gelten deshalb als mager.

WÄHLEN SIE FRISCHE WARE

Meeresfrüchte sollten beim Kauf absolut frisch sein. Aber wenn sie nicht gerade übel riechen, woran erkennt man dann ihren Frischegrad? Meeresfrüchte lassen sich in drei Hauptkategorien einteilen: Fische, Krustentiere und Mollusken. Für jede Gruppe gelten andere Frischekriterien:

GANZER FISCH:

- Die Augen sind klar, hell und gewölbt. (Fisch mit dunklen, eingesunkenen und trüben Augen bitte nicht kaufen.)
- Haut und Fleisch glänzen und fühlen sich fest an. Wenn der Fisch sich zu einem Ring biegen läßt, ist er vermutlich nicht mehr erstklassig.
- Die Fischschwänze sind feucht und biegsam, nicht ausgetrocknet.
- Frische Schuppenfische haben eine glatte Oberfläche ohne Flecken. Die Schuppen sind fest und intakt.
- Die Kiemen glänzen (von hell- bis dunkelrot, je nach Art).

FILETS, KOTELETTS UND STEAKS:

- Das Fleisch ist feucht und glänzend. Es weist keine Verfärbungen auf. Die einzelnen Stücke liegen nicht in einer Flüssigkeit.
- Die Ecken der einzelnen Fischstücke sind nicht ausgetrocknet.

KRUSTENTIERE

(Garnelen, Krebse, Hummer, Langusten):
- Sie weisen keine Verfärbung oder »Schwärze« auf. Achten Sie hierbei besonders auf die Gelenke (Zangen, Scheren, Kopf).
- Körper, Zangen und Scheren sind nicht beschädigt. Es fehlen keine Teile.
- Die Körper enthalten kein Wasser und fühlen sich verhältnismäßig schwer an.

WISSENSWERTES ÜBER MEERESFRÜCHTE

LEBENDE KRUSTENTIERE

(normalerweise blau, schwarz oder grün):
- Sie sind aktiv und bewegen sich frei. Scheren und Zangen sind intakt.
- Schlammkrebse müssen zum Kochen fest umwickelt sein.

Alle Krustentiere sollten sich im Verhältnis zu ihrer Größe schwer anfühlen. Sie werfen während des Wachstums ihren Panzer ab und wachsen nach etwa 4 Monaten in einen neuen hinein. Wenn sie sich verhältnismäßig leicht anfühlen, kann das Fleisch wässerig schmecken.

MOLLUSKEN

(Wirbellose mit weichem Körper und häufig Panzer):
Einschalige (z. B. Strand-, Wellhornschnecken, Seeohren) und *Zweischalige* (z. B. Muscheln, Austern):
- Die Schalen sind fest geschlossen bzw. schließen sich nach einem Aufklopfversuch schnell wieder. Sie sind intakt und glänzen. Das Fleisch ist fest.

Kopffüßer (Oktopus, Kalmar, Tintenfisch):
- Das Fleisch ist fest und elastisch. Nach einer Berührung nimmt es sofort wieder seine Form an.
- Kopf, Fangarme und Körper sind intakt und hängen fest aneinander.

MEERESFRÜCHTE LAGERN

KÜHLEN

FILETS, KOTELETTS UND STEAKS: Den Fisch entschuppen, ausnehmen und säubern, anschließend unter kaltem Wasser abspülen. Trockentupfen, um Schuppen oder Innereien restlos zu entfernen. In einen Deckelbehälter (oder auf einem Teller in einem Gefrierbeutel) in den kältesten Teil des Kühlschranks stellen und innerhalb von 2–3 Tagen zu Filets oder Koteletts verarbeiten.

KRUSTENTIERE UND MOLLUSKEN: Große Krustentiere wie Langusten, Hummer und Krebse in Klarsichtfolie wickeln und in einen Behälter oder auf einen Teller legen. Alle anderen Schalentiere können in einen Deckelbehälter oder auf einem Teller in einem Gefrierbeutel aufbewahrt werden. In den kältesten Kühlschrankbereich stellen und innerhalb von 2–3 Tagen verbrauchen. Rohe Krustentiere und Mollusken innerhalb von 1–2 Tagen verarbeiten. Um Muscheln, Herzmuscheln und Flußkrebse am Leben zu erhalten, sollten diese in einem Eimer Wasser im kältesten Teil des Hauses aufbewahrt werden. Bedecken Sie den Eimer mit einem feuchten Tuch und vermeiden Sie Sonneneinstrahlung. Bei warmem Wetter können Krustentiere so bis zu 3 Tagen frischgehalten werden.

EINFRIEREN

Meeresfrüchte sollte man am besten frisch essen. Doch wenn Sie einen guten Tag beim Angeln hatten, können Sie den frischen Fang natürlich auch einfrieren. Versichern Sie sich beim Kauf, daß der Fisch nicht schon einmal tiefgefroren war und wieder aufgetaut wurde. Zum Einfrieren genau beschriften und datieren. Gefrorene Meeresfrüchte nicht bei Zimmertemperatur, sondern im Kühlschrank auftauen lassen. Panierte Fischfilets, Calamares oder Garnelen können unaufgetaut gebraten bzw. gekocht werden. Aufgetaute Meeresfrüchte dürfen nicht wieder eingefroren werden, da Geschmack und Struktur sich verändern und sie ungenießbar werden können.

FILETS UND KOTELETTS: Fisch entschuppen, ausnehmen, säubern, unter kaltem Wasser abspülen, mit Küchenpapier trockentupfen und in Filets oder Koteletts schneiden. In einem luftdichten Gefrierbeutel einfrieren. Während ganzer Fisch bis zu 6 Monaten tiefgefroren werden kann (Ausnahmen: fetter Fisch wie Thunfisch, Barbe, Atlantischer Lachs und Sardinen bis zu 3 Monaten), halten sich Filets, Koteletts und Steaks in kleineren Portionen abgepackt immerhin bis zu 3 Monaten im Gefrierfach.

GARNELEN: Ungehäutet in einen Plastikbehälter legen und mit Wasser bedecken – der große Eisblock läßt die Garnelen einzeln gefrieren und verhindert Gefrierbrand. So sind sie 3 Monate haltbar. Im Kühlschrank über Nacht auftauen.

ANDERE KRUSTENTIERE UND MOLLUSKEN: Sie können bis zu 3 Monaten eingefroren werden. Zur besseren Handhabung sollten Sie große Krustentiere wie Langusten, Hummer und Krebse in

Oben: Gefüllter Krebs (Seite 95)

DAS GROSSE KOCHBUCH DER FISCHE & MEERESFRÜCHTE

Klarsichtfolie wickeln und in einen luftdichten Gefrierbeutel legen. Oktopus, Kalmar und Tintenfisch werden vor dem Einfrieren ausgenommen. Austern hingegen sollten gar nicht tiefgefroren werden, da dies ihr Aroma verändert.

EIN WORT ZUR ZUBEREITUNG

Überziehen Sie nie die Garzeit, da Meeresfrüchte sonst austrocknen! Also: vom Herd nehmen, wenn sie gerade gar sind – die Resthitze sorgt fürs Weitergaren. Doch woran erkennen Sie den richtigen Moment? Die meisten Meeresfrüchte sind gar, wenn sie ihr durchscheinendes Aussehen verlieren. Fisch bricht auf und löst sich von den Gräten. Einige Meeresfrüchte wie Thunfisch und Atlantischen Lachs serviert man am besten, wenn sie innen noch fast roh sind – wie ein gutes Steak.

»Das große Kochbuch der Fische & Meeresfrüchte« stellt viele Rezepte mit Fischfilet vor. Dieses sollte nach dem Kauf bzw. der Vorbereitung sehr bald gegart werden, damit es nicht austrocknet.

Mollusken werden kurz gegart oder roh gegessen. Die Schalen können aufgebrochen werden – dazu den Muskel zwischen den Schalenhälften durch-trennen – oder sie öffnen sich selbst über heißem Dampf.

Auch Weichtiere werden hart, wenn sie zu lange garen. Kleinen Oktopus kann man braten oder grillen, größere Exemplare müssen allerdings vom Fisch-händler vorgekocht werden, bis sich die Fangarme aufrollen. Kleiner (zehnarmiger) Tintenfisch und Kalmar schmecken gebraten sehr gut und sind ideal zum Füllen.

GARMETHODEN FÜR MEERESFRÜCHTE

POCHIEREN/IM SUD GAREN stellt sicher, daß Fisch oder Schalentiere saftig bleiben. Für Fische mit festem Fleisch ist dies die beste Methode. Sie können hierfür Salzwasser nehmen oder, um das Aroma besonders gut zu erhalten, eine aromatische Brühe wie Court-Bouillon oder Fischfond verwenden. Die Brühe sollte

nur leicht köcheln. Fische wie Merlan, der weiches Fleisch und ein liebliches Aroma besitzt, werden durch das Garen in Court-Bouillon oder Fischfond noch schmackhafter. Für das Pochieren ganzer Fische wie Lachs sind spezielle Fischkochtöpfe am besten geeignet. Sowohl ganze Fische als auch Koteletts und Filets eignen sich zum Pochieren. Kalmar und Schalentiere wie Hummer, Krebse und Muscheln, können ebenfalls im Sud gegart werden.

DÄMPFEN ist eine weitere sanfte Garmethode, die sich für Fisch (weiße Filets, Koteletts, kleine ganze Fische)

und Schalentiere (Muscheln, Krebse, Kammuscheln, Garnelen) eignet. Ideal ist sie für Fisch mit zartem Fleisch und für Muscheln. Am besten verwendet man einen speziellen Fischkochtopf mit Dämpfeinsatz. Salzwasser, Fond, Court-Bouillon oder Weißwein in den Topf gießen und zum Kochen bringen. Erst dann den Fisch in den Dämpfeinsatz legen. Dämpfen erfordert übrigens kein Fett. Würzen Sie die Fische aber zuvor oder legen Sie sie beim Garen auf ein Bett aus frischen Kräutern oder aus Gemüse, um ihnen mehr Aroma zu verleihen. Die einzelnen Fischstücke sollten sich bei der Zubereitung im Dämpfeinsatz nicht berühren.

BACKEN gehört wohl zu den einfachsten Methoden, einen ganzen Fisch zu garen. Der Fisch kann in einem Sud oder, ähnlich dem Dämpfen, über Flüssigkeit gebacken werden. Den Ofen auf 170–190 °C vorheizen und den Fisch auf Gemüse betten, das sehr viel Wasser enthält, damit er saftig bleibt. Schellfisch, Seebarsch, Brassen und Schnapper sind für diese Methode ideal.

GRILLEN ist für Stücke von größerem fetten Fisch wie Lachs oder Makrele und für kleine ganze Fische wie Meerbarben gleichermaßen geeignet. Doch können

WISSENSWERTES ÜBER MEERESFRÜCHTE

auch alle anderen Fische mit festem Fleisch auf dem Grill gegart werden. Die Fische sollten allerdings nicht dicker als 5 cm sein, sonst brennen sie an, bevor sie richtig durchgebraten sind. Um gleichmäßiges Garen

sicherzustellen, sollte man den Fisch rechtzeitig vorher aus dem Kühlschrank nehmen. Bei magerem Fisch wie Brasse verhindert Marinieren das Austrocknen, ebenso das Begießen mit Butter oder Öl während des Grillens. Sie können Fisch auch in Alufolie im eigenen Saft dämpfen.

IN EINTOPF- UND SCHMORGERICHTEN garen große Fischstücke oder Meeresfrüchte kurz in viel Flüssigkeit. Die meisten Fische sind dafür geeignet.

Verwenden Sie aber keinen fetten Fisch wie Makrele oder Hering, da ihr Aroma das anderer Meeresfrüchte überdecken kann. Muscheln, Garnelen und Hummer sind köstliche Eintopfzutaten.

BEIM FRITIEREN brät man mit Backteig umhüllten oder panierten Fisch in einer zu zwei Dritteln mit Öl gefüllten Pfanne bei 180–190 °C. Erdnuß- oder

Maisöl eignet sich am besten. Fisch bzw. Meeresfrüchte werden beim Fritieren einer Temperatur ausgesetzt, die fast doppelt so hoch ist wie die kochenden Wassers, deshalb brauchen sie eine schützende Panade oder Eihülle. Die Panade wird kroß und goldbraun, während das Fleisch saftig und zart bleibt. Erhält der Fisch keine schützende Hülle, brennt er an und trocknet aus. Kleine ganze Fische wie Breitlinge und Sardinen sowie dünne Filets und Schalentiere mit festem Fleisch eignen sich am besten. Dickere Filets trocknen leicht aus.

BEIM BRATEN garen in Mehl gewendete Fischfilets in heißem Öl oder Butter. Das Mehl bildet eine goldbraune Kruste, so daß der Fisch saftig bleibt und nicht am Pfannenboden festklebt. Zum Braten eignen sich Fische mit weißem, festem Fleisch und besonders

gehäutete Filets von Plattfischen wie etwa Seezunge. Auch mittelgroße Fische, Koteletts und Fischsteaks lassen sich so zubereiten. Dickere Filets müssen Sie bei großer Hitze braten, bis beide Seiten goldbraun sind, dann die Hitze reduzieren, um die Mitte zu garen.

UNTER RÜHREN KURZ ANBRATEN ist eine schnelle Methode, Fleisch, Fisch oder Gemüse in Wok oder Pfanne bei großer Hitze schonend zu garen. Die Zutaten sollten je nach Garzeit nacheinander hineingegeben werden, da die Temperatur nicht

absinken darf. Am Schluß alles nochmals zum Erwärmen in Wok oder Pfanne zurückgeben. Fisch mit festem Fleisch, Garnelen, Kalmar und Tintenfisch eignen sich für diese Garmethode.

ÜBERSICHT

Um Ihnen Ihre Menüplanung zu erleichtern, erfahren Sie auf den nächsten Seiten etwas über Fleischart und mögliche Zubereitungsmethoden von Meeresfrüchten und Fischprodukten. Die Größenangabe soll Ihrer Orientierung beim Einkauf dienen.

ANCHOVIS (8–15 cm)
Anderer Name: Sardelle
Zubereitung: backen, grillen, braten
Fleisch: weich, fett; kräftiger Geschmack

BARRAMUNDI (60–120 cm)
Anderer Name: Großer Flußbarsch
Zubereitung: backen, grillen, braten, pochieren, dämpfen
Fleisch: fest, weiß, saftig; milder Geschmack

BLUE-EYE-BASTARDMAKRELE (55–90 cm), Australien
Andere Namen: Blue-Eye-Trevalla, Tiefsee-Trevalla
Zubereitung: backen, grillen, braten, pochieren, dämpfen
Fleisch: fest, weiß, saftig; milder Geschmack

BONITO (35–60 cm)
Anderer Name: Fregattenmakrele
Zubereitung: grillen, braten
Fleisch: fest; milder Geschmack

MEERBRASSE (20–40 cm)
Andere Namen: Dorade royale, Goldbrasse
Zubereitung: backen, grillen, braten, pochieren
Fleisch: zart, weiß, saftig; milder Geschmack

KARPFEN (35–60 cm)
Anderer Name: Spiegelkarpfen
Zubereitung: backen, braten, pochieren, dämpfen
Fleisch: fest; süßlicher, manchmal leicht modriger Geschmack

KABELJAU/DORSCH (40–90 cm)
Zubereitung: backen, grillen, braten, pochieren, dämpfen
Fleisch: fest, weiß, mager; milder Geschmack

MURRAY-FLUSSBARSCH (40–60 cm)
Zubereitung: backen, grillen, braten, pochieren, dämpfen
Fleisch: fest, weiß, mager; milder Geschmack

STOCKFISCH (30–40 cm)
Andere Namen: Bacalao, Klippfisch
Zubereitung: über Nacht einweichen, dann für Eintöpfe verwenden oder schmoren, auch als Füllung für Kroketten oder für Dips geeignet
Fleisch: fest; salziger Geschmack

GERÄUCHERTER DORSCH/KABELJAU
Zubereitung: backen, grillen, braten, pochieren, dämpfen
Fleisch: fest; rauchiger Geschmack

SEELACHS (40–90 cm)
Andere Namen: Köhler, Steinköhler, Blaufisch
Zubereitung: schmoren, fritieren, braten, für Suppen geeignet
Fleisch: zart, weiß; würziger Geschmack

SCHARBE (ca. 15 cm)
Anderer Name: Kliesche
Zubereitung: grillen, braten, pochieren, dämpfen
Fleisch: weiß, süßlich; sehr feiner Geschmack

KROKODILFISCH (30–60 cm)
Zubereitung: backen, grillen, fritieren, dämpfen
Fleisch: fest, trocken, weiß; süßlicher Geschmack

HORNHECHT (30–35 cm)
Andere Namen: Seeaal, Nadelfisch
Zubereitung: backen, grillen, braten, pochieren

Fleisch: weich, zart, weiß; sehr feiner, süßlicher Geschmack

FLUNDER (25–30 cm)
Zubereitung: backen, grillen, pochieren
Fleisch: weiß, weich, saftig; sehr feiner Geschmack

GEMFISH (60–90 cm), Neuseeland
Andere Namen: Southern Kingfish, Hecht

Zubereitung: backen, grillen, braten, pochieren
Fleisch: fest, saftig; milder Geschmack

GROPER (80–120 cm)
Anderer Name: Zackenbarsch
Zubereitung: backen, grillen, braten, pochieren, dämpfen
Fleisch: fest; milder Geschmack

SCHELLFISCH (60 cm)
Zubereitung: grillen, braten, räuchern, pökeln
Fleisch: zart, weiß; häufig geräuchert

BLAUER WEISSFISCH (60 cm)
Anderer Name: Seehecht
Zubereitung: backen, grillen, braten, pochieren, dämpfen
Fleisch: weiß, saftig; feine Struktur, milder Geschmack

HEILBUTT (300–400 cm)
Zubereitung: backen, pochieren, räuchern
Fleisch: fest, weiß, trocken; sehr feiner Geschmack

HERING (18–40 cm)
Zubereitung: backen, grillen, schmoren, braten
Fleisch: weich, fett; kräftiger Geschmack

ADLERFISCH (30–120 cm)
Anderer Name: Mulloway
Zubereitung: mit viel Flüssigkeit; abgedeckt backen, grillen (häufig begießen)
Fleisch: fest, weiß, leicht trocken; milder Geschmack

DRÜCKERFISCH (ca. 35 cm)
Andere Namen: Ozeanmantel, Feilenfisch
Zubereitung: backen, grillen, braten, pochieren, dämpfen
Fleisch: fest, weiß, saftig; sehr lieblicher Geschmack

PETERSFISCH (30–45 cm)
Andere Namen: Heringskönig, St. Pierre
Zubereitung: backen, grillen, fritieren, braten, pochieren, dämpfen
Fleisch: zart, fest, saftig; süßlicher Geschmack

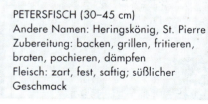

KÖNIGSMAKRELE (60–120 cm)
Anderer Name: Gelbfisch
Zubereitung: backen, schmoren, braten, pochieren, dämpfen, roh für Sashimi geeignet
Fleisch: fett, fest, weiß und dunkel, feine Struktur; lieblicher Geschmack; größere Exemplare haben ein kräftigeres Aroma

LIMANDE (50 cm)
Anderer Name: Rotzunge
Zubereitung: grillen, braten
Fleisch: weiß, feine Struktur; süßer, feiner Geschmack

LENGFISCH (90–100 cm)
Anderer Name: Leng
Zubereitung: backen, grillen, braten, pochieren, dämpfen
Fleisch: fest, weiß, saftig; milder Geschmack

SPANISCHE MAKRELE (55–120 cm)
Anderer Name: Graumakrele
Zubereitung: backen, grillen, braten
Fleisch: fest, weiß und dunkel, fett; kräftiger, außergewöhnlicher Geschmack

RÄUCHERMAKRELE (30–40 cm)
Fleisch: saftig, rosa; leicht rauchiger Geschmack

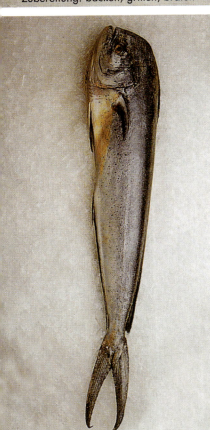

SEETEUFEL (30–120 cm)
Andere Namen: Angler, Lotte de mer
Zubereitung: backen, grillen, braten, pochieren
Fleisch: fest, weiß, saftig, fleischig (normalerweis ist nur der gehäutete Schwanz im Handel erhältlich); milder Geschmack

GROSSE GOLDMAKRELE (150–180 cm)
Andere Namen: Mahi-Mahi, Dolphin
Zubereitung: backen, grillen, braten, pochieren
Fleisch: fest, weiß, saftig; milder Geschmack

MEERÄSCHE (30–45 cm)
Anderer Name: Graue Meeräsche
Zubereitung: backen, grillen, braten
Fleisch: rosa, fest, saftig; kräftiger Geschmack

GROSSER ROTER DRACHENKOPF (35–50 cm)
Zubereitung: backen, grillen, fritieren, braten, pochieren, dämpfen

ROTBARSCH (20–30 cm)
Anderer Name: Goldbarsch
Zubereitung: grillen, braten, dämpfen
Fleisch: fest, weiß; sehr feiner Geschmack

SCHOLLE (ca. 45 cm)
Zubereitung: grillen, braten, pochieren, dämpfen
Fleisch: weiß; sehr feiner Geschmack

HECHT (80–90 cm)
Andere Namen: Meerhecht, Hechtdorsch, Schnuck
Zubereitung: backen, grillen, braten, pochieren, dämpfen
Fleisch: zart, weich, weiß; süßlicher Geschmack

KAISERSCHNAPPER (60–120 cm)
Zubereitung: backen, grillen, fritieren, braten, dämpfen
Fleisch: fest, weiß, saftig; sehr feiner Geschmack

ROTBARBE (20–40 cm)
Andere Namen: Ziegenfisch, Barbounia
Zubereitung: grillen, backen, braten, pochieren, im ganzen dämpfen
Fleisch: fest, weiß; sehr feiner Geschmack

ROTER FELSDRACHENKOPF (20–35 cm)
Zubereitung: backen, grillen, pochieren, dämpfen
Fleisch: fest, weiß, saftig; milder Geschmack

Fleisch: fest, weiß; milder Geschmack

ROTER SCHNAPPER (20–30 cm)
Anderer Name: Nannygai
Zubereitung: backen, grillen, pochieren, dämpfen
Fleisch: fest, weiß bis rosa; milder Geschmack

DORSCHROGEN (1–2 mm)
Alternative: Tarama (Meeräschenrogen)
Zubereitung: gekochter Rogen, geeignet zum Braten, Grillen oder für Dips
Fleisch: salziges Aroma

SEEHASENROGEN (2 mm)
Anderer Name: »Deutscher Kaviar«
Fleisch: kleine rote oder schwarze Körner; salziger Geschmack

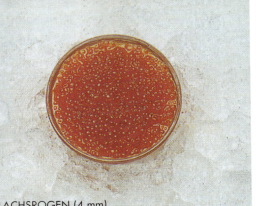

LACHSROGEN (4 mm)
Fleisch: große, orangefarbene, schimmernde Körner; salziger Geschmack

RÄUCHERLACHS (auch in Scheiben erhältlich)
Fleisch: fett; rauchiger Geschmack

SARDINE (12–20 cm)
Anderer Name: Pilchard (etwas größere Exemplare)
Zubereitung: backen, grillen, braten
Fleisch: zart, weich, fett; kräftiger Geschmack

ATLANTISCHER LACHS (bis 150 cm)
Anderer Name: Salm
Zubereitung: grillen, backen, pochieren, dämpfen, braten, roh für Sashimi geeignet
Fleisch: fest, fettig, saftig, orange-rosa; reicher, edler Geschmack

SEEBARSCH (80–100 cm)
Zubereitung: backen, grillen, braten, pochieren, dämpfen
Fleisch: fest, weiß; sehr feiner Geschmack

ROCHEN (bis zu 200 cm)
Zubereitung: backen, grillen, braten, (gehäutet) pochieren
Fleisch: weich, rosa-weiß; süßlicher, köstlicher Geschmack

SCHNAPPER (45–75 cm)
Anderer Name: Cockney bream
Zubereitung: backen, grillen, braten, pochieren, räuchern, dämpfen, roh für Sashimi geeignet
Fleisch: fest, weiß, saftig, leicht fett; milder Geschmack

SCHWERTFISCH (150–300 cm)
Zubereitung: grillen, backen, braten
Fleisch: fest, fleischig, leicht trocken; milder
Geschmack

BASTARDMAKRELE (40–100 cm), Australien
Andere Namen: Trevally, Skippy
Zubereitung: backen, grillen, schmoren, braten, pochieren, roh für Sashimi geeignet
Fleisch: fest, rosa, trocken bis leicht fett; milder bis kräftiger Geschmack

MEERFORELLE (30–55 cm)
Zubereitung: backen, grillen, braten, pochieren, dämpfen
Fleisch: fest, saftig, orange-rosa; sehr feiner, süßlicher Geschmack

REGENBOGENFORELLE (30–55 cm)
Andere Namen: Stahlkopfforelle, Seeforelle
Zubereitung: backen, grillen, pochieren, räuchern
Fleisch: fett, saftig, zart, rosa; milder, außergewöhnlich feiner Geschmack; kann leicht modrig schmecken

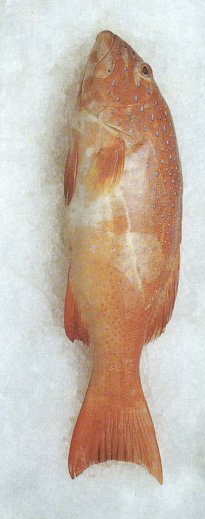

KORALLENFORELLE (35–80 cm), Australien
Andere Namen: Leopardenforelle, Blaupunktforelle
Zubereitung: backen, grillen, braten, pochieren, dämpfen
Fleisch: fest, weiß, saftig; süßlicher, milder Geschmack

GERÄUCHERTE FORELLE (ca. 30 cm)
Zubereitung: für Salate, Suppen; auch zum Backen geeignet
Fleisch: blaßrosa, fest, saftig; leicht rauchiger Geschmack

GELBFLOSSEN–THUN (50–190 cm)
Zubereitung: backen, grillen, räuchern, roh für Sashimi geeignet
Fleisch: fest, tiefrot, fett; feiner Geschmack

STEINBUTT (ca. 100 cm)
Zubereitung: backen, grillen, braten, pochieren, dämpfen
Fleisch: weiß; sehr feiner Geschmack

BLAUER WAREHOU (35–55 cm), Neuseeland
Zubereitung: grillen, braten, pochieren, räuchern, dämpfen
Fleisch: fest, weich, leicht fett; milder Geschmack

BREITLING (ca. 6 cm)
Anderer Name: Sprotte
Zubereitung: fritieren, für Pasteten, Backteig und Omelettes geeignet
Fleisch: feiner Geschmack (im ganzen essen)

KING-GEORGE-WEISSFISCH (20–30 cm), Neuseeland, Australien
Zubereitung: backen, grillen, braten, pochieren
Fleisch: weich, weiß; köstlicher, süßlicher Geschmack

SANDWEISSFISCH (20–30 cm)
Zubereitung: backen, grillen, braten, pochieren
Fleisch: feine Struktur, weiß, zart; feiner Geschmack

SEEOHR (12 cm)
Andere Namen: Abalone, Meerohr, Ohrschnecke
Zubereitung: kleine Exemplare mariniert roh essen, größere in Scheiben schneiden und kurz fritieren oder schmoren
Fleisch: cremefarben; milder Geschmack

AUSTRALISCHER SANDBÄRENKREBS (8 cm)
Andere Namen: Bulmain bug, Sand lobster, Sand crayfish, Flapjack
Zubereitung: backen, grillen, braten
Fleisch: saftig; süßlicher, feiner Geschmack

VENUSMUSCHELN (ca. 4 cm)
Zubereitung: braten, dämpfen, für Suppen geeignet
Fleisch: leicht gummiartig; salziger Geschmack

HERZMUSCHELN (ca. 6 cm)
Zubereitung: backen, grillen, braten, pochieren, dämpfen
Fleisch: fest; besonderer Geschmack

BLAUKRABBE (ca. 15 cm)
Andere Namen: Sandkrabbe, Blue Manna
Zubereitung: kochen, in Pfanne oder Wok braten, dämpfen, für Currygerichte und Suppen geeignet
Fleisch: weich, saftig; milder, süßlicher Geschmack

PAZIFISCHER TASCHENKREBS (ca. 25 cm)
Zubereitung: kochen, pochieren, dämpfen
Fleisch: weich, saftig; dezenter Geschmack

SCHLAMMKREBS (ca. 18 cm)
Andere Namen: Mangrovenkrebs, Schwarzkrabbe
Zubereitung: fritieren, in Pfanne oder Wok braten, pochieren, dämpfen, für Suppen geeignet
Fleisch: fest, saftig; süßlicher Geschmack

TINTENFISCH (20–25 cm)
Zubereitung: backen, grillen, fritieren, braten, dämpfen
Fleisch: fest; süßlicher Geschmack

KAISERGRANAT (25 cm)
Andere Namen: Norway lobster, Dublin-Bay-Prawn, Langoustine
Zubereitung: grillen, braten
Fleisch: fest, saftig; süßlicher Geschmack

HUMMER (ca. 30 cm)
Zubereitung: grillen, braten, pochieren, dämpfen
Fleisch: fest; süßlicher Geschmack

ROCK LOBSTER (ca. 30 cm)
Andere Namen: Marine crayfish, Flußkrebs
Zubereitung: grillen, braten, pochieren, dämpf
Fleisch: fest; süßlicher Geschmack

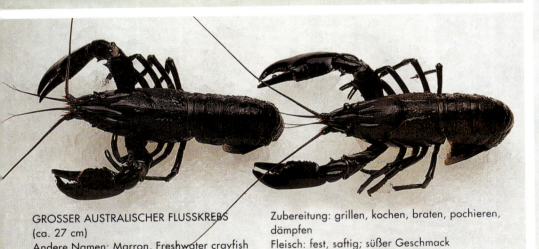

GROSSER AUSTRALISCHER FLUSSKREBS (ca. 27 cm)
Andere Namen: Marron, Freshwater crayfish
Zubereitung: grillen, kochen, braten, pochieren, dämpfen
Fleisch: fest, saftig; süßer Geschmack

AUSTRALISCHER TIEFWASSERKREBS (ca. 8 cm)
Andere Namen: Deepwater bug, Sandy bug, Sand lobster
Zubereitung: grillen, braten
Fleisch: saftig, fest; süßer Geschmack

MIESMUSCHELN (ca. 8 cm)
Andere Namen: Pfahlmuscheln, »Auster des kleinen Mannes«
Zubereitung: grillen, backen, braten, pochieren, dämpfen, roh
Fleisch: saftig; sehr feiner Geschmack

NEUSEELÄNDISCHE MIESMUSCHELN (ca. 8 cm)
Anderer Name: Greenlip mussel
Zubereitung: grillen, backen, braten, pochieren, dämpfen, roh
Fleisch: saftig; besonders feiner Geschmack

OKTOPUS (15–30 cm)
Anderer Name: Krake
Zubereitung: grillen, schmoren, braten, dämpfen
Fleisch: fest; milder, süßer Geschmack

ANGASI-AUSTER (ca. 8 cm), Australien, Neuseeland
Zubereitung: backen, fritieren, grillen, braten, dämpfen, roh
Fleisch: zart, saftig; sehr kräftiges Aroma

PAZIFIKAUSTER (ca. 8 cm)
Zubereitung: backen, fritieren, grillen, braten, dämpfen, roh
Fleisch: saftig, zart; kräftiger, salziger Geschm

PORTUGIESISCHE FELSENAUSTER (ca. 8 cm)
Zubereitung: backen, fritieren, grillen, braten, dämpfen
Fleisch: weich, saftig; süßes Seearoma

PIPIS (4–5 cm), Neuseeland, Australien
Zubereitung: grillen, pochieren, kurz anbraten, dämpfen
Fleisch: leicht gummiartig; süßer Geschmack

RIESENGARNELE (10–12 cm)
Andere Namen: King Prawns, Shrimps
Zubereitung: backen, grillen, fritieren, braten, pochieren, dämpfen
Fleisch: saftig, fest; süßer Geschmack

TIEFSEEGARNELE (ca. 8 cm)
Anderer Name: Tigergarnele
Zubereitung: backen, grillen, fritieren, braten, pochieren, dämpfen
Fleisch: saftig, fest; süßer Geschmack

JAKOBSMUSCHELN (ca. 10 cm)
Andere Namen: Kammuscheln, Pilgermuscheln, Queen scallops
Zubereitung: grillen, braten, pochieren, dämpfen
Fleisch: saftig, weich; feiner Geschmack

TASMANISCHE KAMMUSCHELN (ca. 8 cm)
Zubereitung: grillen, braten, pochieren, dämpfen
Fleisch: saftig; milder Geschmack

SCAMPI (ca. 15 cm)
Anderer Name: Kaisergranat
Zubereitung: grillen, braten
Fleisch: fest, saftig; süßer Geschmack

SEEIGEL (ca. 5 cm)
Zubereitung: roh, für Sahnesaucen und Soufflés geeignet
Fleisch: süß-salziger Geschmack

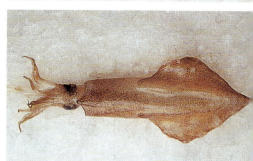

KALMAR (5–23 cm)
Andere Namen: Tintenfisch, Calamari
Zubereitung: backen, fritieren, braten, pochieren, dämpfen
Fleisch: süßer, milder Geschmack

WELLHORNSCHNECKE (ca. 8 cm)
Zubereitung: kochen
Fleisch: leicht gummiartig

STRANDSCHNECKE (2–3 cm)
Anderer Name: Uferschnecke
Zubereitung: dämpfen (Schale vorher entfernen)
Fleisch: leicht gummiartig; besonderer Geschmack

AUSTRALISCHER FLUSSKREBS (ca. 15 cm)
Andere Namen: Yabbies, Freshwater crayfish
Zubereitung: grillen, braten
Fleisch: fest, saftig; süßer Geschmack

VORBEREITUNG

- Verwenden Sie zur Vorbereitung ein scharfes Küchenmesser. Wenn Sie die Finger ab und zu in Salz tauchen, können Sie den Fisch gut festhalten.
- Ein Filet ist ein grätenloses Stück. Trennen Sie auf beiden Seiten der Mittelgräte das Fleisch mit einem Filetiermesser ab. Ein Kotelett oder Steak ist eine dicke (Quer-)Scheibe des Fischkörpers.
- Rundfische (Lachs, Forelle, Brassen) liefern zwei Filets. Zu erkennen sind sie am rundlichen Körper, die Augen sitzen rechts und links am Kopf.
- Bei Plattfischen (Flunder, Scholle, Seezunge) liegen die Augen oben. Sie liefern vier Filets.
- Ausgenommene Meeresfrüchte müssen stets sehr gut abgespült werden – die Reste von Innereien hinterlassen einen sehr bitteren Geschmack.
- Lebend gekaufte Hummer und Krebse haben das beste Aroma. Sie sollten 20–30 Minuten in ein Eis-Wasser-Gemisch getaucht oder mit einem sehr scharfen Messer zwischen die Augen gestochen werden. Bei Krebsen ins Nervenzentrum unter der Schwanzplatte stechen. Für 1 Stunde ins Eisfach legen, um sie bewegungslos zu machen.
- Venus- und Herzmuscheln in kaltem Wasser einweichen, um sie von Schmutz zu befreien.

RUNDFISCH SÄUBERN UND FILETIEREN

Fischentschupper haben eine scharf gewellte Kante. Ersatzweise einen Messerrücken oder Löffel verwenden.

Um die Fischhaut besser halten zu können, sollte man die Fingerspitzen in Salz tauchen.

1 Den Fisch am Schwanz halten. Mit einem Fischentschupper gegen den Strich abschuppen (am besten in der Spüle oder im Freien).

2 Mit scharfem Messer den Bauch öffnen und Innereien entfernen. Unter kaltem Wasser abspülen, dann mit Küchenpapier trockentupfen.

3 Zum Filetieren jede Seite waagerecht einschneiden. Das Messer an der Mittelgräte entlang in Richtung Schwanz führen.

4 Filets mit der Hautseite auf die Arbeitsplatte legen. Filetiermesser vom Schwanz her zwischen Haut und Fleisch mit Druck nach vorn ziehen.

VORBEREITUNG

RUNDFISCH-KOTELETTS SCHNEIDEN

1 Zum Schneiden von Koteletts brauchen Sie ein großes, scharfes Küchenmesser oder ein Hackbeil.

2 Den ganzen Fischrumpf in Koteletts teilen. Nicht benötigte Koteletts einfrieren.

PLATTFISCH FILETIEREN

1 Mit einem Messer von jeder Seite entlang der Mittelgräte zwei Filets abschneiden.

2 Messer zwischen Haut und Fleisch stets neu ansetzen. Die Hautseite liegt dabei unten.

IM GANZEN GEBACKENEN FISCH SERVIEREN

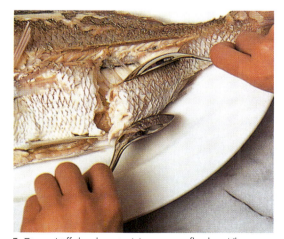
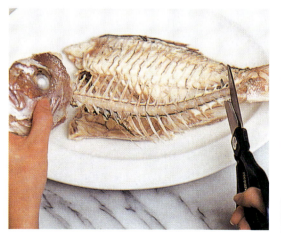

1 Einen Löffel oder ein Messer mit flacher Klinge an der Mittelgräte des Fisches entlangziehen, den Fisch dabei vorsichtig von den Gräten schieben.

2 Alle Gräten entfernen, anschließend Kiemen und Schwanz mit einer Küchenschere abschneiden.

Die lange, flexible Klinge eines Filetiermessers ist ideal zur Vorbereitung von rohem Fisch. Die Klinge gut schärfen.

DAS GROSSE KOCHBUCH DER FISCHE & MEERESFRÜCHTE

HORNHECHT ENTGRÄTEN

1 Die Innenseiten des ausgenommenen Fisches gut abspülen, um Reste der tiefroten, bitter schmeckenden Niere zu entfernen. Trockentupfen.

2 Den Kopf abtrennen. Den Fisch flach ausbreiten und auf beiden Seiten entlang der Rückengräte ein-, aber nicht durchschneiden.

3 Die Rückengräte lösen; dazu mit einem Messer das Bindegewebe durchtrennen. Die Mittelgräte mit einer Schere am Schwanz abschneiden.

ROHEN HUMMER VORBEREITEN

1 Die Haut auf der Unterseite zwischen Kopf und Körper durchtrennen. Den Schwanz abziehen.

2 Beide Seiten des Panzers auf der Unterseite durchtrennen. Dabei mit einer scharfen Schere zwischen Fleisch und Panzer schneiden.

3 Den weichen Unterpanzer abschälen. Das Fleisch langsam in einem Stück herausziehen. Den schwarzen Darm entfernen.

Für kleinere Meeresfrüchte oder Feinarbeiten eignet sich am besten ein kleines Küchenmesser.

GEGARTEN HUMMER VORBEREITEN

1 Schwanz vom Rumpf trennen: Mit einer Hand den Brustpanzer, mit der anderen den Schwanz halten und die Teile drehend auseinanderziehen.

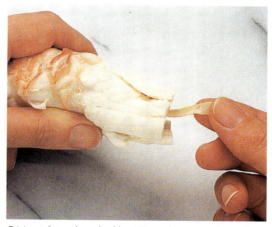

4 Vorsichtig den dunklen Darm herausziehen. Sie können den Darm auch erst entfernen, wenn Sie den Hummerschwanz in Medaillons schneiden.

Mit einer Hummergabel zieht man das zarte Fleisch aus Scheren und anderen schwer erreichbaren Teilen.

2 Mit einer Küchenschere in beide Seiten des Panzers auf der Unterseite schneiden, die Schere dabei zwischen Fleisch und Panzer ansetzen.

ODER 1 Hummer auf den Rücken legen und den Panzer durchschneiden. Beim Schwanz wiederholen. Die harte Bauchplatte entfernen.

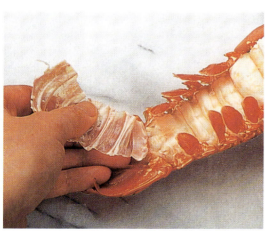

3 Den weichen Unterpanzer abschälen. Fleisch herausziehen. Scheren abdrehen und mit einer Hummergabel das Fleisch auslösen.

2 Das Fleisch aus dem Schwanz lösen und in Scheiben oder Stücke schneiden. Den Panzer abspülen, um Reste vom Rumpf zu entfernen.

Ein großes, scharfes Messer ist wichtig, um den harten Panzer zu teilen und das Fleisch in Scheiben zu schneiden.

DAS GROSSE KOCHBUCH DER FISCHE & MEERESFRÜCHTE

KREBSE VORBEREITEN

1 Den Hautlappen auf der Unterseite anheben und den oberen, harten Panzer wegbrechen.

2 Die Innereien entfernen und die federartigen, grauen Kiemen abziehen.

Hummer- und Krebszangen haben innen eine gewellte Kante, die für festen Halt sorgt.

3 Mit einem scharfen Messer den Krebs der Länge nach durchschneiden.

4 Jede Hälfte nochmals quer durchtrennen. Das Fleisch mit den Fingern, einem Messer oder einer Hummer- bzw. Krebsgabel auslösen.

AUSTERN ÖFFNEN

1 Ein Küchentuch um die Auster wickeln. Mit dem Austernmesser in die Lücke am Scharnier stechen. Die Schalen durch Drehen des Messers trennen.

2 Das Messer zwischen Auster und Schale führen und den Muskel durchtrennen. Die Auster abspülen und in die Schale zurücklegen.

Austernmesser werden zum Öffnen lebender Austern und anderer Schalentiere verwendet. Der Knauf schützt die Hände.

VORBEREITUNG

AUSTRALISCHEN SANDBÄRENKREBS VORBEREITEN

1 Die Haut zwischen Kopf und Körper durch Einschneiden lockern und den Schwanz abdrehen.

2 Den Unterseitenpanzer einschneiden. Dabei die Schere zwischen Fleisch und Panzer führen.

3 Den weichen Unterseitenpanzer abschälen. Das Fleisch langsam in einem Stück herausziehen.

ODER: Den Sandbärenkrebs auf den Rücken legen, ein Messer zwischen den Beinen ansetzen und den Panzer längs durchschneiden.

Um den Panzer von Krustentieren zu durchtrennen, verwendet man am besten eine stabile Küchenschere.

GARNELEN SCHÄLEN UND DARMFÄDEN ENTFERNEN

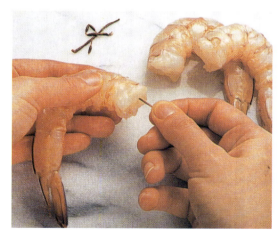

Die Garnelen schälen, dabei – je nach Rezept – den Schwanz abdrehen. Vom Kopfende aus den dunklen Darmfaden aus dem Rücken ziehen.

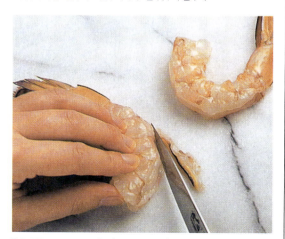

ODER: Die geschälten Garnelen mit einem scharfen Messer am Rücken einschneiden und die dunklen Darmfäden wegschaben.

DAS GROSSE KOCHBUCH DER FISCHE & MEERESFRÜCHTE

MIESMUSCHELN VORBEREITEN ## KALMAR SÄUBERN

1 Zum Säubern die Schalen mit einer harten Bürste gründlich abschrubben. So werden alle Schmutz- und Tangreste beseitigt.

1 Kopf und Fangarme in je eine Hand nehmen und durch Ziehen trennen. Werden nur die Fangarme benötigt, den Kopf abschneiden.

Benutzen Sie zum Säubern von Mies- und anderen Muscheln eine Bürste mit harten Borsten.

2 Den Bart der Muscheln entfernen. Geöffnete Muscheln, die sich nach leichtem Aufklopfen nicht wieder schließen, wegwerfen.

2 Den durchsichtigen Knorpel vorsichtig aus dem Körper des Kalmars ziehen. Alle weißen Häute entfernen.

Beim Schälen von Muscheln schützt ein Küchentuch die Hände vor Verletzungen.

3 Muscheln in ein Küchentuch wickeln. Ein Austernmesser zwischen die Schalen schieben, durch Drehen öffnen. Die Muscheln herauslösen.

3 Oberhaut unter kaltem Wasser abziehen. Körper, Haut und Fangarme im ganzen verwenden oder den Körper in Ringe schneiden.

OKTOPUS VORBEREITEN

1 Mit einem kleinen Messer vorsichtig knapp unter den Augen zwischen Kopf und Fangarme des Oktopus schneiden.

4 Den Oktopuskopf mit einem scharfen Messer auf einer Seite einschneiden und die Innereien herausschaben.

2 Fangarme halten und mit dem Zeigefinger den Schnabel nach oben schieben. Kauwerkzeuge herausdrücken.

5 Den aufgeschnittenen Kopf unter fließendem, kaltem Wasser gründlich abspülen.

KAMMUSCHELN SÄUBERN

3 Die Augen durch einen runden Schnitt mit einem kleinen, scharfen Messer entfernen.

Genießbar sind das cremig-weiße Fleisch des Schließmuskels und der orangefarbene Rogensack. Alle anderen Häute und Muskeln entfernen.

Lange, dünne Metallspieße eignen sich hervorragend zum Aufreihen von Kammuscheln für den Grill.

SUPPEN & CHOWDERS

Es ist schon faszinierend, wie viele verschiedene Fischsuppen es auf der Welt gibt. Die Tatsache, daß etliche davon sogar zu Nationalgerichten geworden sind – die südfranzösische Bouillabaisse und die nordamerikanische Clam Chowder sind die bekanntesten Beispiele – spricht für sich. An den englischsprachigen Küsten ist die sahnige Neuengland-Suppe ein Begriff – doch wer kennt schon die ebenso köstliche Manhattan-Suppe mit Tomaten als Grundlage? Wußten Sie übrigens, daß »chowder« vom französischen »chaudière« stammt, was den großen Kessel bezeichnet, in dem Suppe traditionell gekocht wird?

COURT-BOUILLON & FISCHFOND

Ein aromatischer, selbstgemachter Fond ist die ideale Grundlage für eine exzellente Fischsuppe.

Im Gegensatz zu anderen Fonds wird Fischfond nur kurz bei schwacher Hitze gegart. Wenn er zu lange kocht, wird er bitter. Gräten und Fischteile müssen frei von Blut und Innereien sein, da sie den Geschmack des Fonds beeinträchtigen. Geeignet sind fast alle Fischgräten, außer solchen von fettem Fisch. Während des Kochens unbedingt den Schaum von der Oberfläche abnehmen, da der Fond sonst eintrübt. Fischfond und Court-Bouillon können bis zu 1 Woche gekühlt oder bis zu 6 Monaten eingefroren werden.

FISCHFOND KOCHEN
Verwenden Sie eine große gußeiserne Pfanne oder einen Suppentopf. Augen und Kiemen der Fische entfernen, Gräten, Köpfe und Schwänze zerkleinern. Alles 10 Minuten in kaltes Salzwasser legen, um das Blut zu entfernen. 2 Kilo Parüren (Fischteile), 1 grobgehackte Selleriestange mit Blattgrün, 1 gehackte Zwiebel, 1 ungeschälte, kleingeschnittene Karotte, 1 kleingeschnittene Porreestange und 2 Liter Wasser in einen Topf geben.

Langsam zum Kochen bringen, Schaum sofort abschöpfen. 1 Bouquet garni und einige schwarze Pfefferkörner zufügen. Temperatur reduzieren und 20 Minuten köcheln lassen. Den Schaum regelmäßig abschöpfen. Den Fond langsam durch ein Sieb (mit einem feuchten Tuch ausgeschlagen) gießen. Dabei die festen Bestandteile nicht zerdrücken, damit der Fond klar bleibt; dann abkühlen lassen. Bis zu 1 Woche im Kühlschrank haltbar. Ergibt 1,75 Liter.

COURT-BOUILLON KOCHEN

Court-Bouillon ist die aromatische Brühe, in der Fisch traditionell gekocht wird. Kalt servierter Fisch kühlt am besten in der Brühe ab. 1 Liter Wasser, 125 ml Weißwein, 1 Zwiebel, einige kleingeschnittene Karotten und Selleriestangen, 6 Pfefferkörner und 1 Bouquet garni in eine große gußeiserne Pfanne oder in einen Suppentopf geben. Die Flüssigkeit zum Kochen bringen, dann bei schwacher Hitze 30 Minuten köcheln lassen. Die Brühe anschließend durch ein Sieb gießen und abkühlen lassen. Nach Geschmack würzen. Für ein leichtes Anisaroma etwas geschnittenen Fenchel zugeben; Zitronenaroma bekommt die Bouillon durch die Zugabe von Zitronen-, Limonen- oder Orangenschale. Im allgemeinen gart man kleine Fischstücke oder -filets in schwach kochender Brühe, während man große Fische in kalter Brühe aufsetzt, um gleichmäßiges Garen sicherzustellen.

BOUQUET GARNI HERSTELLEN

Ein Lorbeerblatt, einen Thymianzweig und einige Stengel Petersilie bündeln. Den grünen Teil einer Porreestange lose um die Kräuter wickeln. Mit Küchengarn zusammenbinden.

FOND EINFRIEREN

Den Fond abkühlen lassen, einen Meßbecher mit einem Gefrierbeutel auskleiden und die gewünschte Menge einfüllen. Den Beutel herausnehmen, gut verschließen, etikettieren und einfrieren. (Wiederholen, bis der gesamte Fond aufgebraucht ist.) Oder den Fond auf die Hälfte reduzieren (einkochen), abgekühlt in Eiswürfelbehälter füllen und einfrieren. Den Fond mit Wasser im Verhältnis 1:1 auftauen.

Oben: Mediterrane Fischsuppe

MEDITERRANE FISCHSUPPE

Vorbereitungszeit: 30 Minuten
Garzeit: 45 Minuten
Für 4 Personen

1/2 TL Safranfäden
3 TL Öl
2 große Zwiebeln, in dünne Scheiben geschnitten
1 Porreestange (nur der weiße Teil), kleingeschnitten
4 Knoblauchzehen, feingehackt
1 Lorbeerblatt, zerkleinert
1/2 TL getrockneter Majoran
1 TL geriebene Orangenschale
2 EL trockener Weißwein
1 rote Paprika, in mundgerechte Stücke geschnitten
500 g Tomaten, zerkleinert
2 EL Tomatenmark
125 ml Tomatenpüree
500 ml Fischfond
2 TL brauner Zucker
500 g Fischfilet ohne Haut (z B. Schnapper, Meerbarbe, Kabeljau, Seebarsch), in mundgerechte Stücke geschnitten
Salz und Pfeffer
3 EL frische Petersilie, gehackt

1 Safranfäden in 2 Eßlöffel kochendes Wasser einweichen.
2 Öl in einer gußeisernen Pfanne auf kleiner Stufe erhitzen. Zwiebeln, Porree, Knoblauch, Lorbeerblatt und Majoran zufügen und abgedeckt 10 Minuten garen. Die Pfanne ab und zu schwenken. Orangenschale, Wein, Paprika und Tomaten zugeben, 10 Minuten weitergaren.
3 Tomatenmark und -püree, Fischfond, Zucker und Safran (mit Flüssigkeit) zufügen. Unter Rühren zum Kochen bringen, bei schwacher Hitze ohne Deckel 15 Minuten köcheln lassen.
4 Den Fisch zufügen und abgedeckt 8 Minuten köcheln. Salz, Pfeffer und die Hälfte der Petersilie einrühren. Das Lorbeerblatt entfernen. Zum Servieren mit restlicher Petersilie bestreuen. Dazu schmeckt knuspriges Brot.

SUPPEN & CHOWDERS

SAHNE-FISCHSUPPE

Vorbereitungszeit: 10 Minuten
Garzeit: 35 Minuten
Für 4–6 Personen

1/4 TL Safranfäden
1 l Fischfond
125 ml trockener Weißwein
1 Zwiebel, feingehackt
1 kleine Karotte, kleingeschnitten
1 Selleriestange, kleingeschnitten
1 Lorbeerblatt
45 g Butter
2 EL Mehl
300 g Fischfilet ohne Haut (z. B. Schnapper, Großer Roter Drachenkopf, Brasse)
250 ml Sahne
Salz und frisch gemahlener weißer Pfeffer
2 TL frischer Schnittlauch zum Garnieren

1 Safranfäden in 2 Eßlöffel kochendes Wasser einweichen.
2 Fischfond, Wein, Zwiebel, Karotte, Sellerie und Lorbeerblatt in einen Topf geben und zum Kochen bringen. Abgedeckt 20 Minuten köcheln lassen. Durch ein Sieb gießen und das Gemüse entfernen. Den Safran (mit Einweichflüssigkeit) in den heißen Fond rühren.
3 Die Butter in einer Saucenpfanne schmelzen und mit dem Schneebesen das Mehl einrühren. Vom Herd nehmen und nach und nach in den Fischfond gießen. Unter Rühren nochmals kurz aufkochen lassen.
4 Den Fisch zufügen und 2 Minuten köcheln lassen. Die Sahne zugießen und langsam erwärmen. Mit Salz und Pfeffer würzen. Mit Schnittlauch bestreut servieren.
HINWEIS: Safranfäden sind recht teuer, aber sie verleihen Speisen ein feines Aroma und eine intensive gelbe Färbung. Die leuchtendorangen Fäden sind in Gläsern erhältlich. Wenn Sie die Fäden nach dem Einweichen ausdrücken, erhalten Sie eine besonders kräftige Farbe.

Unten:
Sahne-Fischsuppe

DAS GROSSE KOCHBUCH DER FISCHE & MEERESFRÜCHTE

CHOWDER MIT RÄUCHERSCHELLFISCH

Vorbereitungszeit: 20 Minuten
Garzeit: 35 Minuten
Für 4–6 Personen

500 g geräucherter Schellfisch oder Dorsch
1 Kartoffel, in Scheiben geschnitten
1 Selleriestange, kleingeschnitten
1 Zwiebel, feingehackt
50 g Butter
1 Scheibe Schinkenspeck, kleingeschnitten
2 EL Mehl
1/2 TL Senfpulver
1/2 TL Worcestersauce
250 ml Milch
3 EL frische Petersilie, gehackt
60 ml Sahne (nach Wunsch)

Unten: Chowder mit Räucherschellfisch

1 Den Fisch in eine große, tiefe Pfanne legen, 1,25 Liter Wasser zufügen und zum Kochen bringen. Bei reduzierter Hitze 8 Minuten köcheln lassen. Den Fond abgießen. Haut und Gräten entfernen, den Fisch in kleine Stücke teilen. Beiseite stellen.
2 Kartoffel, Sellerie und Zwiebel mit 750 ml Fond in einen Suppentopf geben. Zum Kochen bringen, dann bei mittlerer Hitze 8 Minuten garen, bis das Gemüse weich ist. Beiseite stellen.
3 Butter in einer großen Pfanne bei kleiner Hitze schmelzen, den Schinkenspeck zufügen und 3 Minuten anbraten. Mehl, Senfpulver und Worcestersauce unterrühren und aufkochen. Vom Herd nehmen und langsam die Milch zugießen. Unter Rühren aufkochen lassen. Bei reduzierter Hitze weitere 2 Minuten köcheln. Gemüse und Fond zur Suppe geben, dann Petersilie und Fisch zufügen. Bei schwacher Hitze 5 Minuten köcheln, bis die Chowder heiß ist. Nach Belieben mit Sahne abschmecken.

SAHNE-MUSCHELSUPPE

Vorbereitungszeit: 30 Minuten
Garzeit: 40 Minuten
Für 4 Personen

750 g Miesmuscheln
1 Selleriestange, kleingeschnitten
1 Karotte, gehackt
1 Zwiebel, gehackt
10 schwarze Pfefferkörner
4 frische Petersilienstengel
100 g weiche Butter
3 Frühlingszwiebeln, kleingeschnitten
2 Knoblauchzehen, zerdrückt
1 große Kartoffel, kleingewürfelt
185 ml Weißwein
40 g Mehl
250 ml Sahne
2 EL frische Petersilie, gehackt

1 Muscheln putzen und den Bart entfernen. Mit Sellerie, Karotte, Zwiebel, Pfefferkörnern, Petersilie und 1,5 Liter Wasser in einen großen Topf geben. Zum Kochen bringen und abgedeckt 4–5 Minuten köcheln lassen.
2 Den Fond durch ein feines Sieb gießen, dann alle ungeöffneten Muscheln entfernen. Das Fleisch der verbliebenen Muscheln herausnehmen, Schalen und Gemüse entfernen.

SUPPEN & CHOWDERS

Den Fond in den Topf zurückgießen und weitere 15 Minuten kochen.
3 Die Hälfte der Butter in einer Pfanne schmelzen. Frühlingszwiebeln, Knoblauch und Kartoffel zufügen und bei mittlerer Hitze 3 Minuten dünsten, bis die Zwiebeln glasig sind. Wein zugießen, zum Kochen bringen, und 1 Minute köcheln lassen.
4 Mehl und restliche Butter gut verkneten und 875 ml Fond zur Knoblauch-Kartoffel-Mischung gießen, die Mehlbutter einarbeiten und kurz aufkochen lassen. Weitere 15 Minuten kochen, bis die Kartoffel gar ist. Muschelfleisch und Sahne unterrühren. Mit Petersilie bestreut servieren.

NEW-ENGLAND-CLAM-CHOWDER

Vorbereitungszeit: 35 Minuten + Einweichen
Garzeit: 45 Minuten
Für 4 Personen

1,5 kg Venus- oder Herzmuscheln, mit Schale
2 TL Öl
3 Scheiben Schinkenspeck, kleingeschnitten
1 Zwiebel, gehackt
1 Knoblauchzehe, zerdrückt
750 g Kartoffeln, kleingewürfelt
315 ml Fischfond
500 ml Milch
125 ml Sahne
3 EL frische Petersilie, gehackt
Salz und Pfeffer

1 Beschädigte, offene oder nach einem leichten Klopfen nicht schließende Muscheln aussortieren. Die Muscheln 1–2 Stunden in kaltem Wasser einweichen, um den Sand zu entfernen. Abspülen und mit 250 ml Wasser in eine große gußeiserne Pfanne geben. Zugedeckt bei schwacher Hitze 5 Minuten kochen. Danach alle geschlossenen Muscheln entfernen. Den Sud durch ein Sieb in einen Topf gießen und das Muschelfleisch aus den Schalen lösen.
2 Das Öl in einer Pfanne erhitzen. Schinkenspeck, Zwiebel und Knoblauch bei mittlerer Hitze dünsten, bis die Zwiebel glasig und der Speck goldbraun ist. Kartoffeln unterrühren.
3 Den Muschelsud mit Wasser auf 315 ml auffüllen. Fond und Milch zum Speck in die Pfanne geben. Zugedeckt 20 Minuten kochen, bis die Suppe leicht eindickt.
4 Sahne, Muschelfleisch und Petersilie zufügen, nach Geschmack mit Salz und Pfeffer würzen. Vor dem Servieren vorsichtig erhitzen, aber nicht kochen – die Suppe gerinnt leicht.

Oben: New-England-Clam-Chowder

DAS GROSSE KOCHBUCH DER FISCHE & MEERESFRÜCHTE

BISQUES
Kleingehackte oder pürierte Schalentiere, Fond und Sahne bilden die wichtigsten Zutaten dieser äußerst gehaltvollen Suppen. Ursprünglich wurden Bisques aus gekochtem Wild- oder Geflügelfleisch zubereitet, aber seit Beginn des 18. Jahrhunderts bilden Schalentiere aller Art die Grundlage dieser dicken Suppen. Am beliebtesten allerdings sind Bisques, die aus Hummer, Krebsen, Garnelen und Venusmuscheln gekocht werden. Manchmal verwendet man statt Fischfond auch den Fond von weißem Fleisch.

Rechte Seite: Hummer-Bisque (oben); Garnelen-Bisque

HUMMER-BISQUE

Vorbereitungszeit: 20 Minuten
Garzeit: 60 Minuten
Für 4–6 Personen

 ★★★

400 g roher Hummerschwanz
90 g Butter
1 große Zwiebel, gehackt
1 große Karotte, kleingeschnitten
1 Selleriestange, in Scheiben geschnitten
60 ml Brandy
250 ml Weißwein
6 frische Petersilienstengel
1 frischer Thymianzweig
2 Lorbeerblätter
1 EL Tomatenmark
1 l Fischfond
2 Tomaten, kleingehackt
2 EL Speisestärke oder Reismehl
125 ml Sahne
Salz und Pfeffer

1 Fleisch aus dem Hummerschwanz lösen. In kleine Stücke schneiden und abgedeckt kalt stellen. Den Panzer abspülen und mit einem Holzhammer oder Nudelholz in Stücke teilen.
2 Die Butter in einem Topf schmelzen, Zwiebel, Karotte und Sellerie zugeben. Unter gelegentlichem Rühren bei schwacher Hitze 20 Minuten garen, bis das Gemüse weich ist.
3 Brandy in einem kleinen Topf erhitzen, vorsichtig mit einem langen Streichholz anzünden und über die Gemüsemischung gießen. Den Topf schütteln, bis die Flamme erlischt. Weißwein und Hummerschalen zugeben. Kochen, bis die Flüssigkeit auf die Hälfte reduziert ist. Petersilie, Thymian, Lorbeerblätter, Tomatenmark, Fischfond und Tomaten unterrühren. Ohne Deckel 25 Minuten kochen, dabei mehrmals umrühren.
4 Durch ein feines Sieb oder feuchtes Tuch gießen, leicht durchstreichen, um die ganze Flüssigkeit auszudrücken. Gemüse und Hummerschale wegwerfen.
5 Die Flüssigkeit in den gesäuberten Topf zurückgießen. Speisestärke und Sahne mischen und bei mittlerer Hitze in die Bisque rühren, bis diese eindickt. Das Hummerfleisch zugeben und nach Geschmack mit Salz und Pfeffer würzen. Den Hummer insgesamt 10 Minuten garen. Heiß servieren.
HINWEIS: Wenn Sie das Tuch beim Passieren des Fonds nicht richtig anfeuchten, saugt es zuviel von der Flüssigkeit auf.

GARNELEN-BISQUE

Vorbereitungszeit: 25 Minuten
Garzeit: 15–20 Minuten
Für 4–6 Personen

★

500 g mittelgroße rohe Garnelen
60 g Butter
2 EL Mehl
2 l Fischfond
1/2 TL Paprikapulver
250 ml Sahne
80 ml trockener Sherry
Salz und frisch gemahlener schwarzer Pfeffer
1–2 EL Sahne zum Anrichten
Paprikapulver zum Garnieren

1 Garnelen häuten und den dunklen Darm aus dem Rücken ziehen. Die Butter in einem Topf erhitzen, Garnelenköpfe und -schalen zufügen und bei mittlerer Hitze 5 Minuten unter Rühren garen. Die Köpfe dabei mit einem Holzlöffel leicht zerdrücken.
2 Das Mehl zufügen und gut verrühren. Fischfond und Paprikapulver zugeben und unter Rühren aufkochen. Zugedeckt bei schwacher Hitze 10 Minuten köcheln lassen. Die Mischung durch ein feines Sieb passieren. Die aufgefangene Flüssigkeit zusammen mit den Garnelen bei schwacher Hitze 2–3 Minuten garen. Etwas abkühlen lassen, dann portionsweise in einem Mixer pürieren. Die Suppe in den Topf zurückgeben.
3 Sahne und Sherry zugießen und erwärmen. Nach Geschmack mit Salz und Pfeffer würzen. Mit einer Sahnehaube verzieren und mit Paprikapulver bestreuen. Sofort servieren.
HINWEIS: Die Bisque bekommt ihr unverwechselbares Aroma durch die Garnelenköpfe und -schalen. Die Suppe kann mit einigen gegarten Garnelen angerichtet werden.

SUPPEN & CHOWDERS

DAS GROSSE KOCHBUCH DER FISCHE & MEERESFRÜCHTE

LAKSA

Diese würzige Suppe hat ihre Wurzeln in Malaysia und Indonesien. Sie kann auf unterschiedliche Weise zubereitet werden. Am beliebtesten ist die Singapur-Laksa oder auch Laksa Lemak. Sie wird mit Kokoscreme angereichert und enthält Meeresfrüchte und Reisnudeln. Wenn Sie es eilig haben, können Sie auch fertige Laksa-Paste (im Asienladen erhältlich) anstelle der Gewürze verwenden. Nehmen Sie 2 Eßlöffel davon für das nebenstehende Rezept. Statt der Fischbällchen und Tofuwürfel können Sie auf frische Meeresfrüchte zurückgreifen.

Oben:
Meeresfrüchte-Laksa

MEERESFRÜCHTE-LAKSA

Vorbereitungszeit: 45 Minuten
Garzeit: 45 Minuten
Für 4–6 Personen

★★

1 kg mittelgroße rohe Garnelen
80 ml Öl
2–6 frische rote Chillies, entkernt, feingehackt
1 Zwiebel, grobgehackt
3 Knoblauchzehen, halbiert
1 Stück Ingwer oder Galgantwurzel à 2 cm, feingehackt
1 TL Kurkuma, gemahlen
1 EL Koriander, gemahlen
3 Zitronengrasstengel (nur der weiße Teil), gehackt
1–2 TL Garnelenpaste
600 ml Kokoscreme
2 TL geriebener Palmzucker oder brauner Zucker
4 Kaffir-Limonenblätter, zerkleinert
1–2 EL Fischsauce
200 g Fischbällchen
190 g Tofuwürfel
250 g getrocknete Reis-Vermicelli
250 g Bohnensprossen
4 EL frische Minze, gehackt, zum Servieren
2 TL frisches Koriandergrün, zum Servieren

1 Garnelen schälen und entdarmen. Das Garnelenfleisch abgedeckt kühl stellen.
2 Für den Garnelenfond 2 Eßlöffel Öl in einer großen gußeisernen Pfanne erhitzen und die Garnelenschalen, -köpfe und -schwänze zugeben. Solange rühren, bis die Köpfe leuchtendorange sind. 1 Liter Wasser zugießen und 15 Minuten köcheln lassen, dann durch ein Sieb abgießen.
3 Chillies, Zwiebel, Knoblauch, Ingwer, Kurkuma, Koriander, Zitronengras und 60 ml Garnelenfond vermischen.
4 Das restliche Öl erhitzen, die Chili-Zwiebel-Mischung mit der Garnelenpaste bei schwacher Hitze 3 Minuten erwärmen. Restlichen Fond

SUPPEN & CHOWDERS

zugießen und 10 Minuten köcheln lassen. Kokoscreme, Limonenblätter und Fischsauce unterrühren, weitere 5 Minuten köcheln.
5 Garnelen 2 Minuten darin kochen, bis sie rosa sind. Fischbällchen und Tofuwürfel zufügen.
6 In der Zwischenzeit Reis-Vermicelli mit kochendem Wasser übergießen und 2 Minuten ziehen lassen. Anschließend in Schälchen verteilen. Mit Bohnensprossen bedecken und mit Suppe begießen. Mit Minze und Koriandergrün bestreuen.
HINWEIS: Fischbällchen und Tofuwürfel finden Sie in asiatischen Lebensmittelläden.

MAIS-KREBS-SUPPE MIT KORIANDER

Vorbereitungszeit: 15 Minuten
Garzeit: 10 Minuten
Für 4 Personen

1 1/2 EL Öl
6 Knoblauchzehen, feingehackt
6 rote asiatische Schalotten, feingehackt
2 Zitronengrasstengel (nur der weiße Teil), gehackt
1 EL frischer Ingwer, feingerieben
1 l Hühnerbrühe
250 ml Kokosmilch
375 g Maiskörner
340 g Krabbenfleisch aus der Dose, abgetropft
2 EL Fischsauce
2 EL Limonensaft
1 TL geriebener Palmzucker oder brauner Zucker
Salz und Pfeffer
frisches Koriandergrün zum Garnieren
Chillies, in Scheiben geschnitten, zum Garnieren

1 Das Öl erhitzen, Knoblauch, Schalotten, Zitronengras und Ingwer zugeben und bei mittlerer Hitze 2 Minuten unter Rühren garen.
2 Brühe und Kokosmilch zugießen und zum Kochen bringen. Mais zufügen und 5 Minuten mitgaren.
3 Krabbenfleisch, Fischsauce, Limonensaft und Zucker unterrühren. Mit Salz und Pfeffer würzen und sofort servieren. Mit Koriandergrün und Chillies garnieren.
HINWEISE: Vor dem Servieren können Sie 2 mit etwas Wasser verquirlte Eier unterheben. Rotschalige asiatische Schalotten wachsen wie Knoblauch in einer Knolle.

Unten: Mais-Krebs-Suppe mit Koriander

DAS GROSSE KOCHBUCH DER FISCHE & MEERESFRÜCHTE

TOM YUM GOONG
(Sauer-scharfe Garnelensuppe)

Vorbereitungszeit: 25 Minuten
Garzeit: 45 Minuten
Für 4–6 Personen

500 g mittelgroße rohe Garnelen
1 EL Öl
2 EL (thailändische) rote Currypaste oder Tom-Yum-Paste
2 EL Tamarindenpüree
2 TL Kurkuma, gemahlen
1 TL roter Chili, feingehackt
4 Kaffir-Limonenblätter, in Streifen geschnitten
2 EL Fischsauce
2 EL Limonensaft
2 TL geriebener Palmzucker oder brauner Zucker
2 EL frisches Koriandergrün zum Servieren

Unten:
Tom Yum Goong (Sauer-scharfe Garnelensuppe)

1 Garnelen schälen und entdarmen, dabei die Schwänze intakt lassen. Schalen und Köpfe aufbewahren. Garnelenfleisch abgedeckt kühl stellen. Öl erhitzen, Garnelenschalen und -köpfe 10 Minuten unter Rühren garen.
2 250 ml Wasser und Curry-Paste zugeben. 5 Minuten kochen, bis sich die Flüssigkeit reduziert hat. 1,75 Liter Wasser zugießen und weitere 20 Minuten köcheln. Durch ein Sieb geben, den Fond in den Topf zurückgießen.
3 Tamarindenpüree, Kurkuma, Chili und Limonenblätter 2 Minuten im Fond erwärmen. Garnelenfleisch zufügen und 5 Minuten köcheln lassen. Fischsauce, Limonensaft und Zucker unterrühren. Mit Koriandergrün bestreut servieren.

WAN-TAN-SUPPE

Vorbereitungszeit: 40 Minuten + 30 Minuten zum Einweichen
Garzeit: 5 Minuten
Für 4–6 Personen

4 getrocknete chinesische Pilze
250 g rohe Garnelen
250 g Schweinehackfleisch
1 EL Sojasauce

SUPPEN & CHOWDERS

1 TL Sesamöl
2 Frühlingszwiebeln, feingehackt
1 TL frischer Ingwer, gerieben
2 EL Wasserkastanien aus der Dose, in Scheiben geschnitten
250 g Wan-Tan-Hüllen
4 Frühlingszwiebeln, in sehr feine Scheiben geschnitten, zum Garnieren
1,5 l Hühner- oder Rinderbrühe

1 Pilze in einer Schüssel mit heißem Wasser 30 Minuten einweichen. Anschließend gut ausdrücken. Die Pilzhüte in Scheiben schneiden. Garnelen schälen, ausnehmen und das Fleisch zerkleinern. Anschließend Garnelenfleisch, Pilze, Hackfleisch, Sojasauce, Sesamöl, Frühlingszwiebeln, Ingwer und Wasserkastanien in einer Schüssel mischen.
2 Nur jeweils 1 Wan-Tan-Hülle zur Zeit verarbeiten, die restlichen Hüllen mit einem sauberen, feuchten Tuch abdecken. 1 gehäuften Teelöffel Farce in die Mitte jeder Teighülle setzen.
3 Teigränder anfeuchten, zu einem kleinen Dreieck zusammenfalten und die beiden Ecken aufeinanderlegen. Auf ein mit Speisestärke bestreutes Blech setzen.
4 Wan-Tans in sprudelnd kochendem Wasser 4–5 Minuten garen, anschließend mit einem Sieblöffel herausnehmen und in Schälchen anrichten. Mit Frühlingszwiebelscheiben bedecken und mit heißer Brühe übergießen.

KÜRBIS-GARNELEN-KOKOS-SUPPE

Vorbereitungszeit: 15 Minuten
Garzeit: 20 Minuten
Für 4–6 Personen

500 g Kürbis, in Würfel geschnitten
4 EL Limonensaft
1 kg große rohe Garnelen
2 Zwiebeln, feingehackt
1 roter Chili, feingehackt
1 Zitronengrasstengel (nur der weiße Teil), gehackt
1 TL Garnelenpaste
1 TL Zucker
375 ml Kokosmilch
1 TL Tamarindenpüree

125 ml Kokoscreme
1 EL Fischsauce
2 EL frische Thai-Basilikumblätter

1 Kürbis mit der Hälfte des Limonensaftes mischen. Garnelen schälen und entdarmen.
2 Zwiebel, Chili, Zitronengras, Garnelenpaste, Zucker und 3 Eßlöffel Kokosmilch pürieren.
3 Tamarindenpüree, restliche Kokosmilch und 250 ml Wasser mischen und glattrühren. Kürbiswürfel zufügen und zugedeckt 10 Minuten kochen.
4 Garnelen und Kokoscreme zugeben und 3 Minuten mitkochen, bis die Garnelen eine rosa Farbe angenommen haben. Fischsauce, restlichen Limonensaft und Thai-Basilikumblätter unterrühren. Suppe in vorgewärmte Suppenschalen gießen und mit Thai-Basilikumblättern oder -stengeln garnieren.

Oben: Kürbis-Garnelen-Kokos-Suppe

SUPPEN & CHOWDERS

KLARE SUPPE MIT LACHSKNÖDELN

Vorbereitungszeit: 20 Minuten
Garzeit: 25 Minuten
Für 6 Personen

400 g Lachskoteletts
1 l Fischfond
125 ml trockener Weißwein
2 TL Zitronensaft
1 kleine Karotte, feingehackt
2 Frühlingszwiebeln, in Scheiben geschnitten
2 frische Dillzweige
2 frische Petersilienstengel
3 schwarze Pfefferkörner
1 Eiweiß, gut gekühlt
125 ml Sahne, gut gekühlt
2 EL frische Kerbelblätter
Salz und frisch gemahlener weißer Pfeffer

1 Haut und Gräten vom Lachs entfernen. Für die Knödel 150 g Lachs grob zerkleinern und abgedeckt kühl stellen. Für die Suppe Haut und Gräten, restliches Lachsfleisch, Fischfond, Wein, Zitronensaft, Karotte, Frühlingszwiebeln, Dill, Petersilie und Pfefferkörner in einem großen Topf mischen. Zugedeckt 15 Minuten kochen und anschließend die Suppe durch ein Sieb gießen. (Sie benötigen den gegarten Lachs nicht für dieses Rezept, aber Sie können ihn als Sandwich-Aufstrich verwenden. Dafür den abgekühlten Lachs zerkleinern und mit Mayonnaise mischen.)
2 Suppe in einen sauberen Topf gießen und leicht köcheln lassen. Nach Geschmack würzen.
3 Den rohen Lachs in einer Küchenmaschine kleinhacken, das Eiweiß unterheben und glatt pürieren. Die Mousse in eine gekühlte Schüssel füllen und mit Salz und weißem Pfeffer würzen. Vorsichtig die geschlagene Sahne unterziehen. Mit 2 Teelöffeln, die zuvor in kaltes Wasser getaucht werden, Knödel formen. Portionsweise in die Suppe geben und 2 Minuten garen, anschließend in vorgewärmten Suppentassen anrichten.
4 Die Suppe nochmals erhitzen und über die Knödel gießen. Mit Kerbelblättern bestreut servieren.
HINWEISE: Alternativ können Sie für dieses Gericht auch Lachsforelle verwenden.
Für leichte, lockere Knödel sollten die verwendeten Zutaten eiskalt sein. Die Mischung ergibt ungefähr 24 Knödel.

MARMITE DIEPPOISE
(Normannischer Mucheltopf)

Vorbereitungszeit: 45 Minuten
Garzeit: 30 Minuten
Für 4 Personen

500 g mittelgroße rohe Garnelen
600 g Miesmuscheln
350 g Kammuscheln
300 g gemischte Fischfilets ohne Haut (z. B. Seeteufel, Schnapper, Drachenkopf, Lachs)
½ mittelgroße Porreestange (nur der weiße Teil), in Scheiben geschnitten
½ kleine Fenchelknolle, in Scheiben geschnitten
375 ml trockener Weißwein
2 frische Thymianzweige
1 Lorbeerblatt
150 g kleine Champignons, in Scheiben geschnitten
250 ml Sahne
Salz und Pfeffer
1 EL frische glatte Petersilie, gehackt

1 Garnelen schälen und entdarmen.
2 Miesmuscheln putzen und Bärte herausziehen. Beschädigte Muscheln oder solche, die sich nach einem leichten Klopfen nicht schließen, wegwerfen. Gut abspülen.
3 Von den Kammuscheln Adern, dünne Haut und weiße Muskeln abschneiden, den Rogen nicht entfernen. Den Fisch in mundgerechte Würfel schneiden.
4 In einer gußeisernen Pfanne Porree, Fenchel, Wein, Thymian, Lorbeerblatt und Miesmuscheln mischen. Zugedeckt 4–5 Minuten kochen, bis die Miesmuscheln gar sind, dabei gelegentlich umrühren. Muscheln aus der Schale lösen.
5 Garnelen und Kammuscheln in den Fond geben und abgedeckt 2 Minuten kochen. Dann herausnehmen und beiseite stellen.
6 Flüssigkeit wieder zum Kochen bringen und den Fisch darin 3 Minuten pochieren, dann herausnehmen. Ein Sieb mit einer doppelten Lage feuchten Tuches auslegen und den Fond in einen sauberen Topf gießen. Aufkochen, Champignons zufügen und 3 Minuten köcheln lassen. Sahne unterrühren und unter gelegentlichem Rühren 5 Minuten kochen, bis die Flüssigkeit eindickt. Miesmuscheln, Garnelen, Kammuscheln und Fisch zufügen und in der Suppe erwärmen. Würzen, Petersilie unterziehen und servieren.

LACHS
Es gibt Frischekriterien, auf die Sie beim Kauf von Lachs achten sollten: Die Mittelgräte muß fest mit dem Fleisch verbunden sein – bei älteren Exemplaren löst sich das Bindegewebe bereits von der Gräte. Das Lachsfleisch darf keinerlei Verfärbungen aufweisen, es sollte durchscheinend sein, mit einem appetitlichen Glanz oder Schimmer. Wie alle Meeresfrüchte besitzt er einen angenehmen Meeresgeruch. Kaufen Sie niemals Koteletts, die in Flüssigkeit liegen.

Gegenüberliegende Seite: Klare Suppe mit Lachsknödeln (oben); Marmite Dieppoise

BOUILLABAISSE

BOUILLABAISSE
Die provenzalische Fischsuppe bereiteten erstmals Fischer aus Marseille zu, um die nicht verkauften Fische verwerten zu können. Alle Zutaten wurden zusammen in einem großen Topf gekocht. Der Name des Gerichts bezeichnet die schnelle Art der Zubereitung: franz. »bouillir« (kochen) und »abaisser« (reduzieren). Die Meeresfrüchte für diese Suppe können beliebig zusammengestellt werden.

Oben: Bouillabaisse

BOUILLABAISSE

Vorbereitungszeit: 40 Minuten
Garzeit: 30 Minuten
Für 4 Personen

300 g mittelgroße rohe Garnelen
16–18 Miesmuscheln
200 g Kammuscheln
1,5 kg gemischte weiße Fischfilets (z. B. Schnapper, Meerbarbe, Drachenkopf, Seeteufel)
2 EL Öl
1 Fenchelknolle, in dünne Scheiben geschnitten
1 Zwiebel, gehackt
5 reife Tomaten, gehäutet, entkernt und gehackt
1,25 l Fischfond
1 Prise Safranfäden
1 Lorbeerblatt
1 Bouquet garni
1 Streifen Orangenschale à 5 cm
1 EL frische Petersilie, gehackt, zum Garnieren

Rouille

1 kleine rote Paprika
1 roter Chili
1 Scheibe Weißbrot, ohne Rinde
2 Knoblauchzehen
1 Eigelb
80 ml Olivenöl

1 Garnelen schälen und entdarmen. Muscheln putzen und die Bärte herausziehen. Beschädigte Muscheln oder solche, die sich nach einem leichten Klopfen nicht schließen, wegwerfen. Von den Kammuscheln Adern, dünne Haut und weiße Muskeln abschneiden. Den Fisch in mundgerechte Stücke schneiden. Die Meeresfrüchte anschließend für einige Zeit abgedeckt kühl stellen.
2 Das Öl in einem großen Topf bei mittlerer Hitze erwärmen, Fenchel und Zwiebel darin 5 Minuten goldbraun dünsten. Tomaten zufügen und 3 Minuten garen. Fond, Safran, Lorbeerblatt, Bouquet garni und Orangenschale unterrühren und 10 Minuten köcheln. Kammuscheln, Garnelen, Miesmuscheln und

SUPPEN & CHOWDERS

Fisch zugeben und 4–5 Minuten köcheln lassen. Ungeöffnete Muscheln entfernen, Bouquet garni und Orangenschale herausnehmen.

3 Für die Rouille Paprika und Chili in große Stücke schneiden. Kerne und weiße Haut entfernen und mit der gewölbten Seite nach oben grillen, bis die Haut schwarz wird und Blasen wirft. Abkühlen lassen, dann schälen.

4 Das Brot in 3 Eßlöffel Wasser einweichen, anschließend gründlich ausdrücken. Paprika, Chili, Brot, Knoblauch und Eigelb in der Küchenmaschine pürieren. Bei laufendem Motor das Öl zugießen und gattrühren.

5 Bouillabaisse in Suppentassen füllen, mit Petersilie bestreuen und mit der Rouille servieren.

MEERESFRÜCHTE-CHOWDER NACH MANHATTAN-ART

Vorbereitungszeit: 30 Minuten
Garzeit: 30 Minuten
Für 4–6 Personen

60 g Butter
3 Scheiben Schinkenspeck, kleingeschnitten
2 Zwiebeln, gehackt
2 Knoblauchzehen, feingehackt
2 Selleriestangen, in Scheiben geschnitten
3 Kartoffeln, gewürfelt
1,25 l Fischfond oder Hühnerbrühe
3 TL frischer Thymian, gehackt
12 große rohe Garnelen
1 EL Tomatenpüree
425 g Tomaten aus der Dose, kleingeschnitten
375 g weiße Fischfilets ohne Haut
   (z. B. Leng, Dorsch, Seehecht), in mundgerechte Stücke geschnitten
310 g Baby-Venusmuscheln aus der Dose, mit Saft
2 EL frische Petersilie, gehackt
Salz und Pfeffer
geriebene Orangenschale zum Garnieren

1 Die Butter schmelzen. Speck, Zwiebeln, Knoblauch und Sellerie bei schwacher Hitze 5 Minuten darin dünsten, ab und zu umrühren.

2 Kartoffeln, Fond und Thymian zufügen und abgedeckt 15 Minuten kochen.

3 Inzwischen die Garnelen schälen und entdarmen. Tomatenpüree und Tomaten zugeben und gut verrühren. Fisch, Garnelen und Venusmuscheln mit Saft zufügen und bei schwacher Hitze 3 Minuten köcheln. Nach Geschmack würzen. Mit Petersilie und geriebener Orangenschale garniert servieren.

Unten: Meeresfrüchte-Chowder nach Manhattan-Art

FISCH-NUDEL-SUPPE

Vorbereitungszeit: 15 Minuten
Garzeit: 20 Minuten
Für 4 Personen

200 g getrocknete Reis-Vermicelli
1 EL Öl
1 Stück frischer Ingwer à 2,5 cm, gerieben
3 kleine rote Chillies, feingehackt
4 Frühlingszwiebeln, gehackt
800 ml Kokosmilch
2 EL Fischsauce
2 EL Tomatenpüree
500 g Fischfilet ohne Haut (z. B. Rotbarsch, Meerbarbe, Dorsch, Schnapper), in mundgerechte Stücke geschnitten
2 Scheiben Schinken, in Würfel geschnitten
150 g Schlangenbohnen, in Stücke geschnitten
180 g Bohnensprossen
1 TL frische Minzeblätter
80 g geröstete, ungesalzene Erdnüsse

1 Reis-Vermicelli 5 Minuten in kochendem Wasser einweichen, dann abgießen.
2 Das Öl in einer großen gußeisernen Pfanne erhitzen. Ingwer, Chillies und Frühlingszwiebeln bei mittlerer Hitze 3 Minuten darin garen.
3 Kokosmilch, Fischsauce und Tomatenpüree unterrühren, zugedeckt 10 Minuten leicht köcheln lassen.
4 Fisch, Schinken und Schlangenbohnen zugeben und 10 Minuten kochen, bis der Fisch weich ist. Vermicelli in Suppenschalen verteilen und mit Bohnensprossen und Minzeblättern bedecken. Die Suppe in die Schalen füllen und mit Erdnüssen bestreuen.

AUSTERN-SAHNE-SUPPE

Vorbereitungszeit: 15 Minuten
Garzeit: 20 Minuten
Für 4 Personen

18 frische Austern
15 g Butter
1 kleine Zwiebel, feingehackt
125 ml Weißwein
375 ml Fischfond
250 ml Sahne
6 ganze schwarze Pfefferkörner
6 frische Basilikumblätter, zerkleinert
1 TL Limonensaft
zerstoßener schwarzer Pfeffer zum Garnieren
Frühlingszwiebeln und frische Basilikumblätter, in Streifen geschnitten, zum Garnieren

1 Austern gründlich abspülen, öffnen und beiseite stellen. Die Butter schmelzen. Die Zwiebel zugeben und abgedeckt bei schwacher Hitze weich dünsten. Gelegentlich umrühren. Den Wein zugießen und 5 Minuten kochen, bis er auf die Hälfte reduziert ist.
2 Mit Fond auffüllen und 2 Minuten kochen. Dann die Sahne, Pfefferkörner, Basilikum und 6 grob zerkleinerte Austern zugeben und 5 Minuten kochen. Durch ein Sieb passieren. Die festen Teile (im Sieb) wegwerfen.
3 Die Suppe in den Topf zurückgießen und zum Kochen bringen. Limonensaft zugeben und nach Geschmack würzen. In kleine Suppentassen füllen und in jede 3 Austern legen. Mit zerstoßenem schwarzen Pfeffer bestreuen. Mit Frühlingszwiebel und Basilikum garnieren.
HINWEIS: Die Suppe ist sehr gehaltvoll.

Unten:
Fisch-Nudel-Suppe

SUPPEN & CHOWDERS

GARNELENSUPPE MIT UDON-NUDELN

Vorbereitungszeit: 20 Minuten
Garzeit: 30 Minuten
Für 6 Personen

★

500 g mittelgroße rohe Garnelen
1½ EL Öl
1 Zitronengrasstengel (nur der weiße Teil), feingehackt
2 Knoblauchzehen, zerdrückt
2 kleine frische rote Chillies, halbiert
2 frische Kaffir-Limonenblätter
1 Limone, geviertelt
4 Frühlingszwiebeln, in Stücke geschnitten
500 g getrocknete Udon-Nudeln
2 EL Sojasauce
100 g Shitake-Pilze, halbiert
1 EL frisches Koriandergrün
500 g Bok choy, Blätter vom Stiel gelöst
Salz und Pfeffer

1 Garnelen schälen und entdarmen, Köpfe und Schalen aufbewahren.
2 Das Öl in einer großen Pfanne erhitzen, Garnelenköpfe und -schalen zufügen und bei großer Hitze kochen, bis diese eine rosa Farbe annehmen. Zitronengras, Knoblauch, Chillies, Kaffir-Limonenblätter, Limonenviertel, Frühlingszwiebeln und 2 Liter Wasser zugeben. Die Mischung 20 Minuten kochen. Durch ein feines Sieb in eine Schüssel passieren und die festen Teile wegwerfen. Den Topf ausspülen und den Fond wieder hineingießen.
3 Nudeln in einen großen Topf mit kochendem Salzwasser geben und etwa 5 Minuten kochen, bis sie weich sind. Gut abtropfen lassen.
4 Fond zum Kochen bringen. Sojasauce und Garnelen zufügen und 5 Minuten garen, bis die Garnelen rosa sind. Restliche Zutaten unterrühren und nach Geschmack mit Salz und Pfeffer würzen.
5 Gekochte Nudeln in Suppenschalen verteilen, die Suppe darüber geben. Nach Wunsch mit zusätzlichen Limonenspalten garniert servieren.

UDON-NUDELN
Die langen Nudeln aus Weizenmehl werden vor allem in japanischen Suppen und Gerichten verarbeitet. Es gibt sie in unterschiedlichen Formen: dick, rund oder flach. Udon-Nudeln sind getrocknet, frisch oder vorgekocht in Asienläden erhältlich.

Oben: Garnelensuppe mit Udon-Nudeln

DAS GROSSE KOCHBUCH DER FISCHE & MEERESFRÜCHTE

SOUPE DE POISSON

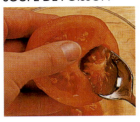

Kerne mit einem Teelöffel aus den Tomaten kratzen.

Schaum von der Oberfläche abschöpfen.

Die Suppe durch ein feuchtes Tuch in einen sauberen Topf passieren.

Gegenüberliegende Seite: Zuppa di Cozze (oben); Soupe de Poisson

ZUPPA DI COZZE
(Miesmuschel-Suppe)

Vorbereitungszeit: 25 Minuten
Garzeit: 35 Minuten
Für 6 Personen

200 g Tomaten
1 kg Miesmuscheln
2 EL Olivenöl
40 g Butter
1 Porreestange (nur der weiße Teil), in dünne Scheiben geschnitten
3 Knoblauchzehen, zerdrückt
1 Prise Safranfäden oder -pulver
1 EL frisches Koriandergrün oder frische Petersilie, feingehackt
1 kleiner frischer roter Chili, feingehackt
170 ml trockener Weißwein
Salz und Pfeffer

1 Tomaten kreuzweise einritzen. In eine hitzebeständige Schüssel setzen und mit kochendem Wasser bedecken. Nach 30 Sekunden abgießen und durch kaltes Wasser ersetzen, vom Kreuz aus häuten. Tomaten in der Mitte durchschneiden, Kerne mit einem Teelöffel herauskratzen und das Fleisch kleinschneiden.
2 Miesmuscheln putzen und die Bärte herausziehen. Beschädigte Muscheln oder solche, die sich auch nach einem leichten Klopfen nicht schließen, wegwerfen. Gut abspülen.
3 Öl und Butter in einer großen Saucenpfanne erhitzen. Porree und Knoblauch bei schwacher Hitze darin garen, bis der Porree weich, aber nicht braun ist. Safran, Koriander bzw. Petersilie und Chili zufügen und unter Rühren 1–2 Minuten dünsten. Wein zugießen und 1–2 Minuten kochen. Die Tomatenwürfel und 250 ml Wasser unterrühren und zugedeckt 20 Minuten kochen.
4 Miesmuscheln hineingeben und abgedeckt garen, bis sie geöffnet sind. Nach 4–5 Minuten alle nicht geöffneten Exemplare wegwerfen. Damit die Suppe nicht zu viele Muschelschalen enthält, ein Drittel der Muscheln herausnehmen, das Muschelfleisch auslösen und wieder in die Suppe geben. Nach Geschmack mit Salz und Pfeffer würzen. Sofort mit knusprigem Brot servieren.

SOUPE DE POISSON
(Fischsuppe)

Vorbereitungszeit: 30 Minuten
Garzeit: 45 Minuten
Für 6 Personen

1 große Tomate
1,5 kg Gräten von weißfleischigem Fisch, zerkleinert
1 Porreestange (nur der weiße Teil), gehackt
1 Karotte, gehackt
1 Selleriestange, grobgehackt
1 große Knoblauchzehe, gehackt
1 Lorbeerblatt
3 frische Petersilienstengel
6 schwarze Pfefferkörner
250 ml trockener Weißwein
1 EL Zitronensaft
250 g Fischfilet ohne Haut (z. B. Schnapper, Barsch, Dorsch, Meerbarbe), in mundgerechte Stücke geschnitten
2 EL Kerbelblätter
¼ Zitrone, in sehr dünne Scheiben geschnitten
Salz und gemahlener weißer Pfeffer

1 Tomaten kreuzweise einritzen und mit kochendem Wasser bedecken. Nach 30 Sekunden abgießen, dann in kaltes Wasser legen und vom Kreuz aus häuten. Tomaten halbieren, Kerne entfernen und das Fleisch kleinschneiden.
2 Gräten unter kaltem Wasser gut abspülen, dann mit Porree, Karotte, Sellerie, Knoblauch, Lorbeerblatt, Pfefferkörnern, Wein, Zitronensaft und 2 Litern Wasser langsam zum Kochen bringen, dabei jeglichen Schaum von der Oberfläche abschöpfen. Bei schwacher Hitze 20 Minuten köcheln lassen.
3 Die Suppe zweimal durch ein Sieb (mit einem feuchten Tuch ausgeschlagen) passieren. Anschließend 10 Minuten kochen.
4 Fischstücke zugeben und 2 Minuten kochen. Nach Geschmack mit Salz und weißem Pfeffer würzen.
5 Tomatenwürfel und Kerbel auf sechs vorgewärmte Schalen verteilen und mit heißer Suppe begießen. Mit Zitronenscheiben garnieren.
HINWEIS: Das Tuch zum Passieren der Suppe muß feucht sein, damit es nicht zuviel von der Kochflüssigkeit absorbiert.

SUPPEN & CHOWDERS

Oben: Kammuschel-Ei-Suppe

KAMMUSCHEL-EI-SUPPE

Vorbereitungszeit: 30 Minuten + 10 Minuten zum Kühlen
Garzeit: 45 Minuten
Für 4 Personen

300 g Kammuscheln
1 EL trockener Sherry
¼ TL weißer Pfeffer, gemahlen
1 TL frischer Ingwer, gerieben
7 Frühlingszwiebeln
2 EL Öl
1 EL Speisestärke
750 ml Hühnerbrühe
2 EL Sojasauce
75 g Strohpilze aus der Dose, halbiert
50 g Erbsen
1 Ei, leicht verquirlt
trockener Sherry zum Abschmecken
2 TL Sojasauce zum Abschmecken

1 Von den Kammuscheln Adern, dünne Haut und weiße Muskeln abschneiden. Mit Sherry, Pfeffer und Ingwer mischen und 10 Minuten kühl stellen.
2 Frühlingszwiebeln fein hacken, dabei die weißen und grünen Teile getrennt halten.
3 Das Öl in einem Wok erhitzen. Den weißen Teil der Frühlingszwiebeln zugeben und kurz dünsten. Kammuscheln mit Flüssigkeit zufügen und unter ständigem Rühren bei großer Hitze garen, bis die Muscheln milchig-weiß sind. Muscheln herausnehmen.
4 Die Speisestärke in etwas Brühe glattrühren, mit der restlichen Brühe und der Sojasauce in den Wok geben und unter Rühren eindicken. Strohpilze und Erbsen zufügen und 2 Minuten mitgaren. Kammuscheln hineingeben, dabei die Suppe ständig umrühren.
5 Das Ei hineingießen und unter Rühren garen, bis es fest wird. Grüne Teile der Frühlingszwiebeln zufügen, nach Geschmack noch mit Sherry und Sojasauce beträufeln. Nach Belieben mit Frühlingszwiebelstreifen garnieren.
HINWEIS: Strohpilze vor dem Verwenden abgießen und -spülen. Nicht benötigte Dosenpilze können mit Wasser bedeckt bis zu 3 Tagen gekühlt aufbewahrt werden.

SUPPEN & CHOWDERS

ASIATISCHE MEERESFRÜCHTE-SUPPE

Vorbereitungszeit: 30 Minuten
Garzeit: 40 Minuten
Für 6 Personen

4 Tomaten
1 EL Öl
1 Stück frischer Ingwer à 5 cm, gerieben
3 Zitronengrasstengel (nur der weiße Teil), feingehackt
3 kleine frische rote Chillies, feingehackt
2 Zwiebeln, gehackt
750 ml Fischfond
4 Kaffir-Limonenblätter, kleingeschnitten
160 g frische Ananas, in kleine Stücke geschnitten
1 EL Tamarindenkonzentrat
1 EL geriebener Palmzucker oder brauner Zucker
2 EL Limonensaft
1 EL Fischsauce
500 g mittelgroße rohe Garnelen
500 g Fischfilet ohne Haut (z. B. Schnapper, Rotbarsch, Roter Drachenkopf, Meerbarbe), in mundgerechte Stücke geschnitten
2 EL frisches Koriandergrün, gehackt
Salz und Pfeffer

1 Tomaten kreuzweise einritzen und mit kochendem Wasser bedecken. Nach 30 Sekunden in kaltes Wasser legen. Vom Kreuz aus häuten. Kerne mit einem Teelöffel herauskratzen und das Fleisch kleinschneiden.
2 Das Öl in einem großen Topf erhitzen, Ingwer, Zitronengras, Chillies und Zwiebel zufügen und bei mittlerer Hitze 5 Minuten unter Rühren dünsten, bis die Zwiebel goldbraun ist.
3 Tomaten zufügen und 3 Minuten garen. Fischfond, Kaffir-Limonenblätter, Ananas, Tamarindenkonzentrat, Zucker, Limonensaft, Fischsauce und 750 ml Wasser unterrühren. Abgedeckt zum Kochen bringen. Bei schwacher Hitze weitere 15 Minuten kochen.
4 Inzwischen die Garnelen schälen und entdarmen. Garnelen, Fisch und Koriandergrün zufügen und 10 Minuten kochen. Nach Geschmack würzen.

Unten: Asiatische Meeresfrüchte-Suppe

DIPS, PASTETEN & SNACKS

Perfekt für Picknick, leichtes Abendessen, Treffen mit ein paar Freunden oder für eine richtige Party: Dips, Pasteten und Snacks aus Meeresfrüchten. Ob eine dampfende Schüssel Moules marinière, zu denen man knusprige Brotscheiben reicht, oder Räucherfisch-Pastete auf heiß gebuttertem Toast – die kleinen Köstlichkeiten sind im Nu zubereitet. Darüber hinaus zeigen wir Ihnen, wie Sie elegante Nudelkörbe mit Erbsen und Garnelen – ideal für ein schickes Dinner – oder Sushi und Sashimi, die Lieblinge der modernen Party, zubereiten.

DAS GROSSE KOCHBUCH DER FISCHE & MEERESFRÜCHTE

TARAMASALATA
Die Originalversion dieses traditionell griechischen Dips wird aus Tarama, dem orangefarbenen, gesalzenen und getrockneten Rogen der Meeräsche zubereitet. In einigen griechischen und türkischen Geschäften ist dieser Dip fertig erhältlich. Oft wird als Alternative geräucherter Dorschrogen verwendet. Wie einen Dip kann man Taramasalata mit Brot als Bestandteil einer Meze-Platte (griechische Vorspeisenplatte) servieren.

Oben: Taramasalata

TARAMASALATA
(Tarama-Dip)

Vorbereitungszeit: 10 Minuten
Garzeit: keine
Ergibt 250 ml

4 Scheiben Weißbrot, ohne Rinde
1 kleine Zwiebel, feingerieben
100 g Tarama oder geräucherter Dorschrogen
2 EL Zitronensaft
60 ml Olivenöl
Salz und Pfeffer

1 Das Brot in eine Schüssel legen und mit kaltem Wasser bedecken. Nach kurzer Einweichzeit abgießen und kräftig ausdrücken.
2 Zwiebel, Tarama, Zitronensaft und Öl zum Brot geben und mit einer Gabel vermischen. Nach Geschmack mit Salz und Pfeffer würzen.
3 Der Dip kann auch in einer Küchenmaschine zubereitet werden. Mit Brotscheiben servieren.
HINWEIS: Taramasalata hält sich in einem luftdicht verschlossenen Behälter bis zu 3 Tagen im Kühlschrank.

GESTÜRZTER EI-KAVIAR-DIP

Vorbereitungszeit: 60 Minuten + 2 Stunden zum Kühlen
Garzeit: 6 Minuten
Für 10–12 Personen

★★

7 Eier
3 EL frische Petersilie, feingehackt
3 EL Mayonnaise
80 g Schnittlauch, feingehackt
500 g Doppelrahmfrischkäse
90 g Seehasenrogen (schwarzer Kaviar)
300 g Sauerrahm
Salz und Pfeffer
Schnittlauch, schwarzer Kaviar und Cracker zum Servieren

1 Eier 6 Minuten kochen, abschrecken und in kaltes Wasser tauchen, um den Garprozeß zu stoppen. Schälen und gut zerdrücken, Petersilie und Mayonnaise zufügen und vermischen. Nach Geschmack mit Salz und Pfeffer würzen.
2 Eine Gugelhupf-Form (18 cm Durchmesser) mit Klarsichtfolie auslegen, Folie etwas überhängen lassen, damit Sie den Dip später leicht herausnehmen können.
3 Die Hälfte der Ei-Mischung in die ausgelegte Form füllen. Fest andrücken und die Oberfläche glätten, dabei auch am Rand gut andrücken. Die Hälfte des Schnittlauchs in den Dip drücken. Mit einem sauberen, warmen Löffel die Hälfte des Frischkäses verstreichen. Abschließend die Hälfte des Kaviars darauf verteilen und leicht eindrücken.
4 Das Einschichten mit restlicher Ei-Mischung, Schnittlauch, Frischkäse und Kaviar wiederholen. Den Dip mit Klarsichtfolie abdecken, dabei fest andrücken, dann 2 Stunden kühl stellen.
5 Die obere Klarsichtfolie entfernen und einen Teller auf die Form legen. Form anschließend stürzen und die Klarsichtfolie vorsichtig entfernen, damit die Bogenform nicht beschädigt wird.

DIPS, PASTETEN & SNACKS

6 Sauerrahm-Kleckse auf den Dip setzen und leicht verstreichen. Mit Schnittlauch und Kaviar dekorieren und mit Crackern servieren.

CHILI-KREBS-TOMATEN-DIP

Vorbereitungszeit: 25 Minuten
Garzeit: keine
Für 6 Personen
★

1 kleine Tomate
340 g Krebsfleisch aus der Dose, abgetropft
200 g Neufchâtel-Frischkäse
2 EL Chilisauce
2 TL Tomatenpüree
1 TL geriebene Zitronenschale
2 TL Zitronensaft
1 kleine Zwiebel, feingerieben
2 Frühlingszwiebeln, in Scheiben geschnitten
Salz und Pfeffer

1 Tomaten kreuzweise einritzen. In eine hitzebeständige Schüssel setzen und mit kochendem Wasser bedecken. Nach 30 Sekunden abgießen, kurz in kaltes Wasser tauchen, dann vom Kreuz aus häuten. Tomaten in der Mitte durchschneiden, Kerne mit einem Teelöffel herausnehmen und das Fleisch kleinschneiden.
2 Mit den Händen die restliche Flüssigkeit aus dem Krebsfleisch herausdrücken. Frischkäse in eine Schüssel geben und mit einem Holzlöffel glattrühren. Krebsfleisch, Chilisauce, Tomatenpüree, Zitronenschale, Zitronensaft und geriebene Zwiebel unterheben. Gut mit Salz und Pfeffer würzen. Noch einmal verrühren und in eine Servierschüssel füllen.
3 Frühlingszwiebeln und Tomatenwürfel auf dem Dip verteilen. Vor dem Servieren einige Zeit abgedeckt kühl stellen. Mit dünn geschnittenem oder leicht geröstetem Brot servieren. (Ein kleiner Servierlöffel macht es den Gästen leichter.)
HINWEIS: Neufchâtel ist ein weicher, milder Frischkäse, der in Feinkostgeschäften erhältlich ist. Sie können stattdessen aber auch jeden anderen Frischkäse verwenden.

Unten:
Chili-Krebs-Tomaten-Dip

Oben: Dip mit Garnelen, Mais und süßem Chili

DIP MIT GARNELEN, MAIS UND SÜSSEM CHILI

Vorbereitungszeit: 60 Minuten + 2 Stunden zum Kühlen
Garzeit: 3 Minuten
Für 8 Personen

1 kg mittelgroße gegarte Garnelen
60 ml Limonensaft
110 g Maiskörner
3 TL Limonenschale, feingerieben
250 g Doppelrahmfrischkäse
3 EL Schnittlauch, gehackt
1 EL süße Chilisauce
4 große gegarte Garnelen zum Garnieren

1 Garnelen schälen und Darm aus dem Rücken ziehen. Mit Küchenpapier trockentupfen und in eine Schüssel legen. Mit Limonensaft beträufeln, abdecken und 10 Minuten kalt stellen.
2 Den Mais in kochendem Wasser 2–3 Minuten weich garen. Abgießen und kurz in Eiswasser tauchen, um weiteres Garen zu verhindern. Zum Trocknen auf Küchenpapier ausbreiten.
3 Garnelen und Limonensaft in der Küchenmaschine 2–3 Sekunden zerkleinern, aber nicht pürieren. In eine Schüssel füllen, dann Mais, Limonenschale, Frischkäse und Schnittlauch unterrühren. Chilisauce zugeben und gut mischen. Mit Klarsichtfolie abdecken und mindestens 2 Stunden kalt stellen.
4 Unmittelbar vor dem Servieren die großen Garnelen schälen und vom Darm befreien, dabei die Schwänze intakt lassen. Den Dip mit den geschälten Garnelen garnieren. Zum Dippen einige gegarte und geschälte Garnelen sowie dünne, hartgeröstete Brotscheiben oder Pitta-Brot reichen.

RÄUCHERFISCHDIP

Vorbereitungszeit: 10 Minuten + mehrere Stunden zum Kühlen
Garzeit: keine
Für 4–6 Personen

4 Räuchermakrelen- oder Räucherforellen-Filets
2–3 EL Zitronen- oder Limonensaft
125 g Doppelrahmfrischkäse
200 g Butter, geschmolzen
Salz und Pfeffer
frische Kräuterzweige (Dill, Fenchel, glatte Petersilie) zum Garnieren
Zitronenscheiben zum Garnieren

1 Haut und Gräten vom Fisch lösen und das Fleisch grob zerkleinern. Mit Limonensaft, Frischkäse und Butter in einer Küchenmaschine glattpürieren. Nach Geschmack mit Salz und Pfeffer würzen.
2 Den Dip in eine Servierschüssel füllen und mehrere Stunden kalt stellen. Zum Servieren mit frischen Kräuterzweigen und Zitronenscheiben belegen. Dazu schmecken dünne, hartgeröstete Brotscheiben oder Cracker.

DIPS, PASTETEN & SNACKS

LACHS-SCHNITTLAUCH-BAUM

Vorbereitungszeit: 10 Minuten + mehrere Stunden zum Kühlen
Garzeit: keine
Für 4–6 Personen

250 g Doppelrahmfrischkäse
2 EL Sauerrahm
1 EL Zitronensaft
3 Frühlingszwiebeln, gehackt
420 g roter Lachs aus der Dose, ohne Haut und Gräten, abgetropft und zerkleinert
1 TL schwarzer Pfeffer, gemahlen
40 g Pecannüsse, feingehackt
80 g frischer Schnittlauch, feingehackt

1 Frischkäse, Sauerrahm und Zitronensaft in eine Schüssel geben und solange rühren, bis eine glatte Masse entsteht. Frühlingszwiebeln, Lachs, Pfeffer, Pecannüsse und ein Viertel des Schnittlauchs zufügen und gut mit den übrigen Zutaten vermischen. Zum Durchziehen mehrere Stunden kalt stellen.
2 Die Mischung auf ein Stück Klarsichtfolie setzen und mit Hilfe der Folie in die Form eines Baumstammes rollen. Anschließend im restlichen Schnittlauch wenden. Bis zum Verbrauch kühlen. Mit Crackern oder Brot servieren.

*Oben:
Räucherfischdip;
Lachs-Schnittlauch-Baum*

DAS GROSSE KOCHBUCH DER FISCHE & MEERESFRÜCHTE

GRAVAD LACHS

Mit einer Pinzette etwaige Gräten vom Lachs lösen.

Das zweite Lachsfilet mit dem restlichen Zucker gut einreiben.

Alle Zutaten der Senfsauce gut miteinander verrühren.

Zum Servieren den Lachs zum Schwanz hin schräg in dünne Scheiben schneiden.

Gegenüberliegende Seite: Eingelegte Garnelen; Gravad Lachs

EINGELEGTE GARNELEN

Vorbereitungszeit: 12 Minuten + 1 Nacht zum Kühlen
Garzeit: 3 Minuten
Ergibt 350 g

250 g kleine gegarte Garnelen
100 g Butter
¼ TL Muskatnuß, gemahlen
¼ TL Ingwer, gemahlen
1 Prise Cayennepfeffer
Salz und Pfeffer

1 Garnelen schälen, entdarmen und sehr fein hacken. In einem Topf 60 g Butter bei schwacher Hitze schmelzen. Garnelen, Muskatnuß, Ingwer, Cayennepfeffer und nach Geschmack Salz und Pfeffer zugeben.
2 Bei schwacher Hitze 2 Minuten rühren, bis die Butter von der Mischung absorbiert ist. In eine 350-ml-Ramequinform füllen, fest andrücken und die Oberfläche glätten.
3 Restliche Butter schmelzen und die Oberfläche vollständig damit bedecken (das ausgeflockte Eiweiß zurückhalten). Über Nacht kalt stellen, damit die Aromen sich entfalten. Zimmerwarm mit Brot servieren.

GRAVAD LACHS

Vorbereitungszeit: 10 Minuten + 24 Stunden zum Kühlen
Garzeit: 5 Minuten
Für 12 Personen

60 g Zucker
2 EL Meersalz
1 TL schwarze Pfefferkörner, zerstoßen
2,5 kg Lachsfilet, mit Haut
1 EL Wodka oder Brandy
4 EL frischer Dill, sehr fein gehackt

Senfsauce

1½ EL Apfelessig
1 TL feiner Zucker
125 ml Olivenöl
2 TL frischer Dill, gehackt
2 EL Dijon-Senf

1 Zucker, Salz und Pfefferkörner mischen. Mit einer Pinzette etwaige Gräten vom Lachs entfernen. Trockentupfen und ein Filet mit der Hautseite nach unten in eine flache Auflaufform legen. Mit der Hälfte des Wodkas beträufeln, die Hälfte der Zuckermischung einreiben, dann mit der Hälfte des Dills bestreuen. Über das zweite Lachsfilet restlichen Wodka träufeln und restliche Zuckermischung ins Fleisch reiben. Legen Sie es mit der Fleischseite nach unten auf das erste Filet. Mit Klarsichtfolie abdecken und mit einem Brett und Dosen beschweren. Den Lachs 24 Stunden kalt stellen, die Filets einmal wenden.
2 Für die Senfsauce alle Zutaten mit dem Schneebesen verrühren und abdecken.
3 Die Lachsfilets auf ein Holzbrett legen. Dill und Gewürze mit einem harten Kuchenpinsel abbürsten. Mit dem restlichen Dill bestreuen und diesen fest andrücken. Auf einen Servierteller legen und in dünne Scheiben schneiden. Mit der Sauce servieren.
HINWEIS: Abgedeckt und gekühlt hält sich Gravad Lachs bis zu 1 Woche.

SCOTCH WOODCOCK

(Gekochte Eier mit Anchovis auf Toast)

Vorbereitungszeit: 10 Minuten
Garzeit: 5 Minuten
Für 4 Personen

2 Eier
4 Eigelb
150 ml Sahne
2 EL frische Petersilie, feingehackt
1 Prise Cayennepfeffer
Salz und Pfeffer
45 g Anchovis-Filets aus der Dose, abgetropft
20 g weiche Butter
4 dicke Brotscheiben, geröstet

1 Eier, Eigelb, Sahne, die Hälfte der Petersilie und Cayennepfeffer mit einem Schneebesen glattrühren. Etwas Salz und Pfeffer zufügen. Die Mischung in eine gußeiserne Pfanne gießen und bei schwacher Hitze unter Rühren garen, bis das Ei zu stocken beginnt.
2 Anchovis und Butter mit einer Gabel zerdrücken, so daß eine glatte Masse entsteht. Auf das Toastbrot streichen.
3 Ei auf die Anchovis-Toasts geben, mit der restlichen Petersilie bestreuen und servieren.

DIPS, PASTETEN & SNACKS

Oben: Thunfisch-Bratlinge

THUNFISCH-BRATLINGE

Vorbereitungszeit: 30 Minuten + 30 Minuten zum Kühlen
Garzeit: 40 Minuten
Ergibt 8 Stück

3 mehligkochende Kartoffeln, geschält, geviertelt
30 g Butter
1 Zwiebel, feingehackt
1 Knoblauchzehe, zerdrückt
1 rote Paprika, feingehackt
415 g Thunfisch aus der Dose
1 Ei, leicht verquirlt
2 EL Zitronensaft
3 EL frische Petersilie, gehackt
30 g Mehl
100 g Semmelbrösel
1 Ei, leicht verquirlt, zusätzlich
2 EL Milch
Öl zum Braten

1 Kartoffeln 8–10 Minuten kochen oder dämpfen, bis sie weich sind. Abgießen. Kartoffeln zerdrücken und zum Abkühlen beiseite stellen.
2 Die Butter in einer Pfanne schmelzen, Zwiebel und Knoblauch zufügen und bei mittlerer Hitze 5 Minuten braten. Die rote Paprika zugeben und unter Rühren 5 Minuten dünsten.
3 Thunfisch abgießen, in eine Schüssel füllen und mit einer Gabel zerkleinern. Kartoffeln, Ei, Zwiebelmischung, Zitronensaft und Petersilie unterrühren.
4 Mehl und Semmelbrösel jeweils auf einen Teller geben. Ei und Milch in einer flachen Schüssel verrühren. Aus der Thunfischmasse 8 Bratlinge formen. Diese erst in Mehl, dann in der Eiermilch wenden. Schließlich mit den Semmelbröseln panieren. Auf einen Teller legen. Wenn nötig, nachformen. Anschließend abgedeckt 30 Minuten kalt stellen.
5 3 Eßlöffel Öl in einer gußeisernen Pfanne bei mittlerer Hitze erwärmen und die Bratlinge nacheinander auf jeder Seite 2–3 Minuten braten, bis sie goldbraun sind. Abtropfen lassen und heiß servieren.
HINWEIS: Sie können diese Bratlinge auch mit Lachs aus der Dose zubereiten.

BAGNA CAUDA

Vorbereitungszeit: 5 Minuten
Garzeit: 8 Minuten
Ergibt etwa 250 ml

315 ml Sahne
45 g Anchovis-Filets aus der Dose, abgetropft
10 g Butter
2 Knoblauchzehen, zerdrückt
Salz und Pfeffer

1 In einer gußeisernen Pfanne die Sahne langsam zum Kochen bringen. Unter Rühren 8 Minuten kochen, bis die Sahne eingedickt ist.
2 Währenddessen die Anchovis-Filets kleinschneiden. Die Butter in einem kleinen Topf schmelzen, Anchovis und Knoblauch zufügen und 1 Minute bei schwacher Hitze anbraten, aber nicht braun werden lassen.
3 Die Sahne zugießen und gut mischen, nach Geschmack mit Salz und Pfeffer würzen. In eine Servierschüssel gießen. Zimmerwarm als Dip-Sauce zusammen mit rohem Gemüse servieren. Die Sauce dickt nachträglich ein.

DIPS, PASTETEN & SNACKS

NUDELKÖRBE MIT ERBSEN UND GARNELEN

Vorbereitungszeit: 40 Minuten
Garzeit: 20–25 Minuten
Für 4 Personen

★★★

700 g mittelgroße rohe Garnelen
Öl zum Fritieren
200 g frische Eiernudeln
2 Frühlingszwiebeln, gehackt
1 Knoblauchzehe, zerdrückt
1/2 TL frischer Ingwer, feingerieben
1/2 TL Sesamöl
1/2 TL Fischsauce
100 g grüne Erbsen, gegart
3 Wasserkastanien aus der Dose, in Scheiben geschnitten
1 EL frische Minze, gehackt
2 TL frischer Schnittlauch, gehackt
80 g Zuckererbsensprossen
Salz und Pfeffer
Schnittlauch und Frühlingszwiebeln zum Garnieren

1 Garnelen schälen und Darm aus dem Rücken ziehen.

2 Eine Friteuse zu einem Drittel mit Öl füllen und auf 180 °C erhitzen (eine ins Öl getauchte Nudel sollte in 8–10 Sekunden braun sein). Bevor das Öl zu heiß ist, 2 Drahtkörbe (siehe Hinweis), davon einer etwas kleiner als der andere, ins Öl tauchen, dann trockenschütteln.

3 Die Nudeln in 4 Portionen teilen. Nacheinander im großen Korb arrangieren, dann den kleineren Korb fest hineindrücken, um den Nudeln eine (Korb-)Form zu geben. Die Körbe mit fest zusammengehaltenen Handgriffen ins Öl tauchen. Die Nudeln müssen mit Öl bedeckt sein. Den kleineren Korb ab und zu bewegen, damit die Nudeln nicht festkleben. Die goldbraunen Nudeln auf Küchenpapier abtropfen lassen, dann warm stellen.

4 2 Eßlöffel Öl in einem Wok erhitzen. Garnelen, Frühlingszwiebeln, Knoblauch und Ingwer bei starker Hitze 2 Minuten anbraten, bis die Garnelen rosa sind. Sesamöl, Fischsauce, Erbsen und Wasserkastanien unterrühren. Vom Herd nehmen und nach Geschmack mit Salz und Pfeffer würzen. Minze, Schnittlauch und Zuckererbsensprossen unterheben.

5 Garnelen und Erbsenmischung in die Nudelkörbe füllen, garnieren und servieren.
HINWEIS: Drahtkörbe gibt es in Haushaltswarengeschäften. Sie können auch asiatische Sieblöffel aus Metall verwenden.

NUDELKÖRBE MIT ERBSEN UND GARNELEN

Eiernudeln trennen und in vier gleich große Portionen aufteilen.

Eine Portion im größeren Korb arrangieren.

Den kleinen Korb hineinsetzen, gut festhalten, dann ins Öl tauchen.

Garnelen, Frühlingszwiebel, Knoblauch und Ingwer bei großer Hitze anbraten, bis die Garnelen eine rosa Farbe annehmen.

Links: Nudelkörbe mit Erbsen und Garnelen

DAS GROSSE KOCHBUCH DER FISCHE & MEERESFRÜCHTE

GARNELEN-NUDELN-NORI-PAKETE

Die Garnelen schälen und entdarmen, den Schwanz intakt lassen.

Mit einem scharfen Messer die Somen-Nudeln genauso lang wie die Garnelenkörper schneiden.

Die in Teig getauchten Garnelen in Nudeln wälzen und mit Noriblättern umwickeln.

Die Garnelen-Nudeln-Pakete in heißes Öl tauchen und goldbraun fritieren.

GARNELEN-NUDELN-NORI-PAKETE

Vorbereitungszeit: 45 Minuten
Garzeit: 10 Minuten
Ergibt 24 Pakete

1 kg mittelgroße rohe Garnelen
250 g Somen-Nudeln, getrocknet
2 Noriblätter (getrockneter Seetang)
60 g Mehl
2 Eigelb
Öl zum Fritieren

Dip-Sauce

80 ml Tonkatsu- oder Barbecue-Sauce
2 EL Zitronensaft
1 EL Sake oder Mirin
1–2 TL frischer Ingwer, gerieben

1 Garnelen schälen und entdarmen, dabei die Schwänze intakt lassen. Beiseite stellen.
2 Die Nudeln auf die gleiche Länge wie die Garnelen zurechtschneiden, anschließend die einzelnen Nudelbündel beiseite legen. Noriblätter in 2,5 cm breite Streifen schneiden.
3 Mehl in eine große Schüssel sieben und in der Mitte eine Vertiefung formen. Das Eigelb mit 3 Eßlöffeln Wasser vermischen. Portionsweise zum Mehl geben und mit dem Schneebesen zu einem glatten, klumpenfreien Teig verrühren.
4 Die Zutaten für die Dip-Sauce in einer kleinen Schüssel mischen, Ingwer je nach Geschmack zugeben.
5 Eine Garnele in den Teig tauchen, anschließend die Garnele in den Nudeln wälzen, um sie mit einer Schicht zu bedecken. Die Nudeln befestigen, indem Sie ein Noriblatt um die Garnele wickeln und mit etwas Teig festkleben. Diesen Vorgang mit den restlichen Garnelen wiederholen.
6 Eine tiefe gußeiserne Pfanne zu einem Drittel mit Öl füllen und auf 180 °C erhitzen (ein Brotwürfel sollte in 15 Sekunden braun sein). Jeweils 2–3 Garnelenpäckchen 1–2 Minuten fritieren. Auf Küchenpapier abtropfen lassen und warm stellen, bis die restlichen Garnelenpäckchen ausgebacken sind.
7 Für die Dip-Sauce alle Zutaten gut miteinander verrühren.
HINWEIS: Somen-Nudeln, Noriblätter, Tonkatsu-Sauce, Sake und Mirin erhalten Sie in Asienläden.

Rechts: Garnelen-Nudeln-Nori-Pakete

DIPS, PASTETEN & SNACKS

GARNELEN-TOASTS

Vorbereitungszeit: 20 Minuten
Garzeit: 10–15 Minuten
Ergibt 48 Stück

★★

350 g mittelgroße rohe Garnelen
1 Knoblauchzehe
75 g Wasserkastanien oder Bambusschößlinge aus der Dose, abgetropft
1 EL frisches Koriandergrün, gehackt
1 Stück frischer Ingwer à 2 cm
2 Eier, getrennt
1/4 TL weißer Pfeffer, gemahlen
1/4 TL Salz
12 Scheiben Weißbrot
155 g Sesamsamen
Öl zum Fritieren
Chilisauce zum Servieren

1 Garnelen schälen und Darm aus dem Rücken ziehen.
2 Zusammen mit Knoblauch, Wasserkastanien, Koriandergrün, Ingwer, Eiweiß, Pfeffer und Salz in einer Küchenmaschine 20–30 Sekunden zu einer glatten Masse pürieren. Aus dem Brot (mit einem speziellen Schneider) runde Scheiben mit 5 cm Durchmesser ausstechen.
3 Jede Brotscheibe mit leicht verquirltem Eigelb einpinseln, dann gleichmäßig mit der Garnelenmasse bestreichen. Großzügig mit Sesamsamen bestreuen.
4 Eine tiefe gußeiserne Pfanne zu einem Drittel mit Öl füllen und auf 180 °C erhitzen (ein in das Öl getauchter Brotwürfel sollte in 15 Sekunden braun sein). Die Toasts nacheinander, mit der bestrichenen Seite nach unten, 10–15 Sekunden fritieren, bis sie goldbraun, knusprig und auf beiden Seiten gar sind. Mit einer Zange oder einem Sieblöffel aus dem Öl heben. Auf Küchenpapier abtropfen lassen. Heiß mit Chilisauce servieren.

WASSERKASTANIEN

Die chinesische Wasserkastanie wird nicht nur in China, sondern auch in Japan und den ostindischen Ländern angebaut. Es handelt sich um die weißfleischige Wurzel einer Wassergrasart. Wasserkastanien behalten bei der Zubereitung ihre knusprige Konsistenz. Sie haben einen lieblichen Geschmack und finden sowohl in pikanten als auch in süßen Gerichten Verwendung. Sie werden meist in Dosen verkauft. Mit Wasser bedeckt halten sie sich nach dem Öffnen in einem luftdichten Behälter drei Tage.

Oben: Garnelen-Toasts

DAS GROSSE KOCHBUCH DER FISCHE & MEERESFRÜCHTE

THAI-MUSCHELN

Nach dem Abbürsten aller Muscheln die Bärte herausziehen.

Die Muscheln aus dem Wasser nehmen, sobald die Schalen sich öffnen.

Mit einem scharfen Messer das Muschelfleisch aus den Schalen lösen.

Gegenüberliegende Seite: Thai-Muscheln (oben links); Frische Austern mit Estragon; Räucherlachs in Dill-Dressing

THAI-MUSCHELN

Vorbereitungszeit: 15 Minuten + 10 Minuten zum Ziehen
Garzeit: 15 Minuten
Für 4 Personen

1 kg Miesmuscheln
80 ml Limonensaft
1 EL süße Chilisauce
1 EL geriebener Palmzucker oder brauner Zucker
1 EL Fischsauce
1 EL Zitronengras (nur der weiße Teil), feingehackt
2 EL frisches Koriandergrün, gehackt
1 roter Chili, feingehackt

1 Muscheln mit einer harten Bürste putzen und die Bärte herausziehen. Beschädigte oder offene Muscheln wegwerfen. Gut abspülen.
2 Restliche Zutaten mischen und 10 Minuten ziehen lassen.
3 Die Miesmuscheln portionsweise in einen Topf mit leicht kochendem Wasser legen. Herausnehmen, sobald die Schalen sich öffnen, und alle Muscheln wegwerfen, die sich nach 4–5 Minuten nicht geöffnet haben. Mit einem scharfen Messer die Muscheln aus der Schale lösen. Wieder in Schalenhälften legen und mit Sauce begießen, sofort servieren.

RÄUCHERLACHS IN DILL-DRESSING

Vorbereitungszeit: 15 Minuten
Garzeit: keine
Für 4 Personen

400 g Räucherlachsscheiben
2 EL Olivenöl
2 EL Öl
2 EL Zitronensaft
3 TL brauner Zucker
3 EL frischer Dill, gehackt
Salz und Pfeffer

1 Räucherlachsscheiben in einer Schicht auf Tellern oder einer großen Platte anrichten.
2 Öle, Saft und Zucker in einer Schüssel verrühren, bis der Zucker sich aufgelöst hat. Nach Geschmack würzen, 2 Eßlöffel Dill zufügen.

3 Das Dressing über den Lachs träufeln. Mit dem restlichen Dill und etwas zerstoßenem schwarzen Pfeffer bestreuen und mit Zitronenspalten und Roggenbrotscheiben servieren.

FRISCHE AUSTERN MIT ESTRAGON

Vorbereitungszeit: 15 Minuten + 30 Minuten zum Marinieren
Garzeit: 15 Minuten
Für 4 Personen

1 EL frischer Estragon, gehackt
2 TL Frühlingszwiebeln, sehr fein gehackt
2 TL Weißweinessig
1 EL Zitronensaft
2 EL extra natives Olivenöl
24 frische Austern

1 In einer Schüssel Estragon, Frühlingszwiebeln, Essig, Zitronensaft und Olivenöl gut miteinander vermischen.
2 Austern aus den Schalen lösen. Mit der Vinaigrette mischen und abgedeckt 30 Minuten kalt stellen. Die Austerschalen gründlich abspülen und ebenfalls kalt stellen.
3 Zum Servieren die Austern in die Schalen zurücklegen. Mit restlicher Vinaigrette beträufeln.

KREBS-GARNELEN-NORI-ROLLEN

170 g Krebsfleisch aus der Dose mit 350 g geschälten, rohen Garnelen (entdarmt), 1 Eiweiß und 2 Teelöffel fein geriebenem frischem Ingwer glattpürieren. 2 Eßlöffel gehacktes frisches Koriandergrün und 1 feingehackte Frühlingszwiebel zugeben. Mit Salz und Pfeffer würzen. Die Mischung auf 2 Noriblätter verteilen. Aufrollen, so daß die Füllung umhüllt ist. Mit einem scharfen Messer jede Rolle in 8 Scheiben schneiden. Scheiben mit je 2 cm Abstand auf einen leicht eingeölten Dämpfeinsatz aus Metall oder Bambus legen. Über einem großen Topf mit leicht kochendem Wasser 5 Minuten dämpfen, bis sie gerade gar sind. Jede Rolle mit einem frischen Korianderblatt krönen und warm servieren. Ergibt 16 Stück.

DIPS, PASTETEN & SNACKS

69

DAS GROSSE KOCHBUCH DER FISCHE & MEERESFRÜCHTE

THAI-FISCHBRATLINGE

Vorbereitungszeit: 30 Minuten
Garzeit: 10 Minuten
Für 4–6 Personen

450 g feste weiße Fischfilets (z. B. Dorsch, Seehecht, Leng, Roter Schnapper), kleingeschnitten
45 g Speisestärke oder Reismehl
1 EL Fischsauce
1 Ei, leicht verquirlt
3 EL frisches Koriandergrün
3 TL rote Currypaste
1–2 TL frische rote Chillies, gehackt
100 g grüne Bohnen, feingeschnitten
2 Frühlingszwiebeln, feingehackt
125 ml Öl zum Braten
süße Chili- oder eine andere Dip-Sauce zum Servieren
Erdnüsse und Gurkenscheiben zum Garnieren

1 Den Fisch in einer Küchenmaschine 20 Sekunden pürieren. Speisestärke, Fischsauce, Ei, Koriandergrün, Currypaste und Chillies zufügen. Verrühren, bis alles gut vermischt ist, dann in eine große Schüssel füllen. Grüne Bohnen und Frühlingszwiebeln unterheben.
2 Mit nassen Händen aus je 2 Eßlöffeln der Mischung sehr flache Bratlinge formen.
3 Das Öl bei mittlerer Hitze in einer gußeisernen Pfanne erhitzen. Jeweils 4 Fischbratlinge darin garen, bis sie auf beiden Seiten goldbraun sind. Auf Küchenpapier abtropfen lassen. Mit süßer Chilisauce servieren. Die Sauce kann mit einigen gehackten Erdnüssen und mit feingeschnittenen Gurkenscheiben garniert werden.
HINWEISE: Rote Currypaste bekommen Sie in gut sortierten Supermärkten oder in Asienläden. Die Fischbratlinge können bis Schritt 2 vorbereitet und dann abgedeckt bis zu 4 Stunden im Kühlschrank aufbewahrt werden. Kurz vor dem Servieren braten.

Unten: Thai-Fischbratlinge

DIPS, PASTETEN & SNACKS

JAPANISCHER GARNELEN-GURKEN-SALAT

Vorbereitungszeit: 20 Minuten + 60 Minuten zum Marinieren
Garzeit: keine
Für 4 Personen

1 mittelgroße Salatgurke
¼ TL Salz
375 g mittelgroße gegarte Garnelen
60 ml Reisessig
1 EL feiner Zucker
1 EL Sojasauce
1 TL frischer Ingwer, feingerieben
1 EL Sesamsamen, geröstet

1 Die Gurke der Länge nach halbieren und Kerne mit einem Teelöffel entfernen. In dünne Scheiben schneiden, mit Salz bestreuen und 5 Minuten auf einem mit Küchenpapier bedeckten Teller stehen lassen. Das Wasser leicht aus der Gurke drücken und die Scheiben auf frischem Küchenpapier beiseite stellen.
2 Garnelen schälen, Darm aus dem Rücken ziehen, dabei die Schwänze intakt lassen.
3 Essig, Zucker, Sojasauce und Ingwer mischen und solange rühren, bis der Zucker sich aufgelöst hat. Garnelen und Gurke zufügen und abgedeckt 1 Stunde kalt stellen. Gelegentlich umrühren.
4 Die Garnelen-Gurken-Mischung in einem Sieb abtropfen lassen. Den Salat auf Tellern anrichten und mit gerösteten Sesamsamen bestreuen.

GEDÄMPFTE GARNELEN IN BANANENBLÄTTERN

Vorbereitungszeit: 30 Minuten + 2 Stunden zum Marinieren
Garzeit: 15 Minuten
Für 4 Personen

1 kg mittelgroße rohe Garnelen
1 Stück frischer Ingwer à 2,5 cm, gerieben
2 kleine frische rote Chillies, feingehackt
4 Frühlingszwiebeln, feingehackt
2 Zitronengrasstengel (nur der weiße Teil), feingehackt
2 TL brauner Zucker

2 EL Limonensaft
1 EL Fischsauce
1 EL Sesamsamen, geröstet
2 EL frisches Koriandergrün, gehackt
6–8 kleine Bananenblätter

1 Garnelen schälen und Darm aus dem Rücken ziehen. Ingwer, Chillies, Frühlingszwiebeln und Zitronengras in der Küchenmaschine kurz pürieren. In eine Schüssel füllen und Zucker, Limonensaft, Fischsauce, Sesamsamen und Koriandergrün unterheben. Garnelen untermischen. Abgedeckt 2 Stunden kalt stellen.
2 Die Bananenblätter in acht Quadrate mit 18 cm Kantenlänge schneiden. Zum Aufweichen 3 Minuten in kochendes Wasser legen.
3 Die Garnelenfarce in 8 Portionen teilen und je eine Portion in die Mitte eines Bananenblattes setzen. Zusammenfalten und mit Bambusspießen oder Zahnstochern verschließen.
4 Die Pakete in einen (Bambus-)Dämpfeinsatz über einem großen Topf mit leicht kochendem Wasser legen und 8–10 Minuten dämpfen.
HINWEIS: Bananenblätter gibt es in Asienläden. Sie können stattdessen aber auch Alufolie verwenden.

Oben: Gedämpfte Garnelen in Bananenblättern

SUSHI & SASHIMI

Japaner verwenden nur frischeste Zutaten, um diese traditionellen Gerichte zuzubereiten. Sie werden dekorativ arrangiert angeboten, um Geschmackssinn und Augen zu schmeicheln.

WAS IST DER UNTERSCHIED?

Japanisches Sashimi besteht aus in sehr dünne Scheiben oder Würfel geschnittenem rohem Fisch oder anderen Meeresfrüchten. Man serviert sie als Vorspeise oder Appetithäppchen, zu denen Dip-Saucen gereicht werden. Hinter japanischen Sushi verbergen sich kleine, in Seetang gehüllte Portionen von gekochtem Reis und pikanten Füllungen. Sushi mit Seetang heißen *maki*, mit Fisch oder Meeresfrüchten *nigiri* und mit Omelett *fukusu*. Sushi wird mit eingelegtem Ingwer, Sojasauce und Wasabi-Paste kalt serviert. Zur Herstellung benötigen Sie eine Bambusmatte.

NORI-ROLLEN MIT THUNFISCH ODER LACHS

Sie brauchen 5 Noriblätter, jeweils der Länge nach halbiert, 800 g gekochten Sushi-Reis (siehe Seite 74), Wasabi-Paste und 200 g Thunfisch oder Lachs, in dünne Streifen geschnitten. Ein Noriblatt mit der glänzenden Seite nach unten auf die Matte legen und 4 Eßlöffel Reis auf die untere Hälfte streichen, einen Rand von 2 cm lassen. Eine leichte Vertiefung in den Reis drücken und mit Wasabi-Paste füllen. Darauf den Fisch legen. Das Noriblatt von unten her fest aufrollen. Ergibt 60 Stück.

KEGELROLLEN

Sie benötigen 10 diagonal durchgeschnittene Noriblätter, 400 g gekochten

Sushi-Reis (siehe Seite 74), Wasabi-Paste, 20 kleine rohe Garnelen, 1 in Scheiben geschnittene Avocado und 125 g Tempuramehl. Den Tempura-Backteig nach den Angaben auf der Packung herstellen. Die Garnelen in den Backteig tauchen und in heißem Öl knusprig und goldbraun fritieren. Auf Küchenpapier abtropfen lassen. Ein Noriblatt mit der glänzenden Seite nach unten legen, 2 Eßlöffel Reis darauf verteilen. Mit Wasabi-Paste bestreichen. Eine Garnele zusammen mit einer Scheibe Avocado auf den Reis legen, dann das Noriblatt kegelförmig aufrollen, so daß das kürzere Ende eingeschlossen wird.
Ergibt 20 Stück.

GARNELEN-THUNFISCH-NIGIRI

Sie brauchen 10 geschälte, der Länge nach halbierte, gegarte Garnelen, 250 g Thunfisch, Wasabi-Paste und 400 g gekochten Sushi-Reis (siehe Seite 74). Den Thunfisch als Rechteck zuschneiden, dabei etwaiges Bindegewebe oder Blut entfernen. Dünne Scheiben abschneiden, das Messer nach jedem Schnitt abwischen. In die Mitte der Thunfisch-Scheiben etwas Wasabi-Paste streichen. 1 Eßlöffel Reis zu einem kleinen Oval formen, das die Größe der Thunfischscheibe hat, und fest an den Fisch drücken, dabei darauf achten, daß eine saubere Form entsteht. Eine Garnele auf den Reis legen. Ergibt 16–20 Stück.

ROLLEN MIT LACHS, GURKE UND SCHNITTLAUCH

Ein Lachsfilet (ca. 200 g) schräg in hauchdünne Scheiben schneiden. Eine kleine Gurke in der Mitte durchschneiden und die Kerne entfernen. Das Fruchtfleisch in lange, dünne Streifen schneiden. Eine Lachsscheibe auf ein Brett legen, mit Gurkenstreifen bedecken, aufrollen und mit Schnittlauchhalmen zubinden. Mit Ingwer, Shoyu und Wasabi-Paste servieren.
Ergibt 25 Stück.
HINWEISE: Shoyu ist eine japanische Sojasauce, viel leichter und lieblicher als die chinesische Variante. Sie sollte nach dem Öffnen im Kühlschrank aufbewahrt werden.
Bambusmatte, Noriblätter, Wasabi-Paste und Tempuramehl erhalten Sie in Asienläden.

Von links: Nori-Rollen mit Thunfisch und Lachs; Kegelrollen; Garnelen-Thunfisch-Nigiri; Rollen mit Lachs, Gurke und Schnittlauch

SUSHI & SASHIMI

SUSHI-REIS ZUBEREITEN

550 g weißen Rundkornreis unter kaltem Wasser abspülen, bis es klar bleibt; abtropfen lassen. Mit 750 ml Wasser in einen großen Topf geben, zum Kochen bringen und 5–10 Minuten ohne zu rühren kochen, bis sich auf der Reisoberfläche kleine Schächte bilden. Den Reis zugedeckt bei schwacher Hitze ca. 12–15 Minuten garen. Vom Herd nehmen und ein Küchenhandtuch darüber legen; weitere 15 Minuten ziehen lassen. In der Zwischenzeit 5 Eßlöffel Reisessig, 1 Eßlöffel Mirin, 2 Teelöffel Salz und 2 Eßlöffel Zucker in einer Schüssel mischen, bis der Zucker sich aufgelöst hat. Reis auf einem flachen Brett (nicht aus Metall) ausbreiten, das Dressing darüber geben und alles gut miteinander vermengen. Den Reis wieder ausbreiten und auf Zimmertemperatur abkühlen lassen. Ein feuchtes Küchenhandtuch über den Reis breiten und ihn bedeckt halten, während Sie arbeiten. Damit der Reis nicht an den Händen klebt, die Finger zwischendurch in eine Schüssel mit warmem Wasser tauchen, dem ein paar Tropfen Reisessig zugesetzt sind. Ergibt 1,2 Kilo.

SASHIMI

Sashimi zuzubereiten ist relativ einfach. Für die Arbeit ist ein gutes, sehr scharfes Messer wichtig. Es gibt vier Arten, Fisch für Sashimi zu schneiden, die jeweils für unterschiedliche Fischsorten benutzt werden. Die einfachste ist das Schneiden von 2 cm breiten Stücken. Für einen Würfelschnitt werden die geraden Stücke wiederum in Würfel geteilt. Darüber hinaus gibt es noch den schrägen Schnitt und hauchdünnes Schneiden.

KALIFORNIEN-ROLLEN

Sie benötigen 4 Noriblätter, 600 g gekochten Sushi-Reis, 10 g Rogen vom fliegenden Fisch, 1 in Scheiben geschnittene Avocado, 10 gegarte, geschälte Garnelen, jeweils der Länge nach halbiert und 2 Eßlöffel japanische Mayonnaise (Kyuupi). 1 Noriblatt mit der glänzenden Seite nach unten auf eine Bambusmatte legen, 2–3 Eßlöffel Reis in der Mitte des Blattes verteilen. Dabei

2 cm Rand an dem zu Ihnen zeigenden Ende freilassen. Mit Mayonnaise füllen. 1 Eßlöffel Rogen darauf verteilen und mit einigen Garnelen und Avocado bedecken. Die Bambusmatte überschlagen, um die Füllung vollständig einzuschließen, dann leicht andrückend aufrollen. Ergibt 24 Stück.

UMGEDREHTE ROLLEN

Bei diesen Rollen befindet sich der Reis auf der Außenseite. Verwenden Sie 8 Noriblätter und 1,2 Kilo gekochten Sushi-Reis. Ein Noriblatt auf eine Bambusmatte legen, Reis 1 cm hoch darauf verteilen, dabei einen 1 cm breiten Rand lassen. Mit Klarsichtfolie bedecken. Mit einer schnellen Bewegung das Ganze umdrehen und wieder auf die Matte legen, so daß die Folie unter dem Reis und das Noriblatt obenauf liegt. Etwas Wasabi-Paste am kurzen Ende auf das Noriblatt streichen, etwa 4 cm vom Rand entfernt. Gurkenstreifen, Avocado und frisches Krebsfleisch auf die Wasabi-Paste legen, dann von diesem Ende aus aufrollen. Wieder in Folie wickeln und in der Matte aufrollen. Die Folie entfernen und die Rolle in Rogen vom fliegenden Fisch oder Sesamsamen wälzen. Mit Shoyu servieren. Ergibt 48 Stück.

CHIRASHI-ZUSHI

Chirashi bedeutet »verstreut«. Eine Schicht Sushi-Reis wird auf den Boden einer Schüssel gegeben, dann Gemüse und Meeresfrüchte darüber verteilt. Die Meeresfrüchte können roh oder gegart sein. Chirashi-Zushi serviert man mit eingelegtem Ingwer, Wasabi-Paste und Sojasauce. Für die Zubereitung benötigen Sie 800 g gekochten Sushi-Reis, 3 Eßlöffel geröstete Sesamsamen, eingelegten, in Streifen geschnittenen Daikon-Rettich sowie in Streifen geschnittene Noriblätter. 6 getrocknete Shitake-Pilze 10 Minuten in kochendem Wasser einweichen, dann in Streifen schneiden und mit 3 Eßlöffel Sojasauce, 250 ml Dashi-Fond und 1 Eßlöffel Mirin in einen Topf geben, 10 Minuten kochen. Reis in eine große Schüssel füllen. Mit den Sesamsamen, eingelegtem Daikon, Nori und Pilzen bedecken. Obenauf 1 in dünne Scheiben geschnittene Gurke, 16 blanchierte Zuckererbsen, 100 g Thunfisch und Lachs sowie 16 gegarte und der Länge nach halbierte Garnelen dekorativ arrangieren. Für 4–6 Personen.

Von links: Sashimi-Thunfisch (oben) und -Lachs; Kalifornien-Rollen; Umgedrehte Rollen; Chirashi-Zushi

DAS GROSSE KOCHBUCH DER FISCHE & MEERESFRÜCHTE

GARNELEN-CROUSTADE

Vorbereitungszeit: 45 Minuten
Garzeit: 25 Minuten
Für 6 Personen

½ Kastenweißbrot
125 ml Olivenöl
1 Knoblauchzehe, zerdrückt

Füllung

500 g mittelgroße rohe Garnelen
250 ml Fischfond
2 Zitronenscheiben
50 g Butter
6 Frühlingszwiebeln, gehackt
30 g Mehl
1 Prise Pfeffer
1 EL Zitronensaft
½–1 TL frischer Dill, gehackt
60 ml Sahne

Unten: Garnelen-Croustade

1 Backofen auf 210 °C vorheizen. Das Brot in 5 cm dicke Scheiben schneiden, die Rinde entfernen. Anschließend in Dreiecke schneiden, aus diesen weitere kleine Dreiecke ausstechen (Kantenlänge 1 cm), das Brot vorsichtig herausholen, um Platz für die Füllung zu schaffen. Öl und Knoblauch erhitzen, die Brotscheiben damit einpinseln. Anschließend auf ein Backblech setzen und 10 Minuten backen, bis sie goldbraun sind.
2 Für die Füllung Garnelen schälen, entdarmen und grob zerkleinern. In einen kleinen Topf legen und mit Fond bedecken. Zitronenscheiben zufügen, 15 Minuten kochen, durch ein Sieb gießen und Garnelen und Flüssigkeit getrennt aufbewahren.
3 Butter schmelzen, Frühlingszwiebeln zugeben und bei mittlerer Hitze weich dünsten. Mehl und etwas Pfeffer unterrühren und 2 Minuten kochen. Vom Herd nehmen und nach und nach die aufbewahrte Garnelenflüssigkeit zugeben. Bei mittlerer Hitze 5 Minuten unter Rühren köcheln, bis die Sauce eindickt. Zitronensaft, Dill, Sahne und Garnelen zufügen und unter Rühren alles erhitzen.
4 Zum Servieren die Füllung in die warmen Brote geben.

VOL-AU-VENTS MIT MEERESFRÜCHTEN

Vorbereitungszeit: 30 Minuten
Garzeit: 20 Minuten
Für 4 Personen

250 g mittelgroße rohe Garnelen
250 g Miesmuscheln
125 g Kammuscheln
4 große Blätterteigpasteten (Vol-au-Vents)
250 ml Fischfond
60 g Butter
1½ EL Mehl
1 EL Weißwein
1 EL Sahne
60 g junge Champignons, gewürfelt
125 ml Weißweinsauce (siehe Seite 129)
1 EL frischer Zitronensaft
1–2 EL frische Petersilie, gehackt
Salz und Pfeffer

1 Garnelen schälen und entdarmen. Muscheln mit einer harten Bürste putzen und die Bärte

DIPS, PASTETEN & SNACKS

herausziehen. Beschädigte oder offene Muscheln, die sich nach einem leichten Klopfen nicht schließen, wegwerfen. Gut abspülen. Von den Kammuscheln Adern, dünne Haut und weiße Muskeln abschneiden.
2 Den Backofen auf 160 °C vorheizen. Blätterteigpasteten auf ein Backblech setzen und im Ofen erhitzen, in der Zwischenzeit die Füllung vorbereiten.
3 Fischfond in einem Topf erhitzen, Garnelen und Miesmuscheln zufügen und 4–5 Minuten kochen. Kammuscheln zugeben und 1 Minute kochen, bis sie weich sind. Abgießen und abkühlen lassen, den Fond aufbewahren. Das Fleisch aus den Miesmuscheln lösen, alle ungeöffneten Muscheln wegwerfen.
4 Die Hälfte der Butter bei schwacher Hitze schmelzen. Mehl zugeben und 2 Minuten rühren, bis es hell aufschäumt. Vom Herd nehmen und Fond sowie Wein unterziehen. Unter Rühren kochen, bis die Flüssigkeit eindickt. 5 Minuten köcheln lassen. Vom Herd nehmen und die Sahne zugießen.
5 Die restliche Butter schmelzen und die Pilze 2–3 Minuten weich dünsten. Meeresfrüchte, Sauce, Zitronensaft, Petersilie und Salz und Pfeffer nach Geschmack zufügen.
6 Die Meeresfrüchte-Mischung in die warmen Vol-au-Vents füllen und sofort servieren.

GARNELEN-FRITTER

Vorbereitungszeit: 25 Minuten
Garzeit: 15 Minuten
Für 4–6 Personen

50 g Reis-Vermicelli, getrocknet
300 g mittelgroße rohe Garnelen
1 Ei
1 EL Fischsauce
125 g Mehl
¼ TL Garnelenpaste
3 Frühlingszwiebeln, in Scheiben geschnitten
1 kleine frische rote Chilischote, feingehackt
Öl zum Frittieren
Dip-Sauce (siehe Seite 128) oder tafelfertige süße Chilisauce zum Servieren

1 Reis-Vermicelli in einer Schüssel mit kochendem Wasser 5 Minuten einweichen, dann abgießen, trockentupfen und in kurze Stücke schneiden.

2 Garnelen schälen und entdarmen. Die Hälfte der Garnelen in einer Küchenmaschine pürieren. Restliche Garnelen zerkleinern und zugeben.
3 Ei, Fischsauce und 185 ml Wasser in einem hohen Gefäß verrühren. Das Mehl in eine Schüssel sieben, in die Mitte eine Mulde drücken und die Ei-Mischung langsam mit dem Schneebesen einarbeiten, bis ein klumpenfreier Teig entsteht.
4 Garnelen, Garnelenpaste, Frühlingszwiebeln, Chili und Vermicelli zufügen. Alles gründlich miteinander vermischen.
5 Eine tiefe gußeiserne Pfanne zu einem Drittel mit Öl füllen und auf 180 °C erhitzen (1 Brotwürfel sollte in 15 Sekunden braun sein). Die Masse eßlöffelweise ins Öl gleiten lassen und 3 Minuten frittieren, bis die Fritter knusprig und goldbraun sind. Auf Küchenpapier abtropfen lassen. Wiederholen, bis der Teig aufgebraucht ist. Heiß mit einer Dip-Sauce servieren.

Oben:
Garnelen-Fritter

DAS GROSSE KOCHBUCH DER FISCHE & MEERESFRÜCHTE

DIPS, PASTETEN & SNACKS

GARNELEN-COCKTAIL

Vorbereitungszeit: 20 Minuten
Garzeit: keine
Für 4–6 Personen

1 kg mittelgroße gegarte Garnelen
250 ml Cocktailsauce (siehe Seite 128)
Salatblätter zum Garnieren
Zitronenscheiben zum Servieren
Brotscheiben zum Servieren

1 Garnelen schälen und Darm aus dem Rücken ziehen.
2 Einige Garnelen zum Garnieren zurücklegen. Von den restlichen Garnelen den Schwanz entfernen. Unter die Cocktailsauce heben. Vorsichtig mischen, bis die Garnelen vollständig mit Sauce bedeckt sind.
3 Salatblätter auf Tellern oder Schalen arrangieren. Eine Portion Garnelen-Cocktail darauf setzen. Mit den zurückbehaltenen Garnelen garnieren. Mit Zitronenscheiben und Brot servieren.

GARNELEN-KOTELETTS

Vorbereitungszeit: 30 Minuten + 15 Minuten zum Kühlen
Garzeit: 10 Minuten
Für 4–6 Personen

1 kg große rohe Garnelen
4 Eier
2 EL Sojasauce
Speisestärke zum Panieren
200 g Semmelbrösel
Öl zum Fritieren
Tartarsauce (siehe Seite 128) und
Zitronenscheiben zum Servieren

1 Garnelen schälen, vom Darm befreien, dabei den Schwanz intakt lassen. Garnelen vorsichtig mit den Fingern auseinanderbiegen und flachdrücken.
2 Eier und Sojasauce in einer kleinen Schüssel verrühren. Die Garnelen in Speisestärke wenden, etwas abschütteln, dann in die Ei-Mischung tauchen und schließlich in die Semmelbrösel drücken. 15 Minuten kalt stellen.
3 Eine tiefe gußeiserne Pfanne zu einem Drittel mit Öl füllen und auf 180 °C erhitzen (1 Brotwürfel sollte in 15 Sekunden braun sein). Die Garnelen nacheinander fritieren, bis sie leicht goldbraun sind. Auf Küchenpapier abtropfen lassen, mit Tartarsauce und Zitronenscheiben servieren.

PFANNKUCHEN MIT KAVIAR

Vorbereitungszeit: 15 Minuten + 60 Minuten zum Gehen
Garzeit: 20 Minuten
Für 4–6 Personen

10 g frische Hefe
 oder ½ TL Trockenhefe
90 g Mehl
170 ml warmes Wasser
170 ml warme Milch
110 g Vollkornmehl
2 Eier, leicht verquirlt
geschmolzene Butter zum Ausbacken
170 ml Sauerrahm oder Crème fraîche
200 g Seehasenrogen (schwarzer Kaviar)

1 Hefe, 1 Eßlöffel Mehl, Wasser und Milch in eine Schüssel geben und verrühren. An einem warmen Ort gehen lassen (wenn die Flüssigkeit nicht schaumig wird, war die Hefe zu alt und Sie müssen nochmals neue Hefe ansetzen).
2 Das restliche Mehl einmal und das Vollkornmehl zweimal in eine große Schüssel sieben, die Hülsen zugeben. In der Mitte eine Mulde formen und Hefemischung sowie Eier zufügen. Mit einem Holzlöffel das Mehl unterrühren, bis ein glatter Teig entstanden ist. Abgedeckt an einem warmen Ort 1 Stunde gehen lassen.
3 Eine gußeiserne Pfanne leicht mit geschmolzener Butter einfetten. Den Teig kurz umrühren. Für jeden Pfannkuchen 2 Eßlöffel Teig in die Pfanne geben. Wenn sich Blasen an der Oberfläche zeigen, den Pfannkuchen wenden und die andere Seite backen. Warm stellen. Mit Sauerrahm oder Crème fraîche und Seehasenrogen servieren.

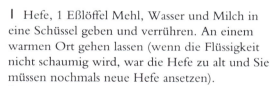

Gegenüberliegende Seite:
Garnelen-Cocktail (oben);
Garnelen-Koteletts

DAS GROSSE KOCHBUCH DER FISCHE & MEERESFRÜCHTE

Oben: Moules marinière

MOULES MARINIÈRE
(Miesmuscheln in Zwiebelsauce)

Vorbereitungszeit: 15 Minuten + 2 Stunden zum Einweichen
Garzeit: 30–35 Minuten
Für 4 Personen

26 Miesmuscheln
3 Zwiebeln, gehackt
1 Selleriestange, gehackt
250 ml Weißwein
375 ml Fischfond
4 frische Petersilienstengel
1 frischer Thymianzweig
1 Lorbeerblatt
60 g Butter
2 Knoblauchzehen, frisch gepreßt
1 TL Mehl
frischer Dill zum Servieren

1 Muscheln mit einer harten Bürste putzen und Bärte herausziehen. Beschädigte Muscheln oder solche, die sich auch nach einem leichten Klopfen nicht schließen, wegwerfen. Abspülen.
2 Muscheln, 1 Zwiebel, Sellerie und Wein in einen Topf geben und zum Kochen bringen. Zugedeckt 3 Minuten garen, den Topf ab und zu leicht schwenken. Muscheln, die sich nach 4–5 Minuten nicht geöffnet haben, wegwerfen.
3 Leere Schalenhälften entfernen. Die Muscheln in den Schalen beiseite stellen, abdecken und warm halten.
4 Die Kochflüssigkeit durch ein Sieb gießen und aufbewahren.
5 Fischfond, Petersilie, Thymian und Lorbeerblatt zum Kochen bringen und zugedeckt weitere 10 Minuten köcheln lassen. Anschließend die Kräuter entfernen.
6 Butter schmelzen, Knoblauch und restliche Zwiebeln zufügen und bei schwacher Hitze 5–10 Minuten unter Rühren weich dünsten. Mehl zugeben und 1 Minute rühren. Vom Herd nehmen und die Muschelflüssigkeit sowie den Fischfond zugießen. Kochen, bis die Mischung eindickt. Bei schwacher Hitze abgedeckt weitere 10 Minuten köcheln lassen.
7 Die Muscheln auf 4 Suppenschalen verteilen. Die Sauce darüber gießen und mit Dillzweigen garnieren. Mit frischem, knusprigem Brot sofort servieren.

COQUILLES SAINT JACQUES
(Jakobsmuscheln)

Vorbereitungszeit: 20 Minuten
Garzeit: 10 Minuten
Für 4 Personen

★★

24 Jakobsmuscheln in der Schale
250 ml Fischfond
250 ml Weißwein
60 g Butter
4 Frühlingszwiebeln, gehackt
1 Scheibe Schinkenspeck, feingehackt
100 g kleine Champignons, kleingeschnitten
30 g Mehl
185 ml Sahne
1 TL Zitronensaft
80 g frische Semmelbrösel
30 g geschmolzene Butter, zusätzlich
Salz und frisch gemahlener schwarzer Pfeffer

1 Von den Jakobsmuscheln Adern, dünne Haut und weiße Muskeln abschneiden. Aus der Schale nehmen und halb durchschneiden.

DIPS, PASTETEN & SNACKS

2 Fischfond und Weißwein in einem Topf erhitzen und die Jakobsmuscheln zufügen. Zugedeckt bei mittlerer Hitze 2–3 Minuten kochen. Die Muscheln mit einem Schaumlöffel herausheben, abdecken und beiseite stellen. Die Flüssigkeit im Topf zum Kochen bringen und reduzieren, bis ca. 375 ml übrigbleiben.
3 Die Butter in einem Topf schmelzen und Frühlingszwiebeln, Speck und Pilze zufügen. Bei mittlerer Hitze 3 Minuten garen, bis die Zwiebel weich ist, dabei gelegentlich umrühren.
4 Das Mehl einstreuen und 2 Minuten unterrühren. Vom Herd nehmen und langsam den reduzierten Fond zugießen. Unter Rühren kochen, bis die Mischung eindickt. Bei schwacher Hitze weitere 2 Minuten köcheln lassen. Sahne, Zitronensaft und nach Geschmack Salz und frisch gemahlenen schwarzen Pfeffer unterrühren. Abdecken und warm halten.
5 Semmelbrösel und zusätzliche Butter in einer Schüssel mischen. Den Grill auf hoher Stufe vorheizen.
6 Die Jakobsmuscheln auf die Schalen verteilen. Die warme Sauce über die Muscheln geben und mit der Semmelbröselmischung bestreuen. Überbacken, bis der Belag goldbraun ist, und sofort servieren.

MARINIERTER OKTOPUS MIT SÜSSEM CHILI-DRESSING

Vorbereitungszeit: 30 Minuten + 4 Stunden zum Marinieren
Garzeit: 4 Minuten
Für 4–6 Personen

1 kg Baby-Oktopus
125 ml Olivenöl
2 Knoblauchzehen, zerdrückt
2 EL frisches Koriandergrün, feingehackt
1 frischer roter Chili, feingehackt
2 EL Zitronensaft

Süßes Chili-Dressing

1 roter Chili, feingehackt
60 ml Zitronensaft
2 EL brauner Zucker
1 EL Fischsauce
2 EL frisches Koriandergrün, feingehackt
1 EL süße Chilisauce

1 Mit einem scharfen Messer den Kopf des Oktopus abschneiden. Kopf und Innereien entfernen. Den Oktopus-Körper anheben und mit dem Zeigefinger das Kauwerkzeug hochschieben. Den Knorpel herausnehmen. Den Oktopus unter fließendem Wasser säubern und auf Küchenpapier abtropfen lassen.
2 In einer Glas- oder Keramikschüssel Öl, Knoblauch, Koriander, Chili und Zitronensaft mischen. Den Oktopus zugeben, gut umrühren, dann abdecken und über Nacht oder mindestens 4 Stunden kalt stellen.
3 Den Grill auf hoher Stufe vorheizen. Oktopus 3–4 Minuten weich garen, dabei öfter drehen und häufig mit Marinade begießen, um ihn feucht zu halten. Nicht zu lange grillen, da er sonst hart wird. Entweder warm mit Dressing oder kalt als Salatbestandteil servieren.
4 Für das Dressing alle Zutaten gut miteinander vermischen.
HINWEIS: Traditionell werden Oktopusse hart gegen einen Felsen geschlagen, um sie vor dem Kochen weich zu machen.

Unten:
Marinierter Oktopus mit süßem Chili-Dressing

FRISCHES LACHSTATAR

Vorbereitungszeit: 20 Minuten
Garzeit: keine
Für 4 Personen

400 g Lachsfilet
2 Frühlingszwiebeln, feingehackt
1 EL kleine Kapern oder normale Kapern, feingehackt
1 EL Gewürzgurke, feingehackt
frischer gehackter Dill zum Garnieren
1 Zitrone, in Spalten geschnitten
Salz und frisch gemahlener schwarzer Pfeffer

1 Haut und Bindegewebe bzw. Gräten vom Lachs entfernen. Mit einem langen, scharfen Messer den Lachs zerkleinern, bis er Hackfleischkonsistenz hat. In einer Schüssel mit Frühlingszwiebeln, Kapern, Gurke, Salz und frisch gemahlenem schwarzen Pfeffer mischen. Gut abgedeckt kalt stellen.
2 Das Tatar auf einen Teller geben und mit Dill bestreuen. Etwas schwarzen Pfeffer darüber mahlen und mit Zitrone servieren. Dazu passen mit Butter bestrichene Roggenbrotscheiben.

HINWEIS: Sie können natürlich auch frisches Thunfischfilet verwenden.

HERINGE MIT SAUERRAHM

Vorbereitungszeit: 20 Minuten
Garzeit: keine
Für 4–6 Personen

300 g eingelegte Heringe aus der Dose
250 ml Sauerrahm
2 EL Weißweinessig
1/2 TL Zucker
1 rote Zwiebel, in Ringe geschnitten
1 El frischer Schnittlauch, gehackt

1 Die Heringe abgießen und alle sichtbaren Gräten mit einer Pinzette entfernen. Anschließend in etwa 2,5 cm breite Streifen schneiden und auf Tellern anrichten.
2 Sauerrahm, Essig und Zucker in einer Schüssel verrühren, bis der Zucker sich auflöst. Über die Filets geben. Mit Zwiebeln und Schnittlauch garnieren.

Rechts: Frisches Lachstatar

DIPS, PASTETEN & SNACKS

RÄUCHERSCHELLFISCH
Räucherschellfisch und Räucherdorsch sind in den meisten Rezepten austauschbar, obwohl ersterer ein feineres Aroma besitzt. Er schmeckt je nach Art des Rauches mehr oder weniger salzig. Wenn Ihnen der Fisch zu salzig ist, dann weichen Sie die Filets am besten mehrere Stunden in Wasser ein. Der Fisch kann gebraten, gegrillt, gebacken oder in Wasser oder Milch pochiert werden. Gegart können Sie das Fleisch zerkleinern und vielseitig verwenden. Es wird häufig zusammen mit Käse als Pfannkuchen- oder Omelettfüllung verwendet oder für Suppen, Quiches und andere Backgerichte.

ARNOLD-BENNETT-OMELETT

Vorbereitungszeit: 10 Minuten
Garzeit: 10 Minuten
Für 2 Personen

100 g Räucherdorsch- oder Schellfischfilet
60 g Butter
2 EL Sahne
4 Eier, getrennt
60 ml Sahne, zusätzlich
60 g Parmesan- oder Gruyère-Käse, gerieben
Salz und frisch gemahlener schwarzer Pfeffer
Limonenscheiben und gemischter Salat
   zum Servieren

1 Den Fisch in eine kleine Pfanne legen und mit Wasser bedecken. Langsam zum Kochen bringen, dann sofort den Herd ausschalten. Abgedeckt 10 Minuten ziehen lassen. Abgießen und verbliebene Haut und Gräten entfernen. Das Fleisch zerkleinern.
2 Die Hälfte der Butter in einer Pfanne schmelzen. Sahne und zerkleinerten Fisch zugeben. Bei mittlerer Hitze 2–3 Minuten unter Rühren dünsten. Vom Herd nehmen und abkühlen lassen.
3 In einer kleinen Schüssel Eigelb und 1 Eßlöffel Sahne verquirlen. In einer sauberen, trockenen Schüssel das Eiweiß steif schlagen, bis weiche Spitzen entstehen. Eigelb, Fischmischung und die Hälfte des Käses unterheben.
4 Die restliche Butter in einer beschichteten Pfanne schmelzen. Sobald die Pfanne heiß ist, die Ei-Mischung zufügen. Diese garen, bis sie goldgelb ist und am Boden ansetzt. Nicht umklappen.
5 Mit dem restlichen Käse bestreuen und die verbliebene Sahne über das Omelett gießen. Nach Geschmack mit Salz und frisch gemahlenem schwarzem Pfeffer würzen. Unter einem vorgeheizten Grill schnell bräunen. Auf eine Servierplatte gleiten lassen, dann in dreieckige oder keilförmige Stücke schneiden. Mit Limonenspalten und gemischtem Salat servieren.
HINWEIS: Der englische Romancier Arnold Bennett verstarb 1931. Dieses Gericht wurde im Savoy-Hotel eigens für ihn kreiert. Ursprünglich wurde geriebener Parmesan verwendet.

Oben:
Arnold-Bennett-Omelett

GEFÜLLTE MUSCHELN

Ein Messer oder Austernöffner am Scharnier in die Muschel stechen. Zum Öffnen das Messer drehen.

Spinatmasse auf die Muscheln streichen und mit einem nassen Löffel glätten.

Gegenüberliegende Seite: Gefüllte Muscheln (oben); Insalata di Mare

GEFÜLLTE MUSCHELN

Vorbereitungszeit: 40 Minuten + 10 Minuten zum Einweichen
Garzeit: 20 Minuten
Für 4 Personen

1 kg Miesmuscheln
500 g Blattspinat
4 Anchovis-Filets
2 EL Milch
1 hartgekochtes Ei
1 Knoblauchzehe, zerdrückt
2–3 EL Zitronensaft
100 g Butter, geschmolzen
1 Prise frisch geriebene Muskatnuß
80 g frische weiße Semmelbrösel
60 g Parmesan, gerieben
Salz und Pfeffer

1 Den Backofen auf 200 °C vorheizen. Muscheln mit einer harten Bürste putzen und Bärte herausziehen. Kaputte Muscheln oder solche, die sich auch nach einem leichten Klopfen nicht schließen, wegwerfen. Muscheln gut abspülen.
2 Den Spinat gründlich waschen und abtropfen lassen. Die Stiele entfernen und die Blätter in feine Streifen schneiden. Spinat abgedeckt bei schwacher Hitze 3–5 Minuten garen, bis er leicht zusammenfällt. Gut abtropfen lassen und nach dem Abkühlen mit den Händen soviel Flüssigkeit wie möglich herausdrücken.
3 Anchovis in einer kleinen Schüssel mit Milch bedecken, und abgedeckt 10 Minuten stehen lassen, dann abgießen. Spinat, Anchovis, Ei und Knoblauch in einer Küchenmaschine kleinhacken. In eine große Schüssel füllen, Zitronensaft, Butter und Muskatnuß zugeben. Nach Geschmack mit Salz und Pfeffer würzen. Reichlich Semmelbrösel einarbeiten, so daß eine streichfähige Masse entsteht.
4 Eine Hand mit einem Küchenhandtuch umwickeln, mit der anderen die Muscheln öffnen, indem Sie ein kurzes Messer oder einen Austernöffner in der Nähe des Verschlusses zwischen die Schalen setzen und es schnell drehen. Die obere Schale abbrechen und wegwerfen.
5 Etwa 1 Eßlöffel Spinatmasse auf jede Muschel setzen und mit einem in Wasser getauchten Löffel glätten. Die Muscheln auf Backbleche setzen, mit Parmesan bestreuen und 10–12 Minuten backen.

INSALATA DI MARE
(Meeressalat)

Vorbereitungszeit: 40 Minuten + 1 Stunde 15 Minuten zum Ziehen
Garzeit: 15 Minuten
Für 6 Personen

4 Knoblauchzehen, in dicke Scheiben geschnitten
125 ml Zitronensaft
8 Baby-Kalmarmäntel, in dicke Ringe geschnitten und halbiert
800 g mittelgroße rohe Garnelen
1 kg Miesmuscheln
1 kg frische Baby-Venus- oder Herzmuscheln
80 ml extra natives Olivenöl
3 EL frische glatte Petersilie, gehackt
Salz und zerstoßener schwarzer Pfeffer
junge Spinatblätter zum Servieren

1 Knoblauch und Zitronensaft in eine kleine Schüssel füllen und 1 Stunde ziehen lassen. Anschließend Knoblauch entfernen. (Er hat sein Aroma an den Zitronensaft abgegeben.)
2 Die Kalmare in kochendem Salzwasser 5 Minuten garen, bis sie weich sind, dann herausnehmen.
3 Garnelen im selben Wasser 2 Minuten kochen, bis sie rosa und durchgegart sind. Abgießen und etwas abkühlen lassen, dann schälen und Darm aus dem Rücken ziehen.
4 Miesmuscheln mit einer harten Bürste putzen und Bärte herausziehen. Kaputte Muscheln oder solche, die sich auch nach einem leichten Klopfen nicht schließen, wegwerfen. Muscheln gut abspülen. Die Venusmuscheln bürsten. Mies- und Venusmuscheln in getrennten Töpfen mit jeweils 250 ml Wasser begießen. Zugedeckt etwa 4–5 Minuten dämpfen, bis die Schalen sich öffnen. Alle Muscheln, die sich nicht öffnen, entfernen. Etwas abkühlen lassen. Die Muscheln aus den Schalen lösen.
5 Meeresfrüchte mit dem aromatisierten Zitronensaft, Olivenöl und Petersilie mischen und mit Salz und zerstoßenem schwarzen Pfeffer würzen. Vor dem Servieren 15 Minuten bei Zimmertemperatur durchziehen lassen. Nach Belieben auf einem Bett von jungen Spinatblättern anrichten.

DIPS, PASTETEN & SNACKS

DAS GROSSE KOCHBUCH DER FISCHE & MEERESFRÜCHTE

EIER
Die Farbe der Eierschale hat nichts mit der Qualität der Eier zu tun, eher mit der Rasse des Huhns, von dem das Ei stammt. Eier bewahrt man im Kühlschrank am besten fern von stark riechenden Nahrungsmitteln auf, da deren Aromen von der porösen Eierschale aufgesogen werden. Unbeschädigte ganze Eigelbe halten sich mit Wasser bedeckt in einem Behälter im Kühlschrank 2–3 Tage. Eiweiße halten sich mit Klarsichtfolie bedeckt 4–5 Tage im Kühlschrank, oder können bis zu 6 Monaten eingefroren werden. Frieren Sie Einzelportionen in einem Eiswürfelbehälter ein, so daß Sie bei Bedarf die gewünschte Menge bei Zimmertemperatur auftauen können.

Oben: Fisch-Kroketten

FISCH-KROKETTEN

Vorbereitungszeit: 30 Minute + 1 Stunde 30 Minuten zum Kühlen
Garzeit: 30 Minuten
Ergibt 16 Stück

✯✯

375 ml Milch
500 g weiße Fischfilets ohne Haut (z. B. Leng, Seehecht, Seelachs, Krokodilfisch)
90 g Butter
4 Frühlingszwiebeln, feingehackt
90 g Mehl
1/2 TL Muskatnuß, gemahlen
2 TL Zitronenschale, gerieben
1 EL Zitronensaft
4 EL frische Petersilie, gehackt
60 g Mehl zum Panieren
2 Eier, leicht verquirlt
150 g Semmelbrösel
Öl zum Fritieren

1 Die Milch in einer großen Pfanne erhitzen und die Fischfilets in einer Schicht hineinlegen. Bei schwacher Hitze 3–4 Minuten garen, bis der Fisch sich mit einer Gabel leicht zerpflücken läßt. Mit einem Schaumlöffel herausnehmen. Die Milch aufbewahren. Den Fisch mit einer Gabel zerkleinern und beiseite stellen.
2 Butter in einer großen gußeisernen Pfanne schmelzen, Frühlingszwiebeln zufügen und ca. 2 Minuten weich dünsten. Mehl und Muskatnuß zugeben und 1 Minute rühren, bis die Mischung hell aufschäumt. Vom Herd nehmen und 250 ml Milch zugießen. Bei mittlerer Hitze rühren, bis die Mischung eindickt. 2 Minuten weiterrühren. Die Mischung wird sehr dick(flüssig).
3 Fisch, Zitronenschale, -saft und Petersilie zugeben. Nach Geschmack würzen. In eine Schüssel füllen, abdecken und mindestens 1 Stunde kalt stellen.
4 16 Kroketten von 8 x 3 cm Größe formen. In Mehl, Ei und Semmelbröseln wenden. Noch einmal mindestens 20 Minuten kalt stellen.
5 Eine tiefe gußeiserne Pfanne zu einem Drittel mit Öl füllen füllen und auf 180 °C erhitzen (1 Brotwürfel sollte in 15 Sekunden braun sein). Kroketten portionsweise 2–3 Minuten goldbraun garen. Anschließend auf Küchenpapier abtropfen lassen. Heiß servieren.
HINWEIS: Nicht fritierte Kroketten kann man bis zu 1 Monat einfrieren.

86

KREBS-KÜCHLEIN MIT AVOCADO-SALSA

Vorbereitungszeit: 15 Minuten + 30 Minuten zum Kühlen
Garzeit: 6 Minuten
Für 4 Personen

2 Eier, leicht verquirlt
340 g Krebsfleisch aus der Dose, abgetropft
1 Frühlingszwiebel, feingehackt
1 EL Mayonnaise
2 TL süße Chilisauce
100 g frische weiße Semmelbrösel
Öl zum Braten
Salz und frisch gemahlener schwarzer Pfeffer
Zitronenspalten zum Servieren

Avocado-Salsa

2 Eiertomaten, kleingeschnitten
1 kleine rote Zwiebel, gehackt
1 große Avocado, gewürfelt
60 ml Limonensaft
2 EL frische Kerbelblätter
1 TL feiner Zucker
Salz und Pfeffer

1 Eier, Krebsfleisch, Frühlingszwiebel, Mayonnaise, Chilisauce und Semmelbrösel gut miteinander vermischen. Nach Geschmack mit Salz und frisch gemahlenem schwarzen Pfeffer würzen. Mit nassen Händen aus der Krebsmasse 8 kleine Küchlein formen. Abgedeckt 30 Minuten kalt stellen.
2 Für die Avocado-Salsa Tomaten, Zwiebel, Avocado, Limonensaft, Kerbelblätter und Zucker in eine Schüssel geben. Nach Geschmack mit Salz und Pfeffer würzen und vorsichtig mischen.
3 Das Öl in einer großen gußeisernen Pfanne auf 180 °C erhitzen. Die Krebs-Küchlein bei mittlerer Hitze 6 Minuten garen, bis sie auf beiden Seiten goldbraun sind. Auf Küchenpapier gut abtropfen lassen. Die Krebs-Küchlein mit der Schüssel Avocado-Salsa und ein paar Zitronenspalten servieren.

Unten: Krebs-Küchlein mit Avocado-Salsa

AUSTERN
Frische Austern, in der Schale serviert, gehören zu den Delikatessen der Meeresfrüchte-Küche. Sie sind an Perfektion kaum noch zu überbieten …

ROCKEFELLER-AUSTERN
24 Austern in der Schale auf einem Bett aus grobem Meersalz arrangieren. Abdecken und kalt stellen. 60 g Butter schmelzen und 2 feingehackte Schinkenspeckscheiben darin bräunen. 8 Spinatblätter, 2 Frühlingszwiebeln, 2 Eßlöffel Petersilie (jeweils feingehackt), 4 Eßlöffel Semmelbrösel und 1 Tropfen Tabasco zugeben. Bei mittlerer Hitze garen, bis der Spinat leicht zerfällt. Die Austernhälften damit füllen und 2–3 Minuten im Backofen überbacken, bis der Belag goldbraun ist. Ergibt 24 Stück.

MORNAY-AUSTERN
30 g Butter schmelzen, 1 Eßlöffel Mehl zufügen und 2 Minuten rühren. Vom Herd nehmen und 170 ml Milch zugießen. Bei mittlerer Hitze unter Rühren kochen, bis die Mischung eindickt. Salz und Pfeffer nach Geschmack sowie 1 Prise Cayennepfeffer zufügen. 2 Minuten köcheln lassen. Den Saft von 24 Austern abgießen. Austernhälften auf einem Bett aus grobem Meersalz arrangieren. Mit je 1 Teelöffel Sauce krönen und mit geriebenem Cheddar bestreuen. 2–3 Minuten überbacken, bis der Belag goldbraun ist. Ergibt 24 Stück.

INGWER-SOJA-AUSTERN

24 Austernhälften auf ein Backblech setzen. In einer Schüssel je 2 Eßlöffel Sojasauce und süßen Sherry, 3 Teelöffel Sesamöl, 1 Eßlöffel feingeschnittenen Ingwer, 1 in Streifen geschnittene Frühlingszwiebel und Pfeffer mischen. Gleichmäßig auf die Schalenhälften verteilen. Im vorgeheizten Ofen bei 180 °C 5–10 Minuten backen.
Ergibt 24 Stück.

AUSTERN »KILPATRICK«

24 Austern in der Schale auf ein Backblech setzen. Mit Worcestersauce beträufeln und mit 3 gehackten Schinkenspeckscheiben und gemahlenem schwarzem Pfeffer bestreuen. 3–4 Minuten überbacken. Auf einem Bett aus grobem Meersalz servieren. Ergibt 24 Stück.

MITTELMEER-AUSTERN

24 Austern in der Schale auf ein Backblech setzen. Die Austern leicht mit Balsamico-Essig beträufeln. 6 Scheiben Schinken kleinschneiden und auf die Schalenhälften verteilen. Mit zerstoßenem schwarzem Pfeffer bestreuen. 1 Minute überbacken, bis der Schinken knusprig ist. Auf einem Bett aus grobem Meersalz servieren. Ergibt 24 Stück.

AUSTERN MIT LACHSROGEN UND CRÈME FRAÎCHE

Grobes Meersalz auf einem Teller verteilen und mit 12 Austernhälften belegen. Je 1 Teelöffel Crème fraîche auf die Austern geben und mit 1 Teelöffel Lachsrogen bedecken (Sie brauchen insgesamt etwa 60 g). Mit schwarzem Pfeffer würzen. Mit frischem Dill garnieren und mit Limonenspalten servieren. Ergibt 12 Stück.

AUSTERN MIT SESAM-MAYONNAISE

24 Austern aus der Schale lösen. Schalen waschen, die Austern wieder hineinlegen und mit einem feuchten Tuch abdecken. Kalt stellen. 1 Eßlöffel Sesamöl, 1 zerdrückte Knoblauchzehe und 2 Eßlöffel geröstete Sesamsamen mit 80 g Mayonnaise mischen. Würzen und je 1 Teelöffel auf die Austern geben.
Ergibt 24 Stück.

Im Uhrzeigersinn, von links:
Rockefeller-Austern; Ingwer-Soja-Austern;
Austern »Kilpatrick«;
Austern mit Lachsrogen und Crème fraîche;
Austern mit Sesam-Mayonnaise;
Mittelmeer-Austern; Mornay-Austern

DAS GROSSE KOCHBUCH DER FISCHE & MEERESFRÜCHTE

MUSCHELN SAGANAKI

Vorbereitungszeit: 45 Minuten
Garzeit: 25 Minuten
Für 6 Personen

750 g Miesmuscheln
125 ml trockener Weißwein
3 frische Thymianzweige
1 Lorbeerblatt
1 EL Olivenöl
1 große Zwiebel, feingehackt
1 Knoblauchzehe, feingehackt
420 g reife Tomaten, gehäutet, halbiert
   und kleingeschnitten
2 EL Tomatenpüree
½ TL Zucker
1 EL Rotweinessig
70 g Feta, zerkrümelt
1 TL frische Thymianblätter

1 Muscheln mit einer harten Bürste putzen und die Bärte herausziehen. Beschädigte Muscheln oder solche, die sich auch nach einem leichten Klopfen nicht schließen, wegwerfen. Muscheln gut abspülen.
2 Wein, Thymian und Lorbeerblatt in einem großen Topf zum Kochen bringen, die Miesmuscheln zugeben und 4–5 Minuten garen. Die Muschelflüssigkeit durch ein Sieb abgießen und zur Seite stellen. Ungeöffnete Muscheln und obere Muschelschalen wegwerfen.
3 Das Öl in einer Pfanne erhitzen und die Zwiebel bei mittlerer Hitze 3 Minuten darin anbraten. Knoblauch zufügen und 1 Minute garen. Muschelflüssigkeit zugießen und aufkochen lassen. 2 Minuten weiterkochen, bis die Flüssigkeit fast ganz verdampft ist. Tomaten, Tomatenpüree und Zucker unterrühren und 5 Minuten kochen lassen, anschließend den Essig zugießen und weitere 5 Minuten kochen.
4 Muscheln in den Topf geben und 1 Minute erwärmen. In ein vorgewärmtes Serviergefäß füllen. Mit dem Feta und den Thymianblättern bestreuen.

Rechts:
Muscheln Saganaki

DIPS, PASTETEN & SNACKS

GEFÜLLTE SARDINEN

Vorbereitungszeit: 20 Minuten
Garzeit: 30 Minuten
Für 4–6 Personen

1 kg frische Sardinen
60 ml Olivenöl
40 g weiche, weiße Semmelbrösel
30 g Sultaninen
40 g Pinienkerne, geröstet
20 g Anchovis aus der Dose, abgetropft und zerdrückt
1/2 TL Zucker
1 EL frische Petersilie, feingehackt
2 Frühlingszwiebeln, feingehackt
Salz und Pfeffer

1 Den Backofen auf 180 °C vorheizen. Sardinenköpfe abschneiden, Bäuche mit einem scharfen Messer öffnen und Innereien entfernen. Die Sardinen flach ausbreiten und mit der Hautseite nach oben auf ein Brett legen, dabei leicht auseinanderdrücken. Die Mittelgräte herausziehen und am Schwanzende abschneiden. In Salzwasser waschen und trocknen lassen.
2 Die Hälfte des Öls in einer Pfanne erhitzen, Semmelbrösel zufügen und kurz anbräunen.
3 Die Hälfte der Semmelbrösel mit Sultaninen, Pinienkernen, Anchovis, Zucker, Petersilie und Frühlingszwiebeln vermischen. Mit Salz und Pfeffer würzen. Etwa 2 Teelöffel Farce in jede vorbereitete Sardine füllen, diese dann vorsichtig zusammenfalten, um die Füllung fest zu umschließen.
4 Sardinen in einer Schicht in eine gut gefettete Auflaufform legen. Restliche Füllung und Semmelbrösel darüber verteilen und mit Olivenöl beträufeln. 30 Minuten backen. Mit Zitronenspalten servieren.
HINWEIS: Man kann für dieses Rezept auch küchenfertige, also bereits entgrätete Sardinenfilets verwenden.

Oben: Gefüllte Sardinen

VIETNAMESISCHE FRÜHLINGS-GARNELENROLLEN

Die abgetropften Vermicelli mit einer Küchenschere in kurze Stücke schneiden.

Beide Seiten der Reispapierhüllen vorsichtig mit Wasser einpinseln.

Die Teigseiten einschlagen, dabei die Knoblauchzwiebel hineinstecken und das Grün überstehen lassen.

Gegenüberliegende Seite: Vietnamesische Frühlings-Garnelenrollen (oben); Gemüse-Kammuscheln mit Balsamico-Dressing

VIETNAMESISCHE FRÜHLINGS-GARNELENROLLEN

Vorbereitungszeit: 50 Minuten + 5 Minuten zum Einweichen
Garzeit: 25 Minuten
Ergibt ca. 20 Stück

100 g Mungobohnen-Vermicelli, getrocknet
1 kg große gegarte Garnelen
20–25 Reispapierhüllen à 16 cm Durchmesser
40 frische Minzeblätter
10 Knoblauchzwiebeln, halbiert

Dip-Sauce

2 EL Satay-Sauce
3 EL Hoisin-Sauce
1 frischer roter Chili, feingehackt
1 EL geröstete, ungesalzene Erdnüsse, gehackt
1 EL Zitronensaft

1 Vermicelli 5 Minuten in heißem Wasser einweichen. Gut abtropfen lassen und mit einer Küchenschere in kurze Stücke schneiden. Garnelen schälen und den Darm vorsichtig aus dem Rücken ziehen. Garnelen der Länge nach halbieren.
2 Beide Seiten der Reispapierhüllen mit Wasser einpinseln. Etwa 2 Minuten liegen lassen, bis die Hüllen weich und biegsam sind. Die Reispapierhüllen aufeinanderlegen und leicht mit Wasser besprühen, um sie vor dem Zusammenkleben und Austrocknen zu bewahren. Vorsichtig handhaben, da die Hüllen in weichem Zustand leicht reißen.
3 Eine Teighülle auf die Arbeitsplatte legen und 1 Eßlöffel Nudeln auf das untere Drittel legen, dabei an den Seiten soviel Platz lassen, daß die Teighülle umgeklappt werden kann. Mit 2 Minzeblättern und 2 Garnelenhälften bedecken. Die Seiten einklappen und die Hülle fest aufrollen, dabei eine Knoblauchzwiebel zufügen und das Grün an einem Ende überstehen lassen. Mit den verbleibenden Teighüllen ebenso verfahren. Die Frühlingsrollen mit der Naht nach unten auf eine Servierplatte legen. Bis zum Servieren mit einem feuchten Küchenhandtuch bedecken.
4 Für die Dip-Sauce in einer kleinen Schüssel Satay-Sauce, Hoisin-Sauce, Chili, Erdnüsse und Zitronensaft mischen. Mit den Frühlingsrollen servieren.

GEMÜSE-KAMMUSCHELN MIT BALSAMICO-DRESSING

Vorbereitungszeit: 30 Minuten
Garzeit: 8 Minuten
Für 4 Personen

16 große Kammuscheln, in der Schale
Olivenöl zum Bestreichen
1 EL Olivenöl
2 Frühlingszwiebeln, feingehackt
2 Scheiben Schinkenspeck, feingehackt
½ kleine rote Paprika, entkernt und fein gewürfelt
½ Selleriestange, feingewürfelt
1 EL frische Petersilie, feingehackt
100 g gemischte Salatblätter
60 g Zuckererbsensprossen, Enden abgeschnitten
Salz und schwarzer Pfeffer
1 Frühlingszwiebel, in dünne Streifen geschnitten, zum Garnieren

Balsamico-Dressing

80 ml Olivenöl
1 EL Balsamico-Essig
½ TL Dijon-Senf
½ TL Honig

1 Von den Kammuscheln Adern, dünne Haut und weiße Muskeln abschneiden. Muscheln mit etwas Olivenöl bestreichen und mit der Schale in eine große Backform setzen. Den Grill auf hoher Stufe vorheizen.
2 Das Öl in einer gußeisernen Pfanne erhitzen. Frühlingszwiebeln und Speck zufügen, 2 Minuten garen, dann Paprika und Sellerie zugeben. Unter häufigem Rühren 3 Minuten weich dünsten. Mit Petersilie bestreuen und großzügig mit Salz und Pfeffer würzen.
3 Die Balsamico-Dressing-Zutaten in einem Deckelgefäß gut vermischen.
4 Die Kammuscheln 1–2 Minuten grillen. Jeweils 4 Schalen am Außenrand von 4 großen Tellern arrangieren. Auf jede Kammuschel etwas warme Gemüsemischung geben. Die gemischten Salatblätter und Zuckererbsensprossen in 4 Portionen teilen und in die Mitte des Tellers setzen. Den Salat mit Frühlingszwiebelstreifen garnieren. Etwas Dressing auf die Kammuscheln und den Salat träufeln. Sofort servieren.

DIPS, PASTETEN & SNACKS

LACHS-RILETTES

Vorbereitungszeit: 10 Minuten + 1 Nacht zum Kühlen
Garzeit: 10 Minuten
Für 4–6 Personen

☆

200 g Lachsfilet
125 g weiche Butter
100 g Räucherlachs, feingehackt
1 Eigelb, leicht verquirlt
1 EL Olivenöl
1 TL Zitronensaft
1 EL frischer Dill, gehackt
Salz und Pfeffer

1 Etwaige Haut und Gräten vom Lachsfilet entfernen. 50 g Butter bei schwacher Hitze in einer Pfanne schmelzen und den Lachs von jeder Seite je 5 Minuten dünsten. Aus der Pfanne nehmen und leicht abkühlen lassen. Anschließend den Lachs in kleine Stücke schneiden und mit der restlichen Butter, Räucherlachs, Eigelb, Öl, Zitronensaft und Dill mischen. Mit Salz und Pfeffer würzen.
2 Über Nacht kalt stellen. Dazu schmecken hartgeröstete Brotscheiben.

LACHS-MOUSSE

Vorbereitungszeit: 15 Minuten + 1 Nacht zum Kühlen
Garzeit: 2 Minuten
Für 8–10 Personen

☆☆

645 g roter Lachs aus der Dose, abgetropft
125 ml Hühnerbrühe
1 EL Gelatinepulver
1½ EL Zitronensaft
375 ml Sahne
rote Lebensmittelfarbe, nach Wunsch
Salz und Pfeffer

1 Eine 1¼ Liter fassende Napfkuchen- oder Fischform leicht einölen. Lachsgräten und dunkle Haut entfernen.
2 Brühe erhitzen, den Topf vom Herd nehmen und die Gelatine hineinstreuen. Rühren, bis sie aufgelöst ist, dann abkühlen lassen. Anschließend Lachs und Brühe verrühren, bis eine glatte Masse entsteht. Zitronensaft und nach Geschmack Salz und Pfeffer unterziehen.
3 Sahne steif schlagen und unter den Lachs heben, bei Bedarf mit Lebensmittelfarbe färben. In die Form füllen und über Nacht kalt stellen.

Oben: Lachs-Rilettes

DIPS, PASTETEN & SNACKS

4 Die Form zum Stürzen an den Rändern lösen und kurz in warmes Wasser tauchen. Einen Teller auf die Form legen, stürzen, kurz und kräftig schütteln, dann die Form abheben. Mit Toast, Crackern oder Gemüsesticks servieren.

GEFÜLLTER KREBS

Vorbereitungszeit: 40 Minuten + 60 Minuten zum Gefrieren
Garzeit: 10–15 Minuten
Für 1–2 Personen

1 kg Schlammkrebs
2–3 TL Zitronensaft
1½ EL Mayonnaise
80 g frische Semmelbrösel
1 TL Worcestersauce
2 hartgekochte Eier
2 EL frische Petersilie, gehackt
1 EL frischer Schnittlauch, gehackt
Salz und Pfeffer

1 Den Krebs für etwa 1 Stunde ins Gefrierfach legen, um ihn bewegungslos zu machen, dann in einen großen Topf mit kochendem Wasser legen. Bei schwacher Hitze 10–15 Minuten kochen, bis der Krebs leuchtendorange ist – er sollte durchgegart sein. Abgießen und abkühlen lassen.

2 Scheren des Krebses abdrehen. Die Schwanzplatte auf der Unterseite entfernen und den oberen Panzer abziehen. Abspülen und trockentupfen. Das hellbraune Fleisch herauskratzen und beiseite stellen. Innereien und fedrige Kiemen entfernen. Den Krebs halbieren, das weiße Fleisch herausholen, Scheren aufbrechen und Fleisch herauskratzen. Das weiße Fleisch separat aufbewahren.

3 Das braune Krebsfleisch kleinhacken und mit Zitronensaft, Mayonnaise und Semmelbrösel mischen. Worcestersauce und Salz und Pfeffer nach Geschmack zufügen. Eigelb und Eiweiß getrennt durch ein Sieb passieren. Weißes Krebsfleisch an die beiden äußeren Ecken des trockenen Oberpanzers legen. Die braune Fleischmischung in die Mitte füllen und vermischte Kräuter, Eigelb und Eiweiß in Linien über das Krebsfleisch geben. Mit Brot, Zitronenspalten und zusätzlicher Mayonnaise servieren.

Oben: Gefüllter Krebs

DAS GROSSE KOCHBUCH DER FISCHE & MEERESFRÜCHTE

THAILÄNDISCHES GARNELEN-OMELETT

Vorbereitungszeit: 15 Minuten
Garzeit: 15 Minuten
Für 2–4 Personen

500 g kleine rohe Garnelen
2 EL Öl
3 Knoblauchzehen, gehackt
2 Zitronengrasstengel (nur der weiße Teil), feingehackt
2 Korianderwurzeln, feingehackt
1–2 TL frische rote Chillies, gehackt
3 Frühlingszwiebeln, gehackt
½ TL schwarzer Pfeffer
1 EL Fischsauce
2 TL geriebener Palmzucker oder brauner Zucker
4 Eier
2 TL Fischsauce, zusätzlich
2 Frühlingszwiebeln, in feine Streifen geschnitten, zum Garnieren
frische Korianderstengel zum Garnieren

1 Die Garnelen schälen und den Darm aus dem Rücken ziehen.
2 Die Hälfte des Öls in einem Wok oder einer gußeisernen Pfanne erhitzen. Knoblauch, Zitronengras, Korianderwurzel und Chillies hineingeben und bei mittlerer Hitze kurz rühren. Garnelen zufügen und anbraten, bis sie die Farbe wechseln. Frühlingszwiebeln, Pfeffer, Fischsauce und Palmzucker zugeben und gut umrühren. Alles aus dem Wok herausnehmen.
3 Eier, Fischsauce und 2 Eßlöffel Wasser schaumig schlagen. Restliches Öl erhitzen und die Eier hineingießen. Am Boden ansetzen lassen, die gestockten Ränder häufig anheben und den Wok leicht kippen, um die ungestockte Eimasse darunter laufen zu lassen.
4 Drei Viertel der Garnelenmischung auf die Mitte des Omeletts geben und die Seiten so umklappen, daß ein Quadrat mit sich überlappenden Seiten entsteht. Auf einen Servierteller gleiten lassen und die restliche Garnelenmischung darauf verteilen. Mit Frühlingszwiebelstreifen bestreuen. Mit Koriander garnieren und mit Chilisauce und gedämpftem Reis servieren.
HINWEIS: Sie können auch Garnelen und Kammuscheln verwenden.

Unten: Thailändisches Garnelen-Omelett

DIPS, PASTETEN & SNACKS

GEFÜLLTE GARNELEN IN KNUSPRIGEN WAN-TAN-HÜLLEN

Vorbereitungszeit: 40 Minuten
Garzeit: 10 Minuten
Ergibt 12 Stück

15 Wan-Tan-Hüllen
12 große rohe Garnelen
400 g mittelgroße rohe Garnelen, geschält und feingehackt
4 Frühlingszwiebeln, sehr fein gehackt
1 Eiweiß
60 g Speisestärke
1 Ei, leicht verquirlt
Öl zum Fritieren
Salz und Pfeffer

1 Mit einem scharfen Messer die Wan-Tans in dünne Streifen teilen. Die großen Garnelen schälen und entdarmen. In die Innenseiten eine Tasche schneiden.

2 Gehackte Garnelen und Frühlingszwiebeln in einer Schüssel gut mischen. Eiweiß, 3 Teelöffel Speisestärke und Salz und Pfeffer zufügen und mit den Händen gut vermischen.

3 Mit einem Messer mit flacher Klinge je 1 Eßlöffel Garnelenmischung auf die großen Garnelen streichen, dabei soviel wie möglich in die Taschen drücken. Mit nassen Händen die restliche Mischung außen andrücken. Garnelen in der verbliebenen Speisestärke und im Ei wenden, dann lose mit Wan-Tan-Streifen bestreuen. Diese fest andrücken.

4 Eine tiefe gußeiserne Pfanne oder Wok zu einem Drittel mit Öl füllen und auf 180 °C erhitzen bzw. bis 1 Brotwürfel darin in 15 Sekunden braun wird. Garnelen portionsweise 4 Minuten garen, bis sie goldbraun sind. Es kann sein, daß Sie sie mit einer Zange oder einem langstieligen metallenen Schaumlöffel zwischendurch einmal wenden müssen. Auf Küchenpapier abtropfen lassen und sofort servieren.

HINWEIS: Die Garnelen können bereits am Vortag gefüllt und kalt gestellt werden. Kurz vor dem Fritieren dann die Garnelen mit Wan-Tans-Streifen bestreuen.

WAN-TAN-HÜLLEN
In die quadratischen Hüllen aus Weizenmehl-Eier-Teig werden gewöhnlich pikante Füllungen eingewickelt. Gedämpft oder fritiert sind sie ein köstlicher Snack, aber sie eignen sich auch hervorragend als Suppeneinlage. In nebenstehendem Rezept haben wir sie in Streifen geschnitten, damit sie eine knusprige, dekorative Umhüllung für fritierte Garnelen abgeben. Sie finden Wan-Tan-Hüllen im Kühlregal von Asienläden. Reste können eingefroren werden.

Oben: Gefüllte Garnelen in knusprigen Wan-Tan-Hüllen

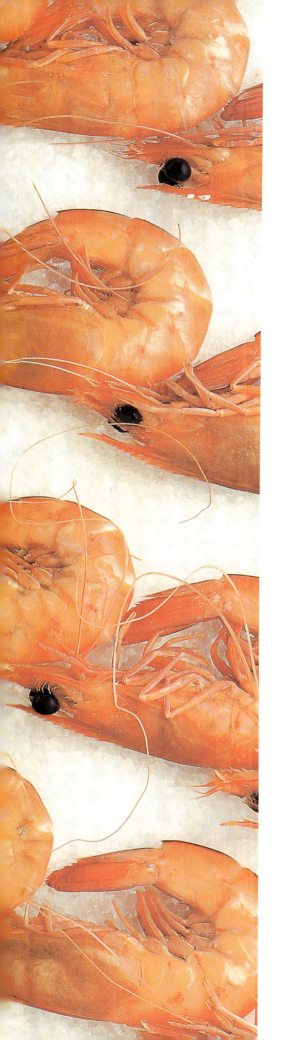

SALATE

Das A und O eines Salates aus Meeresfrüchten ist die Frische der Zutaten. Sie sollten gerade geerntet oder frisch gefangen worden sein. Wenn Sie sich beim Kauf an diese Regel halten, ist die allergrößte Hürde bereits genommen. Jetzt können Sie eigentlich nichts mehr falsch machen. Was soll mit Fischstücken oder prallen Garnelen, die man mit knackigem Grünzeug oder Kräutern mischt, schon passieren? Eine würzige Vinaigrette sorgt dafür, daß die Blätter zart bleiben, die Aromen sich entfalten und die Mischung aus Meeresfrüchten und Gemüse gebunden wird. Das Ergebnis ist ein leckerer Salat: leicht genug für ein sommerliches Mittagessen, außergewöhnlich und farbenfroh genug, um seltene Gäste oder liebe Freunde zu verwöhnen …

DAS GROSSE KOCHBUCH DER FISCHE & MEERESFRÜCHTE

SALAT NIÇOISE

Vorbereitungszeit: 30 Minuten
Garzeit: 25 Minuten
Für 4–6 Personen

4 Eier
500 g kleine neue Kartoffeln
250 g grüne Bohnen, kleingeschnitten
6 Artischockenherzen in Öl, abgetropft
350 g gemischte Salatblätter
4 Tomaten, in Spalten geschnitten
425 g Thunfisch aus der Dose, abgetropft und in dicke Stücke geteilt
1 rote Paprika, in Streifen geschnitten
1 EL Kapern aus dem Glas, abgetropft
10 Oliven Niçoise
1 EL frischer Estragon, gehackt, zum Garnieren

Dressing

1 Knoblauchzehe, zerdrückt
3 TL Dijon-Senf
2 Anchovis-Filets in Öl, abgetropft und feingehackt
60 ml Weißweinessig
125 ml extra natives Olivenöl
Salz und Pfeffer

1 Eier 6 Minuten kochen. Abgießen und kurz in kaltes Wasser tauchen, um den Garprozeß zu stoppen. Schälen und in Spalten teilen.
2 Kartoffeln 10 Minuten kochen oder dämpfen, bis sie weich sind. Abgießen, abkühlen lassen und in dicke Scheiben schneiden.
3 Bohnen in einen Topf mit kochendem Wasser geben und 2 Minuten kochen, dann abgießen und unter kaltem Wasser abspülen. In einer Schüssel mit Eiswasser abschrecken. Die Artischocken halbieren oder vierteln.
4 Salatblätter auf einer Servierplatte oder auf Tellern arrangieren. Mit Kartoffeln, Bohnen, Artischocken, Tomaten, Thunfisch, Eiern und Paprika bedecken. Kapern und Oliven darauf verteilen.
5 Für das Dressing Knoblauch, Senf, Anchovis und Essig mit dem Schneebesen oder in der Küchenmaschine glatt verrühren. Nach und nach das Öl einarbeiten. Mit Salz und Pfeffer würzen und über den Salat gießen. Mit Estragon bestreuen.

Oben: Salat Niçoise

GARNELEN-PAPAYA-SALAT MIT LIMONEN-DRESSING

Vorbereitungszeit: 25 Minuten
Garzeit: 5 Minuten
Für 4 Personen

750 g mittelgroße gegarte Garnelen
1 große Papaya, kleingeschnitten
1 kleine rote Zwiebel, in dünne Scheiben geschnitten
2 Selleriestangen, in dünne Scheiben geschnitten
2 EL frische Minze, in Streifen geschnitten
Salz und schwarzer Pfeffer

Limonen-Dressing

125 ml Öl
60 ml Limonensaft
2 TL frischer Ingwer, feingerieben
1 TL feiner Zucker
Salz und gemahlener schwarzer Pfeffer

1 Garnelen schälen, Darm aus dem Rücken ziehen, die Schwänze intakt lassen.
2 Öl, Limonensaft, Ingwer und Zucker in einer kleinen Schüssel mit dem Schneebesen zum Dressing verrühren. Nach Geschmack mit Salz und gemahlenem schwarzem Pfeffer würzen.
3 Das Dressing über die Garnelen gießen und leicht mischen, um sie vollständig damit zu überziehen. Papaya, Zwiebel, Sellerie und Minze zugeben und vorsichtig unterrühren. Den Salat zimmerwarm servieren oder bis zu 3 Stunden abgedeckt in den Kühlschrank stellen. Man kann den Salat mit zusätzlichen Minzezweigen garnieren.

KÜRBIS-GARNELEN-SALAT MIT RAUKE

800 g festen Kürbis in 3 cm große Würfel und 2 kleine rote Zwiebeln in dicke Spalten schneiden. Mit 1 Eßlöffel Öl und 2 zerdrückten Knoblauchzehen mischen. Auf ein Backblech legen. Im Backofen bei 200 °C 35 Minuten backen, bis der Kürbis weich ist. Die Kürbis-Zwiebel-Mischung mit 300 g gegarten, geschälten und entdarmten Garnelen mischen. 200 g zerpflückte Raukeblätter zufügen. 1–2 Eßlöffel Balsamico-Essig, 1 Eßlöffel Olivenöl und Salz und schwarzen Pfeffer nach Geschmack miteinander verrühren. Über den Salat träufeln. Reicht für 4–6 Personen.

*Unten:
Garnelen-Papaya-Salat
mit Limonen-Dressing*

MEERBARBE

Die Meerbarbe ist auch unter den Namen Rotbarbe und Ziegenfisch bekannt. Der kleine rote Fisch besitzt zwei lange Bartflossen am Unterkiefer. Er ist das ganze Jahr über erhältlich, wird aber ausschließlich im ganzen angeboten. Das Fleisch ist sehr weich, manchmal etwas trocken und hat eine mittelgrobe Struktur. Die Meerbarbe hat ein zartes Aroma. Bei kleineren Exemplaren kommt der Geschmack am besten zur Geltung. Sie können Meerbarben backen, grillen, braten oder pochieren.

Gegenüberliegende Seite: Muschelsalat mit Safran-Dressing (oben); Escabèche

MUSCHELSALAT MIT SAFRAN-DRESSING

Vorbereitungszeit: 40 Minuten
Garzeit: 30 Minuten
Für 4–6 Personen

500 g neue Kartoffeln, ungeschält
1 kg Miesmuscheln
170 ml trockener Weißwein
1 kleine Zwiebel, in Scheiben geschnitten
2 frische Thymianzweige
2 Lorbeerblätter
1 große Prise Safranpulver oder -fäden
4 EL Sauerrahm
Salz und zerstoßener Pfeffer
2 TL frische Petersilie, gehackt

1 Kartoffeln in leicht gesalzenes Wasser legen. Zum Kochen bringen, bei reduzierter Hitze 20 Minuten kochen, bis sie weich sind (mit der Spitze eines scharfen Messers einstechen – wenn sich die Kartoffel leicht wieder löst, ist sie gar). Abgießen und abkühlen lassen.
2 Die Muscheln mit einer harten Bürste putzen und Bärte herausziehen. Beschädigte Muscheln oder solche, die sich auch nach einem leichten Klopfen nicht schließen, wegwerfen. Muscheln gut abspülen. Wein, Zwiebel, Thymian, Lorbeerblätter und die Hälfte der Muscheln in einen Topf mit fest schließendem Deckel geben. Zugedeckt bei großer Hitze etwa 4–5 Minuten garen, bis die Muscheln sich zu öffnen beginnen, zwischendurch einmal umrühren. Die offenen Muscheln mit einer Zange herausnehmen, die ungeöffneten entfernen. Restliche Muscheln genauso garen und abkühlen lassen.
3 Den Muschel-Sud durch ein Sieb gießen und 125 ml davon abmessen. In dem noch warmen Sud den Safran auflösen. Den Sauerrahm unterheben und großzügig mit Salz und Pfeffer würzen.
4 Große Kartoffeln in Viertel schneiden, kleine Kartoffeln halbieren. Die Muscheln herauslösen und die Schalen wegwerfen. Kartoffeln und Muscheln in einer Schüssel mischen und das Safran-Dressing darüber geben. Mit gehackter Petersilie bestreuen und sofort servieren.

ESCABÈCHE
(Marinierter Fisch)

Vorbereitungszeit: 20 Minuten + 1 Nacht zum Kühlen
Garzeit: 15 Minuten
Für 4 Personen

Mehl zum Panieren
500 g Fischfilet ohne Haut (Meerbarbe, Weißfisch, Roter Schnapper, Hornhecht)
5 EL extra natives Olivenöl
1 rote Zwiebel, in dünne Scheiben geschnitten
2 Knoblauchzehen, in dünne Scheiben geschnitten
2 frische Thymianzweige
1 TL Kreuzkümmel, gemahlen
2 Frühlingszwiebeln, gehackt
1/2 TL Orangenschale, feingerieben
60 ml Orangensaft
185 ml Weißwein
185 ml Weißweinessig
60 g grüne Oliven, entsteint und grobgehackt
1/2 TL feiner Zucker
Salz und Pfeffer

1 Etwas Salz und Pfeffer mit dem Mehl vermischen und den Fisch darin leicht wenden. 2 Eßlöffel Öl bei mittlerer Hitze in einer Pfanne erhitzen und den Fisch portionsweise hineingeben. Auf beiden Seiten braten, bis er leicht gebräunt und durchgegart ist (der Fisch sollte sich mit einer Gabel leicht zerpflücken lassen). Aus der Pfanne nehmen und in einer Schicht in eine flache Steingutform legen.
2 Das restliche Öl erhitzen, Zwiebel und Knoblauch zufügen und bei mittlerer Hitze 5 Minuten unter Rühren dünsten.
3 Thymian, Kreuzkümmel und Frühlingszwiebeln zugeben und rühren, bis es nach den Gewürzen duftet. Orangenschale, -saft, Wein, Essig, Oliven, Zucker und Salz und Pfeffer nach Geschmack zufügen. Zum Kochen bringen und über den Fisch gießen. Diesen im Sud abkühlen lassen oder über Nacht kalt stellen. Zimmerwarm servieren. Der Fisch kann auch auf einem Bett aus Brunnenkresse und in feine Scheiben geschnittenen Frühlingszwiebeln serviert werden.
HINWEIS: Escabèche ist ein spanisches Gericht, das kalt serviert wird und wofür man traditionell ganzen Fisch verwendet. Wir haben Fischfilets genommen, die genausogut passen.

SALATE

103

DAS GROSSE KOCHBUCH DER FISCHE & MEERESFRÜCHTE

GEMISCHTER MEERESFRÜCHTESALAT

Vorbereitungszeit: 60 Minuten + 60 Minuten zum Kühlen
Garzeit: 20 Minuten
Für 8 Personen

1,25 kg große gegarte Garnelen
12 gegarte Flußkrebse (Yabbies)
500 g Kammuscheln
125 ml Weißwein
1 Prise getrockneter Thymian
1 Prise getrockneter Estragon oder ein Lorbeerblatt
400 g Lachs, Forelle oder feste weiße Fischfilets (z. B. Blauer Weißfisch, Lengfisch)

Vinaigrette

125 ml extra natives Olivenöl
2 EL Weißweinessig
1 TL Zucker
2 TL Dijon-Senf
1 EL frischer Dill, gehackt
Salz und Pfeffer

6 hartgekochte Eier
150 g gemischte (grüne) Salatblätter
2 EL frische glatte Petersilie, gehackt
2 reife Avocado, in Scheiben geschnitten
2 EL Zitronensaft
Salz und Pfeffer

Grüne-Göttinnen-Dressing

310 g Mayonnaise
4 Anchovis-Filets aus der Dose, abgetropft und feingehackt
1 Knoblauchzehe, zerdrückt
60 g Sauerrahm
3 EL frische Kräuter (Schnittlauch, Petersilie, Dill), gehackt
Salz und frisch gemahlener schwarzer Pfeffer

1 Garnelen schälen und entdarmen.
2 Mit einer Küchenschere beide Panzerseiten der Flußkrebse auf der Unterseite abschneiden. Die weiche Unterschale abziehen und das Fleisch auslösen. Den Darm entfernen.
3 Von den Kammuscheln Adern, dünne Haut und weiße Muskeln abschneiden bzw. -ziehen.
4 250 ml Wasser mit Wein, Kräutern und 1 Prise Salz und Pfeffer zum Kochen bringen und bei reduzierter Hitze 5 Minuten köcheln lassen. Die Kammuscheln zufügen und einige Minuten pochieren, dann mit einem Schaumlöffel herausheben und auf einem Drahtgitter abtropfen lassen. Fischfilets in den leicht kochenden Sud geben. Pochieren, dann zum Abkühlen auf das Drahtgitter legen. Anschließend in große Stücke teilen.
5 Garnelen, Krebse, Kammuscheln und Fisch in einer Schüssel mischen. Für die Vinaigrette Öl, Essig, Zucker, Senf und Dill verrühren und nach Geschmack würzen. Über die Meeresfrüchte gießen und abgedeckt 1 Stunde kalt stellen.
6 Eier schälen und in Scheiben schneiden, 2 Eigelb zurückbehalten. Salat in eine tiefe Servierschüssel legen. Die Meeresfrüchte darauf arrangieren, die Vinaigrette aufbewahren. Mit Petersilie bestreuen, mit Avocados bedecken, mit Zitronensaft beträufeln, dann mit Eischeiben und den zusätzlichen Eiweißen abschließen. Mit Salz und Pfeffer würzen, mit der Vinaigrette beträufeln. Die beiden Eigelbe darüber krümeln. Mit dem Grüne-Göttinnen-Dressing servieren.
7 Für das Grüne-Göttinnen-Dressing alle Zutaten mischen und nach Geschmack würzen.

KAMMUSCHEL-CÉVICHE

Vorbereitungszeit: 20 Minuten + 2 Stunden zum Marinieren
Garzeit: keine
Für 2–4 Personen

16 Kammuscheln, in der Schale
1 TL Limonenschale, feingerieben
2 Knoblauchzehen, gehackt
2 frische rote Chillies, entkernt und gehackt
60 ml Limonensaft
1 EL frische Petersilie, gehackt
1 EL Olivenöl
Salz und frisch gemahlener schwarzer Pfeffer

1 Kammuscheln aus den Schalen nehmen, letztere aufbewahren. Adern, dünne Haut und weiße Muskeln abschneiden bzw. -ziehen.
2 Limonenschale, Knoblauch, Chillies, Limonensaft, Petersilie und Olivenöl in einer säurebeständigen Schüssel vermischen und mit Salz und Pfeffer würzen. Die Kammuscheln in das Dressing legen und wenden, um sie vollständig zu überziehen. Mit Klarsichtfolie abgedeckt 2 Stunden kalt stellen.
3 Zum Anrichten die Muscheln jeweils in eine halbe Schale zurücksetzen und das Dressing darüber geben. Kalt servieren.
HINWEIS: Die Muscheln halten sich im Dressing 2 Tage.

AUSTRALISCHE FLUSSKREBSE
Die kleinen australischen Flußkrebse sind auch unter den Namen Freshwater crayfishs und Yabbies bekannt. Sie haben köstlich saftiges Fleisch und gelten als Delikatesse. Man kann sie lebend oder gegart kaufen. Beachten Sie, daß lebende Flußkrebse aktiv und die Scheren intakt sein müssen. Wenn sich die Krebse schwerfällig bewegen, bedeutet das meist, daß sie nicht frisch sind. Sie sollten zudem einen angenehmen Meeresgeruch haben. Gegarte Flußkrebse sollten einen festen Panzer, intakte Scheren und keine Verfärbungen auf der Unterseite vorweisen.

Gegenüberliegende Seite: Gemischter Meeresfrüchtesalat

RÄUCHERFORELLE MIT CHILI-HIMBEER-DRESSING

Vorbereitungszeit: 25 Minuten
Garzeit: 10 Minuten
Für 4–6 Personen

250 g Sauerampfer
310 g frischer Spargel, geschält
1 Räucherforelle
1 rote Zwiebel, in dünne Scheiben geschnitten
250 g Cocktail-Tomaten, halbiert
200 g frische Himbeeren

Chili-Himbeer-Dressing

125 g frische Himbeeren
1 TL Chilipaste
2 Knoblauchzehen, gepreßt
125 ml Olivenöl
2 EL Himbeer- oder Weißweinessig
Salz und schwarzer Pfeffer

1 Die Stiele vom Sauerampfer abschneiden. Blätter gut abspülen, dann trocknen und kalt stellen, damit sie knackig bleiben.
2 Die Dressing-Zutaten bei schwacher Hitze in einem kleinen Topf verrühren, bis die Himbeeren aufbrechen und die Flüssigkeit einfärben. Mit Salz und Pfeffer würzen.
3 Den Spargel weich kochen, dämpfen oder in der Mikrowelle garen. Abgießen und unter kaltem Wasser abschrecken. Von der Forelle Haut und Gräten entfernen und das Fleisch in Stücke teilen.
4 Den Sauerampfer auf Tellern verteilen. Spargel, Forelle, Zwiebeln und Tomaten arrangieren. Mit den Himbeeren bedecken und mit dem Dressing beträufeln.

Unten: Räucherforelle mit Chili-Himbeer-Dressing

FEURIGER SALAT HAWAII

Vorbereitungszeit: 15 Minuten + 15 Minuten zum Einweichen + 4 Stunden zum Marinieren
Garzeit: 5 Minuten
Für 4–6 Personen

5 g getrocknetes Wakame (krausblättriger Seetang), nach Wunsch
500 g Fischsteaks (z. B. Thunfisch, Schwertfisch, Marlin)
1 große Zwiebel, feingehackt
6 Frühlingszwiebeln, in Scheiben geschnitten
2 kleine rote Chillies, in feine Streifen geschnitten
80 ml Sojasauce, salzarm
1 EL Sesamöl
Salatblätter zum Servieren
1 EL Sesamsamen, geröstet
Limonenspalten zum Servieren

1 Wakame in einer Schüssel mit kaltem Wasser 15 Minuten einweichen, dann abtropfen lassen.
2 Den Fisch in kleine Würfel schneiden. Wakame, Fisch, Zwiebel, Frühlingszwiebeln, Chillies, Sojasauce und Sesamöl in eine Schüssel geben und abgedeckt 4 Stunden kalt stellen.
3 Eine Servierplatte mit Salatblättern auslegen. Mit dem marinierten Fisch bedecken und mit Sesamsamen bestreuen. Mit Limonenspalten servieren.

SALATE

SALAT MIT GARNELEN, RAUKE UND FETA

Vorbereitungszeit: 30 Minuten
Garzeit: 10 Minuten
Für 4–6 Personen

1 kg mittelgroße rohe Garnelen
4 Frühlingszwiebeln, gehackt
4 Eiertomaten, kleingeschnitten
1 rote Paprika, gehackt
425 g Kichererbsen aus der Dose, abgetropft
1 EL frischer Dill, gehackt
3 EL frisches Basilikum, in feine Streifen geschnitten
60 ml extra natives Olivenöl
60 g Butter
2 kleine, frische rote Chillies, feingehackt
4 Knoblauchzehen, zerdrückt
2 EL Zitronensaft
300 g Raukeblätter
150 g Feta

1 Garnelen schälen, Darm aus dem Rücken ziehen, die Schwänze intakt lassen.
2 Frühlingszwiebeln, Tomaten, Paprika, Kichererbsen und Kräuter mischen.
3 Öl und Butter in einer großen Pfanne oder einem Wok erhitzen. Die Garnelen zufügen und bei großer Hitze 3 Minuten unter Rühren garen. Chillies und Knoblauch zugeben und weitergaren, bis die Garnelen rosa sind. Vom Herd nehmen und den Zitronensaft zugießen.
4 Raukeblätter auf einer großen Platte arrangieren, mit der Tomatenmischung bedecken, dann mit der Garnelenmischung. Den Feta darüber krümeln.

CÄSAR-SALAT

Vorbereitungszeit: 15 Minuten
Garzeit: 20 Minuten
Für 4 Personen

4 Scheiben Weißbrot, ohne Rinde und in Würfel geschnitten
3 Scheiben Schinkenspeck, gehackt
1 Kopfsalat, Blätter zerteilt
50 g Parmesan, gerieben
geriebener Parmesan zum Servieren

Dressing

2–4 Anchovis in Öl, abgetropft
1 Ei
2 EL Zitronensaft
1 Knoblauchzehe, zerdrückt
125 ml Olivenöl
Salz und Pfeffer

1 Backofen auf 190 °C vorheizen. Das Brot auf ein Backblech legen und 15 Minuten backen.
2 Den Speck bei mittlerer Hitze in einer Pfanne braten, bis er knusprig ist.
3 Salat mit Brotwürfeln, Speck und Parmesan in eine Servierschüssel geben.
4 Für das Dressing Anchovis, Ei, Zitronensaft und Knoblauch in einer Küchenmaschine glattpürieren. Das Öl dabei in einem dünnen Strahl zugießen, bis das Dressing dick und cremig ist. Mit Salz und Pfeffer würzen. Über den Salat träufeln, mit Parmesan bestreuen und sofort servieren.

Oben: Salat mit Garnelen, Rauke und Feta

EINGELEGTE MEERESFRÜCHTE

Einmachgläser ausschließlich in kochendem Wasser abspülen und im Backofen trocknen. Benutzen Sie bitte kein Küchenhandtuch!

EINGELEGTE MUSCHELN/SARDINEN

1 kg Miesmuscheln abbürsten und die Bärte entfernen. In einen großen Topf geben, mit Wasser bedecken und zugedeckt 4–5 Minuten garen, bis sich alle Muscheln geöffnet haben. Nicht geöffnete wegwerfen. Etwas abkühlen lassen, bevor Sie das Muschelfleisch aus den Schalen lösen. Das Fleisch in Mehl wenden, dann in heißem Öl portionsweise knusprig ausbraten. Einschichtig in einer säurebeständigen Auflaufform arrangieren. 500 ml Weißweinessig, 6 kleingeschnittene Frühlingszwiebeln, 1 feingehackter Chili, 2 Lorbeerblätter und 2 Teelöffel Zucker mischen. Bei schwacher Hitze rühren, bis der Zucker sich auflöst, dann 1 Minute kochen. 1 Eßlöffel frische gehackte Minze zugeben. Über die Muscheln gießen und mindestens über Nacht, maximal 5 Tage kalt stellen. Zimmerwarm servieren. Für 4–6 Personen. Alternativ 12 frische Sardinen verwenden.

EINGELEGTE GARNELEN

40 gegarte Garnelen schälen und entdarmen, den Schwanz intakt lassen. 1 Fenchelknolle in dünne Scheiben schneiden. Garnelen, Fenchel, 2 kleingeschnittene rote Zwiebeln und die Zesten von 2 Orangen und 2 Limonen in einer säurebeständigen Schüssel mischen. 170 ml Limonensaft, 80 ml Orangensaft, 250 ml Olivenöl, 125 ml Estragon-Essig, 2 kleingeschnittene Vogelaugen-Chillies und je 1 Teelöffel Salz und Zucker

mischen. Über die Garnelenmischung gießen. Abdecken und mindestens 2 Tage, maximal 5 Tage kalt stellen. Für 4–6 Personen.

EINGELEGTER OKTOPUS

Einen 1 kg schweren Oktopus säubern (siehe Seite 31) und mit 2 Lorbeerblättern und 12 schwarzen Pfefferkörnern in einen Topf geben. Bei mittlerer Hitze 1 Stunde im eigenen Saft garen. Abgießen und abkühlen lassen. Pfefferkörner, Lorbeerblätter und abgekühlten Oktopus in ein 1-Liter-Einmachglas legen. 1 Eßlöffel Oregano, 2 Teelöffel Thymian und 1 in dünne Scheiben geschnittene Knoblauchzehe zugeben. 250 ml Rotweinessig und soviel Olivenöl, daß es den Oktopus bedeckt, zugießen. Mindestens 2, maximal 5 Tage kalt stellen. Zimmerwarm servieren. Für 4–6 Personen.

ROLLMOPS

8 Heringe waschen. Ein Messer hinter Kiemen und Flosse ansetzen und den Kopf abtrennen. Den Bauch aufschneiden, ausnehmen und den Fisch flach ausbreiten. Die Gräte am Schwanzende fassen und vorsichtig herausheben. Kleine Gräten mit einer Pinzette entfernen. Die ausgebreiteten Filets in eine große, säurebeständige Form legen. 1 Liter Wasser mit 200 g Salz mischen und bei mittlerer Hitze rühren, bis das Salz sich auflöst. Abkühlen lassen, bevor Sie die Marinade über den Fisch gießen. Zudecken und über Nacht kalt stellen. Für den Einlegeessig bei mittlerer Hitze 1 Liter Weißweinessig, 2 Lorbeerblätter, 1 Eßlöffel Einmachgewürz und 5 schwarze Pfefferkörner mischen. Abkühlen lassen. Heringsfilets abspülen, trocknen und mit der Hautseite nach unten auf ein Holzbrett legen. Eine dünne Zwiebelscheibe in die Mitte der Filets legen und darauf eine Gewürzgurkenscheibe. Vom Kopfende her aufrollen und mit einem Zahnstocher feststecken. Die Rollmöpse in ein sauberes 1-Liter-Einmachglas schichten, den gewürzten Essig darüber gießen und versiegeln. Vor dem Servieren mindestens 2, maximal 5 Tage kalt stellen. Mit Sauerrahm, Zwiebel und Schwarzbrot servieren. Für 4–6 Personen.

Oben (von links): Eingelegte Muscheln; Eingelegte Sardinen; Eingelegte Garnelen; Eingelegter Oktopus; Rollmops

DAS GROSSE KOCHBUCH DER FISCHE & MEERESFRÜCHTE

KALMAR
Obwohl Kalmare in allen gemäßigten Gewässern der Welt vorkommen, werden sie vor allem in der asiatischen und mediterranen Küche verwendet. Der lange, zylindrische Kalmar ist viel kleiner als der Tintenfisch, er wird höchstens 50 cm lang. Die breiten Schwimmflossen verlaufen bis zur Körpermitte. Er besitzt acht Fangarme und zudem zwei sehr viel längere Tentakel. Kalmare sind nicht schwer zuzubereiten, und das gegarte Fleisch ist zart und lieblich.

Oben:
Lachs-Fenchel-Salat

LACHS-FENCHEL-SALAT

Vorbereitungszeit: 15 Minuten
Garzeit: keine
Für 4 Personen

2 TL Dijon-Senf
1 TL feiner Zucker
125 ml Olivenöl
2 EL Zitronensaft
2 Fenchelknollen, in Scheiben geschnitten
200 g Räucherlachs, in Streifen geschnitten
2 EL frischer Schnittlauch, gehackt
1 EL frisches Fenchelkraut von der Knolle oder frischer Dill, gehackt
Salz und Pfeffer
frische Raukeblätter zum Servieren
Zitronenspalten zum Servieren

1 Für das Dressing Senf, Zucker, Olivenöl und Zitronensaft in einer großen Schüssel gut verrühren.
2 Fenchel, Lachs, Schnittlauch und Fenchelkraut zum Dressing geben. Mit Salz und Pfeffer würzen und vorsichtig vermischen. Mit Raukeblättern, Zitronenspalten und Toast servieren.

KALMAR UND KAMMUSCHELN MIT CHERMOULA-DRESSING

Vorbereitungszeit: 30 Minuten + 30 Minuten zum Kühlen
Garzeit: 5 Minuten
Für 4 Personen

2 Orangen
8 Baby-Kalmare
1/4 TL Salz
200 g Kammuscheln
2 EL Öl
150 g Raukeblätter
3 Eiertomaten, kleingeschnitten

Chermoula-Dressing

50 g frisches Koriandergrün, feingehackt
30 g frische glatte Petersilie, feingehackt
2 TL Kreuzkümmel, gemahlen
1 TL Paprika, gemahlen
60 ml Limonensaft
60 ml Olivenöl

SALATE

1 Schale und weiße Haut der Orangen entfernen. Mit einem kleinen, scharfen Messer die einzelnen Filets lösen. Beiseite stellen.
2 Kopf und Fangarme mit den Innereien aus dem Beutel bzw. Mantel des Kalmars ziehen. Die Arme knapp unter den Augen abtrennen. Tentakel in beide Hände nehmen und das Kauwerkzeug von unten herausdrücken. Mit den Fingern den Knorpel (Sepia) herausnehmen und die hauchdünne Haut abziehen. Kalmarmäntel und Fangarme waschen und gut abtropfen lassen. In eine Schüssel mit Wasser und Salz legen und gut mischen. Abgedeckt etwa 30 Minuten kalt stellen. Gut abspülen, dann die Kalmarmäntel in lange, dünne Streifen und die Fangarme in Stücke schneiden.
3 Von den Kammuscheln Adern, dünne Haut und weiße Muskeln abschneiden bzw. -ziehen.
4 Das Öl in einer tiefen, großen Pfanne erhitzen und die Kalmare portionsweise bei großer Hitze 1–2 Minuten braten, bis sie weiß werden. Nicht zu lange garen, weil sie sonst gummiartig werden. Auf Küchenpapier abtropfen lassen. Kammuscheln zugeben und goldbraun dünsten.
5 Rauke auf einer großen Platte arrangieren. Mit Meeresfrüchten, Tomaten und Orangenfilets belegen.
6 Die Dressing-Zutaten in einer säurebeständigen Schüssel miteinander verrühren. Über die Meeresfrüchte gießen.

MARINIERTER FISCHSALAT MIT CHILI UND BASILIKUM

Vorbereitungszeit: 30 Minuten + mehrere Stunden zum Marinieren
Garzeit: keine
Für 4 Personen

500 g feste weiße Fischfilets ohne Haut (z. B. Große Goldmakrele, Korallenforelle, Schnapper, Kaiserschnapper)
60 ml Limonensaft
60 ml Kokosmilch
1 TL Salz
1/4 TL zerstoßener schwarzer Pfeffer
3 Tomaten, gewürfelt
3 Salatgurken
5 Frühlingszwiebeln, kleingeschnitten
2 frische rote Chillies, entkernt und in feine Ringe geschnitten
2 Knoblauchzehen, zerdrückt

1 TL frischer Ingwer, gerieben
15 g frische Basilikumblätter, zerpflückt
gemischte Salatblätter zum Servieren

1 Den Fisch in dünne Streifen schneiden und in eine Glas- oder Keramikschale legen.
2 Für die Marinade Limonensaft, Kokosmilch, Salz und schwarzen Pfeffer in ein hohes Gefäß geben. Gut mischen und über den Fisch gießen. Abdecken und mehrere Stunden oder über Nacht kalt stellen. Ein- bis zweimal wenden.
3 Tomaten, Gurken, Frühlingszwiebeln, Chillies, Knoblauch, Ingwer und Basilikum zum Fisch geben. Gut mischen und auf den Salatblättern servieren.
HINWEISE: Die Säureaktivität im Limonensaft »gart« den Fisch, indem sie das Fleisch festigt und undurchsichtig werden läßt.
In der Mangosaison können sie diese in kleine Würfel geschnitten unter den fertigen Salat heben, das gibt zusätzliches Aroma und Süße.

Unten:
Marinierter Fischsalat mit Chili und Basilikum

DAS GROSSE KOCHBUCH DER FISCHE & MEERESFRÜCHTE

SÜSS-SAURE SARDINEN

Vorbereitungszeit: 20 Minuten + 2 Stunden zum Marinieren
Garzeit: 15–20 Minuten
Für 4 Personen

12 frische Sardinen, ausgenommen, ohne Kopf, entgrätet und flachgedrückt
Mehl zum Panieren
Olivenöl zum Braten
½ rote Zwiebel, in dünne Scheiben geschnitten
1 Knoblauchzehe, zerdrückt
2 Lorbeerblätter
1 EL Rosinen
1 EL Pinienkerne
½–1 TL getrocknete Chiliflocken
1 TL brauner Zucker
80 ml Balsamico-Essig
80 ml Rotwein
Salz und Pfeffer

1 Die Sardinen in Mehl wenden und gut mit Salz und Pfeffer würzen.
2 Öl 1 cm hoch in eine große gußeiserne Pfanne geben. Bei mittlerer Hitze die Sardinen portionsweise jeweils 5–10 Minuten braten, bis sie knusprig und goldbraun sind. Auf Küchenpapier gut abtropfen lassen, dann in eine säurebeständige Form legen.
3 Die Zwiebel in etwas Olivenöl bei mittlerer Hitze 5 Minuten braten, bis sie weich, aber nicht braun ist. Knoblauch, Lorbeerblätter, Rosinen, Pinienkerne und Chiliflocken zugeben. Gut vermischen, dann Zucker, Essig und Rotwein zufügen und kurz köcheln lassen. Diese Mischung über die Sardinen gießen und abgedeckt im Kühlschrank marinieren, bis sie abgekühlt ist. Zimmerwarm servieren, nach Wunsch auf einem Bett aus Zuckererbsensprossen oder gemischten (grünen) Salatblättern.
HINWEIS: Wenn Sie keine fertigen »Schmetterlings-Sardinen« bekommen, kaufen Sie ganze Sardinen. Öffnen Sie den Bauch, entfernen Sie die Innereien und schneiden Sie zum Schluß den Kopf ab. Die Sardinen jeweils mit der Hautseite nach oben auf ein Brett legen. Zum Ausbreiten leicht, aber beständig flachdrücken. Umdrehen und die Mittelgräte herausziehen. Am Schwanzende abschneiden. In leicht gesalzenem Wasser waschen und auf Küchenpapier trocknen.

THUNFISCHSALAT MIT KNOBLAUCH-MAYONNAISE

Vorbereitungszeit: 25 Minuten
Garzeit: 10 Minuten
Für 6 Personen

6 mittelgroße festkochende Kartoffeln
150 g Zuckererbsen
200 g Spargel, geschält
250 g Kirschtomaten
850 g Thunfisch aus der Dose, abgetropft

Knoblauch-Mayonnaise

3 Eigelb
1 Knoblauchzehe, zerdrückt
½ TL Dijon-Senf
2 EL Zitronensaft
250 ml Olivenöl
Salz und zerstoßener schwarzer Pfeffer

1 Die Kartoffeln schälen, in 2 cm große Würfel schneiden und 8–10 Minuten kochen oder dämpfen, bis sie weich sind (mit der Spitze eines kleinen scharfen Messers einstechen – wenn sich die Kartoffel leicht löst, ist sie gar). Kartoffeln abgießen und beiseite stellen.
2 Zuckererbsen in einem Topf mit kochendem Wasser 1 Minute garen, mit einem Schaumlöffel herausnehmen und in Eiswasser tauchen. Abtropfen und beiseite stellen.
3 Vom Spargel die holzigen Enden ganz abschneiden und ihn wie die Zuckererbsen blanchieren.
4 Für die Knoblauch-Mayonnaise Eigelb, Knoblauch, Senf und Zitronensaft in einer Küchenmaschine 1 Minute verrühren. Das Öl in einem dünnen Strahl portionsweise zufügen, dabei konstant rühren, bis die Mayonnaise dick und cremig ist. Wird die Mayonnaise zu dick, das Öl schneller zugeben. Rühren, bis das gesamte Öl eingearbeitet ist. Nach Geschmack mit Salz und schwarzem Pfeffer würzen.
5 Kartoffeln, Zuckererbsen, Spargel, Tomaten und Thunfischstücke auf Tellern arrangieren. Einen Löffel Mayonnaise auf jeden Teller setzen oder separat dazu reichen. Sofort servieren.
HINWEIS: Sie können die Mayonnaise auch in einer Küchenmaschine herstellen oder mit einem großen Schneebesen.

SARDINEN
Diese kleinen Fische haben sehr fettes, weiches Fleisch mit einer feinen Gewebsstruktur. Obwohl sie eine ganze Menge Gräten besitzen, läßt sich die Mittelgräte leicht entfernen, und die anderen Gräten sind eßbar. Sardinen werden im ganzen oder filetiert und entgrätet (flach ausgebreitet; sogenannte »Schmetterlings-Sardine«) verkauft. Sie werden oft mit Pilchards verwechselt, sind aber einfach jugendliche Pilchards. Sie haben ein kräftiges, spezifisches Aroma und eignen sich zum Backen, Grillen und Braten.

Gegenüberliegende Seite: Süß-saure Sardinen (oben); Thunfischsalat mit Knoblauch-Mayonnaise

SALATE

DAS GROSSE KOCHBUCH DER FISCHE & MEERESFRÜCHTE

SALAT MIT LACHS UND GRÜNEN BOHNEN

Vorbereitungszeit: 20 Minuten
Garzeit: 30 Minuten
Für 4–6 Personen

350 g Lachsfilet ohne Haut
Öl zum Fritieren
4 Knoblauchzehen, in dünne Scheiben geschnitten
200 g weiße Süßkartoffeln, in dünne Scheiben geschnitten
100 g grüne Bohnen, längs halbiert
1 rote Zwiebel, in dünne Scheiben geschnitten
20 g Sesamsamen, geröstet
1 Mizuna-Salat, ohne Stiele

Dressing

2 Knoblauchzehen, zerdrückt
2 EL Tahin-Paste (siehe Hinweis)
1 EL Reisessig
2 EL Limonensaft
1 EL Sojasauce
60 ml Olivenöl

1 Fischfilet auf dem Holzkohlengrill oder im Ofen nach Geschmack halbgar oder gar grillen. Leicht abkühlen lassen, bevor Sie es in große Stücke schneiden.
2 Das Öl in einem tiefen gußeisernen Topf auf 180 °C erhitzen bzw. bis ein Brotwürfel darin in 15 Sekunden braun wird. Knoblauch und Süßkartoffeln getrennt knusprig-goldbraun fritieren. Auf Küchenpapier abtropfen lassen.
3 Bohnen in kochendem Wasser weich garen. Abspülen, kurz in Eiswasser tauchen und abtropfen lassen. Mit Zwiebeln, Sesamsamen, Süßkartoffeln, Knoblauch und Salatstreifen mischen. Auf Tellern verteilen. Mit dem Fisch belegen.
4 Für das Dressing alle Zutaten in einer Schüssel miteinander verrühren. Über den Salat träufeln und sofort servieren.
HINWEISE: Lachsforelle eignet sich ebenfalls für dieses Rezept.
Tahin-Paste wird aus zerstoßenen Sesamsamen zubereitet und ist in Reformhäusern und Asienläden erhältlich.
Wenn Sie das Aroma als zu stark empfinden, können sie es durch 1 Teelöffel Sesamöl und 2 Eßlöffel Orangensaft ersetzen.

Unten: Salat mit Lachs und grünen Bohnen

SALATE

THAILÄNDISCHER NUDELSALAT

Vorbereitungszeit: 25 Minuten
Garzeit: 5 Minuten
Für 4 Personen

Dressing

2 EL frischer Ingwer, gerieben
2 EL Sojasauce
2 EL Sesamöl
80 ml Rotweinessig
1 EL süße Chilisauce
2 Knoblauchzehen, zerdrückt
80 ml Kecap Manis (siehe Hinweis)

500 g große gegarte Garnelen
250 g dünne Instant-Nudeln
5 Frühlingszwiebeln, in Scheiben geschnitten
2 EL frisches Koriandergrün, gehackt
1 rote Paprika, gehackt
100 g Zuckererbsen, kleingeschnitten

1 Für das Dressing die Zutaten in eine große Schüssel geben und mit einer Gabel verrühren.
2 Garnelen schälen und Darm aus dem Rücken ziehen. Die Garnelen der Länge nach halbieren.
3 Nudeln in einem großen Topf mit sprudelnd kochendem Wasser 2 Minuten garen, dann gut abtropfen lassen. Zum Dressing geben und gut mischen. Abkühlen lassen.
4 Garnelen und restliche Zutaten zufügen und vermischen. Zimmerwarm servieren.
HINWEIS: Kecap Manis (süße Sojasauce) gibt es in Asienläden (eventuell auch in Supermärkten).

SALAT MIT THUNFISCH UND WEISSEN BOHNEN

Vorbereitungszeit: 15 Minuten
Garzeit: keine
Für 4–6 Personen

750 g Thunfisch in Öl aus der Dose
1 Knoblauchzehe, zerdrückt
1–2 TL frische Thymianblätter
1–2 TL frische Petersilie, feingehackt
60 ml Weißweinessig
80 ml extra natives Olivenöl
400 g Cannellini-Bohnen, abgespült
1 große rote Zwiebel, grobgehackt
3 hartgekochte Eier, in Spalten geschnitten
3 Tomaten, in Spalten geschnitten
Salz und schwarzer Pfeffer

1 Thunfisch abtropfen lassen und in große Stücke teilen. Knoblauch, Thymian, Petersilie, Essig und Olivenöl mischen und mit einer Gabel verschlagen. Nach Geschmack mit Salz und schwarzem Pfeffer würzen.
2 Bohnen und Zwiebel in einer großen Schüssel mischen, das Dressing zugeben und gut verrühren. Thunfisch und die Hälfte der Ei- und Tomatenspalten vorsichtig unterrühren. Auf einer Platte aufhäufen und mit den restlichen Eiern und Tomaten garnieren.

*Oben:
Thailändischer Nudelsalat*

115

KREBS-MANGO-SALAT

Mit einem scharfen Messer das Fleisch der Mango in dünne Streifen schneiden.

Mit einem Sparschäler die Kokosnuß in hauchdünne Scheiben teilen.

Das Dressing über Krebs, Garnelen, Mangostreifen und Kokosnuß gießen.

Oben:
Krebs-Mango-Salat

KREBS-MANGO-SALAT

Vorbereitungszeit: 25 Minuten
Garzeit: 5 Minuten
Für 4 Personen

Dressing

80 ml Olivenöl
60 ml Limonensaft
1 TL Fischsauce
½ kleiner grüner Chili, feingehackt
1 EL frisches Koriandergrün, feingehackt
2 TL frischer Ingwer, gerieben
Salz und frisch gemahlener schwarzer Pfeffer

Kokosnußscheiben
1 TL Olivenöl
60 g Brunnenkresse
100 g Zuckererbsensprossen
100 g kleine gegarte Garnelen
400 g frisch gegartes oder Dosen-Krebsfleisch, abgetropft
1 Mango, in Streifen geschnitten
frisches Koriandergrün zum Garnieren
1 Limone, in Scheiben geschnitten, zum Garnieren

1 Die Dressing-Zutaten mischen und mit Salz und frisch gemahlenem schwarzem Pfeffer würzen. Gut durchziehen lassen.
2 Mit einem Sparschäler die Kokosnuß in hauchdünne Scheiben schneiden. Das Olivenöl in einem Topf erhitzen und die Kokosnuß darin vorsichtig goldbraun braten. Auf Küchenpapier abtropfen lassen.
3 Brunnenkresse und Zuckererbsensprossen mischen und auf einer Platte arrangieren.
4 Garnelen schälen und Darm aus dem Rücken herausziehen. Krebsfleisch, Garnelen, Mango, drei Viertel der gerösteten Kokosnuß und das Dressing miteinander vermischen. In die Mitte des Salats die Brunnenkresse setzen, die restliche Kokosnuß darauf verteilen und mit Koriandergrün und Limonenscheiben garnieren.
HINWEIS: Wenn Sie keine frische Kokosnuß bekommen, nehmen Sie 30 g Kokosraspel und bräunen diese.

SALATE

MEERESFRÜCHTESALAT AUF SPANISCHE ART

Vorbereitungszeit: 40 Minuten + 2 Stunden zum Kühlen
Garzeit: 10 Minuten
Für 6 Personen

750 g mittelgroße rohe Garnelen
200 g Kammuscheln
12–15 Miesmuscheln
2 Zitronenscheiben
2 Lorbeerblätter
1 Prise getrockneter Thymian
250 g Brokkoli, in Röschen geteilt
3 TL Kapern
20 getrocknete schwarze Oliven
3 Frühlingszwiebeln, gehackt
1/2 grüne Paprika, gewürfelt
60 ml Olivenöl
2 EL Zitronensaft
1 TL Dijon-Senf
1 Knoblauchzehe, zerdrückt
Salz und frisch gemahlener schwarzer Pfeffer

1 Garnelen schälen und den Darm aus dem Rücken ziehen.

2 Von den Kammuscheln Adern, dünne Haut und weiße Muskeln abschneiden.

3 Miesmuscheln mit einer harten Bürste putzen und die Bärte herausziehen. Beschädigte Muscheln oder solche, die sich auch nach einem Klopfen nicht schließen, wegwerfen. Abspülen.

4 Zitrone, Lorbeerblätter, Thymian und 750 ml Wasser zum Kochen bringen. Kammuscheln zugeben und 1/2–1 Minute garen, bis sie undurchsichtig sind. Mit einem Schaumlöffel herausnehmen und auf Küchenpapier abtropfen lassen. Garnelen in den Topf geben und 2–3 Minuten garen. Ebenfalls auf Küchenpapier legen. Miesmuscheln zugedeckt 4–5 Minuten garen, bis sie sich geöffnet haben, dabei den Topf gelegentlich schütteln. Auf Küchenpapier abtropfen lassen. Ungeöffnete Muscheln wegwerfen. Die Hälfte der Schalen wegwerfen. Alle Meeresfrüchte in eine Schüssel geben.

5 Brokkoli in kochendem Wasser 2 Minuten blanchieren. In kaltem Wasser abschrecken. Abtropfen lassen und mit Kapern, Oliven, Frühlingszwiebeln und Paprika unter die Meeresfrüchte mischen.

6 Öl, Zitronensaft, Senf, Knoblauch und etwas Salz und frisch gemahlenen schwarzen Pfeffer in einer Schüssel verschlagen. Über die Meeresfrüchte geben und vorsichtig mischen, um sie vollständig damit zu überziehen. Vor dem Servieren etwa 2 Stunden abgedeckt kalt stellen.

GARNELEN
Für den wahren Liebhaber von Meeresfrüchten gibt es nur wenige Dinge, die köstlicher sind als frisch gegarte Garnelen. Von ihnen erwartet er einen angenehmen Meeresgeruch und einen schönen Glanz bzw. Schimmer. Die Panzer sollen sich fest anfühlen. Kaufen Sie also auch keine Garnelen, die nach Ammoniak riechen oder die dunkle Verfärbungen an Kopf und Beinen haben, da dies frühe Anzeichen von Verderb sind.

Links: Meeresfrüchtesalat auf spanische Art

BRATEN, FRITIEREN & ANBRATEN

Kenner sind sich darin einig: Frischer Fisch mit glänzenden Augen und Resten von Meersalz auf der Haut braucht nur etwas geschmolzene Butter und eine heiße Pfanne (vielleicht einige Spritzer Zitrone). Aber auch fritiert sind Meeresfrüchte wahre Leckerbissen: In Bier- oder Backteig fritierter Fisch mit knusprigen Chips ist die höchste Stufe kulinarischer Perfektion. Und wie sieht es mit kurz angebratenen Meeresfrüchten aus? Denken Sie etwa an Chili-Krebs. Wenn Ihnen da nicht das Wasser im Munde zusammenläuft …

GEBRATENER FISCH

Die Fischkoteletts in mit Salz und Pfeffer gewürztem Mehl wenden.

Nach 3 Minuten das Fischkotelett umdrehen und die andere Seite bräunen.

Die Hitze reduzieren und das Fleisch garen, bis es sich mit einer Gabel leicht zerpflücken läßt.

Rechts:
Gebratener Fisch

GEBRATENER FISCH

Vorbereitungszeit: 5 Minuten
Garzeit: 8 Minuten
Für 4 Personen

2–3 EL Mehl
Salz und Pfeffer
4 feste weiße Fischkoteletts (z. B. Blue-Eye-Bastardmakrele, Adlerfisch, Warehou, Schnapper)
Olivenöl zum Braten

1 Mehl mit etwas Salz und Pfeffer auf einen Teller sieben. Fischkoteletts abspülen, mit Küchenpapier trockentupfen, dann im gewürzten Mehl wenden.
2 Etwa 3 mm Öl in einer großen Pfanne erhitzen. Koteletts ins heiße Öl legen und 3 Minuten von jeder Seite braten, bis sie knusprig und gut gebräunt sind. Bei schwacher Hitze weitere 2–3 Minuten garen, bis das Fleisch sich leicht mit einer Gabel zerpflücken läßt.
3 Koteletts aus der Pfanne nehmen und auf Küchenpapier abtropfen lassen. Wenn Sie den Fisch portionsweise garen, warm stellen. Sofort servieren.
HINWEIS: Diese Methode eignet sich für jedes Fischkotelett, -filet oder -steak. Die Garzeit hängt natürlich von der Dicke des Stückes ab.

FISCH MIT PARMESAN-KRÄUTER-KRUSTE

4 Stücke weißes Fischfilet (à 200 g) ohne Haut (Lengfisch, Schnapper oder Barsch) in mit Salz und Pfeffer gewürztem Mehl wenden. In einem mit 1 Eßlöffel Milch verquirltem Ei und dann in einer Mischung aus Semmelbröseln, je 2 Eßlöffeln frischem Dill und Petersilie, 4 Eßlöffeln geriebenem Parmesan und 4 Eßlöffeln zerdrückten Mandelsplittern panieren. 1 Eßlöffel Öl und 30 g Butter in einer Pfanne erhitzen, Fisch bei mittlerer Hitze auf beiden Seiten braten, bis er goldbraun und gar ist. Mit Guacamole (Avocado-Dip) oder mit Tartarsauce (siehe Seite 128) servieren. Für 4 Personen.

BRATEN, FRITIEREN & ANBRATEN

WARMER GARNELEN-KAMMUSCHEL-WOK

Vorbereitungszeit: 30 Minuten + 10 Minuten zum Marinieren
Garzeit: 15 Minuten
Für 4 Personen

500 g kleine rohe Garnelen

300 g Kammuscheln

2 TL Fünf-Gewürz-Pulver (Chinagewürz)

1–2 kleine, frische rote Chillies, entkernt und feingehackt

2–3 Knoblauchzehen, zerdrückt

2 EL Öl

2 TL Sesamöl

200 g frischer Spargel, in lange Stücke geschnitten

150 g Zuckererbsen, Enden abgeschnitten

125 g Raukeblätter, zerpflückt

2 EL leichte Sojasauce

2 EL Zitronensaft

1 EL Mirin

1 EL Öl, zusätzlich

1 EL Honig

6 Frühlingszwiebeln, gehackt

1 EL frisches Koriandergrün, gehackt

1 EL Sesamsamen, leicht geröstet

1 Garnelen schälen, Darm aus dem Rücken ziehen, den Schwanz intakt lassen. Von den Kammuscheln Adern, dünne Haut und weiße Muskeln abschneiden bzw. -ziehen.
2 Fünf-Gewürz-Pulver, Chillies, Knoblauch und Öl in einer großen Schüssel mischen. Garnelen und Kammuscheln zufügen, abdecken und mindestens 10 Minuten kalt stellen.
3 Spargel und Zuckererbsen in einem Topf mit kochendem Wasser kurz blanchieren. Abgießen und in eine Schüssel Eiswasser tauchen, nochmals abgießen. Spargel, Zuckererbsen und Rauke auf 4 Tellern arrangieren.
4 Sojasauce, Zitronensaft, Mirin, zusätzliches Öl und Honig in einer kleinen Schüssel verrühren.
5 Den Wok erhitzen und Garnelen, Kammuscheln und Frühlingszwiebeln bei großer Hitze portionsweise 3–4 Minuten unter Rühren braten, bis sie durchgegart sind. Herausnehmen und beiseite stellen.
6 Sauce und Koriander in den Wok geben und zum Kochen bringen. Bei großer Hitze 1–2 Minuten kochen. Die Meeresfrüchte wieder in den Wok füllen und umrühren. Auf die Teller verteilen und mit Sesamsamen bestreuen.

Oben: Warmer Garnelen-Kammuschel-Wok

FISCH UND CHIPS

Wenn das Öl heiß genug ist., ist ein Brotwürfel in 30 Sekunden braun.

Fischstücke können Sie am einfachsten mit einer Zange herausnehmen.

Gegenüberliegende Seite: Fish und Chips (oben); Panierte Scampi und Panierte Calamares mit Chili-Pflaumen-Sauce

FISH UND CHIPS

Vorbereitungszeit: 25 Minuten + 10 Minuten zum Einweichen
Garzeit: 25 Minuten
Für 4 Personen

155 g Mehl
375 ml Bier
4 mehlige Kartoffeln
Öl zum Fritieren
4 feste weiße Fischfilets (z. B. Brasse, Dorsch, Seelachs)
Speisestärke zum Panieren
Zitronenspalten zum Servieren

1 Mehl in eine große Schüssel sieben und in der Mitte eine Mulde formen. Nach und nach das Bier mit dem Schneebesen einarbeiten, bis ein glatter, klumpenfreier Teig ensteht. Abdecken.
2 Kartoffeln schälen und in 1 cm dicke Pommes frites schneiden. 10 Minuten in kaltem Wasser einweichen. Abgießen und trockentupfen. Eine tiefe gußeiserne Pfanne zu einem Drittel mit Öl füllen und auf 160 °C erhitzen bzw. bis ein Brotwürfel darin in 30 Sekunden braun wird. Die Pommes frites portionsweise 4–5 Minuten fritieren, bis sie goldgelb sind. Mit einem Schaumlöffel herausheben und auf Küchenpapier abtropfen lassen.
3 Kurz vor dem Servieren das Öl auf 180 °C erhitzen bzw. bis ein Brotwürfel darin in 15 Sekunden braun wird. Pommes frites noch einmal portionsweise knusprig fritieren. Im Ofen warm halten.
4 Fisch mit Küchenpapier trockentupfen. In Speisestärke und Bierteig wenden, abtropfen lassen. Portionsweise 5–7 Minuten fritieren. Wenn nötig, mit einer Zange wenden. Herausnehmen und auf Küchenpapier abtropfen lassen. Mit Zitronenspalten servieren.

PANIERTE CALAMARES MIT CHILI-PFLAUMEN-SAUCE

Vorbereitungszeit: 25 Minuten
Garzeit: 12 Minuten
Für 4 Personen

500 g Kalmarmäntel
30 g Mehl, mit Salz und Pfeffer gewürzt
1–2 Eier, leicht verquirlt
240 g frische weiße Semmelbrösel
Öl zum Fritieren

Chili-Pflaumen-Sauce

1 TL Öl
1 Knoblauchzehe, zerdrückt
315 g Pflaumenmarmelade
80 ml Weißweinessig
1–2 Eßlöffel süße Chilisauce

1 Kalmarmäntel mit Küchenpapier trockentupfen. Kauwerkzeuge und Haut entfernen und den Kalmar in 1 cm breite Ringe schneiden.
2 Das Mehl in einen Gefrierbeutel füllen, die Ringe zugeben und den Beutel kräftig schütteln. Jeden Ring in verschlagenem Ei und Semmelbrösel wenden.
3 Eine tiefe gußeiserne Pfanne zu einem Drittel mit Öl füllen und auf 180 °C erhitzen bzw. bis ein Brotwürfel darin in 15 Sekunden goldbraun wird. Ringe portionsweise 3 Minuten braten. Auf Küchenpapier abtropfen lassen und warm stellen. Calamares heiß mit Sauce servieren.
4 Für die Sauce das Öl in einem kleinen Topf leicht erhitzen und den Knoblauch darin weich garen. Marmelade, Essig und Chilisauce bei mittlerer Hitze unterrühren.

PANIERTE SCAMPI

Vorbereitungszeit: 15 Minuten
Garzeit: 10 Minuten
Für 4 Personen als Vorspeise

1 kg geschälte rohe Scampi (Scampi-Fleisch) oder große Garnelen
60 g Mehl
4 Eier, leicht verquirlt
200 g Semmelbrösel
1 EL frische Petersilie, feingehackt
Öl zum Fritieren
Tartarsauce (siehe Seite 128) zum Servieren
Zitronenspalten zum Servieren

1 Scampi in Mehl wenden, dann in Ei tauchen und in die mit Petersilie gemischten Semmelbrösel legen.
2 Eine tiefe gußeiserne Pfanne zu einem Drittel mit Öl füllen und auf 180 °C erhitzen. Die Scampi portionsweise 2 Minuten goldbraun fritieren. Abtropfen lassen und mit Tartarsauce (siehe Seite 128) und Zitronenspalten servieren.

BRATEN, FRITIEREN & ANBRATEN

DAS GROSSE KOCHBUCH DER FISCHE & MEERESFRÜCHTE

GARNELENPASTE

Die Paste, auch unter dem Namen Blachan bekannt, wird aus gesalzenen, in der Sonne fermentierten Shrimps oder Garnelen zubereitet, die getrocknet, gemahlen und zu Blöcken geformt werden. Sie hat einen stechenden Geruch. Zwar muß sie nicht gekühlt werden, doch können Sie die Garnelenpaste in Klarsichtfolie wickeln und in einen luftdichten Behälter in den Kühl- oder Eisschrank legen, um den Geruch einzudämmen. Immer rösten oder braten, bevor Sie sie einem Essen zufügen, und stets sparsam anwenden. Garnelenpaste wird in Thailand, in Malaysia und in Indonesien gern als Würzmittel verwendet.

Oben: Fisch mit süßem Chili auf thailändische Art

FISCH MIT SÜSSEM CHILI AUF THAILÄNDISCHE ART

Vorbereitungszeit: 30 Minuten + 2 Stunden zum Marinieren
Garzeit: 35 Minuten
Für 4–6 Personen

★★★

2 ganze Fische (z. B. Rotbarsch, Schnapper, Brasse, Krokodilfisch, 1 kg)
1 Zitronengrasstengel (nur der weiße Teil), flachgedrückt und geviertelt
6 Kaffir-Limonenblätter, halbiert
25 g frisches Koriandergrün und -stengel
125 ml Fischsauce
80 ml Limonensaft
Erdnußöl zum Fritieren

Süße Chili-Glasur

1 TL Öl
1 TL Garnelenpaste
180 g geriebener Palmzucker oder brauner Zucker
1 Zitronengrasstengel (nur der weiße Teil), flachgedrückt und geviertelt
1 Stück frische Galgantwurzel à 5 cm, halbiert
4 kleine rote Chillies, in Ringe geschnitten
2 TL Limonenschale, feingerieben
80 ml Limonensaft

1 Fische reinigen und innen und außen trockentupfen. An der dicksten Stelle tiefe Einschnitte machen. Mit der Hälfte des Zitronengrases, der Limonenblätter und des Koriandergrüns füllen. Die Öffnungen mit Spießen verschließen und den Fisch in eine flache, säurebeständige Form legen.
2 Fischsauce und Limonensaft mischen, über den Fisch gießen und etwa 2 Stunden im Kühlschrank marinieren, nach 1 Stunde wenden.
3 Für die Glasur das Öl erhitzen und die Garnelenpaste braten, bis sie duftet. Zucker, Zitronengras, Galgantwurzel, Chillies, Limonenschale und -saft sowie 185 ml Wasser zufügen. Bei mittlerer Hitze rühren, bis der Zucker aufgelöst ist, dann zum Kochen bringen. 10 Minuten köcheln lassen, bis die Sauce leicht eingedickt ist. Warm stellen.
4 Einen Wok zu einem Drittel mit Öl füllen und auf 180 °C erhitzen (1 Brotwürfel sollte in 15 Sekunden braun sein). Fische 10 Minuten knusprig-goldbraun braten, dabei häufig mit heißem Öl begießen. Mit der Glasur beträufelt servieren.

BRATEN, FRITIEREN & ANBRATEN

LACHS MIT PORREE UND CAMEMBERT

Vorbereitungszeit: 10 Minuten
Garzeit: 15 Minuten
Für 4 Personen

500 g Lachsfilet ohne Haut
60 g grober Senf
1 EL Limonensaft
2 EL Öl
1 Porreestange (nur der weiße Teil), in Juliennestreifen geschnitten
2 EL Tamari (siehe Hinweis)
2 TL Fischsauce
1 EL Honig
75 g Zuckererbsensprossen
2 EL frisches Koriandergrün
100 g Camembert, in Scheiben geschnitten
Koriandergrün zum Garnieren
Limonenspalten zum Servieren

1 Den Lachs in dicke Streifen schneiden und mit Senf und Limonensaft in eine Schüssel geben. Gründlich mischen.
2 Einen Wok stark erhitzen, Öl zugießen. Wok leicht schwenken, um die Seiten mit Öl zu bedecken. Lachs portionsweise hineingeben und bei großer Hitze kurz unter Rühren anbraten, bis er hellrosa und außen leicht gebräunt ist. Aus dem Wok nehmen.
3 1 Eßlöffel Wasser in den Wok geben, den Porree zufügen und goldbraun anbraten. Den Lachs zusammen mit Tamari, Fischsauce und Honig wieder zugeben. Garen, bis der Lachs heiß ist.
4 Den Wok vom Herd nehmen und Zuckererbsensprossen und Koriander untermischen. Mit Camembert belegen, mit Koriandergrün bestreuen und mit Limonenspalten servieren.
HINWEISE: Tamari ist eine dickflüssige japanische Sojasauce.
Für dieses Gericht können ebenfalls Meerforellenfilets verwendet werden.

Unten: Lachs mit Porree und Camembert

SCHWERTFISCH MIT BOK CHOY

Vorbereitungszeit: 20 Minuten
Garzeit: 10 Minuten
Für 4 Personen

- 500 g Schwertfischsteak, in mundgerechte Stücke geschnitten
- 1 EL frisch zerstoßener schwarzer Pfeffer
- 3 EL Öl
- 3 Knoblauchzehen, in dünne Scheiben geschnitten
- 1 Zwiebel, in Scheiben geschnitten
- 1 kg Baby-Bok-Choy, entstielt
- 100 g frische Shiitake-Pilze, zerschnitten
- 2 EL Hoisin-Sauce
- 2 EL Reiswein
- 1 EL Austernsauce
- 1 EL Sojasauce
- 1 EL Sesamsamen, geröstet
- 1 TL Sesamöl

1 Die Schwertfischstücke in den zerstoßenen Pfeffer drücken, den Überschuß abschütteln.
2 Einen Wok stark erhitzen, 2 Eßlöffel Öl hineingeben und den Wok etwas schwenken, um die Seiten mit Öl zu bedecken. Den Schwertfisch portionsweise unter Rühren anbraten, bis er weich ist. Nicht zu lange garen, da er dann auseinanderfällt. Aus dem Wok nehmen und warm stellen.
3 Den Wok wieder erhitzen, 1 Eßlöffel Öl zufügen und den Knoblauch anbraten, bis er knusprig und goldbraun ist. Bok-Choy-Blätter und Pilze anbraten, bis die Kohlblätter leicht in sich zusammenfallen. Hoisin-Sauce, Reiswein, Austern- und Sojasauce in einem hohen Gefäß verrühren. In den Wok gießen und erhitzen.
4 Schwertfisch wieder in den Wok legen und untermischen. Mit Sesamsamen bestreut und Sesamöl beträufelt servieren.
HINWEIS: Statt Schwertfisch können Sie auch Thunfisch verwenden.

Unten: Schwertfisch mit Bok Choy

BRATEN, FRITIEREN & ANBRATEN

THUNFISCH MIT SAUERAMPFER-HOLLANDAISE

Vorbereitungszeit: 15 Minuten
Garzeit: 10 Minuten
Für 4 Personen

4 Thunfischsteaks à 150 g
2 EL Olivenöl

Sauerampfer-Hollandaise

15 frische junge Sauerampferblätter, entstielt
150 g Butter
3 Eigelb
1 EL Zitronensaft
Salz und schwarzer Pfeffer

1 Thunfisch mit Öl bestreichen. In einer großen Pfanne bei mittlerer Hitze 2–3 Minuten von jeder Seite garen bzw. nach Geschmack. Aus der Pfanne nehmen und abgedeckt warm stellen.
2 Für die Sauerampfer-Hollandaise die Blätter in eine Schüssel legen, mit kochendem Wasser bedecken, abgießen und kalt abspülen. Mit Küchenpapier trockentupfen und grob zerkleinern. Die Butter in einem kleinen Topf schmelzen. Die Eigelbe in der Küchenmaschine etwa 20 Sekunden rühren. Dabei die heiße Butter zugießen und rühren, bis die Sauce eine cremige Konsistenz hat. Zitronensaft und Sauerampfer unterrühren und nach Geschmack mit Salz und schwarzem Pfeffer würzen.
3 Den warmen Thunfisch auf Tellern anrichten, mit Sauerampfer-Hollandaise überziehen und servieren.
HINWEIS: Sie können statt des Thunfisches auch Schwertfisch, Marlin oder Blue-Eye-Bastardmakrele nehmen.

GEBRATENER GRAVAD LACHS

Übriggebliebener Gravad Lachs (siehe Rezept Seite 62) schmeckt gebraten genauso köstlich wie kalt. Den Lachs in 4 Steaks à 150 g schneiden. Etwas Öl in einer Pfanne erhitzen und die Portionen hineingeben. Den Lachs 2–3 Minuten von jeder Seite braten, bis die Steaks leicht gebräunt sind. Nicht zu lange braten – der Lachs sollte in der Mitte noch leicht rosa sein. Die Garzeit variiert entsprechend der Dicke des Filets. Für 4 Personen.

Oben: Thunfisch mit Sauerampfer-Hollandaise

MEERESFRÜCHTE-SAUCEN
Selbst ein einfacher, gegarter Fisch oder andere Meeresfrüchte werden – serviert mit einem Löffel Sauce oder Butter – zu einer Delikatesse.

TARTARSAUCE
1 Eßlöffel feingehackte Zwiebel, 1 Teelöffel Zitronensaft, 1 Eßlöffel gehackte Gewürzgurke, 1 Teelöffel abgetropfte, gehackte Kapern, ¼ Teelöffel Dijon-Senf, 1 Eßlöffel feingehackte frische Petersilie und 375 g Mayonnaise gut vermischen. Nach Geschmack würzen. Hält sich abgedeckt im Kühlschrank bis zu 1 Monat. Ergibt etwa 500 g.

COCKTAILSAUCE
Für die Cocktailsauce 250 g Mayonnaise, 3 Eßlöffel Tomatensauce, 2 Teelöffel Worcestersauce, ½ Teelöffel Zitronensaft und 1 Spritzer Tabasco vermischen. Nach Geschmack mit Salz und Pfeffer würzen. Hält sich abgedeckt im Kühlschrank bis zu 1 Monat. Ergibt etwa 250 g.

GRÜNE-GÖTTINNEN-DRESSING
375 g Mayonnaise, 4 zerdrückte Anchovis-Filets, 4 feingehackte Frühlingszwiebeln, 1 zerdrückte Knoblauchzehe, 3 Eßlöffel frische, gehackte glatte Petersilie, 3 Eßlöffel feingehackten Schnittlauch und 1 Teelöffel Estragon-Essig vermischen. Hält sich abgedeckt im Kühlschrank bis zu 1 Monat. Ergibt etwa 500 g.

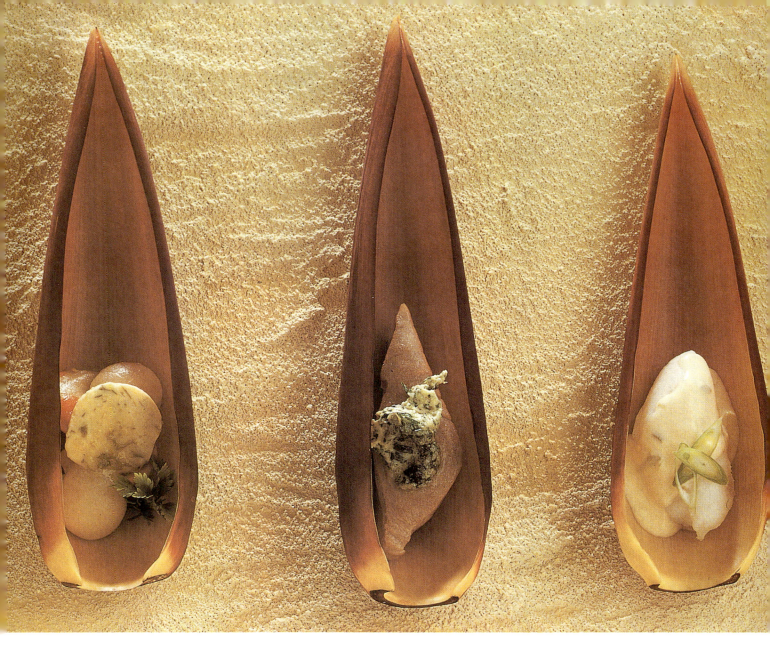

ZITRONEN-KAPERN-BUTTER

In einer Schüssel 250 g weiche Butter mit je 1 Eßlöffel geriebener Zitronenschale und Zitronensaft, 1 zerdrückten Knoblauchzehe und 1 Eßlöffel abgetropfte, gehackte Kapern mischen. In Klarsichtfolie zu einer festen Rolle formen. Zum Servieren in runde Stücke schneiden. Zimmerwarm servieren. Ergibt etwa 300 g.

MONTPELLIER-BUTTER

250 g weiche Butter in einer Schüssel cremig rühren. 100 g junge Spinatblätter blanchieren. Abgießen, in kaltem Wasser abschrecken, dann soviel Wasser wie möglich herausdrücken. Grob hacken, anschließend in der Küchenmaschine mit 2 Eßlöffeln frischer gehackter Petersilie, 1 Eßlöffel frischem gehacktem Estragon, 2 kleinen gehackten Gewürzgurken, 1 Eßlöffel abgetropften Kapern aus dem Glas, 2 abgetropften Anchovis-Filets, 2 hartgekochten Eigelben, 1 Teelöffel Zitronensaft und 2 Eßlöffeln Öl fein pürieren. Zur Butter geben, gut mischen, mit zerstoßenem schwarzem Pfeffer würzen. Bis zu 3 Tagen abgedeckt im Kühlschrank haltbar, oder einfrieren. Zimmerwarm servieren. Butterportionen auf heiße Meeresfrüchte legen und schmelzen lassen. Ergibt etwa 250 g.

WEISSWEINSAUCE

1 Eßlöffel Butter in einem mittelgroßen Topf schmelzen, 1 feingehackte Frühlingszwiebel zufügen und bei mittlerer Hitze unter Rühren garen, bis die Zwiebel weich ist. 125 ml Weißwein zugeben, zum Kochen bringen und 5 Minuten köcheln, bis er auf die Hälfte reduziert ist. Je 125 ml Sahne und Milch zugießen und zum Kochen bringen. Je 3 Teelöffel weiche Butter und Mehl gut verkneten, unter diese kochende Flüssigkeit heben und köcheln, bis sie eindickt. Nach Geschmack mit Salz und Pfeffer würzen. Wenn die Sauce zu dick geworden ist, mit etwas Milch verdünnen. Abgedeckt bis zu 3 Tagen im Kühlschrank haltbar. Ergibt etwa 250 g.

Von links: Tartarsauce; Cocktailsauce; Grüne-Göttinnen-Dressing; Zitronen-Kapern-Butter; Montpellier-Butter; Weißweinsauce

DAS GROSSE KOCHBUCH DER FISCHE & MEERESFRÜCHTE

KNOBLAUCH-INGWER-GARNELEN

Den Rücken der Garnelen vorsichtig einschneiden.

Den dunklen Darm aus den Garnelenrücken ziehen.

Anschließend die Garnelen flach auseinanderdrücken.

Oben: Knoblauch-Ingwer-Garnelen

KNOBLAUCH-INGWER-GARNELEN

Vorbereitungszeit: 25 Minuten
Garzeit: 10 Minuten
Für 4 Personen

- 1 kg große rohe Garnelen
- 2 EL Öl
- 3–4 Knoblauchzehen, feingehackt
- 1 Stück frischer Ingwer à 2 cm, in Juliennestreifen geschnitten
- 2–3 kleine rote Chillies, entkernt und feingehackt
- 6 frische Korianderwurzeln, feingehackt
- 8 Frühlingszwiebeln, kleingeschnitten
- ½ rote Paprika, in dünne Ringe geschnitten
- 2 EL Zitronensaft
- 125 ml Weißwein
- 2 TL geriebener Palmzucker oder brauner Zucker
- 2 TL Fischsauce
- 1 EL frisches Koriandergrün, zum Garnieren

1 Garnelen schälen, entdarmen, dabei die Schwänze intakt lassen, dann flachdrücken.
2 Einen Wok stark erhitzen, das Öl hineingeben und den Wok etwas schwenken, um die Seiten mit Öl zu bedecken. Jeweils die Hälfte Garnelen, Knoblauch, Ingwer, Chillies und Korianderwurzel 1–2 Minuten unter Rühren anbraten, bis die Garnelen gerade rosa geworden sind, dann alles aus dem Wok herausnehmen. Mit den restlichen Garnelen, Knoblauch, Ingwer, Chillies und Korianderwurzel wiederholen. Aus dem Wok nehmen und beiseite stellen.
3 Frühlingszwiebeln und Paprika im Wok bei großer Hitze 2–3 Minuten garen. Vermischten Zitronensaft, Wein und Palmzucker zugeben. Kochen, bis die Flüssigkeit um zwei Drittel reduziert ist.
4 Die Garnelen wieder in den Wok zurücklegen und nach Geschmack mit Fischsauce beträufeln. Rühren, bis die Garnelen heiß sind. Vom Herd nehmen und mit Koriandergrün bestreut servieren.

BRATEN, FRITIEREN & ANBRATEN

KNUSPRIGE FISCHFILETS

Vorbereitungszeit: 10 Minuten
Garzeit: 6 Minuten
Für 4 Personen

75 g Maismehl
4 feste weiße Fischfilets (z. B. Dorsch, Barsch, Schellfisch, Weißfisch, Schnapper, Petersfisch)
60 ml Öl
170 g Mayonnaise
2 EL frischer Schnittlauch, gehackt
1 EL süße Chilisauce

1 Das Maismehl auf einen Teller schütten. In die Hautseite der Fischfilets jeweils 4 diagonale Schnitte machen, damit sich der Fisch beim Garen nicht wellt.
2 Filets gründlich im Maismehl wenden. Das Öl in einer Pfanne bei mittlerer Temperatur erhitzen. Fischfilets mit der Hautseite nach oben hineinlegen und 3 Minuten braten. Wenden und weitere 3 Minuten garen, bis die Filets gar sind und sich mit einer Gabel leicht zerpflücken lassen. Herausnehmen und auf Küchenpapier abtropfen lassen.
3 Mayonnaise, Schnittlauch und Chilisauce in einer kleinen Schüssel verrühren und zum Fisch servieren.

SPANISCHE MAKRELE MIT KNOBLAUCHBUTTER

Vorbereitungszeit: 10 Minuten
Garzeit: 15 Minuten
Für 4 Personen

2 EL Öl
80 g Butter
4 Knoblauchzehen, zerdrückt
4 Spanische-Makrelen-Koteletts à 180 g
30 g Mandelsplitter
2 EL frische Petersilie, feingehackt

1 Öl und Butter in einer Pfanne erhitzen. Knoblauch zufügen und bei schwacher Hitze 2 Minuten rühren, bis er leicht goldbraun ist. Aus der Pfanne nehmen.
2 Die Koteletts in die Pfanne legen und bei großer Hitze 2–3 Minuten braten, bis sie auf beiden Seiten goldbraun sind (das Fleisch sollte sich mit einer Gabel leicht zerpflücken lassen). Gut abdecken und warm stellen.
3 Mandeln im Pfannensaft goldbraun rühren. Petersilie und restliche Knoblauchbutter zufügen und 1 Minute garen.
4 Die Mandel-Petersilien-Mischung gleichmäßig auf die Koteletts geben und servieren.

PETERSFISCH

Der Name dieses Salzwasserfisches ist abgeleitet vom Apostel Petrus (im Französischen: St. Pierre). Der Petersfisch bzw. Heringskönig hat einen großen Kopf, ein riesiges Maul und einen hohen, seitlich zusammengepreßten Körper. Auf jeder Seite besitzt er einen Fleck in Form eines Fingerabdrucks, der Gegenstand vieler Legenden ist. Eine dieser Geschichten besagt, Petrus hätte seine Fingerabdrücke hinterlassen, als er einen Petersfisch in den See Genezareth zurückwarf, nachdem dieser klagende Laute von sich gegeben hatte. Eine andere behauptet, er habe ihn zurückgeworfen, weil er so häßlich war. Da es sich beim See Genezareth um Süßwasser handelt, kann der Fisch nicht dort gefangen worden sein. Auf Schönheit allein kommt es aber nicht an: Der skurrile Petersfisch liefert äußerst schmackhafte Filets.

Links:
Knusprige Fischfilets

GEBRATENES KRUSTEN-FISCHCURRY

Vorbereitungszeit: 30 Minuten + 15 Minuten zum Einweichen
Garzeit: 10 Minuten
Für 4 Personen

4 mittelgroße getrocknete Chillies
100 g asiatische Schalotten
3 Knoblauchzehen, gehackt
2 Zitronengrasstengel (nur der weiße Teil), feingeschnitten
4 frische Korianderwurzeln
2 TL Limonenschale
½ TL grüne Pfefferkörner aus dem Glas, abgetropft und grobgehackt
125 ml Öl
4 dicke Fischfilets ohne Haut à 200 g (z. B. Lengfisch, Schnapper, Blue-Eye-Bastardmakrele, Gemfish)
125 ml Kokosmilch
1 EL Fischsauce
4 Kaffir-Limonenblätter, in feine Streifen geschnitten
2 EL Limonensaft

1 Chillies 15 Minuten in einer Schüssel mit kochendem Wasser einweichen, bis sie weich geworden sind. Abgießen und grob hacken.
2 Chillies, Schalotten, Knoblauch, Zitronengras, Korianderwurzeln, Limonenschale und Pfefferkörner in einer Küchenmaschine zu einer glatten Masse pürieren. Dabei 1 Eßlöffel Öl zugießen, um das Pürieren zu erleichtern. Mit einem Gummischaber regelmäßig an den Seiten des Mixgefäßes die Masse herunterschaben. Fischfilets auf einer Seite damit bestreichen.
3 Restliches Öl in einer großen gußeisernen Pfanne erhitzen. Den Fisch 2–3 Minuten auf jeder Seite braten, bis er gerade gar ist, zwischendurch vorsichtig mit 2 Fischhebern wenden, damit er nicht durchbricht.
4 Kokosmilch, Fischsauce, Kaffir-Limonenblätter und Limonensaft in einem kleinen Gefäß verrühren. Über den Fisch gießen, bei schwacher Hitze 3 Minuten köcheln. Den Fisch mit dem Fischheber aus der Pfanne heben und mit Bratfond beträufelt servieren.

Unten: Gebratenes Krusten-Fischcurry

BRATEN, FRITIEREN & ANBRATEN

KARAMELISIERTE GARNELEN

Vorbereitungszeit: 25 Minuten
Garzeit: 15 Minuten
Für 4 Personen

500 g mittelgroße rohe Garnelen
6 Frühlingszwiebeln
4 EL Zucker
1 El Öl
3 Knoblauchzehen, feingehackt
1 EL Fischsauce
1 EL Limonensaft
1 EL brauner Zucker
1/2 TL Salz
1/4 rote Paprika, in feine Streifen geschnitten

1 Garnelenköpfe entfernen, Schwänze, Schalen und Beine intakt lassen. An der Unterseite der Garnelen einen kleinen Schnitt über drei Viertel der Länge machen. Mit einer feinen Nadel den Darm herausholen. Garnelen abspülen und mit Küchenpapier trockentupfen.

2 Die Hälfte der Frühlingszwiebeln kleinhacken. Den Rest in 4 cm lange Stücke und diese in feine Streifen schneiden.
3 Für die Karamelsauce den Zucker mit 3 Eßlöffel Wasser in einem kleinen Topf mischen. Bei schwacher Hitze rühren, bis der Zucker sich auflöst. Zum Kochen bringen, bei reduzierter Hitze ohne Rühren 5 Minuten köcheln, bis der Sirup dunkelbraun wird. Nicht anbrennen lassen. Den Topf vom Herd nehmen und 4 Eßlöffel Wasser zufügen. Vorsicht: Es zischt stark und der Karamel bildet harte Klumpen. Auf den Herd stellen und rühren, bis die Klumpen sich aufgelöst haben.
4 Das Öl in einer gußeisernen Pfanne bei mittlerer Temperatur erhitzen. Knoblauch und gehackte Frühlingszwiebeln zugeben. Garnelen portionsweise zufügen und 3 Minuten unter Wenden garen, bis sie rosa sind. Karamel- und Fischsauce darüber träufeln und 1 Minute weitergaren. Limonensaft, Zucker, Salz und restliche Frühlingszwiebeln untermischen. Mit Paprikastreifen garniert sofort servieren.
HINWEIS: Wenn die Garnelenpanzer weich sind, können sie gegessen werden. Stellen Sie für diejenigen, die sie abschälen möchten, Fingerschalen und Servietten bereit.

KNOBLAUCH
Schon in der Antike wurde Knoblauch zum Würzen von Speisen verwendet, beispielsweise in Ägypten. Auch in der frühen Geschichte Chinas findet er Erwähnung. Knoblauchzehen verleihen den Gerichten ein köstliches Aroma. Werden die Zehen gehackt oder gepreßt, ist das Aroma intensiver, als wenn sie halbiert oder ganz bleiben und vor dem Servieren entfernt werden. Rohem Knoblauch spricht man überdies medizinische Heilwirkungen zu.

Oben: Karamelisierte Garnelen

BRATEN, FRITIEREN & ANBRATEN

GEBRATENE BREITLINGE

Vorbereitungszeit: 10 Minuten
Garzeit: 10 Minuten
Für 6 Personen

500 g Breitlinge
2 TL Meersalz
40 g Mehl
30 g Speisestärke
2 TL frische glatte Petersilie, feingehackt
zerstoßener Pfeffer
Öl zum Fritieren
1 Zitrone, in Spalten geschnitten, zum Servieren

1 Breitlinge und Meersalz in einer Schüssel gut mischen. Abdecken und kalt stellen.
2 Gesiebtes Mehl und Speisestärke mit Petersilie vermischen und mit zerstoßenem Pfeffer würzen. Eine tiefe gußeiserne Pfanne zu einem Drittel mit Öl füllen und auf 180 °C erhitzen (1 Brotwürfel sollte in 15 Sekunden braun sein). Ein Drittel der Breitlinge in der Mehlmischung wenden. 1½ Minuten fritieren, bis sie knusprig sind. Auf Küchenpapier gut abtropfen lassen.
3 Öl wieder erhitzen und die Breitlinge ein zweites Mal fritieren, jede Portion 1 Minute, bis sie leicht gebräunt sind. Auf Küchenpapier abtropfen lassen und mit Zitronenspalten servieren.

FRITIERTE KALMARE

Vorbereitungszeit: 30 Minuten + 30 Minuten zum Kühlen
Garzeit: 5 Minuten
Für 4 Personen

500 g kleine Kalmare (etwa 20 Stück)
40 g Mehl
Salz und zerstoßener Pfeffer
Öl zum Fritieren
Zitronenspalten zum Servieren

1 Fangarme vom Körperbeutel bzw. Mantel trennen (Innereien sollten dabei herauskommen). Tentakel direkt unter den Augen abtrennen und das Kauwerkzeug von unten herausdrücken. Mit den Fingern den Knorpel (Sepia) herausnehmen und die hauchdünne Haut abziehen. Kalmare gut abspülen und abtropfen lassen. In eine Schüssel legen und mit Salz würzen. Abdecken und etwa 30 Minuten kalt stellen.
2 Mehl mit je 1 Prise Salz und zerstoßenem Pfeffer in einer flachen Schale mischen. Eine tiefe gußeiserne Pfanne zu einem Drittel mit Öl füllen und auf 180 °C erhitzen (Brotwürfel-Test). Kalmarmäntel im Mehl wenden und portionsweise 30–60 Sekunden fritieren, bis sie leicht gebräunt und weich sind. Fangarme im Mehl wenden und 20–30 Sekunden fritieren. Die Fritierpfanne während des Garens teilweise abdecken, um sich vor Spritzern zu schützen. Auf Küchenpapier abtropfen lassen, auf eine Servierplatte legen und salzen. Heiß mit Zitronenspalten servieren.

FISCH-TEMPURA

Vorbereitungszeit: 10 Minuten
Garzeit: 20 Minuten
Ergibt 24 Stück

1 Noriblatt (getrockneter Seetang)
3 EL Tempuramehl (siehe Hinweis)
250 ml Eiswasser
250 g Tempuramehl
500 g Fischfilet ohne Haut (z. B. Brasse, Lengfisch, Schnapper, Schellfisch, Petersfisch), in mundgerechte Stücke geschnitten
Salz nach Geschmack
Öl zum Fritieren

1 Mit einer Schere das Noriblatt in winzige Quadrate schneiden und auf einem Teller mit dem Tempuramehl mischen.
2 Für den Tempura-Teig das Eiswasser zügig mit dem Tempuramehl mischen. Er sollte noch leicht klumpig sein. Wenn er zu dick ist, mehr Wasser zufügen. Eine tiefe gußeiserne Pfanne zu einem Drittel mit Öl füllen und auf 180 °C erhitzen. Das Öl ist heiß genug, wenn ¼ Teelöffel Teig im Öl seine Form behält, zischt und an die Oberfläche steigt.
3 Den Fisch portionsweise erst in der Nori-Tempuramehl-Mischung wenden, dann in den Teig tauchen. Goldbraun fritieren, dann auf Küchenpapier abtropfen lassen. Nach Geschmack salzen und nebeneinander auf einem Backblech bei 120 °C warm stellen.
HINWEIS: Tempuramehl gibt es in Asienläden. Wenn Sie keines bekommen, nehmen Sie 90 g Reismehl und 185 g Mehl.

BREITLINGE

Bei diesem Fisch handelt es sich um junge Heringe und Sprotten. Breitlinge werden vor allem im Frühling und Sommer angeboten, tiefgefroren sind sie das ganze Jahr über erhältlich. Weil sie so klein sind, ißt man sie am besten ganz. Meist werden diese Fische fritiert, sie schmecken aber auch in Omeletts, im Backteig oder in Küchlein. In einem geschlossenen Behälter, in dem sie abtropfen können, halten sie sich im Kühlschrank bis zu zwei Tagen. Zuviel Flüssigkeit bringt sie zum »Schwitzen«, deshalb nicht in einen Beutel legen. Zum Einfrieren abtropfen lassen und in einem versiegelten Gefrierbeutel bis zu 6 Monaten lagern.

Gegenüberliegende Seite: Gebratene Breitlinge (oben); Fritierte Kalmare

BALINESISCHE CHILI-KALMARE

Vorbereitungszeit: 30 Minuten
Garzeit: 10 Minuten
Für 4 Personen

750 g Kalmarmäntel
60 ml Limonensaft
3 EL Öl
1 großer frischer roter Chili, entkernt und feingehackt
3 Frühlingszwiebeln, in Scheiben geschnitten
1 EL Tamarindenkonzentrat
1 Zitronengrasstengel (nur der weiße Teil), in feine Scheiben geschnitten
250 ml Fischfond
1 EL Thai-Basilikumblätter, in Streifen geschnitten
Salz und Pfeffer

Würzpaste

2 große frische rote Chillies, entkernt und gehackt
2 Knoblauchzehen, gehackt
1 Stück frischer Ingwer à 2 cm, gehackt
1 Stück frische Kurkuma à 2 cm, gehackt
3 Frühlingszwiebeln, gehackt
1 Tomate, gehäutet, entkernt und kleingeschnitten
2 TL Koriandersamen
1 TL getrocknete Garnelenpaste

1 Kalmarmäntel der Länge nach halbieren und mit der Innenseite nach oben flach ausbreiten. Ein Muster über die ganze Fläche ritzen. In 4 cm große Stücke schneiden und mit Limonensaft in einer Schüssel mischen. Gut würzen.
2 Für die Würzpaste alle Zutaten in einer Küchenmaschine zerkleinern.
3 2 Eßlöffel Öl in einem Wok erhitzen. Kalmare, Chili und Frühlingszwiebeln portionsweise 2 Minuten bei mittlerer Hitze anbraten, bis die Kalmare sich aufrollen. Aus dem Wok nehmen.
4 Das restliche Öl erhitzen und Würzpaste, Tamarindenkonzentrat und Zitronengras 5 Minuten braten.
5 Kalmare in den Wok zurücklegen und die Limonenmarinade zugeben. Mit Pfeffer und Basilikum abschmecken. Bei schwacher Hitze 2 Minuten köcheln lassen.

Oben: Balinesische Chili-Kalmare

BRATEN, FRITIEREN & ANBRATEN

VENUSMUSCHELN IN CHILIPASTE

Vorbereitungszeit: 15 Minuten + 30 Minuten zum Einweichen
Garzeit: 12–15 Minuten
Für 4 Personen

1 kg frische Venusmuscheln
Öl zum Braten
3 Knoblauchzehen, kleingeschnitten
3 kleine rote Chillies, entkernt und längs in Scheiben geschnitten
1 EL leichte Sojasauce
250 ml Fischfond oder Hühnerbrühe
5 EL frische Thai-Basilikumblätter

Chilipaste

2 EL Öl
2 Frühlingszwiebeln, in Scheiben geschnitten
2 Knoblauchzehen, in Scheiben geschnitten
85 g kleine getrocknete Shrimps
6 kleine frische rote Chillies, entkernt
2 TL geriebener Palmzucker oder brauner Zucker
2 TL Fischsauce
2 TL Tamarindenkonzentrat
1 Prise Salz

1 Venusmuscheln in kaltem Wasser 30 Minuten einweichen. Beschädigte Muscheln oder solche, die sich auch nach einem leichten Klopfen nicht schließen, wegwerfen.
2 Für die Chilipaste Öl in einem Wok erhitzen und Frühlingszwiebeln, Knoblauch, Shrimps und Chillies bei mittlerer Hitze etwa 3 Minuten anbraten.
3 Shrimpsmischung und Zucker in einem Mörser oder einer kleinen Mühle mahlen und gut mischen. Fischsauce, Tamarindenkonzentrat und Salz zufügen. Mischen oder mahlen, bis eine feinkörnige Masse entsteht.
4 Das Öl im Wok erhitzen. Knoblauch, Chillies, Chilipaste und Sojasauce zufügen. Gut mischen, dann den Fischfond zugießen und zum Kochen bringen. Venusmuscheln zugeben und 2–3 Minuten garen. Ungeöffnete Muscheln entfernen. Basilikum unterrühren und die Venusmuscheln sofort mit gekochtem Jasmin-Reis sofort servieren.

HINWEIS: Getrocknete Shrimps bzw. Garnelen gibt es in Asienläden. Sie schmecken sowohl in Pfannengerichten als auch in Salaten sehr gut.

Unten: Venusmuscheln in Chilipaste

BREITLINGE IM BACKTEIG

Vorbereitungszeit: 20 Minuten + 20 Minuten zum Ziehen
Garzeit: 15 Minuten
Ergibt 10 Stück

60 g Mehl
1 TL Backpulver
1 TL Salz
frisch gemahlener schwarzer Pfeffer
1 Ei, leicht verquirlt
60 ml trockener Weißwein
2 TL frische glatte Petersilie, gehackt
1 Knoblauchzehe, zerdrückt
½ kleine Zwiebel, gerieben
200 g Breitlinge
Olivenöl zum Braten
Zitronenspalten zum Servieren

1 Mehl, Backpulver, Salz und Pfeffer in eine große Schüssel sieben und in der Mitte eine Mulde formen. Unter Rühren das mit Wein gemischte Ei zugeben, bis ein glatter, klumpenfreier Teig entsteht. Petersilie, Knoblauch, Zwiebel und Fische zufügen und verrühren. Abgedeckt 20 Minuten stehen lassen.

2 Das Öl 2,5 cm hoch in einer tiefen gußeisernen Pfanne auf 180 °C erhitzen (Brotwürfel-Test). Den Teig eßlöffelweise hineingeben, etwa 4–5 Portionen auf einmal. Wenn der Teig sich aufbläht und Blasen an der Oberfläche erscheinen, vorsichtig wenden und die andere Seite garen. Auf Küchenpapier abtropfen lassen und mit dem restlichen Teig ebenso verfahren. Mit Zitronenspalten servieren.

AMERIKANISCHER HUMMER

Vorbereitungszeit: 30 Minuten + 1 Stunde zum Gefrieren
Garzeit: 40 Minuten
Für 4 Personen

4 Hummer à 500 g
4 Eßlöffel Olivenöl
1 Zwiebel, feingehackt
1 Karotte, feingehackt
1 Selleriestange, feingehackt
1 Knoblauchzehe, zerdrückt
500 g Tomaten, gehäutet, entkernt und zerkleinert
2 EL Tomatenmark
125 ml Weißwein

Unten:
Breitlinge im Backteig

BRATEN, FRITIEREN & ANBRATEN

2 EL Brandy
250 ml Fischfond
60 g weiche Butter
3 EL frische Petersilie, gehackt
Salz und Pfeffer

1 Die Hummer 1 Stunde im Tiefkühlfach bewegungsunfähig machen. Das Öl in einer großen Pfanne erhitzen und die Köpfe, Schwänze und Scheren bei mittlerer Hitze portionsweise garen, bis der Hummer rot wird und das Fleisch sich vom Panzer löst. Leicht abkühlen lassen, bevor Sie die Köpfe halbieren und Rogen sowie Leber entfernen – für die Sauce beiseite stellen.
2 Mit einer Küchenschere jede Seite des Schwanzes (von unten) einschneiden und das Fleisch in einem Stück herausnehmen.
3 Zwiebel in die Pfanne geben und 3 Minuten bei mittlerer Hitze rühren, bis sie goldbraun ist. Karotte, Sellerie und Knoblauch zufügen und 5 Minuten weich dünsten. Tomaten, Tomatenmark, Wein, Brandy und Fischfond unterrühren. Zum Kochen bringen.
4 Die Hummer-Medaillons auf der Sauce arrangieren, abdecken und 5 Minuten garen. Die Medaillons in die Panzer zurücklegen und die Sauce auf die Hälfte einkochen.
5 Rogen und Leber mit weicher Butter mischen und mit der Hälfte der Petersilie zur Sauce geben. Würzen. Die Sauce über den Hummer gießen und mit Petersilie bestreut servieren.

MARINIERTER CHILI-KALMAR

Vorbereitungszeit: 10 Minuten + 2–3 Stunden zum Marinieren
Garzeit: 15 Minuten
Für 4 Personen

500 g Kalmarmäntel
1 EL frischer Ingwer, feingehackt
2–3 TL frischer roter Chili, feingehackt
3 Knoblauchzehen, feingehackt
60 ml Öl
2 Zwiebeln, in dünne Scheiben geschnitten
500 g Baby-Bok-Choy, grobgehackt
Salz und Pfeffer

1 Kalmare gut abspülen und mit Küchenpapier trockentupfen. In 1 cm breite Ringe schneiden. Ingwer, Chili, Knoblauch und Öl mischen, über die Ringe gießen und vermischen. Abdecken und 2–3 Stunden kalt stellen.
2 Ringe abspülen und die Marinade aufbewahren. Den Wok sehr stark erhitzen und die Ringe portionsweise 1–2 Minuten unter Rühren anbraten. Aus dem Wok nehmen, sobald die Kalmare weiß werden, und beiseite stellen.
3 Die Marinade im Wok erhitzen. Zwiebel zufügen und bei mittlerer Hitze 3–4 Minuten garen, bis sie etwas weich geworden ist. Bok-Choy zugeben und 2 Minuten zugedeckt garen, bis er leicht zusammenfällt. Ringe mit den übrigen Zutaten im Wok mischen. Nach Geschmack mit Salz und Pfeffer würzen. Sofort servieren.
HINWEIS: Beim portionsweisen Garen der Ringe den Wok zwischendurch wieder erhitzen – andernfalls wird das Fleisch zäh.

Oben:
Marinierter Chili-Kalmar

ROCHEN IN BRAUNER BUTTER

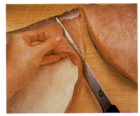

Filets mit einem Messer von beiden Seiten des Knorpels abschneiden, dabei dicht am Knorpel arbeiten.

Hautseite nach unten legen und mit einer sägenden Bewegung zwischen Haut und Fleisch die Flügel entlangschneiden.

Die Rochenfilets in gleich große Portionen schneiden. Mit der anderen Seite wiederholen.

*Gegenüberliegende Seite:
Rochen in
brauner Butter (oben);
Sahne-Kammuscheln*

ROCHEN IN BRAUNER BUTTER

Vorbereitungszeit: 20 Minuten
Garzeit: 25 Minuten
Für 4 Personen

185 g Butter, kleingeschnitten
1 kg kleine Rochenflügel
600 ml Fischfond
80 ml Essig
2 EL Essig, zusätzlich
1 EL frische Petersilie, gehackt
2 EL Kapern aus dem Glas, abgetropft

1 Die Butter bei schwacher Hitze schmelzen. Das ausgeflockte Eiweiß abschöpfen, die geklärte Butter abgießen und aufbewahren.
2 Rochenflügel abspülen und anschließend mit Küchenpapier abtupfen. Die Filets mit einem scharfen Messer von beiden Seiten des Knorpels abschneiden. Mit der Hautseite nach unten auf ein Brett legen und mit einer sägenden Bewegung zwischen Haut und Fleisch die Flügel entlangschneiden. In gleich große Portionen teilen.
3 Fischfond und Essig in einem großen Topf zum Kochen bringen. Rochen zufügen und 12 Minuten pochieren, bis er weich ist. Gut abspülen und mit Küchenpapier trockentupfen. Auf einen vorgewärmten Servierteller legen und warm stellen.
4 Die geklärte Butter erhitzen, bis sie gebräunt ist und schäumt. Den zusätzlichen Essig über den Rochen träufeln, dann die braune Butter darüber gießen. Den Fisch mit Petersilie und Kapern bestreuen. Heiß servieren.

SAHNE-KAMMUSCHELN

Vorbereitungszeit: 30 Minuten
Garzeit: 20 Minuten
Für 4 Personen

500 g Kammuscheln
60 g Butter
6 Frühlingszwiebeln (nur der weiße Teil), gehackt
185 ml trockener Weißwein
2 EL Mehl
1 Eigelb
125 ml Sahne
Salz und weißer Pfeffer

1 Von den Kammuscheln Adern, dünne Haut und weiße Muskeln abschneiden. Die Hälfte der Butter erhitzen, Frühlingszwiebeln zufügen und weich dünsten. Kammuscheln zugeben und garen, bis sie Farbe angenommen haben. Wein, Salz, Pfeffer und soviel Wasser, daß der Inhalt gerade bedeckt ist, zufügen. Bei schwacher Hitze 2–3 Minuten garen, bis die Kammmuscheln weich sind.
2 Kammuscheln abgießen, dabei die Kochflüssigkeit auffangen. Muscheln auf 4 tiefe, feuerfeste Teller verteilen. Warm stellen.
3 Die restliche Butter bei schwacher Hitze schmelzen. Das Mehl 2 Minuten einrühren, bis es hell aufschäumt. Vom Herd nehmen und den Muschelfond zugießen. Die Mischung kochen, bis sie eindickt, dann bei schwacher Hitze 2 Minuten köcheln lassen. Würzen.
4 Den Grill vorheizen. Das Eigelb leicht verquirlen, 2 Eßlöffel heiße Sauce unter ständigem Rühren zufügen. Die Eigelbmischung in den Topf zurückgeben und rühren, bis alles erhitzt ist. Vom Herd nehmen und die Sahne zufügen. Die Sauce über die Kammuscheln gießen und grillen, bis sie leicht gebräunt sind.

FRISCHER THUNFISCH À LA ALGARVE

Vorbereitungszeit: 30 Minuten + 4–8 Stunden zum Kühlen
Garzeit: 8 Minuten
Für 4 Personen

4 Thunfischsteaks
125 ml trockener Weißwein
2 EL frischer Zitronensaft
2 frische Petersilienstengel
Salz und Pfeffer
2 EL Olivenöl
2 Knoblauchzehen, zerdrückt

1 Thunfischsteaks in eine flache, säurebeständige Form legen. Wein, Zitronensaft, Petersilie und etwas Salz und Pfeffer mischen und über den Fisch gießen. Diesen abgedeckt 4–8 Stunden kalt stellen, dabei gelegentlich wenden. Abgießen, die Marinade aufbewahren.
2 Das Öl erhitzen und den Knoblauch bei schwacher Hitze 2 Minuten dünsten. Thunfisch hinzufügen und bei mittlerer Hitze von beiden Seiten 3 Minuten garen.
3 Die aufbewahrte Marinade zugießen und erhitzen. Die Petersilie entfernen.

BRATEN, FRITIEREN & ANBRATEN

Oben: Geschwärzter Fisch

GESCHWÄRZTER FISCH

Vorbereitungszeit: 5 Minuten
Garzeit: 6–8 Minuten
Für 6 Personen

6 große weiße Fischfilets (z. B. Lengfisch, Schnapper, Große Goldmakrele, Blue-Eye-Bastardmakrele, Warehou)
125 g Butter, geschmolzen
2 EL Cajun-Gewürze (siehe Seite 143)
2 TL süßes Paprikapulver
Zitronenspalten oder -hälften zum Servieren

1 Die Fischfilets großzügig mit der geschmolzenen Butter einpinseln.
2 Cajun-Gewürze und Paprika mischen und über die Filets streuen. Mit den Händen ins Fleisch reiben.
3 Jeweils 2 Filets bei hoher Hitze von beiden Seiten 5 Minuten braten. Die Filets sollten gut geschwärzt sein. Bei Bedarf noch Butter zufügen.
4 Die Filets mit der restlichen Butter beträufeln. Die Zitronenspalten können leicht geschwärzt serviert werden.

NEW-ORLEANS-AUSTERN

Vorbereitungszeit: 10 Minuten
Garzeit: 4–6 Minuten
Für 4 Personen

24 große frische Austern, ohne Schale
2 TL Cajun-Gewürze (siehe 143)
1/2 TL scharfes Paprikapulver
1/4 TL getrocknetes Basilikum
60 g Mehl
125 ml Öl
45 g Butter
Zitronenspalten zum Servieren
Mayonnaise zum Servieren

1 Austern auf Küchenpapier trocknen lassen. In einer flachen Schale Cajun-Gewürze, Paprika und Basilikum mischen. 2 Teelöffel davon beiseite stellen. Das Mehl zur Gewürzmischung geben und gut verrühren.
2 8 dünne Holz- oder Metallspieße leicht einölen und auf jeden Spieß 3 Austern stecken. Im gewürzten Mehl wenden, den Überschuß abklopfen.

BRATEN, FRITIEREN & ANBRATEN

3 In einer Pfanne, die groß genug für die Spieße ist, Öl und Butter erhitzen. Die Austern bei mittlerer Hitze 3–4 Minuten braten, bis sie goldbraun sind, zwischendurch einmal wenden. Auf Küchenpapier abtropfen lassen. Mit der aufbewahrten Gewürzmischung bestreuen und mit Zitronenspalten und einer Schale Mayonnaise servieren.

CAJUN-POPCORN

Vorbereitungszeit: 10 Minuten + 30 Minuten zum Quellen
Garzeit: 10 Minuten
Für 6 Personen

750 g mittelgroße rohe Garnelen
1 Ei
250 ml Milch
35 g feines Maismehl
90 g Mehl
1/2 TL Backpulver
1 1/2 TL Cajun-Gewürze (siehe rechts)
1/4 TL getrocknetes Basilikum
1/2 TL Selleriesalz
Öl zum Fritieren

1 Garnelen schälen, entdarmen und mit Küchenpapier trockentupfen.
2 Ei und Milch miteinander verrühren. In einer Schüssel Maismehl, Mehl, Backpulver, Cajun-Gewürze, Basilikum und Selleriesalz mischen. In der Mitte eine Mulde formen, die Hälfte der Ei-Mischung zugeben und mit dem Schneebesen glattschlagen. Die restliche Ei-Mischung einarbeiten und 30 Minuten quellen lassen.
3 Eine tiefe gußeiserne Pfanne oder einen Topf zu einem Drittel mit Öl füllen und auf 180 °C erhitzen (1 Brotwürfel sollte in 15 Sekunden braun sein).
4 Garnelen in den Teig tauchen. In kleinen Portionen im Öl garen, bis sie knusprig und leicht goldbraun sind. Mit einem Schaumlöffel oder Sieb herausnehmen und auf Küchenpapier abtropfen lassen. Heiß mit einer Sauce Ihrer Wahl servieren.

CAJUN-GEWÜRZE
Ihren Ursprung hat die Cajun-Küche in Louisiana. Um 1750 war die südamerikanische Landschaft Zufluchtsort für viele Hugenotten, die von den Engländern und aus Kanada vertrieben worden waren. Die Küche im Cajun ist bodenständig; ihr spezifisches Aroma wurde von Franzosen, Spaniern, Afrikanern und Indianern beeinflußt. Die Gewürzmischung, die in Cajunrezepten verwendet wird, besteht aus je 1 Eßlöffel Knoblauch- und Zwiebelpulver, je 2 Teelöffeln weißem und zerstoßenem schwarzem Pfeffer. Hinzu kommen noch 1–2 Teelöffel Cayennepfeffer, 2 Teelöffel getrockneter Thymian und 1/2 Teelöffel getrockneter Oregano. Nach dem Mischen hält sich die Mischung in einem luftdichten Glas bis zu 3 Monaten.

Links: Cajun-Popcorn

PANADEN & BACKTEIGE

Die Rezepte reichen für vier mittelgroße Fischfilets. Sie können die Mischungen für alle Meeresfrüchte verwenden.

Als Vorbereitung füllen Sie eine tiefe gußeiserne Pfanne zu einem Drittel mit Öl und erhitzen es auf 180 °C bzw. bis ein Brotwürfel darin in 15 Sekunden braun wird. Fritieren Sie die Speisen portionsweise, damit sie gleichmäßig garen.

GRUNDTEIG

125 g Mehl und 1 gehäuften Teelöffel Backpulver in eine große Schüssel sieben, in der Mitte eine Mulde formen. 1 Ei, 250 ml Milch und 1 Eßlöffel Öl nach und nach in die Mulde gießen, dabei mit dem Schneebesen schlagen, bis ein glatter Teig entsteht. Diesen anschließend 10 Minuten quellen lassen. Die Masse sollte die Konsistenz dicker Sahne haben. Wenn nötig, verdünnen Sie den Teig mit zusätzlicher Milch. Den Fisch mit Küchenpapier trockentupfen, leicht in Mehl wenden und in den Teig tauchen. Überschuß ablaufen lassen. Portionsweise ins Öl geben und fritieren, bis er goldbraun ist. Auf Küchenpapier abtropfen lassen.

EIWEISSTEIG

125 g Mehl und 1 gehäuften Teelöffel Backpulver in eine große Schüssel sieben, in der Mitte eine Mulde machen und 250 ml Wasser unterschlagen, bis ein glatter Teig entsteht. 5 Minuten quellen lassen. 2 Eiweiße mit dem Mixer steif schlagen, dann in zwei Portionen unter den Teig ziehen. Sofort verarbeiten. Den Fisch mit Küchenpapier trockentupfen, leicht in Mehl wenden und in den Teig tauchen. Portionsweise fritieren.

BIERTEIG
125 g Mehl in eine große Schüssel sieben, in der Mitte eine Mulde formen und nach und nach 250 ml kaltes Bier unterschlagen. Den Fisch mit Küchenpapier trockentupfen, in Mehl wenden und in den Teig tauchen. Portionsweise im Öl fritieren, bis er goldbraun ist. Auf Küchenpapier abtropfen lassen. (Anstelle des Biers kann man auch kohlensäurehaltiges Wasser verwenden.)

SESAM-PANADE
In einer flachen Schüssel etwas Mehl mit Salz und Pfeffer würzen. 155 g Sesamsamen in eine andere Schüssel geben. In einer weiteren Schüssel 1 Ei leicht verquirlen. Den Fisch mit Küchenpapier trockentupfen, leicht im Mehl wenden, ins Ei tauchen und zuletzt in Sesamsamen wenden. Öl 3 cm hoch in einer gußeisernen Pfanne auf 180 °C erhitzen. Den Fisch portionsweise braten, bis er goldbraun ist, zwischendurch umdrehen. Auf Küchenpapier abtropfen lassen.

NORI-SEMMELBRÖSEL-PANADE
90 g japanische Semmelbrösel in eine Schüssel geben. 1 Noriblatt in kleine Stücke schneiden und mit den Bröseln verrühren. Etwas Mehl mit Salz und Pfeffer vermischen. In einer weiteren Schüssel 1 Ei leicht verquirlen. Den Fisch mit Küchenpapier trockentupfen, leicht in Mehl wenden und dann ins Ei tauchen, schließlich in Nori wenden. Den Fisch portionsweise fritieren, bis er goldbraun ist.

SCHNITTLAUCH-ZITRONEN-PANADE
100 g frische Semmelbrösel mit 6 Eßlöffeln frischem feingehacktem Schnittlauch und 1 Teelöffel feingeriebener Zitronenschale mischen. In einer flachen Schüssel etwas Mehl mit Salz und Pfeffer würzen. In einer weiteren Schüssel 1 Ei leicht verquirlen. Das Filet mit Küchenpapier trockentupfen und leicht im Mehl wenden. Ins Ei tauchen, den Überschuß ablaufen lassen, dann in Semmelbröseln panieren. 30 g Butter und 2 Eßlöffel Öl in einer großen Pfanne schmelzen, den Fisch portionsweise zufügen und bei mittlerer Hitze braten, bis er goldbraun ist. Wenden und die andere Seite garen, Butter und Öl nach Bedarf zugeben.

Im Uhrzeigersinn, von links oben: Grundteig; Bierteig (mit Garnelen); Nori-Semmelbrösel-Panade (mit Kalmaren); Schnittlauch-Zitronen-Panade; Sesam-Panade; Eiweißteig

Oben:
Carpetbag-Steak

CARPETBAG-STEAK

Vorbereitungszeit: 15 Minuten
Garzeit: 15 Minuten
Für 4 Personen

4 Rib-Eye-Steaks, je 4 cm dick
8 frische Austern, ohne Schale
1 TL frische Petersilie, gehackt
2 TL Zitronensaft
frisch gemahlener schwarzer Pfeffer
2 EL Öl
250 ml Rinderbrühe
2 TL Worcestersauce
60 g Butter, kleingeschnitten

1 Fleisch von überschüssigem Fett und Sehnen befreien. Mit einem scharfen Messer jeweils seitlich eine Tasche hineinschneiden. Austern, Petersilie, Zitronensaft und etwas frisch gemahlenen schwarzen Pfeffer in einer Schüssel mischen. Gleichmäßig in die Steaktaschen füllen und mit Zahnstochern verschließen.
2 Das Öl in einer gußeisernen Pfanne erhitzen, die Steaks hineingeben und bei großer Hitze von jeder Seite 2 Minuten braten, um die Poren zu schließen. Für »rare« Steaks jede Seite eine weitere Minute garen. Für »medium« weitere 2–3 Minuten und für »well-done« weitere 4–6 Minuten braten. Abdecken und warm stellen.
3 Brühe und Worcestersauce zum Kochen bringen. Butter bei schwacher Hitze einrühren, bis sie geschmolzen ist, dann über die Steaks gießen. Mit gedämpften Zuckererbsen und Rosenkohl servieren, nach Wunsch mit feingehackter roter Paprika, Chili oder Thymian garnieren.

KALMAR MIT GRÜNEN PFEFFERKÖRNERN

Vorbereitungszeit: 10 Minuten + 15 Minuten zum Marinieren
Garzeit: 10 Minuten
Für 4 Personen

500 g Kalmarringe
2 EL Öl
1 EL grüne Pfefferkörner aus der Dose, abgetropft und grobgehackt
4 Knoblauchzehen, gehackt
1 TL roter Chili, gehackt
2 EL Fischsauce
2 TL Sojasauce
frische Basilikumblätter zum Garnieren

1 Kalmarringe, Öl und grüne Pfefferkörner in einer Schüssel mischen, abdecken und 15 Minuten stehen lassen.
2 Einen großen Wok auf höchster Stufe erhitzen, 2 Teelöffel der Marinade zufügen. Knoblauch und Chili hineinlegen und 5 Sekunden garen. Kalmarringe portionsweise zugeben und jeweils 2 Minuten anbraten. Jede Portion auf einen Teller geben. Den Wok dazwischen immer wieder erhitzen.
3 Fisch- und Sojasauce in den Wok gießen. Sobald sie kocht, langsam über die heißen

Kalmarringe gießen. Mit gedämpftem oder gekochtem Reis und einem grünen Salat sofort servieren. Mit frischen Basilikumblättern garnieren.

MEERESFRÜCHTE-FAJITAS

Vorbereitungszeit: 30 Minuten
Garzeit: 20 Minuten
Für 4 Personen

250 g Kammuschel
300 g mittelgroße rohe Garnelen
250 g weiße Fischfilets ohne Haut
   (z. B. Dornhai, Lengfisch, Blue-Eye-Bastardmakrele, Groper)
3 Tomaten, sehr klein geschnitten
1 kleiner roter Chili, feingehackt
2 Frühlingszwiebeln, in dünne Scheiben geschnitten
80 ml Limonensaft
1 Knoblauchzehe, zerdrückt
1 Avocado, in Scheiben geschnitten
2 EL Zitronensaft
4 Weizenmehl-Tortillas
1 Zwiebel, in dünne Scheiben geschnitten
1 grüne Paprika, in dünne Streifen geschnitten
Salz und Pfeffer

1 Von den Kammuscheln Adern, dünne Haut und weiße Muskeln abschneiden.
2 Garnelen schälen und Darm langsam aus dem Rücken ziehen. Die Fischfilets in mundgerechte Stücke schneiden.
3 Den Backofen auf 160 °C vorheizen. Tomaten, Chili und Frühlingszwiebeln in einer Schüssel mischen und nach Geschmack mit Salz und Pfeffer würzen.
4 Kammuscheln, Garnelen, Fisch, Limonensaft und Knoblauch vermischen und abgedeckt kalt stellen.
5 Die Avocado in Scheiben schneiden und mit Zitronensaft einpinseln, um Verfärbungen zu verhindern.
6 Die Tortillas in Alufolie wickeln und im Ofen 10 Minuten erhitzen, um sie weich zu machen.
7 Eine leicht eingeölte Grill- oder gußeiserne Pfanne sehr stark erhitzen, Zwiebel und Paprika hineingeben und unter gelegentlichem Wenden garen, bis sie weich und leicht gebräunt sind. Alles auf eine Seite der Pfanne schieben. Die Meeresfrüchte gründlich abspülen und kurz braten, bis sie gar sind.
8 Zum Servieren Meeresfrüchte, Paprika, Zwiebel, zerschnittene Avocado und Tomatenmischung in die Tortillas füllen.
HINWEIS: Fajitas stammen aus der texanisch-mexikanischen Küche und wurden ursprünglich mit Fleisch zubereitet. Heute verwendet man auch Huhn oder Meeresfrüchte. Sie werden auf einer glühendheißen Platte gegart und mit Salsa, Avocado und anderen Salatzutaten in Tortillas gefüllt.

GEBRATENER LACHS MIT GREMOLATA

4 Eßlöffel feingehackte Petersilie, je 2 Teelöffel geriebene Zitronen- und Orangenschale und 2 zerdrückte Knoblauchzehen in einer Schüssel mit 3 Teelöffeln kleiner, abgetropfter Kapern aus dem Glas mischen. Eine Pfanne erhitzen und 30 g Butter und 1 Eßlöffel Olivenöl hineingeben. 4 frische Lachsfilets à 200 g zufügen und bei großer Hitze auf beiden Seiten 2–3 Minuten braten. Lachs mit der Gremolata (Mailänder Kräutermischung) bedeckt servieren. Für 4 Personen.

Unten: Meeresfrüchte-Fajitas

DAS GROSSE KOCHBUCH DER FISCHE & MEERESFRÜCHTE

BRATEN, FRITIEREN & ANBRATEN

CHILI-KREBS

Vorbereitungszeit: 25 Minuten + 1 Stunde zum Gefrieren
Garzeit: 25 Minuten
Für 4 Personen

2 frische Schlammkrebse à 1 kg
2 EL Öl
1 Zwiebel, gehackt
4 Knoblauchzehen, zerdrückt
3 TL frischer Ingwer, gerieben
2–3 frische rote Chillies, feingehackt
440 g Tomaten aus der Dose, püriert
1 EL Sojasauce
1 EL brauner Zucker
2 TL Reisessig

1 Krebse 1 Stunde einfrieren, um sie unbeweglich zu machen. Mit einer harten Bürste abbürsten. Den Panzer aufbrechen, Innereien und fedrige Kiemen entfernen. Die Scheren abdrehen. Mit einem Hackmesser den Körper vierteln. Die Scheren mit einem gezielten Schlag knacken.
2 Einen Wok auf hoher Stufe erhitzen und Öl zufügen. Die Krebse portionsweise 2–3 Minuten anbraten, bis sie leuchtendrot sind. Herausnehmen und beiseite stellen. Zwiebel in den Wok geben und 3 Minuten garen. Knoblauch, Ingwer und Chillies zufügen und 1–2 Minuten braten. Pürierte Tomaten, Sojasauce, Zucker, Essig und 125 ml Wasser unterrühren. Zum Kochen bringen und 5 Minuten kochen, bis die Sauce leicht eindickt.
3 Krebse wieder in den Wok geben und mit der Sauce mischen. 8 Minuten köcheln, bis die Krebse gar sind, dabei oft wenden.

FRISCHER THUNFISCH MIT GRÜNEN BOHNEN

Vorbereitungszeit: 25 Minuten
Garzeit: 10 Minuten
Für 4 Personen

300 g kleine grüne Bohnen
2 EL Öl
600 g frischer Thunfisch, gewürfelt
250 g Cocktailtomaten
16 kleine schwarze Oliven
2–3 EL Zitronensaft
2 Knoblauchzehen, feingehackt
8 Anchovis-Filets, abgespült, getrocknet und feingehackt
3 EL kleine frische Basilikumblätter
Salz und Pfeffer

1 Von den Bohnen die Enden abschneiden. In kochendem Wasser 2 Minuten blanchieren. Abgießen und unter kaltem Wasser abschrecken.
2 Einen Wok auf hoher Stufe erhitzen, das Öl zufügen und den Wok etwas schwenken, um die Seiten mit Öl zu bedecken. Thunfisch portionsweise 5 Minuten anbraten, bis er außen gar, aber innen noch rosa ist.
3 Cocktailtomaten, Oliven und Bohnen zufügen und leicht wenden, bis sie heiß sind. Zitronensaft, Knoblauch und Anchovis unterrühren. Mit Salz und Pfeffer würzen und mit Basilikumblättern bestreut servieren.

PANIERTE ANCHOVIS

Vorbereitungszeit: 10 Minuten
Garzeit: 15 Minuten
Für 4 Personen

800 g frische Anchovis
2 Eier
1 Prise Salz
Semmelbrösel zum Panieren
150 g Butter

1 Die Anchovis mit einem kleinen Messer vom Schwanzende aus entschuppen, am besten unter fließendkaltem Wasser. Den Bauch ein-, den Kopf abschneiden und die Innereien entfernen. Auf einer Arbeitsfläche mit dem Handballen die Mittelgräte entlang flachdrücken und die Gräte herauslösen. Den Fisch abspülen und mit Küchenpapier sorgfältig trockentupfen.
2 Die Eier mit etwas Salz verquirlen. Die Anchovis darin wenden, dann gleichmäßig in den Semmelbröseln panieren.
3 Die Butter in einer großen Pfanne schmelzen und die Anchovis portionsweise braten, bis sie goldbraun sind, zwischendurch einmal wenden. Auf Küchenpapier abtropfen lassen. Mit Salz bestreuen und mit Zitronenspalten servieren.
HINWEIS: Sie können auch frische Sardinen, Hornhecht oder einen Weißfisch nehmen, je nach Marktlage und Geschmack.

SCHLAMMKREBSE
Schlammkrebse haben ein köstliches, saftiges Fleisch, besonders in den Scheren. Sie können sie lebend oder gegart kaufen. Lebende haben einen dunkelbraunen Panzer, aber gekocht werden sie hellorange. Im lebendem Zustand sollten sie sich recht aktiv zeigen (wobei die Scheren mit Küchengarn umwickelt sein sollten). Wenn sie zu träge sind, sind sie nicht mehr frisch. Damit Sie garantiert viel Fleisch erhalten, suchen Sie Krebse aus, die im Verhältnis zu ihrer Größe schwer sind. Die Glieder sollten intakt und der Panzer fest sein.

*Gegenüberliegende Seite:
Chili-Krebs (oben);
Frischer Thunfisch mit grünen Bohnen*

FISCHROULADEN

Vorbereitungszeit: 45 Minuten
Garzeit: 25 Minuten
Ergibt 12 Stück

- 500 g Miesmuscheln
- 300 g Lachs- oder Meerforellenfilet, ohne Haut
- 300 g mittelgroße rohe Garnelen
- 300 g feste weiße Fischfilets ohne Haut (z. B. Dorsch, Lengfisch, Schnapper)
- 1 Eiweiß
- 125 ml Sahne
- 1 EL frischer Dill, gehackt
- 1 EL frischer Schnittlauch, gehackt
- 80 g Butter
- 1 EL Limonensaft
- 1 TL Limonenzesten
- 1 EL frische Petersilie, gehackt
- 2 EL kleine Kapern aus dem Glas, abgetropft
- Salz und Pfeffer

Oben: Fischrouladen

1 Muscheln mit einer harten Bürste putzen und Bärte herausziehen. Beschädigte Muscheln oder solche, die sich auch nach einem leichten Klopfen nicht schließen, wegwerfen. 250 ml Wasser in einem Topf erhitzen, Muscheln zufügen, abdecken und 4–5 Minuten garen, bis sie sich öffnen. Üngeöffnete Muscheln wegwerfen. Das Fleisch aus den Schalen lösen, zerkleinern, abdecken und kalt stellen. Den Lachs kleinhacken und abgedeckt kalt stellen.

2 Garnelen schälen und entdarmen. Garnelen, weiße Filetstücke und Eiweiß glattpürieren. Die Sahne kurz untermixen. In eine große Schüssel füllen und Muscheln, Lachs, Dill, Schnittlauch und Salz und Pfeffer unterrühren. In 12 Portionen teilen. Jede Portion auf ein Stück Klarsichtfolie legen und zu einer Rolle formen. Zusätzlich fest in Alufolien-Quadrate wickeln, an den Enden zusammendrehen. Die Rouladen in einem Topf mit leicht kochendem Wasser 5–8 Minuten ziehen lassen, bis sie fest sind. Aus dem Topf nehmen und die Enden abschneiden. Braten oder auf dem Grill rösten. Auf gewärmten Tellern servieren.

3 Die Butter im Topf schmelzen. Limonensaft, Zesten, Petersilie und Kapern zufügen und gut verrühren. Über die fertigen Rouladen gießen. Nach Wunsch mit zusätzlichen Limonenzesten garnieren.

BRATEN, FRITIEREN & ANBRATEN

MANDEL-FORELLE

Vorbereitungszeit: 25 Minuten
Garzeit: 10 Minuten
Für 2 Personen

2 Regenbogenforellen oder junger Lachs
Mehl zum Panieren
60 g Butter
25 g Mandelsplitter
2 EL Zitronensaft
1 EL frische Petersilie, feingehackt
Salz und frisch gemahlener Pfeffer
Zitronen- oder Limonenspalten zum Servieren

1 Fische säubern und mit Küchenpapier trockentupfen. Mit einem Nudelholz die Mittelgräte entlangrollen. Aufschneiden und mit der Hautseite nach oben legen. Fische umdrehen und die Mittelgräte an beiden Enden mit einer Küchenschere durchtrennen und herauslösen. Restliche Gräten entfernen. Flossen mit der Schere abschneiden.

2 Fische in Mehl wenden. Butter erhitzen und die Fische darin von jeder Seite etwa 4 Minuten goldbraun braten. Fische auf gewärmte Teller legen und mit Alufolie bedecken.

3 Restliche Butter erhitzen, Mandelsplitter zufügen und goldbraun rösten. Zitronensaft, Petersilie, Salz und Pfeffer zugeben. Rühren, bis die Sauce heiß ist. Über den Fisch gießen und mit Zitronenspalten servieren.

ZITRONENFLUNDER

2 Flunder- oder Schollenfilets à 375 g in Mehl wenden und den Überschuß abschütteln. Butter in einer großen Pfanne erhitzen und den Fisch bei mittlerer Hitze von beiden Seiten braten, bis er gebräunt und durchgegart ist. Auf eine Servierplatte legen und warm stellen. Die Pfanne auswischen und 60 g Butter schmelzen. 1½ Eßlöffel Zitronensaft und 2 Teelöffel gehackte Petersilie zufügen, würzen. Die schaumige Butter über den Fisch gießen und mit frischer Petersilie bestreuen. Für 2 Personen.

Unten:
Mandel-Forelle

151

PETERSFISCH MIT GARNELEN UND SAHNE-DILLSAUCE

Vorbereitungszeit: 15 Minuten
Garzeit: 20 Minuten
Für 4 Personen

12 große rohe Garnelen
600 ml Fischfond
30 g Butter
1 Knoblauchzehe, feingehackt
2 EL Mehl
2 EL Sahne
Salz und Pfeffer
Öl zum Braten
4 Petersfischfilets à 200 g
1 EL frischer Schnittlauch, gehackt
1 EL frischer Dill, gehackt

1 Garnelen schälen und den Darm aus dem Rücken herausziehen.

2 Fond zum Kochen bringen. Bei mittlerer Hitze 10 Minuten köcheln, bis er auf 375 ml reduziert ist.

3 Die Butter in einem kleinen Topf schmelzen und Knoblauch zufügen. Mehl zugeben und 1 Minute kochen, bis es hell aufschäumt. Vom Herd nehmen und langsam den Fond einrühren. Auf den Herd zurückstellen und ständig rühren, bis die Sauce kocht und eindickt. 1 Minute köcheln lassen. Vom Herd nehmen und die Sahne zugießen. Nach Geschmack würzen. Warm stellen.

4 Etwas Öl in einer Pfanne erhitzen und die Fischfilets bei mittlerer Hitze von jeder Seite 2 Minuten braten, bis sie sich mit einer Gabel leicht zerpflücken lassen. Auf Teller legen.

5 Garnelen in die Pfanne geben, bei Bedarf mehr Öl zufügen und 2–3 Minuten braten, bis sie rosa werden und durchgegart sind.

6 Zum Servieren Schnittlauch und Dill in die heiße Sauce geben, die Garnelen auf den Filets arrangieren und mit Sauce begießen. Nach Wunsch jeden Teller mit Schnittlauchhalmen und mit Dillzweigen garnieren.

Rechts: Petersfisch mit Garnelen und Sahne-Dillsauce

BRATEN, FRITIEREN & ANBRATEN

FISCH MEUNIÈRE
(Müllerin Art)

Vorbereitungszeit: 5 Minuten
Garzeit: 10 Minuten
Für 4 Personen

4 dicke weiße Fischfilets (Dorsch, Bastardmakrelen, Adlerfisch)
Mehl zum Panieren
Öl zum Braten
125 g Butter
1–2 EL Zitronensaft
1 EL frische Petersilie, gehackt
zerstoßener schwarzer Pfeffer

1 Fisch leicht in Mehl wenden und den Überschuß abschütteln. Etwas Öl in einer Pfanne erhitzen und darin den Fisch von jeder Seite 5–8 Minuten garen, bis er leicht goldbraun ist. Auf Teller legen. Die Pfanne auswischen.
2 Butter bei starker Hitze darin schmelzen. Vom Herd nehmen, sofort Zitronensaft, Petersilie und Pfeffer zufügen, dann über den Fisch gießen. Mit Zitronenspalten servieren.
HINWEIS: Die Garzeit hängt von der Dicke des Fisches ab. Diese einfache Sauce eignet sich für die meisten Fischarten und Zubereitungsformen.

REIBEKUCHEN MIT LACHS

1,5 Kilo mehligkochende Kartoffeln wie Aula, Adretta oder Likaria schälen und grob reiben. Anschließend in einer Schüssel mit 1 leicht verquirlten Ei und 1 Eßlöffel Öl vermischen. Mit Salz und frisch gemahlenem Pfeffer würzen und 2 Eßlöffel Mehl einrühren. Mit bemehlten Händen aus je 2 Eßlöffeln der Kartoffel-Ei-Mischung flache Küchlein formen. In einer großen gußeisernen Pfanne beidseitig in viel Öl braten, bis die Reibekuchen goldbraun sind. Herausnehmen und auf Küchenpapier abtropfen lassen. Auf einem Servierteller mehrere warme Reibekuchen übereinanderstapeln, mit einem Häufchen Räucherlachs, einem Klecks Sauerrahm, einigen roten Zwiebelringen und frischen Schnittlauchröllchen krönen.

Oben: Fisch Meunière

FISCHBURGER MIT KARTOFFELSPALTEN

Genug Wasser zugießen, um die Filets zu bedecken, dann langsam erhitzen.

Den zerkleinerten Fisch mit Kräutern, Kartoffeln, Zitronensaft, Kapern, Gewürzgurken sowie Salz und Pfeffer mischen.

Gegenüberliegende Seite: Fischburger mit Kartoffelspalten

FISCHBURGER MIT KARTOFFELSPALTEN

Vorbereitungszeit: 30 Minuten + 1 Stunde zum Kühlen
Garzeit: 25 Minuten
Für 4 Personen

500 g Fischfilet ohne Haut (z. B. Warehou, Lengfisch, Roter Schnapper)
2 EL frische Petersilie, feingehackt
2 EL frischer Dill, feingehackt
2 EL Zitronensaft
1 EL Kapern aus dem Glas, abgetropft und gehackt
2 Gewürzgurken aus dem Glas, feingehackt
350 g Kartoffeln, gekocht und zerdrückt
Mehl zum Panieren
1 EL Olivenöl
4 Hamburger-Brötchen, halbiert
Salatblätter
2 Eiertomaten, in Scheiben geschnitten
Tartarsauce (siehe Seite 128)
Salz und zerstoßener Pfeffer

Knusprige Kartoffelspalten

6 rohe Kartoffeln, in Spalten geschnitten
1 EL Öl
½ TL Hühner- oder Gemüsebrühe
25 g Semmelbrösel
2 TL frischer Schnittlauch, gehackt
1 TL Selleriesalz
¼ TL Knoblauchpulver
½ TL frischer Rosmarin
Salz und zerstoßener Pfeffer

1 Fisch in eine Pfanne legen und mit Wasser bedecken. Langsam erhitzen und abgedeckt bei schwacher Hitze gar ziehen lassen. Auf Küchenpapier abtropfen lassen, mit einer Gabel zerpflücken, dabei etwaige Gräten entfernen. Petersilie, Dill, Zitronensaft, Kapern, Gurke und Kartoffeln zufügen, mit Salz und Pfeffer würzen. 4 Frikadellen formen. In Mehl wenden und 1 Stunde kalt stellen.
2 Öl in einer großen beschichteten Pfanne erhitzen und die Frikadellen auf jeder Seite 5–6 Minuten bräunen.
3 Brötchen nach Belieben rösten und mit Butter bestreichen. Die untere Hälfte jeweils mit etwas Salat, Tomate, einer Fischfrikadelle und etwas Tartarsauce belegen. Die andere Hälfte darauflegen und servieren.
4 Den Backofen auf 200 °C vorheizen. Kartoffeln mit Öl und den restlichen Kartoffelspalten-Zutaten mischen. Auf ein gefettetes Backblech legen und etwa 40 Minuten backen.

GARNELENBURGER MIT COCKTAILSAUCE

Vorbereitungszeit: 35 Minuten + 10 Minuten zum Kühlen
Garzeit: 5–10 Minuten
Für 4 Personen

12 große rohe Garnelen
2 EL Zitronensaft
1 EL Sesamsamen
120 g frische weiße Semmelbrösel
2 EL frisches Koriandergrün, gehackt
1 Ei, leicht verquirlt
2 EL Chilisauce
Mehl zum Panieren
Olivenöl zum Braten
80 g Mayonnaise
1 Frühlingszwiebel, feingehackt
1 EL Tomatensauce
1 TL Worcestersauce
Chilisauce nach Geschmack, zusätzlich
1 EL Zitronensaft, zusätzlich
4 Hamburger-Brötchen, halbiert
Raukeblätter
1 feste Avocado, in dünne Scheiben geschnitten
1 TL zerstoßener Pfeffer

1 Garnelen schälen, entdarmen und flachdrücken. Mit dem Zitronensaft marinieren.
2 Sesamsamen, Semmelbrösel und Koriander mischen. In einer Schüssel Ei und Chilisauce verrühren. Garnelen in Mehl, in der Ei-Mischung und dann in Semmelbröseln wenden. Auf ein mit Backpapier bedecktes Blech legen und abgedeckt 10 Minuten kalt stellen.
3 Etwas Öl in einer Pfanne erhitzen. Die Garnelen portionsweise bei mittlerer Hitze von jeder Seite 2–3 Minuten knusprig-goldbraun braten. Auf Küchenpapier abtropfen lassen.
4 Mayonnaise, Frühlingszwiebel, Tomaten- und Worcestersauce, Chilisauce und Zitronensaft in einer Schüssel mischen.
5 Brötchen rösten und mit Butter bestreichen. Auf die untere Hälfte etwas Rauke und Avocado legen. Mit Pfeffer bestreuen. Garnelen, einen Klecks Cocktailsauce und schließlich die obere Brötchenhälfte darauf legen.

BRATEN, FRITIEREN & ANBRATEN

DAS GROSSE KOCHBUCH DER FISCHE & MEERESFRÜCHTE

MEERBARBE IN TOMATEN-OLIVEN-SAUCE

Vorbereitungszeit: 15 Minuten
Garzeit: 35 Minuten
Für 4 Personen

8 kleine Meerbarben (1 kg), gesäubert und entschuppt
2 EL frische Petersilie, gehackt, zum Servieren

Tomaten-Oliven-Sauce

1½ EL Olivenöl
1 große Zwiebel, in Scheiben geschnitten
2 Knoblauchzehen, feingehackt
800 g Tomaten aus der Dose, zerkleinert
1½ EL Rotweinessig
2 EL Tomatenmark
1 EL Zucker
60 ml Weißwein
185 ml Fischfond
1 EL frischer Oregano, gehackt
1 EL frisches Basilikum, gehackt
100 g schwarze Oliven

1 Fisch innen und außen mit Küchenpapier trockentupfen und kalt stellen.
2 Das Öl in einer großen, tiefen Pfanne erhitzen, in der die Fische in einer Lage Platz haben. Zwiebel und Knoblauch bei mittlerer Hitze 5 Minuten garen. Die übrigen Saucenzutaten zugeben und zum Kochen bringen. Bei reduzierter Hitze 15 Minuten köcheln, bis die Sauce leicht eingedickt ist.
3 Fische hineinlegen und abgedeckt weitere 10–12 Minuten köcheln bzw. bis der Fisch sich an der dicksten Stelle mit einer Gabel leicht zerpflücken läßt. Da Meerbarbe ein Fisch mit weichem Fleisch ist, braucht man ihn zwischendurch nicht zu wenden (er würde zerfallen). Nach Wunsch mit Petersilie servieren.
HINWEISE: Die Sauce läßt sich im voraus zubereiten und kalt stellen, so daß sich die Aromen entfalten.
Anstelle der Meerbarbe kann auch Roter Schnapper oder Hornhecht für dieses Rezept verwendet werden.

Oben: Meerbarbe in Tomaten-Oliven-Sauce

BRATEN, FRITIEREN & ANBRATEN

FISCH AUF AUBERGINE MIT RÖSTPAPRIKA-AIOLI

Vorbereitungszeit: 15–20 Minuten + 20 Minuten zum Ziehen
Garzeit: 10 Minuten
Für 4 Personen

8 dicke Scheiben Aubergine
Salz
1 große rote Paprika
2 EL Öl
4 weiße Fischfilets à 200 g (z. B. Dorsch, Flußbarsch, Schnapper, Seeteufel), jeweils diagonal in 6 Stücke geschnitten

Röstpaprika-Aioli

2 Knoblauchzehen, grobgehackt
1 Eigelb
2–3 TL Zitronensaft
125 ml Olivenöl
2 EL frische Petersilie, gehackt
Salz und Pfeffer

1 Etwas Salz in die Oberfläche der Auberginen reiben, auf einen Teller legen und 20 Minuten ruhen lassen. Salz abspülen und die Auberginen mit Küchenpapier trockentupfen.

2 Die Paprika in große Stücke schneiden. Mit der Außenseite oben unter einem heißen Grill garen, bis die Haut schwarz wird und Blasen wirft. Abkühlen lassen, schälen und die Kerne sowie die weißen Zwischenhäute entfernen. In Streifen schneiden, die Hälfte für die Aioli zurückbehalten.

3 Für die Röstpaprika-Aioli Knoblauch, Eigelb und Zitronensaft in einer Küchenmaschine glattrühren. Die Hälfte des Öls zugeben, bis die Aioli eindickt. Paprika zufügen und glattpürieren. In eine Schüssel geben und nach Geschmack würzen. Petersilie unterrühren und abgedeckt kalt stellen.

4 Einen Grill (oder Backofengrill) auf hoher Stufe erhitzen. Die Auberginenscheiben mit der Hälfte des Öls einpinseln und auf beiden Seiten grillen, bis sie braun und weich sind.

5 Restliches Öl in einer Pfanne erhitzen und den Fisch auf jeder Seite 1–2 Minuten braten, bis er sich an der dicksten Stelle mit einer Gabel leicht zerpflücken läßt. Nicht zu lange garen, da er sonst zäh wird.

6 Zum Servieren die Auberginenscheiben auf einen Teller legen und mit einigen gerösteten Paprikastreifen belegen. 3 Fischstücke darauf arrangieren und etwas Aioli darauf setzen.

*Unten:
Fisch auf Aubergine mit Röstpaprika-Aioli*

MEERESFRÜCHTE-PLATTEN

Heiße und kalte Meeresfrüchte getrennt servieren, mit Zitronen- oder Limonenspalten und Saucen Ihrer Wahl umgeben.

PLANEN UND SERVIEREN
Die Mengenangaben in unseren Vorschlägen sind jeweils für 4 Personen berechnet. Der größte Teil der Vorbereitung kann im voraus erledigt werden. An einem heißen Tag können Sie die Meeresfrüchte auf einem Bett aus zerstoßenem Eis anrichten. Servieren Sie die Platten mit Tartarsauce (siehe Seite 128), eine Mischung aus Sauerrahm und süßer Chilisauce oder mit etwas Honig vermischter Sojasauce. Limonenspalten nicht vergessen, ebensowenig Fingerschalen und Kartoffelspalten oder Pommes frites.

KALTE PLATTE
Sie brauchen 500 g gegarte Tiefseegarnelen, 2 geviertelte, gegarte Krebse, 12 Austern und 100 g Räucherlachs. Wenn Ihnen der Sinn nach Extravaganz steht, fügen Sie 2 halbe gegarte Hummer hinzu.

HEISSE PLATTE
Eine heiße Platte können Sie mit tiefgefrorenen Kalmarringen, mit Fisch im Backteig und panierten Garnelen aus der Kühltruhe zubereiten. Sie müssen vor dem Garen nicht aufgetaut werden. Oder

Sie verblüffen Ihre Gäste mit einer Kombination aus einfachen Gerichten und einer Auswahl der folgenden Rezepte. Zum Fritieren füllen Sie eine tiefe gußeiserne Pfanne zu einem Drittel mit Öl und erhitzen es auf 180 °C. Garen Sie nicht zu viele Teile auf einmal, weil sonst die Öltemperatur sinkt und der Backteig klitschig wird. Jedesmal die Teigreste von der Oberfläche abschöpfen.

GARNELEN UND KALMARE

120 g japanische Semmelbrösel und 1 Eßlöffel frische gehackte Petersilie mischen. 2 Eier leicht verquirlen und mit 1 Teelöffel Sesamöl und 1 zerdrückten Knoblauchzehe verrühren. 125 g Mehl mit Salz und Pfeffer würzen. 1 kg rohe mittelgroße Garnelen schälen, entdarmen, einschneiden und auseinanderdrücken und 4 Kalmarmäntel in Ringe schneiden. Beides im gewürzten Mehl, Ei und Semmelbröseln wenden. Portionsweise fritieren.

JAPANISCHE AUSTERN

12 frische Austern in einen Bambus-Dämpfkorb legen, mit Frühlingszwiebelstücken und geriebenem Ingwer bedecken. Mit küchenfertiger Teriyaki-Marinade beträufeln. Abdecken und 4 Minuten dämpfen.

KNUSPRIGE ZITRONEN-FISCH-STREIFEN

60 g Mehl in eine Schüssel sieben und mit 125 ml Wasser und etwas Zitronenschale verrühren. 2 Schnapperfilets ohne Haut in dünne Streifen schneiden. Leicht in mit Salz und Pfeffer gewürztem Mehl wenden und portionsweise in den Teig tauchen. Goldbraun fritieren und auf Küchenpapier abtropfen lassen.

KAMMUSCHELN IN PROSCIUTTO

16 gesäuberte Kammuscheln (ohne Rogen) abspülen und trockentupfen. 4 dünne Scheiben luftgetrockneten Schinken in Viertel schneiden, groß genug, um die Muscheln zu umschließen. Muscheln darin einwickeln und paarweise auf kleine Holzspieße stecken. Unter einem vorgeheizten Grill 5 Minuten garen, dabei gelegentlich wenden.

Von links: Kalte Meeresfrüchte-Platte; Warme Meeresfrüchte-Platte

SALZ-UND-PFEFFER-KALMAR

Vorbereitungszeit: 30 Minuten + 15 Minuten zum Marinieren
Garzeit: 10 Minuten
Für 6 Personen

1 kg Kalmarmäntel, längs halbiert
250 ml Zitronensaft
250 g Maismehl
1½ EL Salz
1 EL weißer Pfeffer, gemahlen
2 TL feiner Zucker
4 Eiweiß, leicht verquirlt
Öl zum Fritieren
Zitronenspalten zum Servieren
frisches Koriandergrün zum Garnieren

1 Kalmarmäntel ausbreiten, abspülen und trockentupfen. Mit der Innenseite nach oben auf ein Brett legen. Ein feines Diamantenmuster (diagonale Karos) einritzen, aber nicht zu tief schneiden. In etwa 5 x 3 cm große Stücke teilen. In eine flache, säurebeständige Schale legen und mit Zitronensaft begießen. Zugedeckt 15 Minuten kalt stellen. Abgießen und trockentupfen.
2 Maismehl, Salz, Pfeffer und Zucker in einer Schüssel mischen. Die Kalmarstücke im Eiweiß und anschließend in der Mehlmischung wenden, den Überschuß abschütteln.
3 Eine tiefe gußeiserne Pfanne zu einem Drittel mit Öl füllen und auf 180 °C erhitzen bzw. bis ein Brotwürfel darin in 15 Sekunden braun wird. Den Kalmar portionsweise 1–2 Minuten fritieren, bis er weiß wird und sich aufrollt. Auf Küchenpapier abtropfen lassen. Mit Zitronenspalten servieren und mit Koriandergrün oder -zweigen garnieren.
HINWEIS: Dieses Gericht eignet sich hervorragend als Vorspeise oder zusammen mit asiatischem Gemüse als Hauptgericht.

Oben:
Salz-und-Pfeffer-Kalmar

BRATEN, FRITIEREN & ANBRATEN

STOCKFISCH-KROKETTEN MIT SKORDALIA

Vorbereitungszeit: 50 Minuten + 8–12 Stunden zum Einweichen
Garzeit: 55 Minuten
Ergibt 24 Stück

400 g Stockfisch
300 g mehlige Kartoffeln, ungeschält
1 kleine, braune eingelegte Zwiebel, feingerieben
2 EL frische glatte Petersilie, gehackt
1 Ei, leicht verquirlt
½ TL zerstoßener schwarzer Pfeffer
Öl zum Fritieren

Skordalia

250 g mehlige Kartoffeln, ungeschält
2 Knoblauchzehen, gepreßt
1 EL Weißweinessig
2 EL Olivenöl
Salz und zerstoßener Pfeffer

1 Stockfisch in eine große Schüssel legen, mit kaltem Wasser bedecken und 8–12 Stunden einweichen, währenddessen das Wasser dreimal wechseln, so daß überschüssiges Salz entfernt wird. Auf Küchenpapier abtropfen lassen.
2 Für die Skordalia Kartoffeln kochen, schälen und in einer großen Schüssel zerdrücken. Abkühlen lassen, dann Knoblauch, Essig und Öl zufügen. Mit Salz und Pfeffer würzen.
3 Stockfisch mit Wasser bedeckt zum Kochen bringen und bei reduzierter Hitze 15 Minuten köcheln lassen. Auf Küchenpapier abtropfen lassen. Nach dem Abkühlen Haut und Gräten entfernen und das Fleisch zerkleinern.
4 Kartoffeln für die Kroketten kochen, pellen und zerdrücken. Mit Zwiebel, Petersilie, Ei und Pfeffer zum Fisch geben. Mit einem Holzlöffel gut verrühren. Abschmecken und wenn nötig, salzen.
5 Eine tiefe gußeiserne Pfanne zu einem Drittel mit Öl füllen und auf 180 °C erhitzen bzw. bis ein Brotwürfel darin in 15 Sekunden braun wird. Gestrichene Eßlöffel der Stockfischmasse ins Öl geben und 2–3 Minuten garen, bis sie gut gebräunt sind. Auf Küchenpapier abtropfen lassen. Heiß mit Skordalia servieren.

Unten: Stockfisch-Kroketten mit Skordalia

SURF `N` TURF
(Fisch und Fleisch)

Vorbereitungszeit: 20 Minuten
Garzeit: 15–20 Minuten
Für 4 Personen

Zitronen-Senf-Sauce

30 g Butter
1 Frühlingszwiebel, feingehackt
1 Knoblauchzehe, zerdrückt
1 EL Mehl
250 ml Milch
2 EL Sahne
1 EL Zitronensaft
2 TL Dijon-Senf

1 großer oder 2 kleine Hummerschwänze
2 EL Öl
170 g frisches oder tiefgefrorenes Krebsfleisch
4 Rinderfiletsteaks à 200 g

1 Für die Sauce die Butter in einem Topf schmelzen, Zwiebel und Knoblauch zugeben und bei mittlerer Hitze 1 Minute weich dünsten. Das Mehl 1 Minute einrühren, bis die Masse aufschäumt. Vom Herd nehmen und langsam die Milch zugießen. Auf den Herd zurückstellen und ständig rühren, bis die Sauce eindickt. Bei reduzierter Hitze 2 Minuten köcheln lassen. Vom Herd ziehen und Sahne, Zitronensaft und Senf unterrühren, warm stellen.

2 Mit einer Küchenschere beidseitig die Unterseite des Hummerpanzers der Länge nach einschneiden. Das Fleisch herausziehen. Die Hälfte des Öls in einer Pfanne erhitzen und das Hummerfleisch von jeder Seite 3 Minuten (oder länger, je nach Größe) braten, bis es gar ist. Aus der Pfanne nehmen und warm stellen. Krebsfleisch in die Pfanne geben und erhitzen, ebenfalls warm stellen.

3 Restliches Öl in der Pfanne erhitzen, und die Steaks bei großer Hitze von jeder Seite 2 Minuten braten, um die Poren zu verschließen. Für »rare« Steaks jede Seite eine weitere Minute garen. Für »medium« 2–3 Minuten, für »well-done« 4–6 Minuten weiterbraten. Zum Servieren die Steaks auf Teller legen. Mit Krebsfleisch bedecken, dann mit Hummerscheiben garnieren. Die Sauce darüber gießen.

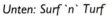

Unten: Surf `n` Turf

BRATEN, FRITIEREN & ANBRATEN

KNUSPRIG FRITIERTER KREBS

Vorbereitungszeit: 30 Minuten + 1 Stunde zum Gefrieren + 1 Stunde zum Marinieren
Garzeit: 15 Minuten
Für 4 Personen als Vorspeise

1 frischer Schlammkrebs à 1 kg
1 Ei, leicht verquirlt
1 roter Chili, feingehackt
½ TL Knoblauch, zerdrückt
½ TL Salz
¼ TL weißer Pfeffer, gemahlen
Öl zum Fritieren

Würzmischung

40 g Mehl
60 g Speisestärke
3 TL feiner Zucker
1 TL weißer Pfeffer, gemahlen

1 Den Krebs für etwa 1 Stunde einfrieren, bis er unbeweglich ist. Säubern und den Oberpanzer entfernen (er sollte leicht und in einem Stück abgehen). Die Innereien und grauen, fedrigen Kiemen entfernen. Beine und Scheren abdrehen. Mit einem scharfen, schweren Messer den Körper in 4 Teile hacken.
2 Mit einem Messerrücken die Scheren mit einem kurzen, kräftigen Schlag knacken. In einer großen Schüssel das Ei mit Chili, Knoblauch, Salz und Pfeffer verschlagen. Die Krebsteile hineinlegen und abgedeckt 1 Stunde kalt stellen.
3 Die Zutaten für die Würzmischung auf einen großen Teller sieben. Alle Krebsteile darin wenden, den Überschuß abklopfen.
4 Eine tiefe gußeiserne Pfanne zu einem Drittel mit Öl füllen und auf 180 °C erhitzen bzw. bis ein Brotwürfel darin in 15 Sekunden braun wird. Die Scheren portionsweise 7–8 Minuten vorsichtig garen, die Körperviertel 3–4 und die Beine 2 Minuten. Vor dem Servieren auf Küchenpapier abtropfen.
HINWEIS: Den Krebs erst kurz vor dem Servieren garen. Mit den Fingern essen. Um das Fleisch aus den Scheren herauszubekommen, benötigen Sie eine Hummerzange. Den Krebs mit Zitronenspalten servieren.

Oben:
Knusprig fritierter Krebs

LACHSKOTELETTS MIT FRÜCHTE-SALSA

Vorbereitungszeit: 20 Minuten + 2 Stunden zum Marinieren
Garzeit: 10 Minuten
Für 4 Personen

4 Lachskoteletts
1½ EL Würzpfeffer
2 EL Zitronensaft
125 ml Limonensaft
1 EL frischer Thymian, gehackt
Öl zum Braten

Früchte-Salsa

½ kleine Papaya, in kleine Würfel geschnitten
½ kleine Ananas, in kleine Würfel geschnitten
3 Frühlingszwiebeln, gehackt
1 EL frisches Koriandergrün, gehackt
2 EL Limonensaft
3 TL feiner Zucker
Salz und Pfeffer

Oben: Lachskoteletts mit Früchte-Salsa

1 Lachs mit Pfeffer bestreuen und in eine flache, säurebeständige Schale legen. Zitronen- und Limonensaft sowie Thymian vermischen und über den Lachs gießen. Abgedeckt 2 Stunden kalt stellen.
2 Für die Früchte-Salsa Papaya, Ananas, Frühlingszwiebeln, Koriander, Limonensaft und Zucker in einer Schüssel mischen. Nach Geschmack salzen.
3 Etwas Öl in einer Pfanne erhitzen, den Lachs hineinlegen und mit verbliebener Marinade einpinseln. Jede Seite 3–5 Minuten braten, bis das Fleisch außen leicht gebräunt und innen gar ist. Mit der Früchte-Salsa servieren.
HINWEISE: Meerforelle kann ebenfalls für dieses Rezept verwendet werden.
Den Lachs nicht länger als 2 Stunden marinieren, weil sonst die Zitrussäfte das Fleisch »garen« und es undurchsichtig machen. Sollte das passieren, halbieren Sie die Garzeit. Die Salsa kurz vor dem Servieren zubereiten.

BRATEN, FRITIEREN & ANBRATEN

HONIGGARNELEN

Vorbereitungszeit: 20 Minuten
Garzeit: 12 Minuten
Für 4 Personen

16 große rohe Garnelen
60 g Speisestärke
125 g Mehl
1 1/4 TL Backpulver
1/4 TL Zitronensaft
1 EL Öl
3 EL Honig
Öl zum Fritieren
3 EL Sesamsamen, leicht geröstet

1 Garnelen schälen und entdarmen. In der Hälfte der Speisestärke leicht wenden.
2 Mehl, Backpulver und restliche Speisestärke in eine Schüssel sieben. Zitronensaft und Öl mit 250 ml Wasser mischen. Die Flüssigkeit nach und nach in das Mehl rühren.
3 Den Honig in einer Pfanne bei sehr schwacher Hitze erwärmen. Vom Herd nehmen und warm stellen.
4 Eine tiefe gußeiserne Pfanne zu einem Drittel mit Öl füllen und auf 180 °C erhitzen. Die Garnelen in den Teig tauchen. Mit einer Zange oder einem Schaumlöffel dann portionsweise ins heiße Öl geben. 2–3 Minuten garen, bis sie knusprig und goldbraun sind. Auf Küchenpapier abtropfen lassen und warm stellen.
5 Die fritierten Garnelen im warmen Honig wenden. Auf eine Servierplatte legen und mit Sesamsamen bestreuen. Sofort servieren.

GEBRATENE HERINGE IN HAFERMEHL

Von 8 frischen Heringen den Kopf hinter Kiemen und Flossen abschneiden, dann den Bauch öffnen und die Innereien entfernen, Heringe flachdrücken. Die Mittelgräte vorsichtig abheben. Kleine Gräten mit einer Pinzette entfernen. 125 ml Milch in eine Schüssel gießen. 185 g feines Hafermehl auf einen Teller geben und mit Salz und Pfeffer würzen. Fische erst in Milch, dann in Hafermehl wenden. Eine tiefe gußeiserne Pfanne 3 cm hoch mit Öl füllen und dann auf 180 °C erhitzen. Die Heringe portionsweise 3–5 Minuten garen. Mit Zitronenspalten servieren. Ergibt 8 Stück.

TIGERGARNELEN

Tiger- oder Tiefseegarnelen besitzen festes, saftiges Fleisch mit viel Aroma. Sie haben auffällige, tigerähnliche rote bzw. braune Streifen auf dem Panzer. Es gibt sie im Handel roh oder gegart. Sie werden sowohl wild gefischt als auch in Farmen gezüchtet. Heute ist die Farmzüchtung weit verbreitet, da man nur auf diese Weise den hohen Bedarf decken kann, ohne gleich die Ozeane leerzufischen. Gezüchtete Tigergarnelen sind stärker gezeichnet und haben gegart eine leuchtendere Farbe als wild lebende, dafür sind letztere gewöhnlich etwas größer.

Links: Honiggarnelen

DAS GROSSE KOCHBUCH DER FISCHE & MEERESFRÜCHTE

FRITIERTES MISTO DI MARE

Vorbereitungszeit: 30 Minuten
Garzeit: 12 Minuten
Für 4 Personen

★★★

125 g Mehl
1¼ TL Backpulver
30 g Speisestärke
Salz und Pfeffer
1 EL Öl
8 große rohe Garnelen
8 Kammuscheln
12 frische Sardinen
500 g weiße Fischfilets ohne Haut (z. B. Flußbarsch, Schnapper, Lengfisch, Petersfisch)
1 Kalmarmantel, in Ringe geschnitten
Mehl zum Panieren
Öl zum Fritieren
Tartarsauce (siehe Seite 128) zum Servieren
Zitronenspalten zum Servieren

Oben:
Fritiertes Misto di Mare

1 Mehl, Backpulver und Speisestärke mit etwas Salz und Pfeffer verrühren. Das Öl mit 250 ml Wasser mischen und mit dem Mehl verschlagen, bis ein klumpenfreier Teig entsteht.
2 Garnelen schälen und entdarmen. Von den Kammuscheln Adern, dünne Haut und weiße Muskeln abschneiden.
3 Bauch der Sardinen öffnen und die Innereien entfernen, den Kopf abschneiden, dann mit Salzwasser säubern. Mit der Hautseite nach oben auf ein Brett legen. Die Sardinen mit dem Handballen flachdrücken, umdrehen und die Mittelgräte herausziehen, am Schwanz mit einer Küchenschere abtrennen.
4 Die vorbereiteten Meeresfrüchte mit Küchenpapier trockentupfen, in Mehl wenden und den Überschuß abschütteln.
5 Eine tiefe gußeiserne Pfanne zu einem Drittel mit Öl füllen und auf 180 °C erhitzen bzw. bis ein Brotwürfel darin in 15 Sekunden braun wird. Meeresfrüchte portionsweise im Teig wenden, dann 2–3 Minuten knusprig fritieren. Mit einer Zange herausnehmen, abtropfen lassen und warm stellen. Mit Tartarsauce (siehe Seite 128) und Zitronenspalten servieren.
HINWEIS: Die Meeresfrüchte für dieses Gericht können mehrere Stunden im voraus vorbereitet werden. Dann abdecken und kalt stellen.

BRATEN, FRITIEREN & ANBRATEN

LACHS IN NORI MIT NUDELN

Vorbereitungszeit: 30 Minuten
Garzeit: 10 Minuten
Für 4 Personen

2 Frühlingszwiebeln, in lange dünne Streifen geschnitten
4 Lachskoteletts, aus der Mitte des Fisches geschnitten
1 Noriblatt (getrockneter Seetang)
Salz und Pfeffer
2 TL Öl
250 g Somen-Nudeln

Dressing

1/2–3/4 TL Wasabi-Paste
2 EL Reisweinessig
2 EL Mirin
1 EL Limonensaft
2 TL brauner Zucker
1 EL Öl
2 TL Sojasauce
2 TL schwarze Sesamsamen

1 Frühlingszwiebeln in kaltes Wasser legen. Vom Lachs Haut und Gräten entfernen, die Koteletts jeweils im Stück belassen. Das Noriblatt in kotelettbreite Streifen schneiden und jeweils eng um die Koteletts wickeln. Die Kanten mit etwas Wasser versiegeln. Mit Salz und Pfeffer würzen.
2 Etwas Öl in einer Pfanne erhitzen und den Lachs auf jeder Seite 2–3 Minuten braten (idealerweise bleibt er in der Mitte etwas rosa).
3 Während der Lachs gart, die Dressing-Zutaten gut vermischen.
4 Nudeln in eine große Schüssel legen, mit kochendem Wasser bedecken und 5 Minuten stehen lassen, bis sie weich sind. Gut abtropfen lassen. Die Nudeln auf Teller verteilen, den Lachs darauf legen und mit Dressing beträufeln. Die Frühlingszwiebeln abgießen und zum Servieren auf dem Lachs anrichten.

HINWEISE: Sie können statt des Lachses auch Meerforelle verwenden.
Sesamsamen gibt es in verschiedenen Farben, von cremefarben bis schwarz. Sie bekommen ihn in Asienläden. Dort finden Sie auch Noriblätter, Somen-Nudeln, Wasabi-Paste und Mirin.

Oben:
Lachs in Nori mit Nudeln

POCHIERT & GEDÄMPFT

Es ist, als hätten wir einen Kreis geschlossen, wenn wir Fische und Schalentiere zum Garen wieder ihrem angestammten Element anvertrauen. Möglicherweise gelingen pochierte oder gedämpfte Meeresfrüchte gerade deshalb so gut, vor allem dann, wenn sie frisch sind. Fisch oder Schalentiere, die sanft in Wasser oder in einer aromatischen Brühe gegart werden, benötigen nichts, wohinter sie sich verstecken müßten: weder tarnende Teighüllen noch modische Gewürzmischungen oder sonstige Extras. Ihr saftiges Fleisch bietet Genuß pur.

POCHIERTER ATLANTIK-LACHS

Die Zwiebeln mit Gewürznelken spicken.

Den ganzen Lachs in die Fischkasserolle legen.

Vorsichtig die Haut vom Fleisch abziehen.

Rechts: Pochierter Atlantik-Lachs

POCHIERTER ATLANTIK-LACHS

Vorbereitungszeit: 50 Minuten
Garzeit: 60 Minuten
Für 8–10 Personen

2 l Weißwein
60 ml Weißweinessig
2 Zwiebeln
10 Gewürznelken
4 Karotten, gehackt
1 Zitrone, geviertelt
2 Lorbeerblätter
4 frische Petersilienstengel
1 TL schwarze Pfefferkörner
1 Atlantischer Lachs à 2,5 kg, gesäubert und entschuppt

Dillmayonnaise

1 Ei, zimmerwarm
1 Eigelb, zimmerwarm
1 EL Zitronensaft
1 TL Weißweinessig
375 ml Olivenöl
1–2 EL frischer Dill, gehackt
Salz und Pfeffer

1 Wein, Weinessig und 2,5 Liter Wasser in eine große gußeiserne Pfanne füllen.
2 Zwiebeln mit Gewürznelken spicken. Mit Karotte, Zitrone, Lorbeerblättern, Petersilie und Pfefferkörnern ins Wasser geben. Zum Kochen bringen und bei reduzierter Hitze 30–35 Minuten köcheln. Durch ein Sieb in eine Fischkasserolle gießen.
3 Den Fisch in die Kasserolle legen. Abgedeckt zum Kochen bringen, bei reduzierter Hitze 10–15 Minuten pochieren, bis sich der Fisch an der dicksten Stelle leicht zerpflücken läßt. Den Fisch im Sud abkühlen lassen.
4 Für die Mayonnaise Ei, Eigelb, Zitronensaft und Essig in der Küchenmaschine kurz verrühren. Bei laufendem Motor Öl zugießen und eine cremige Mayonnaise zubereiten. Mit Dill, Salz und Pfeffer mischen.
5 Den kalten Lachs aus der Flüssigkeit nehmen, auf eine Servierplatte legen und die Haut abziehen. Mit Brunnenkresse und Zitronenscheiben garnieren und mit der Mayonnaise servieren.
HINWEIS: Meerforelle, Seebarsch, Schnapper und Kaiserschnapper eignen sich ebenfalls.

POCHIERT & GEDÄMPFT

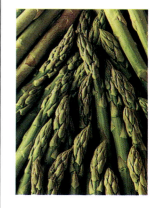

POCHIERTE ATLANTIK-LACHS-KOTELETTS MIT SAUCE HOLLANDAISE

Vorbereitungszeit: 20 Minuten
Garzeit: 10 Minuten
Für 4 Personen

★★

250 ml Weißwein
500 ml Fischfond
1 EL Zitronensaft
1 große Zwiebelscheibe
4 Koteletts vom Atlantik-Lachs, je 2,5 cm dick
frischer Dill zum Garnieren

Sauce Hollandaise

3 Eigelb
125 g Butter, geschmolzen und heiß
½ TL geriebene Zitronenschale
1 EL Zitronensaft

1 Wein, Fond, Zitronensaft und Zwiebel mischen und zum Kochen bringen.
2 Lachskoteletts in einer Lage in den kochenden Fond legen. Den Fisch etwa 7 Minuten pochieren, bis er gar ist. Aus dem Topf nehmen und auf Küchenpapier abtropfen lassen. Zum Warmhalten mit Alufolie bedecken.
3 Für die Hollandaise Eigelb in einer Küchenmaschine 10 Sekunden rühren. Bei laufendem Motor die heiße Butter langsam zugießen. Zitronenschale und -saft zufügen und weitere 30 Sekunden rühren, bis die Sauce dick wird. Sofort servieren.
4 Den Fisch auf einer Servierplatte arrangieren. Mit Sauce Hollandaise servieren und mit frischem Dill garnieren.
HINWEISE: Sie können auch Meerforellen- oder Bastardmakrelenkoteletts nehmen. Wenn Sie einen ganzen Lachs verwenden, empfiehlt es sich, den Fisch nach dem Pochieren zu häuten. Wenn Sie den Lachs kalt servieren, lassen Sie ihn zunächst im Fond abkühlen. Erst dann häuten.

SAUCE HOLLANDAISE
Diese Sauce kannte man ursprünglich als Sauce Isigny. Sie war nach einer Stadt in der Normandie benannt, die berühmt für ihre Butter war. Im Ersten Weltkriegs stellte man dort die Produktion ein und mußte Butter aus Holland importieren. Der Name der Sauce wurde geändert, um die Herkunft der Butter anzugeben. Er blieb bis zum heutigen Tag erhalten.

Oben: Pochierte Atlantik-Lachs-Koteletts mit Sauce Hollandaise

POCHIERTER SCHNAPPER IN LIMONENSAUCE

Die Flossen mit einer Küchenschere abschneiden.

Den Fisch mit blanchierten Salatblättern umwickeln.

Den umwickelten Fisch in eine hochwandige Backform legen.

Gegenüberliegende Seite: Pochierter Schnapper in frischer Tomatensauce (oben); Pochierter Schnapper in Limonensauce

POCHIERTER SCHNAPPER IN LIMONENSAUCE

Vorbereitungszeit: 15 Minuten
Garzeit: 40 Minuten
Für 4–6 Personen

10–15 Romagna-Salatblätter
1 ganzer Schnapper à 1,25 kg, ausgenommen und entschuppt
2 Zwiebeln, in dünne Scheiben geschnitten
1 Zitrone, in dünne Scheiben geschnitten
170 ml Fischfond
170 ml Weißwein
12 schwarze Pfefferkörner
1 Lorbeerblatt
155 g Butter, kleingeschnitten
1 EL Limonensaft
Salz und Pfeffer

1 Den Backofen auf 180 °C vorheizen. Den Salat in eine große Schüssel legen und mit kochendem Wasser bedecken. Gut abtropfen lassen und in kaltem Wasser abschrecken.
2 Mit einer Küchenschere die Fischflossen abschneiden. Die Bauchhöhle mit einer Zwiebel und der Zitrone füllen. Den Fisch vollständig in Salatblätter hüllen und anschließend in eine hochwandige Backform legen.
3 Fond und Wein über den Fisch gießen. Die zweite Zwiebel, Pfefferkörner und Lorbeerblatt zufügen, dann den Salat mit 30 g Butterflöckchen belegen. Gut mit Alufolie abdecken und 30 Minuten backen bzw. bis sich der Fisch an der dicksten Stelle mit einer Gabel leicht zerpflücken läßt.
4 Den Schnapper aus der Backform nehmen, auf eine Servierplatte legen und warm stellen. Die Flüssigkeit durch ein Sieb gießen, dann 10 Minuten kochen, bis sie auf die Hälfte reduziert ist. Vom Herd nehmen und die restliche Butter unter ständigem Rühren in kleinen Stücken portionsweise einarbeiten, bis die Sauce leicht eindickt. Den Limonensaft unterziehen und nach Geschmack mit Salz und Pfeffer würzen. Die Sauce extra servieren.
HINWEIS: Sie können den Schnapper auch durch Flußbarsch oder Forelle ersetzen.

POCHIERTER SCHNAPPER IN FRISCHER TOMATENSAUCE

Vorbereitungszeit: 20 Minuten
Garzeit: 45 Minuten
Für 4 Personen

1 ganzer Schnapper à 1 kg, ausgenommen und entschuppt
4 Tomaten
1 Zwiebel, feingehackt
4 Frühlingszwiebeln, in feine Scheiben geschnitten
2 EL frische Petersilie, gehackt
315 ml Fischfond
60 g Butter, kleingeschnitten
1 EL Mehl
Salz und Pfeffer

1 Den Backofen auf 190 °C vorheizen. Den Fisch mit kaltem Wasser abspülen, innen und außen mit Küchenpapier trockentupfen.
2 Tomaten unten kreuzweise einritzen. In eine hitzebeständige Schüssel legen und mit kochendem Wasser bedecken. 30 Sekunden stehen lassen, dann in kaltes Wasser legen. Häuten, halbieren und Kerne entfernen. Das Fruchtfleisch kleinschneiden.
3 Eine für den Fisch ausreichend große Backform leicht mit Butter einfetten. Die Hälfte der Tomaten, Zwiebel und Frühlingszwiebeln auf dem Boden verteilen. Den Fisch darauf legen und mit dem restlichen Gemüse bedecken. Mit der Hälfte der Petersilie bestreuen und den Fond zugießen. Mit der Hälfte der Butterflöckchen belegen.
4 Den Fisch etwa 30 Minuten backen, bis er gar ist und sich leicht mit einer Gabel zerpflücken läßt.
5 Vorsichtig aus der Form heben, gut abtropfen lassen, auf einen Servierteller legen und warm stellen. Kochsud und das Gemüse in einen kleinen Topf geben. Mit Salz und Pfeffer abschmecken. Zum Kochen bringen, 5 Minuten köcheln lassen, bis die Sauce um ein Viertel reduziert ist.
6 Die restliche Butter und das Mehl verkneten. Nach und nach unter die Sauce schlagen, bis sie eindickt. Nach Geschmack Salz und Pfeffer zufügen, über den Fisch gießen. Anschließend mit der restlichen Petersilie garnieren.
HINWEIS: Für dieses Rezept eignen sich auch Flußbarsch und Forelle sehr gut.

POCHIERT & GEDÄMPFT

173

Oben: Meeresfrüchte-Knödel

MEERESFRÜCHTE-KNÖDEL

Vorbereitungszeit: 30 Minuten + 3 Stunden zum Kühlen
Garzeit: 40 Minuten
Für 4 Personen

200 g feste weiße Fischfilets ohne Haut
  (z. B. Hecht, Dorsch, Lengfisch, Seeteufel)
150 g Kammuscheln, gesäubert
150 g rohes Garnelenfleisch
1 Eiweiß
1 TL Zitronenschale, feingerieben
125 ml Sahne
3 EL frischer Schnittlauch, feingehackt
1 l Fischfond

Tomatenbrühe

1 EL Olivenöl
1 Knoblauchzehe, zerdrückt
425 g Tomaten aus der Dose, zerkleinert
170 ml Fischfond oder Wasser
2 EL Sahne
2 EL frischer Schnittlauch, gehackt
Salz und frisch gemahlener schwarzer Pfeffer

1 Für die Knödel Fisch in der Küchenmaschine 30 Sekunden zerkleinern, dann die Kammmuscheln und Garnelen kleinhacken. Alles zusammen mit Eiweiß und Zitronenschale in etwa 30 Sekunden fast pürieren.
2 Bei langsam laufendem Motor die Sahne zugießen, bis die Mischung gerade eindickt. Den Schnittlauch unterrühren. Abgedeckt mindestens 3 Stunden kalt stellen.
3 Mit nassen Eßlöffeln jeweils 2 Eßlöffel der Fischmousse eiförmig gestalten und in eine mit Backpapier ausgelegte Backform setzen. Abgedeckt 30 Minuten kalt stellen.
4 Für die Tomatenbrühe das Öl erhitzen, den Knoblauch zufügen und bei mittlerer Hitze 30 Sekunden anschwitzen. Tomaten, Fond sowie etwas Salz und Pfeffer zugeben. Die Suppe unter gelegentlichem Umrühren 30 Minuten köcheln lassen, bis sie eindickt.
5 Suppe durch ein feines Sieb passieren, das Fruchtfleisch entfernen und die Flüssigkeit in den gereinigten Topf zurückgießen. Sahne und Schnittlauch zugeben und unter gelegentlichem Rühren langsam wieder erhitzen.
6 In einer großen Pfanne den Fischfond erwärmen. Die Knödel portionsweise hineingeben und bei reduzierter Hitze zugedeckt etwa 5–6 Minuten pochieren. Herausnehmen und auf Küchenpapier abtropfen lassen.

POCHIERT & GEDÄMPFT

7 Etwas Tomatenbrühe auf jeden Teller geben und die Meeresfrüchte-Knödel hineinsetzen.

SANDBÄRENKREBS MIT MANGOSAUCE

Vorbereitungszeit: 10 Minuten + 1 Stunde zum Gefrieren
Garzeit: 5 Minuten
Für 4 Personer

8 große frische Australische Sandbärenkrebse oder 2 große rohe Hummerschwänze
1 große oder 2 kleine Mangos
2–3 EL Sauerrahm
60 ml Zitronen- oder Limonensaft
1 TL brauner Zucker
2–3 TL süße Chilisauce
1 Mango zusätzlich, zum Servieren

1 Krebse vor dem Kochen im Gefrierfach 1 Stunde bewegungsunfähig machen. In einen großen Topf mit kochendem Salzwasser legen. Ohne Deckel 4–5 Minuten köcheln, bis die Panzer orangerot sind. (Hummer benötigen 8–10 Minuten.)
2 Jeweils vorsichtig den Kopf vom Körper trennen. Um das Fleisch auszulösen, jede Panzerseite auf der weichen Unterseite einschneiden. Dazu eine Küchenschere benutzen und vom Kopf- zum Schwanzende arbeiten. Das Fleisch aus dem Panzer lösen. Jedes Stück der Länge nach halbieren (Hummerfleisch in Scheiben schneiden).
3 Für die Mangosauce das Fruchtfleisch grob zerkleinern und in einer Küchenmaschine mit Sauerrahm, Zitronensaft, Zucker und Chilisauce 20–30 Sekunden glattrühren. Bis zum Verbrauch abgedeckt kalt stellen. Wenn die Sauce zu dick ist, etwas Sahne oder Saft zufügen.
4 Krebse auf einem Bett aus gemischten Salatblättern und mit frischen Mangoscheiben servieren. Mit Sauce beträufeln, restliche Mangosauce separat servieren.
HINWEIS: Wenn frische Mangos nicht erhältlich sind, kann man auch Mangoscheiben aus der Dose verwenden.

AUSTRALISCHER SANDBÄRENKREBS
Diese australischen Krebse, auch Bulmain bugs oder Sand crayfish genannt, werden in Küstengewässern Südostaustraliens gefangen. Sie sind roh, tiefgefroren oder gegart erhältlich. Wenn Sie frische, rohe Sandbärenkrebse kaufen, achten Sie auf intakte Glieder und fest eingerollte Schwänze. Versichern Sie sich, daß an Bäuchen oder Beinen keine dunklen Verfärbungen sind. Die Panzer sollten sich fest anfühlen und einen angenehmen Meeresgeruch besitzen. Krebse, die eher knoblauchartig riechen, sollten Sie nicht kaufen, da dies ein klares Zeichen von Verderb ist.

Links: Sandbärenkrebs mit Mangosauce

DAS GROSSE KOCHBUCH DER FISCHE & MEERESFRÜCHTE

RÄUCHERSCHELLFISCH
»Finnan haddock«, die traditionelle Version des Räucherschellfisches, leitet seinen Namen von Finnan ab, einem kleinen Dorf im schottischen Aberdeenshire. Ursprünglich wurden die Fische über Torffeuer geräuchert, die Köpfe entfernt, ausgenommen und an der Mittelgräte entlang aufgeschnitten, bevor man sie in Salzlake einlegte. Als nächstes wurden sie auf Spieße gereiht, so daß der Glanz sich vor dem Räuchern entwickeln konnte. Der Räucherschellfisch, der heute verkauft wird, wird nicht immer so zubereitet, und manchmal wird er getrocknet, daher die Variation in der Farbe.

SAHNE-RÄUCHERSCHELLFISCH

Vorbereitungszeit: 12 Minuten
Garzeit: 20 Minuten
Für 4 Personen

1 große Zwiebel, in dünne Scheiben geschnitten
500 g Räucherschellfischfilets
420 ml Milch
¼ TL schwarzer Pfeffer, zerstoßen
1½ TL Senfpulver
20 g weiche Butter
2 TL Mehl
1 Frühlingszwiebel, feingehackt

1 Zwiebelscheiben auf dem Boden einer großen Pfanne verteilen. Den Fisch in 2 cm breite Stücke schneiden und auf die Zwiebeln legen.
2 Milch, Pfeffer und Senf mischen und über den Fisch gießen. Zum Kochen bringen, dann zugedeckt bei reduzierter Hitze 5 Minuten köcheln. Den Deckel abnehmen und weitere 5 Minuten köcheln.
3 Den Fisch auf einen Servierteller legen und warm stellen. Die Sauce zum Reduzieren weitere 5 Minuten köcheln.
4 Butter und Mehl verkneten und unter die kochende Sauce mischen. Frühlingszwiebel zufügen und kochen, bis die Sauce eindickt. Über den Fisch gießen und servieren.

TWEED KETTLE
(Pochierter Lachs)

Vorbereitungszeit: 5 Minuten
Garzeit: 13 Minuten
Für 4 Personen

375 ml Fischfond
½ TL schwarzer Pfeffer, zerstoßen
1 Prise Muskatnuß, gemahlen
125 ml trockener Weißwein
2 Frühlingszwiebeln, in feine Scheiben geschnitten
4 Lachssteaks vom Schwanzende
3 EL frische Petersilie, gehackt
Salz und Pfeffer

1 Fond, Pfeffer, Muskatnuß, Wein, Frühlingszwiebeln und etwas Salz in einem flachen Topf langsam zum Kochen bringen, 1 Minute kochen.
2 Die Lachssteaks nebeneinander in den Fond

Rechts: Sahne-Räucherschellfisch

POCHIERT & GEDÄMPFT

legen. Zugedeckt 8–10 Minuten kochen. Den Lachs auf Teller verteilen und warm stellen.
3 Den Fond würzen und die Petersilie zufügen. Die Flüssigkeit über den Lachs geben und servieren. Mit Petersilie garnieren.
HINWEIS: Sie können statt Räucherschellfisch auch Meerforelle verwenden.

RÄUCHERFISCH MIT WEISSER SAUCE

Vorbereitungszeit: 15 Minuten
Garzeit: 8 Minuten
Für 6–8 Personen

Weiße Sauce

750 ml Milch
1 Zwiebel, halbiert
1 Gewürznelke
1 Lorbeerblatt
60 g Butter
40 g Mehl
1–2 EL frischer Petersilie, gehackt
Salz und weißer Pfeffer
1 kg Räucherdorsch- oder -schellfischfilets
250 ml Milch

1 Für die weiße Sauce die Milch mit Zwiebel, Gewürznelke, Lorbeerblatt und Pfeffer mischen. Langsam aufkochen lassen, vom Herd nehmen und 3 Minuten stehen lassen. Durch ein Sieb gießen. Bei schwacher Hitze die Butter schmelzen, das Mehl 1 Minute einrühren, bis die Masse hell aufschäumt. Vom Herd nehmen und die aromatisierte Milch unterrühren.
2 Kochen, bis die Sauce eindickt. Bei reduzierter Hitze 2 Minuten köcheln. Mit Salz und Pfeffer würzen und gehackte frische Petersilie unterrühren.
3 Fischfilets in Portionensgröße schneiden und in eine große Pfanne legen. Milch und 250 ml Wasser darüber gießen. Zum Kochen bringen, dann den Fisch bei reduzierter Hitze garen, bis er sich an der dicksten Stelle mit einer Gabel zerteilen läßt. Mit einem Fischheber herausnehmen und auf einen Servierteller legen. Mit der weißen Sauce begießen und mit frischer Petersilie garnieren.
HINWEIS: Räucherfisch ist oft sehr salzig. Wenn Sie ihn milder bevorzugen, mischen Sie je 250 ml Milch und Wasser in einer Schüssel. Weichen Sie den Fisch darin mehrere Stunden ein.

Oben: Räucherfisch mit weißer Sauce

DAS GROSSE KOCHBUCH DER FISCHE & MEERESFRÜCHTE

MUSCHELN MIT ZITRONENGRAS, BASILIKUM UND WEIN

Vorbereitungszeit: 30 Minuten
Garzeit: 15 Minuten
Für 4–6 Personen

1 kg kleine Miesmuscheln
1 EL Öl
1 Zwiebel, gehackt
4 Knoblauchzehen, gehackt
2 Zitronengrasstengel (nur der weiße Teil), in Scheiben geschnitten
1–2 frische rote Chillies, entkernt und gehackt
250 ml Weißwein oder Wasser
1 EL Fischsauce
50 g frische Thai-Basilikumblätter, grobgehackt

1 Muscheln mit einer harten Bürste putzen und Bärte herausziehen. Beschädigte Muscheln oder solche, die sich auch nach einem leichten Klopfen nicht schließen, wegwerfen. Muscheln gut abspülen.
2 In einem großen Topf das Öl erhitzen. Zwiebel, Knoblauch, Zitronengras und Chillies zufügen und bei schwacher Hitze 4 Minuten garen. Wein und Fischsauce zugeben und weitere 3 Minuten köcheln lassen.
3 Die Muscheln hineinlegen. Zugedeckt bei hoher Hitze 4–5 Minuten garen, bis sie sich öffnen. Basilikum zufügen, mit Reis servieren.

FISCH IN INGWERBOUILLON

Vorbereitungszeit: 5 Minuten
Garzeit: 15 Minuten
Für 4 Personen

1 EL Öl
8 Frühlingszwiebeln, kleingeschnitten
2 EL frischer Ingwer, feingehackt
4 EL Fischsauce
4 EL geriebener Palmzucker oder brauner Zucker
4 Lachs- oder Meerforellenkoteletts bzw. -filets à 200 g
2 EL Limonensaft
200 g junge grüne Erbsen
frisches Koriandergrün zum Garnieren

Oben: Muscheln mit Zitronengras, Basilikum und Wein

POCHIERT & GEDÄMPFT

1 In einer großen Pfanne das Öl erhitzen, Frühlingszwiebeln und Ingwer darin bei schwacher Hitze 2 Minuten garen. Fischsauce, Zucker und 1,5 Liter Wasser zugeben und zum Kochen bringen. Fisch hineingeben und bei reduzierter Hitze 3–4 Minuten pochieren. In eine vorgewärmte, flache Schüssel legen. Zum Warmhalten mit Alufolie abdecken.
2 Die Flüssigkeit in der Pfanne auf die Hälfte einkochen. Den Limonensaft zugießen.
3 Die Erbsen in kochendem Wasser garen.
4 Zum Servieren den Fisch auf Teller legen und die Bouillon darüber gießen. Mit den Erbsen anrichten und mit Koriandergrün garnieren.

GEDÄMPFTE FISCHKOTELETTS MIT INGWER UND CHILI

Vorbereitungszeit: 15 Minuten
Garzeit: 10 Minuten
Für 4 Personen

4 mittelgroße, feste weiße Fischkoteletts (z. B. Dorsch, Schnapper, Bastardmakrele)
1 Stück frischer Ingwer à 5 cm, in Streifen geschnitten
2 Knoblauchzehen, gehackt
2 TL frische rote Chillies, gehackt
2 EL frische Korianderstiele, gehackt
3 Frühlingszwiebeln, in feine kurze Streifen geschnitten
2 EL Limonensaft

1 Einen Bambus-Dämpfeinsatz mit Bananenblättern oder Backpapier auslegen, um ein Ankleben der Koteletts zu verhindern.
2 Fischkoteletts in den Dampfkorb legen und mit Ingwer, Knoblauch, Chillies und Korianderstielen bestreuen. Abdecken und über einem Wok oder einem Topf mit kochendem Wasser 8–10 Minuten dämpfen. Frühlingszwiebeln und Limonensaft über den Fisch träufeln. Zudecken und 30 Sekunden dämpfen, bis der Fisch sich leicht zerpflücken läßt. Sofort servieren.

FISCH DÄMPFEN
Um das Dämpfen von Fisch vorzubereiten, füllen Sie einen Wok oder einen großen Topf zu einem Drittel mit Wasser. Bevor Sie es jedoch zum Kochen bringen, setzen Sie den Dämpfeinsatz darüber, um zu überprüfen, ob Sie die richtige Menge Wasser haben. Der Boden des Dampfkorbes sollte das Wasser nicht berühren. Zuviel Wasser kocht ins Essen hinein. Zuwenig verdampft vollständig. Wenn das Wasser kocht, den Dämpfeinsatz mit dem Fisch in den Topf oder Wok hineinsetzen und abdecken. Das Wasser sollte auch weiterhin sprudelnd kochen. Seien Sie beim Abnehmen des Deckels vorsichtig, damit Sie sich nicht verbrühen.

Links: Gedämpfte Fischkoteletts mit Ingwer und Chili

YUM CHA
Für Chinesen bedeutet Yum Cha, »Tee trinken«, ein allmorgendliches Ritual, zu dem man kleine gefüllte Köstlichkeiten ißt.

CHINA-PILZE MIT KAMMUSCHELN
16 getrocknete China-Pilze 30 Minuten in kochendem Wasser einweichen. Abgießen und mit 375 ml Wasser, 2 Eßlöffeln Mirin, 2 Eßlöffeln Sojasauce und einem 5 cm großen Stück frischem grobgehacktem Ingwer in einen Topf geben. 20 Minuten köcheln. Abkühlen und Stiele entfernen. 16 Kammuscheln säubern und je eine in die Mitte eines Pilzes legen. Ein 3 cm großes Stück Ingwer, 1 Frühlingszwiebel und 1 entkernten roten Chili in dünne Streifen schneiden. Kammuscheln mit 2 Teelöffeln gehacktem Zitronengras bestreuen. Portionsweise in einem Bambus-Dämpfeinsatz über köchelndem Wasser 3–5 Minuten dämpfen, bis sie weich sind. Je 1 Eßlöffel Mirin und Austernsauce mit je ½ Teelöffel Sesamöl und feinem Zucker mischen. Über die Kammuscheln träufeln. Ergibt 16 Stück.

MEERESFRÜCHTE-»POSTSTICKERS«
Je 250 g gehackte Kammuscheln und gehacktes rohes Garnelenfleisch, 2 kleingehackte Frühlingszwiebeln, 3 Eßlöffel grobgehackte Wasserkastanien, 1 Teelöffel Sesamöl und je 1 Eßlöffel Sojasauce und chinesischen Reiswein mischen. 1 Eßlöffel der Farce in die Mitte einer Wan-Tan-Teighülle setzen, die Kanten leicht mit Wasser einpinseln und mit einer Samosa- oder Wan-Tan-Presse

zusammenfalten. 1 Eßlöffel Öl in einer Pfanne erhitzen und 10 Teigtaschen 3 Minuten braten, bis sie goldbraun sind. 250 ml Fischfond zufügen und 5 Minuten zugedeckt garen. Den Deckel abnehmen und kochen, bis der Fond verdampft und die Teigtaschen knusprig sind. Ergibt 30 Stück.

LACHS-CHILI-PÄCKCHEN

250 g feingehacktes Lachsfilet ohne Haut und Gräten mit 1 gehackten Frühlingszwiebel, 3 Teelöffeln süßer Chilisauce, 1 Eßlöffel Limonensaft, 60 g blanchiertem, feingehacktem jungen Spinat, 2 Eßlöffeln gehacktem Knoblauch und 1 Eiweiß mischen. Würzen. 1 Teelöffel in die Mitte einer Gow-Gee-Teighülle setzen, die Kanten mit Wasser anfeuchten und mit einer Samosa- oder Wan-Tan-Presse zusammenfalten. Mit der restlichen Füllung wiederholen. Portionsweise in einem Bambus-Dämpfeinsatz über einem großen Topf mit siedendem Wasser 5–10 Minuten dämpfen, bis sie gar sind. Ergibt 24 Stück.

GARNELEN-WAN-TANS

15 g getrocknete, in Scheiben geschnittene China-Pilze 5 Minuten in kochendem Wasser einweichen. Abgießen und kleinhacken. Mit je 1 Eßlöffel Sake und frischem geriebenem Ingwer, 1 Teelöffel Sesamöl und 2 Teelöffeln süßer Chilisauce mischen. 24 rohe Garnelen schälen und entdarmen, den Schwanz intakt lassen. Garnelen quer halbieren und die Schwänze beiseite legen. Die verbleibenden Garnelen kleinhacken und zu den Pilzen geben. Jeweils 1 gehäuften Teelöffel in die Mitte einer Gow-Gee-Teighülle setzen. Einen Garnelenschwanz vertikal in der Mitte plazieren. Die Kanten mit Wasser einpinseln und oben zu einem Päckchen zusammenfassen, den Garnelenschwanz überstehen lassen. Portionsweise in einem eingeölten Bambus-Dämpfeinsatz 5 Minuten dämpfen. Für die Dip-Sauce 60 ml Sojasauce, je 1 Eßlöffel Fischsauce und Limonensaft und 60 ml süße Chilisauce verrühren. Die Päckchen können auch fritiert werden. Ergibt 24 Stück.

Von links: Gefüllte China-Pilze mit Kammmuscheln; Meeresfrüchte-»Poststickers«; Lachs-Chili-Päckchen; Gedämpfte bzw. fritierte Garnelen-Wan-Tans

DAS GROSSE KOCHBUCH DER FISCHE & MEERESFRÜCHTE

IN WEIN UND KNOBLAUCH GEDÄMPFTE PIPIS

Vorbereitungszeit: 25 Minuten + 1 Stunde zum Einweichen
Garzeit: 5 Minuten
Für 4 Personen

☆

1 kg Pipis (Herzmuscheln)
60 g weiche Butter
2 Knoblauchzehen, gepreßt
2 EL frischer Dill, gehackt
2 EL frischer Schnittlauch, gehackt
1 TL frische Thymianblätter, gehackt
2 EL Pinienkerne, geröstet
¼ TL schwarzer Pfeffer, zerstoßen
1 kleine reife Tomate
125 ml Weißwein
1 kleine Zwiebel, feingehackt

1 Zum Entfernen des Sandes die Muscheln 1 Stunde einweichen. Solche, die sich nach leichtem Klopfen nicht schließen, wegwerfen.
2 In der Zwischenzeit Butter und Knoblauch mit einem Holzlöffel gut verrühren. Kräuter, Pinienkerne und Pfeffer unterheben.
3 Tomaten kreuzweise einschneiden. In eine Schüssel setzen und mit kochendem Wasser bedecken. 30 Sekunden ziehen lassen, dann in kaltes Wasser legen, vom Kreuz aus häuten. Entkernen und kleinschneiden.
4 Wein, Zwiebel und 125 ml Wasser in einem großen Topf zum Kochen bringen. Die Muscheln zufügen und abgedeckt bei großer Hitze 3–5 Minuten garen, bis sie sich geöffnet haben, den Topf gelegentlich schütteln.
5 Kräuter-Knoblauch-Butter und Tomaten zugeben und gut rühren, bis die Butter geschmolzen ist. In Schalen füllen und mit knusprigem Brot zum Dippen des Suds servieren. Ungeöffnete Muscheln wegwerfen.

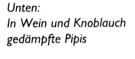

Unten:
In Wein und Knoblauch gedämpfte Pipis

POCHIERT & GEDÄMPFT

KAMMUSCHEL-PASTETEN MIT AUSTERN-SAHNESAUCE

Vorbereitungszeit: 20 Minuten
Garzeit: 35 Minuten
Für 6 Personen

400 g Kammuscheln
200 g weiße Fischfilets ohne Haut (z. B. Brasse, Hecht, Schnapper, Krokodilfisch)
2 Eiweiß
Salz und weißer Pfeffer
1 TL geriebene Zitronenschale
185 ml Sahne

Austern-Sahne-Sauce

15 g Butter
½ Karotte, sehr fein gewürfelt
½ Selleriestange, sehr fein gewürfelt
2 Frühlingszwiebeln, kleingehackt
1 Lorbeerblatt
60 ml Weißwein
125 ml Fischfond
125 ml Sahne
1 TL Butter
1 TL Mehl
18 frische Austern, ohne Schale
2 EL Sauerrahm
1 TL frischer Dill, gehackt
Salz und zerstoßener schwarzer Pfeffer

1 Von den Kammuscheln Adern, dünne Haut und weiße Muskeln abschneiden. Muscheln und Fisch in der Küchenmaschine glattpürieren. Eiweiß, Zitronenschale, Salz und weißen Pfeffer untermischen. Die Sahne zugießen und nur noch kurz mischen, da die Masse sonst gerinnt. Zum Abschmecken eine kleine Menge in köchelndem Wasser pochieren.
2 Den Backofen auf 170 °C vorheizen. 6 Formen (125 ml Inhalt) leicht einölen. Die Kammmuschelmousse hineinfüllen, Formen fest auf die Arbeitsplatte klopfen, um Luftbläschen zu beseitigen, dann lose mit leicht gefetteter Alufolie abdecken. In eine Backform setzen und halbhoch kochendes Wasser zugeben. 15–20 Minuten backen, bis die Pasteten gar ist. Eine in die Mitte der Masse gesteckte Messerspitze sollte beim Herausziehen sauber sein.
3 In der Zwischenzeit die Austern-Sahnesauce zubereiten. Die Butter schmelzen, Gemüse und Lorbeerblatt zufügen und 5 Minuten andünsten, bis es weich, aber nicht braun ist. Wein zugeben und 1 Minute kochen. Fischfond und Sahne zugießen, zum Kochen bringen, anschließend bei reduzierter Hitze weiterköcheln lassen. Butter und Mehl verkneten, in den Topf geben und unterrühren, bis die Sauce eindickt. Die Austern und etwaigen Saft, Sauerrahm, Dill und nach Geschmack Salz und zerstoßenen schwarzen Pfeffer zufügen.
4 Die Kammuschel-Pasteten auf vorgewärmte Teller stürzen, vorher etwaige Flüssigkeit abgießen. Etwas Austern-Sahnesauce über jede Pastete geben.

*Oben:
Kammuschel-Pasteten
mit Austern-Sahnesauce*

INDISCHER FISCH

Flossen und Schwanz mit Küchenschere abschneiden.

Auf beiden Seiten mehrere tiefe Einschnitte an der dicksten Stelle des Fisches machen.

INDISCHER FISCH

Vorbereitungszeit: 20 Minuten
Garzeit: 20 Minuten
Für 2–4 Personen

500 g weißfleischiger ganzer Fisch (z. B. Brasse, Rotbarsch, Schnapper, Weißfisch), gesäubert und entschuppt
15 g Mandeln, geröstet
2 Lorbeerblätter
½ grüne Paprika, in Scheiben geschnitten
1 EL Öl
315 g Naturjoghurt
½ TL Garam Masala
½ TL Zucker

1 Den Fisch abspülen und innen und außen mit Küchenpapier trockentupfen. Flossen und Schwanz mit einer Küchenschere abschneiden. Auf beiden Seiten mehrere tiefe, diagonale Schnitte an der dicksten Stelle machen, dann in einen mit Bananenblättern oder Backpapier ausgelegten Dämpfeinsatz legen.
2 Restliche Zutaten mischen und über den Fisch geben. 20 Minuten dämpfen, bis er sich mit einer Gabel leicht zerpflücken läßt.

POCHIERTER KAISERSCHNAPPER IN KOKOSMILCH

Vorbereitungszeit: 20 Minuten
Garzeit: 30–40 Minuten
Für 4 Personen

1 l Kokosmilch
2 TL frischer Ingwer, gerieben
3 kleine rote Chillies, kleingehackt
1 EL Korianderwurzeln und -stengel, gehackt
6 asiatische Schalotten, kleingeschnitten
6 Kaffir-Limonenblätter, in Streifen geschnitten
2 Zitronengrasstengel, in Scheiben geschnitten
2 TL Limonenschale, gerieben
500 ml Fischfond
80 ml Fischsauce
80 ml Limonensaft
4 Kaiserschnapperfilets mit Haut à 250 g
Koriandergrün zum Garnieren
1 kleiner roter Chili, in lange Streifen geschnitten, zum Garnieren
2 Kaffir-Limonenblätter, in Streifen geschnitten, zum Garnieren

Gegenüberliegende Seite: Pochierter Kaiserschnapper in Kokosmilch

1 Kokosmilch in einem Topf erhitzen und 3 Minuten kochen. Ingwer, Chillies, Korianderwurzeln und -stengel, Schalotten, Kaffir-Limonenblätter, Zitronengras und Limonenschale unterrühren. Fischfond und Fischsauce zugießen und 15 Minuten köcheln lassen. Durch ein feines Sieb passieren und den Limonensaft zugeben. Abschmecken und bei Bedarf weitere Fischsauce zugießen.
2 Die Sauce in einer Pfanne erhitzen. Sobald sie kocht, den Fisch hineinlegen, bei reduzierter Hitze 10–15 Minuten pochieren.
3 Den Fisch auf eine Servierplatte legen. Mit etwas Sauce, Koriandergrün, Chili- und Kaffir-Limonenblättern servieren.
HINWEIS: Sie können auch Forelle, Schnapper oder Flußbarsch verwenden.

POCHIERTE FILETS IN DILLSAUCE

Vorbereitungszeit: 15 Minuten
Garzeit: 20 Minuten
Für 4 Personen

500 g Fischfilets ohne Haut (z. B. Rotbarsch, Schnapper, Bastardmakrele)
1 Zwiebel, in Scheiben geschnitten
1 kleines Lorbeerblatt
1 EL Butter
1 EL Mehl
125 ml Sauerrahm
2 EL frischer Dill, gehackt
Salz und weißer Pfeffer

1 Etwaige Gräten von den Filets entfernen. 625 ml Wasser mit Zwiebel und Lorbeerblatt in eine große, tiefe Pfanne geben. Zum Kochen bringen, dann die Hitze etwas reduzieren. Den Fisch hineinlegen und 5 Minuten pochieren, bis er gar ist. Mit einem Fischheber herausnehmen und auf einem Servierteller warm stellen.
2 Den Sud durch ein Sieb gießen und 250 ml aufbewahren. Bei niedriger Hitze die Butter in einem kleinen Topf schmelzen. Das Mehl 1 Minute einrühren, bis die Masse hell aufschäumt. Vom Herd nehmen und nach und nach den aufbewahrten Sud unterrühren. Wieder auf den Herd stellen und rühren, bis die Sauce kocht und eindickt. Bei reduzierter Hitze weitere 2 Minuten köcheln. Vom Herd nehmen und Sauerrahm und Dill zugeben. Mit Salz und weißem Pfeffer würzen. Die Sauce über den Fisch geben und mit Dill servieren.

POCHIERT & GEDÄMPFT

JAPANISCHE LACHS-PÄCKCHEN

Die Selleriestangen in lange Stücke, anschließend in dünne Streifen schneiden.

Sellerie-, Frühlingszwiebel- und Ingwerscheiben auf den Fisch legen.

Lachs in Backpapier wickeln, die Seiten einklappen, um den Saft einzuschließen.

Oben: Japanische Lachs-Päckchen

JAPANISCHE LACHS-PÄCKCHEN

Vorbereitungszeit: 40 Minuten
Garzeit: 20 Minuten
Für 4 Personen

2 TL Sesamsamen
4 Lachskoteletts oder -filets à 150 g
1 Stück frischer Ingwer à 2,5 cm
2 Selleriestangen
4 Frühlingszwiebeln
½ TL Dashi-Granulat
60 ml Mirin
2 EL Tamari-Paste

1 Backpapier in vier Quadrate schneiden, die groß genug sind, um ein Fischstück zu umhüllen. Den Backofen auf 230 °C vorheizen. In einer Pfanne die Sesamsamen bei niedriger Hitze anrösten, bis sie leicht gebräunt sind.

2 Den Fisch abspülen und mit Küchenpapier trockentupfen. Ein Lachskotelett in die Mitte jedes Papierquadrats setzen.

3 Ingwer in hauchdünne Scheiben, Sellerie und Frühlingszwiebeln in lange, dünne Streifen schneiden. Je ein Bündel Gemüse-Streifen und einige Ingwerscheiben auf jedem Lachssteak anrichten.

4 Dashi-Granulat, Mirin und Tamari-Paste in einem kleinen Topf mischen. Bei niedriger Hitze langsam rühren, bis die Granulatkörnchen sich auflösen. Jedes Päckchen damit beträufeln, mit Sesamsamen bestreuen und den Lachs vorsichtig einwickeln. Dazu die Seiten einklappen, um den Saft sicher einzuschließen. Die Päckchen in einen Bambus-Dämpfeinsatz legen und über einem Topf mit köchelndem Wasser etwa 15 Minuten dämpfen. (Das Papier bläht sich auf, wenn der Fisch gar ist.) Mit gekochtem Reis sofort servieren.

HINWEISE: Für dieses Rezept kann man ersatzweise Meerforelle nehmen.
Dashi, Mirin und Tamari-Paste sind in Asienläden erhältlich.

POCHIERT & GEDÄMPFT

GEDÄMPFTE KAMMUSCHELN

Vorbereitungszeit: 20 Minuten
Garzeit: 10 Minuten
Für 4 Personer

1 kleine rote Paprika
90 g Butter
1 EL frischer Schnittlauch, gehackt
2 TL Dijon-Senf
½ TL zerstoßener schwarzer Pfeffer
2 TL Limonensaft
24 Kammuscheln in der Schale
6 Frühlingszwiebeln, in lange, dünne Streifen geschnitten

1 Die Paprika vierteln, Kerne und weiße Haut entfernen. Mit der Außenseite nach oben unter einem heißen Grill garen, bis die Haut schwarz wird und Blasen wirft. Abkühlen lassen, dann Haut abziehen. Das Fruchtfleisch glattpürieren.
2 Die Butter schaumig schlagen, dann Schnittlauch, Senf, Pfeffer, Limonensaft und Paprikapüree unterheben. Beiseite stellen.
3 Kammuscheln aus der Schale lösen und Adern, dünne Haut und weiße Muskeln abschneiden. Frühlingszwiebelstreifen auf die Muschelschalen legen und die Muscheln darauf setzen. Schalen in einer Lage in einen Dämpfeinsatz aus Bambus oder Metall legen. Über köchelndem Wasser portionsweise 2–3 Minuten garen. Auf eine Servierplatte legen und mit einem Klecks Butter krönen, der durch die Wärme schmilzt.

GEDÄMPFTE GARNELENROULADEN

4 frische Reisnudelrollen entrollen (gibt es in Asienläden) und dann mit einem scharfen Messer halbieren. 24 rohe Garnelen schälen und entdarmen. 3 Garnelen, je 1 Prise frischen feingehackten Ingwer und Knoblauch, einige Frühlingszwiebelstreifen und in Streifen geschnittene chinesische Brokkoliblätter an eine lange Kante legen. Die Enden zusammenfalten und wie eine Frühlingsrolle aufrollen. Einen Bambus-Dämpfkorb mit Backpapier ganz auslegen und die Rouladen darin über köchelndem Wasser 7–10 Minuten dämpfen. Mit einer leichten Sojasauce zum Dippen servieren. Reicht für 4 Personen.

Unten: Gedämpfte Kammuscheln

GEDÄMPFTE FORELLE MIT LIMONENBUTTER

Vorbereitungszeit: 15 Minuten
Garzeit: 15 Minuten
Für 2 Personen

Limonenbutter

90 g weiche Butter
1 TL Limonenschale, feingerieben
1 EL Limonensaft

2 kleine frische Regenbogenforellen, ausgenommen und abgespült
1 EL Limonensaft
1 Prise gemischte Trockenkräuter (Thymian, Rosmarin, Majoran, Oregano)
schwarzer Pfeffer

1 Die Butter in einer kleinen Schüssel mit einem Holzlöffel glattrühren. Mit Limonenschale und -saft gut vermischen. In eine Servierschüssel füllen und die Limonenbutter bis zum Gebrauch beiseite stellen.

2 Zwei 30 cm (je nach Fischgröße) große Quadrate Alufolie zurechtschneiden und leicht fetten. Eine Forelle auf jedes Stück legen und jeweils mit 1 Teelöffel Limonenbutter füllen. Mit Limonensaft beträufeln und mit Kräutern (siehe Hinweis) und etwas schwarzem Pfeffer bestreuen. Die Folie verschließen. In einen Dämpfeinsatz aus Bambus oder Metall über einem großen Topf mit köchelndem Wasser legen und etwa 15 Minuten dämpfen, bis der Fisch sich mit einer Gabel leicht zerpflücken läßt. Mit der restlichen Limonenbutter oder Limonenspalten servieren.

HINWEISE: Das Rezept schmeckt genauso köstlich mit jungen Lachs- oder Meerforellensteaks oder -koteletts. Dieselben Vorbereitungen treffen und den Fisch mit Butterflöckchen belegen. Fest in Alufolie wickeln und 15 Minuten dämpfen.
Wenn frische Kräuter zur Verfügung stehen, können Sie die getrockneten durch die doppelte Menge frischer Kräuter ersetzen.

Unten: Gedämpfte Forelle mit Limonenbutter

POCHIERT & GEDÄMPFT

POCHIERTE FLUNDERFILETS MIT WEIN-AUSTERN-SAUCE

Vorbereitungszeit: 10 Minuten
Garzeit: 15 Minuten
Für 4 Personen

2 TL Butter
1 französische Schalotte, kleingehackt
125 ml Sekt
1 EL Weißweinessig
125 ml Fischfond
1 TL Zucker
150 g Butter, in kleine Stücke geschnitten, zusätzlich
2 TL frischer Dill, gehackt
2 Lorbeerblätter
ganze schwarze Pfefferkörner
4 Flunderfilets à 150 g
12 frische Austern
Salz und Pfeffer
Zitronenspalten zum Servieren

1 Butter in einem kleinen Topf schmelzen und die Schalotte bei mittlerer Hitze 1 Minute weich dünsten. Sekt, Essig und Fischfond zugießen und aufkochen. Bei reduzierter Hitze köcheln lassen, bis die Flüssigkeit auf 3 Eßlöffel reduziert ist. Den Zucker zufügen, dann vom Herd nehmen.
2 Zusätzliche Butter unterrühren, bis sie geschmolzen und die Sauce leicht eingedickt ist. Gehackten Dill und nach Geschmack Salz und Pfeffer zufügen. Warm stellen, in der Zwischenzeit den Fisch garen.
3 600 ml Wasser, Lorbeerblätter und Pfefferkörner in eine Pfanne füllen, die groß genug für die Filets ist. Zum Kochen bringen, Filets zufügen. Etwa 3 Minuten bei reduzierter Hitze kochen, bis sie sich mit einer Gabel leicht zerpflücken lassen.
4 Kurz vor dem Servieren die Austern zum Erhitzen in die Weinsauce geben. Den Fisch auf Tellern anrichten, mit Wein-Austern-Sauce begießen und mit einer Zitronenspalte garniert servieren.
HINWEIS: Anstatt mit Flunder können Sie dieses Rezept auch mit Seezunge, Scholle oder Petersfisch zubereiten.

Unten:
Pochierte Flunderfilets mit Wein-Austern-Sauce

SEEZUNGE VERONIQUE

Vorbereitungszeit: 45 Minuten
Garzeit: 20 Minuten
Für 4 Personen

★★

12 Seezungenfilets oder 3 ganze Seezungen, filetiert und gehäutet
250 ml Fischfond
60 ml Weißwein
1 französische Schalotte, in dünne Scheiben geschnitten
1 Lorbeerblatt
6 schwarze Pfefferkörner
2 frische Petersilienstengel
3 TL Butter
3 TL Mehl
125 ml Milch
60 ml Sahne
125 g kernlose weiße Trauben, geschält

1 Den Backofen auf 180 °C vorheizen. Die Filets mit der Hautseite nach innen aufrollen. Mit Zahnstochern befestigen und in eine gefettete, ofenfeste Form legen.
2 Fond, Wein, Schalotte, Lorbeerblatt, Pfefferkörner und Petersilie mischen und über den Fisch gießen. Mit gefetteter Alufolie abdecken und 15 Minuten backen, bis er sich mit einer Gabel zerpflücken läßt. Die Rollen vorsichtig mit einem Schaumlöffel aus dem Sud heben und in eine andere Form legen. Warm stellen.
3 Den Sud in einen Topf gießen und etwa 2 Minuten kochen, bis er auf die Hälfte reduziert ist. Durch ein feines Sieb gießen.
4 Die Butter schmelzen und das Mehl 1 Minute rühren, bis die Masse hell aufschäumt. Vom Herd nehmen und eine Mischung aus Milch, Sahne und reduziertem Sud nach und nach zugeben. Wieder auf den Herd stellen und rühren, bis die Flüssigkeit kocht und eindickt. Nach Geschmack würzen. Die Trauben zufügen und unter Rühren erhitzen. Die Sauce über den Fisch geben.
HINWEIS: Sie können die Seezunge durch Flunder ersetzen.

Oben:
Seezunge Veronique

POCHIERT & GEDÄMPFT

»GEFILLTE« FISCH

Vorbereitungszeit: 5 Minuten
Garzeit: 95 Minuten
Für 4 Personer

- 1 kg Fischfilets (z. B. Dorsch, Hecht, Schellfisch, Roter Schnapper), mit Haut und Gräten
- 2 Selleriestangen, gehackt
- 2 Zwiebeln, gehackt
- 2 Karotten, in Scheiben geschnitten
- 1 EL frische Petersilie, gehackt
- 2 EL Mandeln, gemahlen
- 2 Eier, verquirlt
- Matzenmehl (siehe Hinweise)
- Salz und Pfeffer

1 Haut und Gräten von den Fischfilets entfernen und mit Sellerie, 1 Zwiebel und 1 Karotte in einen großen Topf geben. 750 ml Wasser zufügen, aufkochen und 20 Minuten köcheln lassen. Fond durch ein Sieb gießen.

2 Den Fisch in einer Küchenmaschine zerkleinern und mit restlicher Zwiebel und Petersilie mischen. Mandeln, Eier, etwas Salz und Pfeffer und genügend Matzenmehl zum Binden zufügen. Die Menge Matzenmehl hängt von der Gewebestruktur des Fisches ab. Mit bemehlten Händen 8 Klöße aus der Mischung formen.

3 Restliche Karotte 10 Minuten im Fischfond kochen, dann herausnehmen. Die Fischklöße in den Fond geben und abgedeckt 1 Stunde köcheln lassen. Mit einem Schaumlöffel herausheben und auf eine Servierplatte setzen. Auf jeden eine Karottenscheibe legen.

4 Den Fischfond durch ein Sieb gießen und etwas davon über jeden Fischkloß geben.

HINWEISE: Matzenmehl (siehe Abbildung rechts) besteht aus zermahlenen, ungesäuerten, knusprigen Crackern aus Mehl und Wasser. Es ist in gut sortierten Supermärkten erhältlich. Den restlichen Fond kann man kalt stellen, bis er geliert, und dann zerkleinert zum Garnieren der Fischklöße verwenden.

»GEFILLTE« FISCH
Dieses jüdische Gericht wird gewöhnlich als erster Gang am Sabbat und an Feiertagen serviert (»Gefillt« heißt natürlich »gefüllt«). Ursprünglich wurde kleingehackter Süßwasserfisch zu einer Farce verarbeitet und dazu benutzt, die leere Haut eines Hechts oder Karpfens auszustopfen. in manchen Gegenden, wie zum Beispiel in Polen, wurde das Gericht mit einem besonders lieblichen Aroma zubereitet. Das Rezept hat sich weiterentwickelt, so daß aus der Farce heute Fischklöße geworden sind, die in Fischfond pochiert werden. Vielerorts verwendet man auch Salzwasser- anstelle des Süßwasserfisches.

Links: »Gefillte« Fisch

KÖSTLICHES VOM GRILL

So mancher Gourmet gerät ins Schwärmen, wenn er ans Grillen von Fischen und Meeresfrüchten denkt. Von pikanten thailändischen Gewürzen bis zu Zitrus-Marinaden, saftigen Fischsteaks und aromatischen Zitronengrasspießen: Wenn es ans Grillen geht, sind Meeresfrüchte ihren Konkurrenten haushoch überlegen. Schneller gar als ein Steak und tausendmal aufregender als Würstchen, ist Fisch der ideale Partner für Grill oder Grillplatte. Für den glücklichen Angler gibt es wohl nichts Schöneres, als seinen Tagesfang über offenem Feuer zu brutzeln. Wir anderen können da nur zum Fischhändler gehen.

GEGRILLTE ASIATISCHE GARNELEN

Vorbereitungszeit: 10 Minuten + 3 Stunden zum Marinieren
Garzeit: 5 Minuten
Für 4 Personen

500 g große rohe Garnelen

Marinade

2 EL Zitronensaft
2 EL Sesamöl
2 Knoblauchzehen, zerdrückt
2 TL frischer Ingwer, gerieben

1 Garnelen schälen, Darm aus dem Rücken ziehen, den Schwanz intakt lassen. Den Garnelenrücken einschneiden.
2 Zitronensaft, Sesamöl, Knoblauch und Ingwer in einer Schüssel mischen. Die Garnelen zufügen und vorsichtig untermengen. Abgedeckt für mindestens 3 Stunden kalt stellen.
3 Garnelen auf einer heißen, leicht gefetteten Grillplatte 3–5 Minuten braten, bis sie rosa und durchgegart sind. Während des Garens häufig mit Marinade einpinseln.
HINWEISE: Alternativ können die Garnelen auf Bambusspieße gereiht werden: Die Spieße in kaltem Wasser etwa 30 Minuten einweichen, bis sie sinken. Das bewahrt sie später vor dem Verbrennen. Nach dem Marinieren die Garnelen gleichmäßig auf die Spieße reihen und wie oben beschrieben garen, öfter drehen und mit Marinade einpinseln.
Für dieses Rezept kann man auch Kammuscheln und Garnelen mischen, dann muß die Garnelenmenge halbiert werden.
Die Knoblauchmenge kann nach Geschmack variiert werden. Für ein kräftigeres Aroma die Knoblauchmenge verdoppeln und den Ingwer weglassen.
Für ein pikantes Gericht den Knoblauch durch 2 feingehackte frische Chillies ersetzen.

Rechts: Gegrillte asiatische Garnelen

KÖSTLICHES VOM GRILL

ZITRUSFISCH MIT AVOCADO-SALSA

Vorbereitungszeit: 25 Minuten
Garzeit: 10 Minuten
Für 4 Personen

4 feste Fischkoteletts (z. B. Schnapper, Lachs, Bastardmakrele, Adlerfisch) à ca. 185 g
3 TL Orangenschale, feingerieben
3 TL Zitronenschale, feingerieben
1 EL Limonensaft
2 EL Olivenöl
Salz und frisch gemahlener schwarzer Pfeffer

Avocado-Salsa

1 kleiner frischer roter Chili
1½ TL Kreuzkümmel, gemahlen
1 große Avocado, feingehackt
1 rote Zwiebel, sehr fein gehackt
2 TL Zitronensaft
2 TL Olivenöl

1 Den Fisch in eine flache, säurebeständige Schale legen. Orangen- und Zitronenschale, Limonensaft, Olivenöl und Pfeffer vermischen. Über den Fisch gießen und kurze Zeit ziehen lassen.
2 Eine Grillpfanne oder -platte leicht einölen und den Fisch auf jeder Seite 3–5 Minuten grillen, bis er leicht gebräunt und durchgegart ist.
3 Für die Avocado-Salsa den Chili entkernen und kleinhacken. In einer trockenen Pfanne den Kreuzkümmel etwa 40 Sekunden rösten, bis es duftet, dabei die Pfanne leicht hin und her schwenken. Kreuzkümmel mit Avocado, Zwiebel, Chili, Zitronensaft und Olivenöl mischen.
4 Fischsteaks mit der Avocado-Salsa servieren. Sie schmecken auch köstlich mit gegrillten, halbierten Kirschtomaten, gedämpften Zuckererbsen und gedämpften, kleinen Kartoffeln.
HINWEISE: Die Avocado-Salsa erst kurz vor dem Servieren zubereiten, damit sie sich nicht verfärbt.
Wenn Sie die Salsa etwas schärfer mögen, lassen Sie die Kerne im Chili.

LIMONEN
Diese Früchte wachsen in tropischen und subtropischen Breiten und können in vielen Gerichten anstelle von Zitronen verwendet werden. Sie sind noch saurer als Zitronen, nehmen Sie also entsprechend weniger. Verwenden Sie feste Limonen, die für ihre Größe schwer sind und keine fleckige Schale haben.

Links: Zitrusfisch mit Avocado-Salsa

DAS GROSSE KOCHBUCH DER FISCHE & MEERESFRÜCHTE

Oben: Dillfisch mit Zitronen-Butter-Sauce

DILLFISCH MIT ZITRONEN-BUTTER-SAUCE

Vorbereitungszeit: 10 Minuten + 3 Stunden zum Marinieren
Garzeit: 10 Minuten
Für 4 Personen

4 Fischfilets ohne Haut (z. B. Flußbarsch, Schnapper, Meerbarbe, Meerforelle, Petersfisch)
1½ EL Zitronenpfeffer
1–2 EL frischer Dill, gehackt
80 ml Zitronensaft

Zitronen-Butter-Sauce

2 EL Zitronensaft
125 ml Sahne
40 g Butter, kleingeschnitten
2 EL frischer Schnittlauch, gehackt

1 Fischfilets mit Zitronenpfeffer bestreuen und in eine flache, säurebeständige Schale legen. Dill mit Zitronensaft mischen, über den Fisch gießen und abgedeckt mehrere Stunden kalt stellen.
2 Den Grill vorheizen und den Fisch auf einer heißen, leicht gefetteten Grillplatte 2–3 Minuten von jeder Seite garen, bis er sich mit einer Gabel leicht zerpflücken läßt.
3 Für die Zitronen-Butter-Sauce den Zitronensaft in einem kleinen Topf kochen, bis er auf die Hälfte reduziert ist. Die Sahne zufügen. Vom Herd nehmen und die Butter in kleinen Stücken unterschlagen, bis sie ganz geschmolzen ist. Den Schnittlauch unterrühren.
4 Zum Servieren die Zitronen-Butter-Sauce über den Fisch gießen. Nach Wunsch mit frischen Dillzweigen garnieren und gegrillten Zitrusscheiben und frischem Brot servieren.

CHILI-PFEFFER-FLUSSKREBSE

Vorbereitungszeit: 10 Minuten + 1 Stunde zum Marinieren
Garzeit: 15 Minuten
Für 6 Personen

1 Prise Salz
12 rohe Flußkrebse oder Scampi
2 frische rote Chillies, entkernt und gehackt
125 ml Tomatenpüree (siehe Hinweis)
2 Knoblauchzehen, zerdrückt
6 Frühlingszwiebeln, in Scheiben geschnitten
2 EL frisches Basilikum, gehackt
3 TL schwarzer Pfeffer, zerstoßen

1 Eine große Schüssel mit viel Eis, etwas Wasser und Salz füllen. Die lebenden Flußkrebse 20–30 Minuten darin eintauchen. Herausnehmen und einen kleinen Schnitt an der Unterseite des Schwanzes machen, damit das Fleisch die Marinade absorbiert.
2 Für die Marinade Chillies, Tomatenpüree, Knoblauch, Frühlingszwiebeln, Basilikum und Pfeffer mischen. Krebse in die Marinade legen und abgedeckt 1 Stunde kalt stellen.
3 Den Grill erhitzen und die Flußkrebse mit der Marinade 10–15 Minuten garen. Schmeckt köstlich mit einem knackigen Blattsalat. Statten Sie Ihre Gäste mit Hummerzangen und Fingerschalen aus.
HINWEIS: Tomatenpüree (gekochte, kleingehackte Tomaten und Zwiebeln) im Glas ist in einigen gut sortierten Supermärkten erhältlich.

KÖSTLICHES VOM GRILL

SÜSS-SAURE FISCHKEBABS

Vorbereitungszeit: 20 Minute + 3 Stunden zum Marinieren
Garzeit: 10 Minuten
Ergibt 12 Spieße

750 g dicke Fischfilets ohne Haut (z. B. Dorsch, Lengfisch, Marlin, Bastardmakrele)
225 g Ananasstücke aus der Dose
1 große rote Paprika
3 TL Sojasauce
1½ EL brauner Zucker
2 EL weißer Essig
2 EL Tomatensauce

1 12 Holzspieße in kaltem Wasser 30 Minuten einweichen, bis sie sinken. So verbrennen sie nicht beim Grillen.
2 Unterdessen den Fisch in 2,5 cm große Würfel schneiden. Ananas abtropfen, 2 Eßlöffel des Saftes aufbewahren. Die Paprika in 2,5 cm große Stücke schneiden. Paprika, Fisch und Ananas abwechselnd auf die Spieße reihen.
3 Diese Kebabs in eine flache, säurebeständige Schale legen. Ananassaft, Sojasauce, Zucker, Essig und Tomatensauce gut mischen und über die Kebabs gießen. Abgedeckt 3 Stunden kalt stellen.
4 Den Grill vorheizen. Die Kebabs auf einer leicht gefetteten Grillplatte 2–3 Minuten von jeder Seite grillen, bis sie gar sind. Zwischendurch häufig mit Marinade einpinseln. Mit gekochten Nudeln und einem grünen Salat sofort servieren.
HINWEIS: Die Kebabs nicht länger als 3 Stunden marinieren, da sonst der Essig anfängt, den Fisch zu garen.
Die Methode des Garens mit Säure, Essig oder Zitronen- bzw. Limonensaft wird in vielen Rezepten genutzt.

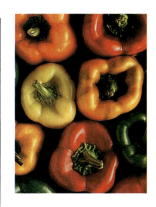

DORSCH UND KABELJAU
Salzwasserfische (wie etwa Dorsch, Kabeljau und Thunfisch) haben wesentlich größere und schwerere Gräten als Süßwasserfische (wie etwa Forelle), die man leichter sehen und auslösen kann. Das macht sie beliebt bei denen, die beim Essen von Fisch penibel jede kleine Gräte aus ihrem Essen picken. Dorsch (der junge Kabeljau) hat weißes und festes Fleisch mit einem niedrigen Fettgehalt. Man weiß heute, daß Fischöl reich an Omega-3-Säuren ist, die positive Auswirkungen auf die Gesundheit des Menschen haben. Das Öl ist bei mageren Fischen eher in der Leber als im Fleisch gelagert – daher die Tatsache, daß ein Löffel voll Dorschleberöl (Lebertran) eine Menge Gutes bewirken kann.

*Links:
Süß-saure Fischkebabs*

197

DAS GROSSE KOCHBUCH DER FISCHE & MEERESFRÜCHTE

GARNELEN-KAMMUSCHEL-SPIESSE IN HONIG

Vorbereitungszeit: 15 Minuten + 3 Stunden zum Marinieren
Garzeit: 5 Minuten
Ergibt 8 Stück

500 g mittelgroße rohe Garnelen
250 g Kammuscheln

Marinade

60 ml Honig
2 EL Sojasauce
60 ml Barbecue-Sauce aus dem Glas
2 EL süßer Sherry

1 8 Holzspieße 30 Minuten in Wasser einweichen, bis sie sinken. So verbrennen sie nicht beim Grillen.
2 Unterdessen die Garnelen schälen, Darm aus dem Rücken ziehen, den Schwanz intakt lassen.
3 Von den Kammuscheln Adern, dünne Haut und weiße Muskeln abschneiden.
4 Garnelen und Kammuscheln abwechselnd auf die Spieße reihen (etwa 2 Garnelen und 3 Kammuscheln pro Spieß). In eine flache, säurebeständige Schale legen. Honig, Soja- und Barbecue-Sauce sowie Sherry mischen und über die Spieße gießen. Im Kühlschrank abgedeckt 3 Stunden oder über Nacht marinieren.
5 Den Grill vorheizen. Die Spieße auf einer leicht gefetteten, flachen Grillplatte 5 Minuten unter mehrmaligem Drehen grillen, bis sie gar sind. Häufig mit Marinade einpinseln.
HINWEIS: Sie können Garnelen und Kammuscheln auch durch festfleischige Fischwürfel ersetzen.

GARNELEN MIT LIMONEN UND SÜSSER CHILISAUCE

Von 24 rohen Garnelen die Köpfe entfernen. Die Garnelen dann der Länge nach halbieren und sie entdarmen. 2 zerdrückte Knoblauchzehen, 2 Eßlöffel süße Chilisauce, 2 Eßlöffel Limonensaft und 1 Eßlöffel Olivenöl mischen. Die Garnelen darin wenden. Abgedeckt 30 Minuten kalt stellen. Garnelen auf dem Rost oder im Ofen grillen, bis sie gar sind, dabei mit der Marinade einpinseln. Ergibt 48 Stück.

FISCHFRIKADELLEN

Vorbereitungszeit: 25 Minuten + 15 Minuten zum Kühlen
Garzeit: 10 Minuten
Ergibt 8–10 Stück

750 g feste Fischfilets ohne Haut (z. B. Dornhai, Schellfisch, Dorsch, Hecht)
80 g weiße Semmelbrösel
3 Frühlingszwiebeln, gehackt
60 ml Zitronensaft
2 TL Würzpfeffer
1 EL frischer Dill, gehackt
2 EL frische Petersilie, gehackt
90 g geriebener Cheddar-Käse
1 Ei
Mehl zum Panieren

Kräutermayonnaise

125 g Mayonnaise
1 EL frische Petersilie, gehackt
1 EL frischer Schnittlauch, gehackt
2 TL Kapern aus dem Glas, abgetropft und gehackt

1 Den Grill erhitzen. Fisch in einer Küchenmaschine 20–30 Minuten glattpürieren. In eine große Schüssel füllen.
2 Semmelbrösel, Frühlingszwiebeln, Zitronensaft, Pfeffer, Kräuter, Käse und Ei zufügen. Gut mischen, in 8–10 Portionen teilen und runde Frikadellen formen. Auf ein Tablett setzen und 15 Minuten kalt stellen, bis sie fest sind.
3 Frikadellen in Mehl wenden, den Überschuß abschütteln. Auf einer heißen, leicht gefetteten, flachen Grillplatte von jeder Seite 2–3 Minuten grillen, bis sie gebräunt und gar sind.
4 Für die Kräutermayonnaise Mayonnaise, Kräuter und Kapern in einer kleinen Schüssel verrühren.
5 Die heißen Frikadellen mit der Kräutermayonnaise und einem Salat servieren.
HINWEIS: Diese Fischfrikadellen können bis zu 3 Stunden im voraus vorbereitet und abgedeckt im Kühlschrank aufbewahrt werden. Erst kurz vor dem Servieren garen.

KAPERN
Die ungeöffneten Blüten eines Busches, der in der Mittelmeerregion heimisch ist. Man pflückt sie, solange die Blüten noch fest verschlossen sind. Sie werden in Essig oder Salz eingelegt und als Aroma, vor allem in Saucen, sowie zum Garnieren verwendet. Salzkapern sollte man vor dem Gebrauch gut abspülen.

Gegenüberliegende Seite: Garnelen-Kammuschel-Spieße in Honig (oben); Fischfrikadellen

KNOBLAUCH-KALMAR MIT PARMESAN

Vorbereitungszeit: 30 Minuten + 10 Minuten zum Marinieren
Garzeit: 5 Minuten
Für 2–4 Personen

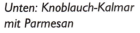

350 g Kalmarmäntel
4 Knoblauchzehen, gehackt
2 EL Olivenöl
2 EL frische Petersilie, feingehackt
Salz und Pfeffer
1 große Tomate
25 g geriebener Parmesan

1 Kalmarmäntel der Länge nach halbieren, waschen und trockentupfen. Ein flaches Gittermuster auf der Fleischseite einritzen. Mit der Fleischseite nach oben flach ausbreiten und in Rechtecke von etwa 6 x 2,5 cm schneiden.
2 Knoblauch, Öl, die Hälfte der Petersilie, Salz und Pfeffer in einer Schüssel mischen. Kalmarstücke zufügen und 10 Minuten kalt stellen.
3 Die Tomate unten kreuzweise einritzen. In eine hitzebeständige Schüssel setzen und 30 Sekunden mit kochendem Wasser bedecken, dann in kaltes legen. Abgießen und vom Kreuz aus häuten. Die Kerne mit einem Teelöffel entfernen und das Fruchtfleisch kleinschneiden.
4 Eine leicht geölte Grillpfanne oder Grillplatte stark erhitzen. Den Kalmar in 2 Portionen garen, bis er sich einrollt und weiß wird, zwischendurch regelmäßig wenden. Die Tomaten zufügen und kurz erhitzen.
5 Kalmar auf einem Teller anrichten und mit Parmesan und Petersilie bestreuen.

Unten: Knoblauch-Kalmar mit Parmesan

FISCH-KEBABS MIT MAIS-SALSA

8 Bambusspieße 30 Minuten in Wasser einweichen. 125 ml Zitronensaft, je 1 Eßlöffel gehackte Petersilie und Koriandergrün mit 1 zerdrückten Knoblauchzehe mischen. Eine Hälfte mit 500 g festfleischigem Fisch in Würfeln (Lachs oder Hecht) mischen. Die Fischwürfel auf die Spieße reihen und auf einer geölten Grillplatte 5 Minuten grillen. Eine Dose Mais (270 g) abtropfen lassen und mit je 1 gewürfelten Avocado und Tomate, 2 Frühlingszwiebeln in Scheiben und der Zitronenmarinade vermengen. Zum Fisch servieren. Für 4 Personen.

KÖSTLICHES VOM GRILL

GLASIERTE FISCHFILETS

Vorbereitungszeit: 10 Minuten + 1 Stunde zum Marinieren
Garzeit: 8 Minuten
Für 4 Personen

- 2 EL Olivenöl
- 2 EL Zitronensaft
- 2 EL Früchte-Chutney
- 1 EL Honig
- 1 EL frisches Koriandergrün, gehackt
- 2 Knoblauchzehen, zerdrückt
- 4 festfleischige Fischfilets (z. B. Brasse, Flunder, Schnapper, Petersfisch, Drückerfisch)

1 Olivenöl, Zitronensaft, Früchte-Chutney, Honig, Koriandergrün und Knoblauch in einer kleinen Schüssel mischen.
2 Fischfilets in eine flache, säurebeständige Schale legen und die Marinade darüber gießen. 1 Stunde abgedeckt kalt stellen.
3 Den Grill auf hoher Stufe vorheizen und die Fischfilets auf ein leicht geöltes Grillblech legen. Von jeder Seite 4–6 Minuten garen, bis das Fleisch sich mit einer Gabel leicht zerpflücken läßt, zwischendurch gelegentlich mit der restlichen Marinade einpinseln.

GEGRILLTE LACHSKOTELETTS IN SÜSSEM GURKENDRESSING

Vorbereitungszeit: 15 Minuten
Garzeit: 5 Minuten
Für 4 Personen

- 2 kleine Salatgurken, geschält, entkernt und kleingewürfelt
- 1 rote Zwiebel, feingehackt
- 1 frischer roter Chili, feingehackt
- 2 EL eingelegter Ingwer, in Streifen geschnitten
- 2 EL Reisweinessig
- 1/2 TL Sesamöl
- 4 Lachskoteletts
- 1 geröstetes Noriblatt (getrockneter Seetang), in dünne Streifen geschnitten

1 Gurke, Zwiebel, Chili, Ingwer, Reisweinessig und Sesamöl in einer mittelgroßen Schüssel mischen, bei Zimmertemperatur abgedeckt stehen lassen, während Sie den Lachs zubereiten.
2 Eine flache Grillplatte vorheizen und leicht mit Öl einpinseln. Den Lachs von beiden Seiten etwa 2 Minuten garen. Nicht zu lange grillen, da er sonst trocken wird – er sollte in der Mitte gerade noch rosa sein. Den Lachs mit dem Gurkendressing bedeckt servieren. Mit den gerösteten Noristreifen bestreuen.
HINWEISE: Meerforellenfilets können für dieses Rezept ebenfalls verwendet werden. Mit einer sauberen, trockenen Küchenschere ist es am leichtesten, das Noriblatt (in Asienläden erhältlich) in dünne Streifen zu schneiden.

Oben:
Glasierte Fischfilets

Oben:
Piri-Piri-Garnelen

PIRI-PIRI-GARNELEN

Vorbereitungszeit: 20 Minuten + 3 Stunden zum Marinieren
Garzeit: 10 Minuten
Für 4 Personen

6 EL Öl
2 TL getrocknete Chiliflocken oder 1–2 Vogelaugenchillies, feingehackt
4 große Knoblauchzehen, zerdrückt
1 TL Salz
1 kg mittelgroße rohe Garnelen
75 g Butter
60 ml Zitronensaft

1 Öl, Chiliflocken, Knoblauch und Salz in einer großen Schüssel gut mischen. Garnelen schälen, entdarmen, den Schwanz intakt lassen. Unter die Chilimischung heben, abgedeckt 3 Stunden kalt stellen, gelegentlich durchrühren.
2 Den Grill auf hoher Stufe vorheizen. Garnelen nebeneinander auf ein eingefettetes Backblech legen und mit dem restlichen Chili-Öl bestreichen. Etwa 5 Minuten grillen, bis sie weich sind.
3 In der Zwischenzeit die Butter mit dem Zitronensaft in einem kleinen Topf schmelzen und in eine Sauciére gießen. Die heißen Garnelen mit Zitronenbutter beträufelt servieren.

BARRAMUNDI-KEBABS

Vorbereitungszeit: 20 Minuten + 1 Stunde zum Marinieren
Garzeit: 30 Minuten
Für 4 Personen

Marinade
2 EL Öl
1 große Prise getrockneter Thymian
1 große Prise getrockneter Majoran
125 ml Zitronensaft
2 Lorbeerblätter
1 TL frische Petersilie, gehackt

8 eingelegte Zwiebeln, geschält
500 g Barramundi-Filets ohne Haut, in 2,5 cm große Würfel geschnitten
12 kleine Champignons
1 rote Paprika, kleingeschnitten

KÖSTLICHES VOM GRILL

1 Alle Marinade-Zutaten in einer flachen, säurebeständigen Schale gut vermischen.
2 Zwiebeln in kochendes Wasser geben und 15 Minuten köcheln. Den Fisch abwechselnd mit Zwiebeln, Pilzen und Paprika auf Spieße reihen. Die Kebabs in die Marinade legen und abgedeckt 1 Stunde kalt stellen.
3 Den Grill auf hoher Stufe vorheizen. Die Kebabs 10–15 Minuten grillen.

GEGRILLTER FISCH MIT ZWIEBELN UND INGWER

Vorbereitungszeit: 25 Minuten + 20 Minuten zum Marinieren
Garzeit: 25 Minuten
Für 4–6 Personen

- 1 kg ganze, kleine, weißfleischige Fische (z. B. Brasse, Schnapper, Kaiserschnapper), gesäubert und entschuppt
- 2 TL grüne Pfefferkörner aus dem Glas, abgetropft und fein zerdrückt
- 2 TL rote Chillies, gehackt
- 3 TL Fischsauce
- 3 EL Öl
- 2 Zwiebeln, in feine Scheiben geschnitten
- 1 Stück frischer Ingwer à 4 cm, in dünne Scheiben geschnitten
- 3 Knoblauchzehen, in Scheiben geschnitten
- 2 TL Zucker
- 4 Frühlingszwiebeln, in feine Streifen geschnitten

Zitronen-Knoblauch-Dip-Sauce

- 60 ml Zitronensaft
- 2 EL Fischsauce
- 1 EL Zucker
- 2 kleine frische rote Chillies, kleingehackt
- 3 Knoblauchzehen, gehackt

1 Fisch waschen und trockentupfen. Auf beiden Seiten an der dicksten Stelle 2–3 Einschnitte machen. Pfefferkörner, Chillies und Fischsauce cremig pürieren und den Fisch damit bestreichen. 20 Minuten kalt stellen.
2 Den Grill erhitzen und leicht einölen. Den Fisch von jeder Seite 8 Minuten garen.
3 Während der Fisch gart, das restliche Öl erhitzen und die Zwiebeln bei mittlerer Hitze goldbraun anschwitzen. Ingwer, Knoblauch und Zucker zufügen und 3 Minuten garen. Über den Fisch geben. Mit Frühlingszwiebeln bestreuen.
4 Die Dip-Zutaten verrühren, bis der Zucker sich auflöst. Zum Fisch servieren.

Unten: Gegrillter Fisch mit Zwiebeln und Ingwer

MARINADEN & SAUCEN

Pikante Marinaden und würzige Saucen zum Beträufeln geben gegrillten Meeresfrüchten und Fischen einen besonderen »Pfiff«.

GEWÜRZTE JOGHURT-MARINADE
(Für festfleischige Fischfilets ohne Haut – Brasse, Rotbarsch, Dornhai, Schnapper): 400 g Naturjoghurt, je 1 EL frischen geriebenen Ingwer, gemahlenen Kreuzkümmel, gemahlenen Zimt, gemahlenen Koriander und gemahlene Muskatblüte mischen, je 1–2 Eßlöffel geriebene Limonenschale und -saft und 2 Eßlöffel frische gehackte Minze zugeben. 1 Kilo Fischfilet in die Marinade legen und abgedeckt 3 Stunden kalt stellen. Auf einer vorgeheizten Grillplatte garen, bis der Fisch weich ist. Für 4–6 Personen.

SÜSS-PIKANTE SAUCE
(Für Flußkrebse, Scampi und Sandbärenkrebse): 250 ml süße Chilisauce, 2 zerdrückte Knoblauchzehen, 1–2 Eßlöffel Zitronensaft, 1 Eßlöffel Erdnußöl, 50 g geschmolzene Butter und 2 Eßlöffel frischen gehackten Koriander in einem hohen Gefäß mischen. 1 kg Flußkrebs-, Scampi- oder Sandbärenkrebsfleisch mit 1 Eßlöffel Öl verrühren und portionsweise auf einer vorgeheizten Grillplatte garen, dabei häufig wenden und mit der Sauce begießen. Mit restlicher Sauce servieren. Für 4–6 Personen.

LIMONEN-PFEFFERKORN-MARINADE

(Für Garnelen, Fischsteaks und -koteletts, Thunfisch, Schwertfisch, Lachs, Bastardmakrele): 60 g schwarze Pfefferkörner in einem Wok anbraten, bis sie duften. In einem Mörser oder einer Gewürzmühle mit 4 gehackten asiatischen Schalotten zerdrücken. In eine flache Schale geben und 80 ml Limonensaft, 1 Eßlöffel Salz, 1 Teelöffel Sesamöl und 60 ml Erdnußöl zufügen. 1 Kilo festes weißes Fischfilet oder geschälte, entdarmte Garnelen mit Schwanz zugeben. Abgedeckt 3 Stunden kalt stellen. Auf einer vorgeheizten Grillplatte die Meeresfrüchte portionsweise garen. Thunfisch oder Lachs nicht zu lange garen, da er sonst austrocknet. Für 4–6 Personen.

KNOBLAUCH-MARINADE

(Für Garnelen und Fisch): 6 zerdrückte Knoblauchzehen, 250 ml extra natives Olivenöl, 1 Eßlöffel Zitronensaft und frischen gehackten Dill mischen. Ein Kilo festen weißen Fisch in Würfeln oder geschälte, entdarmte Garnelen zufügen. Unter die Marinade heben und über Nacht abgedeckt kühlen. Zimmerwarm auf Spieße reihen und auf einem heißen Rost oder einer Grillplatte garen. Für 4–6 Personen.

THAI-MARINADE

(Für Oktopus): 250 ml Fischsauce, 4 in Streifen geschnittene Kaffir-Limonenblätter, 2–3 Eßlöffel geriebenen Palmzucker oder braunen Zucker, Saft und Schale von 2 Limonen und 1 Teelöffel Sesamöl mischen. 1 Kilo gesäuberten Oktopus zufügen und über Nacht marinieren. Gut abtropfen lassen. Bei starker Hitze unter häufigem Drehen 3 Minuten auf einem Grill garen, bis er weich ist. Für 4–6 Personen.

TEXANISCHE BARBECUE-SAUCE

(Für alle Schalentiere): 250 ml Tomatensauce, 6 Spritzer Tabasco, 3 gehackte, gewässerte Chipotle-Chillies, je 1 Eßlöffel Essig und Öl mischen. 1 Kilo Garnelen, Fluß- oder Sandbärenkrebse beim Garen damit bestreichen. Für 4–6 Personen.

Im Uhrzeigersinn von links oben: Gewürzte Joghurt-Marinade; Limonen-Pfefferkorn-Marinade; Thai-Marinade; Texanische Barbecue-Sauce; Knoblauch-Marinade; Süß-pikante Sauce

DAS GROSSE KOCHBUCH DER FISCHE & MEERESFRÜCHTE

THUNFISCHSTEAKS MIT TAPENADE

Vorbereitungszeit: 15 Minuten + 10 Minuten zum Marinieren
Garzeit: 6 Minuten
Für 4 Personen

2 EL Tapenade (Olivenpaste)
2 EL Olivenöl
2 Knoblauchzehen, feingehackt
2 TL Zitronenschale, feingerieben
1 Prise schwarzer Pfeffer
4 Thunfischsteaks
1 Frühlingszwiebel, in Scheiben geschnitten, zum Garnieren

1 Tapenade, Öl, Knoblauch, Zitronenschale und etwas schwarzen Pfeffer mischen. Auf beide Seiten der Thunfischsteaks streichen und 10 Minuten kalt stellen.
2 Thunfischsteaks auf eine erhitzte und leicht geölte Holzofen-Grillpfanne oder eine Grillplatte legen und von jeder Seite 3 Minuten garen. Die Steaks sollten in der Mitte noch rosa sein. Mit den Frühlingszwiebelscheiben bestreuen.
HINWEIS: Statt Thunfisch können Sie auch Schwertfisch oder Bastardmakrelen verwenden.

PIKANTE FISCH-KEBABS

Vorbereitungszeit: 15 Minuten + 1 Stunde zum Marinieren
Garzeit: 5–6 Minuten
Für 6 Personen

1 kg feste weiße Fischfilets ohne Haut (z. B. Schwertfisch, Marlin, Bastardmakrele)
2 Knoblauchzehen, zerdrückt
170 g Naturjoghurt
1 TL frischer Ingwer, gehackt
1 frischer roter Chili, kleingehackt
2 TL Garam Masala
1 EL frisches Koriandergrün, gehackt

1 12 Holzspieße in kaltem Wasser 30 Minuten einweichen, damit sie beim Garen nicht verbrennen. Den Fisch in 3 cm große Würfel schneiden.
2 Knoblauch, Joghurt, Ingwer, Chili, Garam Masala und Koriander in einer Schüssel mischen.
3 Den Fisch auf die Spieße reihen und in eine Schale legen. Die Marinade darüber gießen und abgedeckt 1 Stunde im Kühlschrank marinieren.
4 Den Grill auf hoher Stufe vorheizen. Die Spieße 5–6 Minuten grillen, dabei gelegentlich wenden. Der Fisch ist gar, wenn er sich mit einer Gabel leicht zerpflücken läßt. Schmeckt köstlich zu Brot und grünem Salat.

Rechts: Thunfischsteaks mit Tapenade

KÖSTLICHES VOM GRILL

ROSMARIN-THUNFISCH-KEBABS

Vorbereitungszeit: 20 Minuten
Garzeit: 20 Minuten
Für 4 Personen

3 Tomaten
1 EL Olivenöl
2–3 kleine, frische rote Chillies, entkernt und gehackt
3–4 Knoblauchzehen, zerdrückt
1 rote Zwiebel, feingehackt
60 ml Weißwein oder Wasser
600 g Kichererbsen aus der Dose
3 EL frischer Oregano, gehackt
4 EL frische Petersilie, gehackt
Zitronenspalten zum Servieren
Salz und Pfeffer

Thunfisch-Kebabs

1 kg Thunfischfilet, in 4 cm große Würfel geschnitten
8 frische Rosmarinzweige à 20 cm
Öl, aus einer Sprühflasche

1 Die Tomaten halbieren oder vierteln und mit einem Teelöffel die Kerne entfernen. Das Fruchtfleisch grob hacken.
2 Öl in einer großen beschichteten Pfanne erhitzen. Chillies, Knoblauch und rote Zwiebel zufügen und bei mittlerer Hitze 5 Minuten dünsten, bis sie weich sind. Tomaten und Weißwein oder Wasser zugeben. Bei niedriger Hitze 10 Minuten kochen, bis die Mischung weich und saftig ist und der größte Teil der Flüssigkeit verdampft ist.
3 Die abgespülten Kichererbsen mit Oregano und Petersilie in die Pfanne geben und mit Salz und Pfeffer würzen.
4 Grill oder Grillplatte erhitzen. Die Thunfischwürfel auf die Rosmarinzweige reihen, leicht mit Öl einsprühen, dann 3 Minuten garen, dabei gelegentlich wenden. Nicht zu lange grillen, da der Thunfisch sonst trocken wird. Mit den Kichererbsen und Zitronenspalten servieren.
HINWEIS: Schwertfisch, Marlin oder Lachs eignen sich ebenfalls für dieses Rezept.

Oben: Rosmarin-Thunfisch-Kebabs

HUMMER THERMIDOR

Mit einem scharfen Messer den Hummer der Länge nach halbieren.

Das Fleisch aus dem Panzer lösen und Kopf- und Panzerhälften abspülen.

Nach dem Trockentupfen das Hummerfleisch in mundgerechte Stücke schneiden.

Den zubereiteten Hummer auf dem Grill garen, bis er leicht gebräunt ist.

Gegenüberliegende Seite: Hummer Thermidor (oben); Hummer Mornay

HUMMER THERMIDOR

Vorbereitungszeit: 25 Minuten
Garzeit: 5–10 Minuten
Für 2 Personen

1 mittelgroßer gegarter Hummer
80 g Butter
4 Frühlingszwiebeln, feingehackt
2 EL Mehl
½ TL Senfpulver
2 EL Weißwein oder Sherry
250 ml Milch
60 ml Sahne
1 EL frische Petersilie, gehackt
60 g geriebener Gruyère-Käse
Salz und Pfeffer

1 Mit einem scharfen Messer den Hummer der Länge nach durch die Schale hindurch halbieren. Das Fleisch herauslösen. Die Scheren knacken und das Fleisch mit einer Hummergabel herausholen. Den cremefarbenen Darm und die weiche Masse aus dem Körper entfernen und wegwerfen. Das Fleisch in 2 cm große Stücke schneiden und abgedeckt kalt stellen. Kopf- und Panzerhälften abspülen und trockentupfen.
2 In einer Pfanne 60 g Butter erhitzen, Frühlingszwiebeln zugeben und 2 Minuten anbraten. Mehl und Senfpulver 1 Minute unterrühren, bis die Masse hell aufschäumt. Vom Herd nehmen und nach und nach Wein und Milch zufügen. Wieder auf den Herd stellen und ständig rühren, bis die Mischung kocht und eindickt. Bei reduzierter Hitze 1 Minute köcheln lassen. Sahne, Petersilie und Hummerfleisch zugeben und nach Geschmack mit Salz und Pfeffer würzen. Bei niedriger Hitze rühren, bis das Hummerfleisch heiß ist.
3 Den Grill aufheizen. Die Farce in die Hummerpanzer füllen, mit Käse bestreuen und mit Butterflocken belegen. Unter dem Grill 2 Minuten überbacken, bis die Mischung leicht gebräunt ist. Mit gemischtem Salat und Zitronenscheiben servieren.

HUMMER MORNAY

Vorbereitungszeit: 25 Minuten + 15 Minuten zum Ziehen
Garzeit: 5–10 Minuten
Für 2 Personen

1 mittelgroßer gegarter Hummer
315 ml Milch
1 Zwiebelscheibe
1 Lorbeerblatt
6 schwarze Pfefferkörner
30 g Butter
2 EL Mehl
2 EL Sahne
1 Prise Muskatnuß
60 g geriebener Cheddar-Käse
Salz und Pfeffer
1 Prise Paprika zum Garnieren

1 Mit einem scharfen Messer den Hummer der Länge nach durch die Schale hindurch halbieren. Das Fleisch herauslösen. Die Scheren knacken und das Fleisch mit einer Hummergabel herausholen. Den cremefarbenen Darm und die weiche Masse aus dem Körper entfernen und wegwerfen. Das Fleisch in 2 cm große Stücke schneiden und abgedeckt kalt stellen. Die Kopf- und Panzerhälften abspülen und trockentupfen.
2 Milch, Zwiebel, Lorbeerblatt und Pfefferkörner in einem kleinen Topf aufkochen. Vom Herd nehmen und abgedeckt 15 Minuten stehen lassen, anschließend die Flüssigkeit durch ein Sieb gießen.
3 Butter schmelzen, das Mehl zufügen und 1 Minute rühren, bis die Masse hell aufschäumt. Vom Herd nehmen und nach und nach die aromatisierte Milch zugeben. Auf den Herd zurückstellen und ständig rühren, bis die Mischung kocht und eindickt. Bei reduzierter Hitze 1 Minute köcheln lassen. Die Sahne zugießen. Mit Muskatnuß und nach Geschmack mit Salz und Pfeffer würzen.
4 Das Hummerfleisch unter die Sauce heben. Bei niedriger Hitze rühren, bis es heiß ist. Die Mischung in die Panzer füllen und mit Käse bestreuen. Den Grill erhitzen und den Hummer 2 Minuten grillen, bis der Käse geschmolzen ist.

KÖSTLICHES VOM GRILL

209

DAS GROSSE KOCHBUCH DER FISCHE & MEERESFRÜCHTE

Oben:
Fisch mit Reisfüllung

FISCH MIT REISFÜLLUNG

Vorbereitungszeit: 20 Minuten
Garzeit: 12–15 Minuten
Für 4 Personen

8 große Hornhechte oder Weißfische,
  entschuppt und gesäubert
2 TL Öl
1 kleine Zwiebel, feingehackt
1 Knoblauchzehe, zerdrückt
1 Tomate, kleingehackt
1 EL Tomatenpüree
1/4 grüne Paprika, feingehackt
140 g Reis, gekocht und abgekühlt
2 TL Sojasauce

1 Den Fisch gründlich abspülen und innen und außen mit Küchenpapier trockentupfen.
2 Öl erhitzen und Zwiebel und Knoblauch darin 2–3 Minuten dünsten. Tomate, Tomatenpüree, Paprika, Reis und Sojasauce zugeben. Bei mittlerer Hitze 2 Minuten erwärmen. In eine Schüssel füllen und abkühlen lassen.
3 Den Grill auf hoher Stufe vorheizen. Den Fisch mit der abgekühlten Masse füllen und mit Zahnstochern zusammenstecken. Auf ein eingefettetes Backblech legen und 3–4 Minuten von jeder Seite garen. Vor dem Servieren die Zahnstocher entfernen.
HINWEIS: Für dieses Rezept müssen Sie 55 g weißen Reis kochen.

GEGRILLTE KAMMUSCHELN MIT LIMONEN-HOLLANDAISE

Vorbereitungszeit: 20 Minuten
Garzeit: 15 Minuten
Für 4–6 Personen

500 g Kammuscheln
2 EL Olivenöl
2 TL zerstoßener schwarzer Pfeffer

Limonen-Hollandaise

185 g Butter
3 Eigelb
2 TL geriebene Limonenschale
1 EL Limonensaft
Salz und Pfeffer

KÖSTLICHES VOM GRILL

1 12 Holzspieße 30 Minuten in kaltem Wasser einweichen bzw. solange, bis sie zu Boden sinken. Das Einweichen verhindert ein späteres Anbrennen.
2 In der Zwischenzeit von den Muscheln alle Adern, Häute und harten weißen Muskeln abschneiden. Muscheln auf die Spieße stecken, mit Öl beträufeln und mit Pfeffer würzen. Kühl stellen.
3 Für die Limonensauce bei mittlerer Hitze die Butter schmelzen, ohne zu rühren. Langsam abkühlen lassen. Den Schaum von der Oberfläche abschöpfen, die geklärte Butter abgießen, den milchigen Bodensatz weggießen. In einer feuerfesten Schüssel das Eigelb mit 2 Eßlöffeln Wasser verquirlen. Die Schüssel auf einen Topf mit kochendem Wasser stellen und nach und nach die Butter unterrühren. Limonenschale und Limonensaft zufügen und rühren, bis die Sauce eindickt. Mit Salz und Pfeffer abschmecken.
4 Den Grill vorheizen und die Muscheln garen, bis sie rundherum gebräunt sind. Nicht zu lange grillen, da sie sonst gummiartig werden. Mit der Limonen-Hollandaise servieren.

ROTBARBE IN MAISBLÄTTERN

Vorbereitungszeit: 10 Minuten
Garzeit: 6–8 Minuten
Für 6 Personen

6 kleine Rotbarben, entschuppt und gesäubert
12 frische Zitronenthymianzweige
1 Zitrone, in Scheiben geschnitten
2 Knoblauchzehen, in Scheiben geschnitten
12 große Maisblätter
Olivenöl
zerstoßener schwarzer Pfeffer

1 Den Fisch abspülen und trockentupfen. Das Innere mit Zitronenthymian, Zitrone und Knoblauch füllen. Den Fisch auf ein Maisblatt legen. Mit Öl beträufeln und mit Pfeffer würzen. Mit einem weiteren Maisblatt abdecken. Die Enden der Maisblätter zusammenbinden.
2 Den Fisch auf den vorgeheizten Grill legen und 6–8 Minuten backen.
HINWEIS: Für dieses Rezept können Sie auch Roten Schnapper verwenden.

*Unten:
Rotbarbe in Maisblättern*

REGENBOGENFORELLE MIT ZITRONENKRÄUTERN

Vorbereitungszeit: 20 Minuten
Garzeit: 15 Minuten
Für 4 Personen

3 EL frischer Dill, gehackt
2 EL frischer Rosmarin, gehackt
4 EL glatte Petersilie, gehackt
2 TL frische Thymianblätter
1½ EL grüne Pfefferkörner, zerstoßen
80 ml Zitronensaft
1 Zitrone, in Stücke geschnitten
4 ganze frische Regenbogenforellen
80 ml trockener Weißwein
Salz und Pfeffer
1 Limone, in Scheiben geschnitten, zum Garnieren

Meerettichsahne

1 EL Meerettichsahne
125 g Sauerrahm
2 EL Sahne

Zitronensauce

150 g Butter
2 Eigelb
3–4 EL Zitronensaft

1 Den Grill vorheizen. 8 große Stücke Alufolie zurechtschneiden und jeweils 2 Blatt aufeinanderlegen, um eine größere Festigkeit zu bekommen. Die oberen Stücke leicht einölen.
2 Kräuter mischen, Pfefferkörner und Zitronensaft unterrühren, mit Salz und Pfeffer würzen. Das Innere der Fische mit Küchenpapier von Schleimspuren befreien. Mit Kräutermischung und Zitronenstücken füllen.
3 Forellen auf die Folie legen und mit etwas Wein beträufeln. Folie zusammenschlagen und kleine Pakete formen. 10–15 Minuten grillen (der Fisch ist gar, wenn er sich mit einer Gabel leicht zerpflücken läßt). Den Fisch 5 Minuten ruhen lassen, dann mit Meerettichsahne und Zitronensauce servieren.
4 Für die Meerettichsahne alle Zutaten miteinander verrühren, mit Salz und Pfeffer abschmecken.
5 Für die Zitronensauce bei mittlerer Hitze die Butter schmelzen. Den Schaum von der Oberfläche abschöpfen und die geklärte Butter abgießen. Den milchigen Bodensatz weggießen. Das Eigelb 20 Sekunden in einer Küchenmaschine verrühren. Motor laufen lassen, die Butter zufügen und solange rühren, bis die Sauce eine feste, sahnige Konsistenz hat. Zitronensaft zugeben und mit Salz und Pfeffer abschmecken. Den Fisch mit Zitronenscheiben und Schnittlauch garnieren.
HINWEIS: Wenn Sie keine kleinen Forellen erhalten, können Sie auch auf Lachs oder Lachs-Steaks zurückgreifen. Lachs besitzt ähnlich fettes Fleisch wie die Forelle und gleicht ihr auch im Geschmack. Legen Sie Lachs auf ein Bett aus Zitronenscheiben und bestreuen ihn mit der Kräutermischung. Sie können ihn auch einschneiden und füllen. Garzeit wie bei der Forelle.

Unten: Regenbogenforelle mit Zitronenkräutern

KÖSTLICHES VOM GRILL

MEERFORELLE MIT PORREE-KAPERN-SAUCE

Vorbereitungszeit: 10 Minuten
Garzeit: 10 Minuten
Für 4 Personen

45 g Butter, geschmolzen
4 dicke Meerforellenfilets à 150 g, ohne Haut

Porree-Kapernsauce

50 g Butter
1 Porreestange (nur der weiße Teil), kleingehackt
250 ml Weißwein
2 EL Kapern aus dem Glas, abgetropft
1 EL frische glatte Petersilie, gehackt
Salz und Pfeffer

1 Ein Backblech mit der geschmolzenen Butter einfetten, die Forellenfilets darauf legen und ebenfalls mit Butter bepinseln. Die Filets bei mittlerer Hitze grillen (nicht wenden), bis der Fisch sich beim Gabeltest leicht ablösen läßt. Mit Alufolie bedecken und warm halten.
2 Für die Sauce Butter in einer Pfanne schmelzen und bei mittlerer Hitze den Porree darin weich dünsten. Wein zugießen und 3–4 Minuten köcheln lassen. Kapern und Petersilie zufügen, mit Salz und Pfeffer würzen.
3 Die heiße Sauce über die Meerforellenfilets gießen und mit gedämpften Kartoffeln servieren.
HINWEIS: Sie können für dieses Rezept auch Lachsfilets oder -koteletts verwenden oder andere dicke Stücke von weißfleischigem Fisch.

TANDOORI-FISCHSPIESSE

Holzspieße 30 Minuten in kaltem Wasser einweichen. 250 g Naturjoghurt, 2 zerdrückte Knoblauchzehen und jeweils 2 TL gemahlene Kurkuma, Garam Masala und frischen geriebenen Ingwer miteinander verrühren. Die Mischung in eine flache, Auflaufform füllen. 500 g Fisch mit festem, weißem Fleisch (Lengfisch, Blauer Weißfisch, Haifisch) in 3 cm große Würfel schneiden, ebenso 1 rote Paprika und 1 Zwiebel. Fisch, Paprika und Zwiebel abwechselnd auf die Spieße stecken. In der Marinade 1 Stunde ziehen lassen. 5–10 Minuten grillen. Für 4–6 Personen.

Oben: Meerforelle mit Porree-Kapern-Sauce

DAS GROSSE KOCHBUCH DER FISCHE & MEERESFRÜCHTE

KÖSTLICHES VOM GRILL

INTERNATIONALE SCHALENTIER-GRILLPLATTE

Vorbereitungszeit: 40 Minuten + 1 Stunde zum Gefrieren
Garzeit: 30 Minuten
Für 6 Personen

6 rohe Australische Sandbärenkrebse
30 g Butter, geschmolzen
1 EL Öl
12 Miesmuscheln
12 Kammuscheln, in der Schale
12 Austern
18 große rohe Garnelen, ungeschält
Salz und Pfeffer

Salsa verde für Kammuscheln

1 EL eingelegte Zitrone, feingehackt (siehe Hinweis)
20 g frische Petersilienblätter
1 EL Kapern aus dem Glas, abgetropft
1 EL Zitronensaft
3 EL Öl

Essig-Schalotten-Dressing für Miesmuscheln

60 ml Weißweinessig
4 französische Schalotten, kleingehackt
1 EL frischer Kerbel, feingehackt

Eingelegter Ingwer und Wasabi-Sauce für Austern

1 TL Sojasauce
60 ml Mirin
2 EL Reisweinessig
1/4 TL Wasabi-Paste
2 EL eingelegter Ingwer, in feine Scheiben geschnitten

Süßes Balsamico-Dressing für Australische Sandbärenkrebse

1 EL Olivenöl
1 EL Honig
125 ml Balsamico-Essig

Thai-Koriander-Sauce für Garnelen

125 ml süße Chilisauce
1 EL Limonensaft
2 EL frisches Koriandergrün, gehackt

1 Die Sandbärenkrebse für 60 Minuten in den Tiefkühlschrank legen, um sie unbeweglich zu machen. Anschließend mit einem scharfen Messer in 2 Hälften schneiden und das Fleisch mit der Butter-Öl-Mischung einreiben. Beiseite stellen.
2 Muscheln gründlich mit einer Bürste reinigen und Bärte herausziehen. Beschädigte Exemplare oder solche, die sich auch nach einem leichten Klopfen nicht öffnen, wegwerfen. Muscheln gut abspülen.
3 Von den Kammuscheln Adern, weiße Haut und harte weiße Muskeln abschneiden, nicht den Rogen entfernen. Mit der Butter-Öl-Mischung einstreichen.
4 Austern aus der Schale lösen und die Schalen unter kaltem Wasser gründlich abspülen. Mit Küchenpapier trockentupfen und Austern wieder in die Schale legen. Alle Meeresfrüchte abdecken und ins Gefrierfach legen.
5 Alle Zutaten für die Salsa verde mischen und in der Küchenmaschine zerkleinern. In eine Schüssel umfüllen und etwas Öl zufügen. Mit Salz und Pfeffer würzen. Auf jede gegarte Kammuschel eine kleine Portion Salsa geben.
6 Essig, Schalotten und Kerbel gründlich zum Essig-Schalotten-Dressing vermischen. Über die gegarten Muscheln häufeln.
7 Für den eingelegten Ingwer und die Wasabi-Sauce alle Zutaten miteinander verrühren. Auf die gegarten Austernhälften geben.
8 Zur Zubereitung des Balsamico-Dressings das Öl in einer Pfanne erhitzen. Honig und Essig hineingeben und zum Kochen bringen. Bei mittlerer Hitze solange rühren, bis die Flüssigkeit auf die Hälfte reduziert ist. Über die gegarten Krebse gießen.
9 Die Zutaten der Thai-Koriandersauce verrühren und auf die gegarten Garnelen geben.
10 Die Meeresfrüchte portionsweise auf dem Grill garen. Die Sandbärenkrebse benötigen 5 Minuten, sie sind gar, wenn das Fleisch weiß ist und aus der Schale bricht. Mies- und Kammuscheln, Austern und Garnelen sind in ca. 2–5 Minuten gar.
HINWEISE: Zur Vorbereitung der eingelegten Zitronen das Fleisch herauslösen und beiseite legen. Die Schale gründlich reinigen, um das Salz zu entfernen. Anschließend kleinhacken. Mirin, Reisweinessig und eingelegter Ingwer sind in Asienläden erhältlich.

AUSTERN

Austern werden unterschiedlich angeboten: in einer Schalenhälfte, im Glas, in Salzwasser, in der Dose, getrocknet oder tiefgefroren. Rohe Austern befinden sich noch in der ganzen Schale. Wenn Sie frische ganze Austern kaufen, sollten Sie darauf achten, daß Sie saftige Exemplare erhalten. Das cremig-graue Fleisch sollte von Flüssigkeit (Austernsaft) umgeben sein. Austern sollten nach Meer riechen und keine Spuren von Schalenresten aufweisen. Wenn Sie die Schalen selbst öffnen wollen, halten Sie Ausschau nach fest verschlossenen, unbeschädigten Exemplaren.

*Gegenüber:
Internationale
Schalentier-Grillplatte*

DAS GROSSE KOCHBUCH DER FISCHE & MEERESFRÜCHTE

SANDBÄRENKREBS MIT LIMONE-KORIANDER-BUTTER

Die Limonen- und Korianderbutter auf ein Stück Alufolie legen.

Folie umschlagen und zu einer Baumstammform rollen. Enden fest verbinden.

SANDBÄRENKREBS MIT LIMONE-KORIANDER-BUTTER

Vorbereitungszeit: 10 Minuten + 1 Stunde zum Gefrieren
Garzeit: 5–6 Minuten
Für 4–6 Personen

☆

90 g Butter, geschmolzen
2 TL Limonenschale, feingerieben
2 EL Limonensaft
3 EL frisches Koriandergrün, gehackt
1 TL zerstoßener schwarzer Pfeffer
1 kg roher Australischer Sandbärenkrebs
3 Knoblauchzehen, zerdrückt
2 EL Öl

1 Butter, Limonenschale und -saft, Koriander und Pfeffer in einer Schüssel verrühren. Auf 1 Stück Alufolie füllen und zu einer Rolle formen. Die Enden zubinden, einfrieren, bis die Masse fest ist.

2 Krebse für 20–30 Minuten in ein Eis-Wasser-Gemisch legen.

3 Den Grill vorheizen. Krebse, Knoblauchzehen und Öl auf die Grillplatte oder aufs Backblech geben und 5–6 Minuten garen. Das Fleisch der Krebse sollte weiß sein und aus den Schalen brechen. Butter in Scheiben schneiden und zu den heißen Krebsen servieren.

PANIERTER FISCH

Den Grill vorheizen. 4 enthäutete Filets vom Petersfisch, Schnapper, Drückerfisch, Weißfisch oder Flunder auf ein eingeöltes Backblech legen und 3–4 Minuten grillen. 80 g Paniermehl mit 2 hartgekochten, zerkleinerten Eiern, 2 gehackten Frühlingszwiebeln, 50 g geschmolzener Butter und 1 Eßlöffel gehackter Petersilie mischen. Nach Geschmack würzen. Etwas von der Mischung auf die Fischfilets geben und leicht andrücken. 1–2 Minuten grillen, bis der Belag goldgelb ist. Für 4 Personen.

Rechts: Sandbärenkrebs mit Limone-Koriander-Butter

KÖSTLICHES VOM GRILL

GEGRILLTE GARNELEN MIT SÜSSEM GURKENESSIG

Vorbereitungszeit: 30 Minuten
Garzeit: 5 Minuten
Für 4 Personen

60 ml Weißweinessig
90 g feiner Zucker
2 EL Limonensaft
2 EL Fischsauce
1 langer roter Chili, entkernt und in dünne Scheiben geschnitten
1 langer grüner Chili, entkernt und in dünne Scheiben geschnitten
2 Frühlingszwiebeln, in Scheiben geschnitten
1 Salatgurke, geschält, halbiert, entkernt und in dünne Scheiben geschnitten
2 EL frisches Koriandergrün, gehackt
24 rohe Garnelen

1 Weißweinessig und Zucker verrühren und zum Kochen bringen. Abkühlen lassen. Limonensaft, Fischsauce, Chillies, Frühlingszwiebeln, Gurke und Koriander unterrühren.
2 Garnelen (mit Haut) bei mittlerer Hitze 1–2 Minuten grillen, bis ihr Fleisch rosa ist.
HINWEIS: Sie können Australische Flußkrebse verwenden. Sie haben eine längere Garzeit.

KRÄUTER-SCAMPI MIT SÜSSER APFELWEINSAUCE

Vorbereitungszeit: 15 Minuten + 1 Stunde zum Gefrieren und Marinieren
Garzeit: 5–10 Minuten
Für 4 Personen

12 rohe Scampi oder Australische Sandbärenkrebse
60 ml Olivenöl
125 ml Zitronensaft
2 Knoblauchzehen, zerdrückt
5 EL frische glatte Petersilie, feingehackt
2 EL frischer Dill, feingehackt
60 ml Apfelwein
30 g Butter

1 Sandbärenkrebse 1 Stunde ins Gefrierfach legen. Scampi oder Krebse der Länge nach halbieren. Nebeneinander in eine säurebeständige, flache Form legen. Olivenöl, Zitronensaft, Knoblauch, Petersilie und Dill verrühren und auf Scampi oder Krebse streichen. Abgedeckt 1 Stunde kühl stellen.
2 Anschließend die Meeresfrüchte 2 Minuten auf dem Grill garen. Wenden und weitere 2 Minuten grillen, bis das Fleisch zart ist (Krebse brauchen etwas länger). Auf einer Servierplatte arrangieren.
3 Den Apfelwein in einer kleinen Saucenpfanne auf zwei Drittel reduzieren. Bei mittlerer Hitze die Butter einrühren, bis diese vollständig geschmolzen ist. Über die Scampi oder Krebse gießen.

Oben: Gegrillte Garnelen mit süßem Gurkenessig

DAS GROSSE KOCHBUCH DER FISCHE & MEERESFRÜCHTE

GEGRILLTER KALMAR

Vorsichtig die Fangarme vom Kalmarkörper lösen.

Kopf unter den Augen abschneiden, Innereien entfernen.

Den Körperbeutel bzw. Mantel unter fließendem Wasser abspülen und die Haut abziehen.

Oben: Gegrillter Kalmar

GEGRILLTER KALMAR

Vorbereitungszeit: 40 Minuten + 30 Minuten zum Kühlen
Garzeit: 10 Minuten
Für 6 Personen

500 g Kalmar, kleines Exemplar (siehe Hinweis)
¼ TL Salz

Picada-Dressing

2 EL extra natives Olivenöl
2 EL frische glatte Petersilie, feingehackt
1 Knoblauchzehe, zerdrückt
¼ TL zerstoßener schwarzer Pfeffer
1 Prise Salz

1 Die Fangarme vom Körperbeutel des Kalmars abziehen (die Innereien sollten gleichzeitig herauskommen). Die Innereien von den Fangarmen entfernen, indem Sie den Kopf knapp unterhalb der Augen abschneiden. Das Kauwerkzeug, das sich in der Mitte der Fangarme befindet, vorsichtig mit den Fingern herausdrücken. Den durchsichtigen Knorpel am Ansatz der Fangarme entfernen.
2 Den Körperbeutel bzw. Mantel unter kaltem Wasser abspülen und die Haut abziehen. Körper und Fangarme gründlich abspülen und mit Küchenpapier trockentupfen. Alles in eine Schüssel legen, mit Salz bestreuen und gut vermischen. Abgedeckt 30 Minuten kalt stellen.
3 Eine leicht eingeölte Grillplatte erhitzen oder den Grill auf höchste Stufe vorheizen.
4 Für das Picada-Dressing Olivenöl, Petersilie, Knoblauch, Pfeffer und etwas Salz in einer Schale verrühren.
5 Kalmarmäntel portionsweise 2–3 Minuten grillen, bis diese weiß sind. Fangarme 1 Minute grillen, bis sie rundherum gebräunt sind bzw. sich zusammenrollen. Heiß servieren, mit dem Picada-Dressing beträufeln.
HINWEISE: Kaufen Sie den kleinsten Kalmar, den Sie bekommen können. Kleine Tiere sind zart und können im ganzen verarbeitet werden. Anstelle des Kalmars können Sie auch Tintenfisch, Oktopus, Garnelen oder große Fischstücke bzw. feste weißfleischige Fischfilets verwenden.
Bereiten Sie das Picada-Dressing unmittelbar vor dem Servieren zu, damit die Petersilie sich nicht verfärbt.

KÖSTLICHES VOM GRILL

GEGRILLTER BABY-OKTOPUS

Vorbereitungszeit: 15 Minuten + 3 Stunden zum Marinieren
Garzeit: 5 Minuten
Für 4 Personen

★★

1 kg Baby-Oktopus
185 ml Rotwein
2 EL Balsamico-Essig
2 EL Sojasauce
2 EL Hoisin-Sauce
1 Knoblauchzehe, zerdrückt

1 Den Oktopus gründlich abspülen und mit Küchenpapier trockentupfen. Mit einem kleinen, scharfen Messer Kopf und Kopfbeutel abschneiden. Wenn der Oktopus groß ist, die Fangarme einmal durchschneiden.
2 Den Oktopus in eine große Schüssel legen. Rotwein, Essig, Soja- und Hoisin-Sauce sowie Knoblauch vermischen und über den Oktopus gießen. Umrühren, damit der Oktopus vollständig mit der Marinade überzogen ist. Abgedeckt für einige Stunden in den Kühlschrank stellen, am besten über Nacht.
3 Backofengrill oder Grillplatte auf höchster Stufe vorheizen. Marinade abgießen und beiseite stellen. Den Oktopus portionsweise auf einer leicht eingeölten Grillplatte oder einem Backblech 3–5 Minuten grillen, bis das Fleisch weiß ist. Zwischenzeitlich die Marinade darüber gießen. Warm oder kalt servieren.

GARNELEN-ZITRONEN-GRAS-SPIESSE

400 g Garnelen enthäuten und entdarmen. 1½ TL brauner Zucker, 1½ TL Limonensaft, 2 TL grüne Currypaste und 2 feingehackte Limonenblätter verrühren. Garnelen zufügen, kühl stellen. 2 Zitronengrasstengel in 20 cm lange Stücke teilen, diese wiederum in 4 Teile schneiden, um 4 »Spieße« zu erhalten. Garnelen einschlitzen und auf das Zitronengras spießen. Grillen, bis die Garnelen gar sind. Mit einer Salsa servieren, die aus 1 feingehackten Mango, 2 TL Limonensaft, 1 TL Limonenrinde und ½ TL geriebenem Palmzucker angerührt wird. Für 4 Personen.

MEERESFRÜCHTE GRILLEN
Den Grill rechtzeitig vorbereiten. Für Oktopus und Schalentiere muß die Temperatur sehr hoch sein, für alle anderen Fische reicht mittlere Hitze. Machen Sie einen Test, indem Sie die Hand über die Grillplatte halten. Wenn Sie bei der höchsten Stufe länger als 2–3 Sekunden, bei der mittleren Stufe länger als 3–4 Sekunden Ihre Hand darüber halten können, ist die Temperatur noch zu niedrig. Für Gerichte wie den Oktopus ist es wichtig, daß Sie die Marinade gut abgießen, damit er schnell gar wird und nicht in der Marinade schmort. Falls Ihr Grill klein ist, grillen Sie die Meeresfrüchte portionsweise, damit die Hitze gleichmäßig hoch bleibt.

Oben:
Gegrillter Baby-Oktopus

GERÄUCHERTE MEERESFRÜCHTE

Heißräuchern können Sie selbst, während Kalträuchern professionellen Räuchereien vorbehalten ist. Geräucherter Fisch ist 3–5 Tage haltbar.

Räucherlachs wird auf professionelle Art und Weise kaltgeräuchert. Der Räuchervorgang erfolgt bei niedriger Temperatur und dauert mehrere Tage. Der Fisch wird nicht gekocht. Wir beschreiben auf diesen Seiten, wie Sie mit einem Kesselgrill heißräuchern können. Die Methode eignet sich vor allem für ganze Forellen und Makrelen. Auf dem Grill wird der Fisch gleichzeitig gegart und geräuchert.

DEN FISCH EINLEGEN
Vor dem Räuchern muß der Fisch in eine milde Salzlake eingelegt oder mit großen Mengen Salz eingerieben werden. Um festzustellen, ob die Salzlake kräftig genug ist, gibt es ein einfaches Hilfsmittel: Prüfen Sie, ob eine Kartoffel in der Lake schwimmt. Wenn sie nicht schwimmt, fügen Sie soviel Salz hinzu, bis die Kartoffel nicht mehr sinkt. Stimmt die Mischung, legen Sie den Fisch für 3 Stunden in die Lake, ausgenommenen Fisch für 2 Stunden. Fischfilets benötigen lediglich 30 Minuten. Anschließend muß der ganze Fisch gesäubert und ausgenommen werden. Sie können auf das Einlegen auch verzichten. Allerdings ist der Fisch dann nicht lange haltbar und muß sofort gegessen werden. Im allgemeinen wird ganzer, nicht ausgenommener Fisch heißgeräuchert.

DIE RICHTIGEN HOLZARTEN

Für Heißräuchern empfohlene Hölzer sind etwa Hickory, Eiche, Apfel oder roter Gummibaum. Sie können aber auch jedes andere Hartholz verwenden. In Spezialgeschäften finden Sie etliche Sorten. Harziges Holz sollten Sie vermeiden, da es den Geschmack des Fisches beeinträchtigt. Fügen Sie je nach Geschmack Kräuter hinzu wie etwa Thymian, Rosmarin oder Lorbeerblatt.

GANZEN FISCH RÄUCHERN

Wenn Sie zu Hause räuchern wollen, benötigen Sie einen Kesselgrill mit entsprechendem Deckel oder eine Räucherbox. Das folgende Rezept gilt für das populärere Heißräuchern mit dem Kesselgrill.

1 Eine Handvoll Holzspäne in eine säurebeständige Schüssel geben, 125 ml Weißwein oder Wasser zufügen und 1 Stunde ruhen lassen. Anschließend abgießen.
2 In der Zwischenzeit die Grillkohlen anzünden, warten, bis sie weiß glühen.
3 Das Innere von 4 ganzen Regenbogenforellen mit dünnen Scheiben von 1 Limone und 1 roten Zwiebel füllen. Binden Sie einen Strauß von frischen Kräutern um die Schwänze. Gut geeignet sind Lorbeerblätter, Dill- und Petersilienzweige sowie Thymian.
4 Vorsichtig den Rost anheben und die Holzspäne zu den Kohlen geben.
5 Forellen direkt auf den leicht eingeölten Rost oder auf 2 Lagen Alufolie legen. Leicht mit Olivenöl einsprühen und großzügig mit Meersalz und zerstoßenem schwarzem Pfeffer bestreuen. Zugedeckt 7–15 Minuten räuchern bzw. solange, bis der Fisch leicht zerfällt.

FISCHFILETS RÄUCHERN

Fischfilets werden auf dieselbe Weise geräuchert, die Garzeit hängt von der Größe der Filets ab. Filets von fettem Fisch eignen sich am besten.

MUSCHELN RÄUCHERN

Sie müssen nicht in eine Salzlake eingelegt werden. Muscheln gründlich abbürsten und die Bärte entfernen. Diejenigen wegwerfen, die sich nach einem leichten Klopfen nicht wieder schließen. In eine Auflaufform legen und diese in den vorbereiteten Grill setzen. Zugedeckt 3–5 Minuten räuchern.

DAS GROSSE KOCHBUCH DER FISCHE & MEERESFRÜCHTE

KAMMUSCHELN EN BROCHETTE

Vorbereitungszeit: 25 Minuten
Garzeit: 15 Minuten
Für 4–6 Personen

★★

36 Kammuscheln
185 ml Weißwein
1 EL Zitronensaft
20 g Petersilienzweige
2 Knoblauchzehen, zerdrückt
4 dünne Scheiben durchwachsener Speck ohne Schwarte, in 5 cm lange Streifen geschnitten
30 g Butter, geschmolzen
1 kleine Zwiebel, feingehackt
2 EL Weißweinessig
1/2 TL Speisestärke
80 ml Sahne
Salz und Pfeffer

KAMMUSCHELN
Frische Kammuscheln – am bekanntesten sind Jakobsmuscheln – sind mit und ohne Schale erhältlich. Achten Sie beim Kauf darauf, daß ihr Fleisch saftig und cremig-weiß ist. Der Rogen, sofern er nicht entfernt wurde, sollte ganz sein und glänzen. Kaufen Sie niemals Kammuscheln, die in Flüssigkeit schwimmen, denn das Wasser wird mitgewogen und die Muscheln sind also teurer. Zudem stört das Wasser beim Garen. Das Resultat: Die Muscheln schmoren im Wasser und werden hart. Garen Sie Kammuscheln kurz bei starker Hitze, bis sie weiß werden. Geben Sie lieber etwas mehr Geld aus und kaufen frische Kammmuscheln, denn diese haben ein köstliches, mildes Aroma.

Rechts: Kammuscheln en brochette

1 12 Holzspieße für 30 Minuten in Wasser einweichen, damit sie später nicht anbrennen. Von den Muscheln Adern, Häute und den harten, weißen Muskel entfernen. In einem Topf Weißwein und Zitronensaft erhitzen, die Muscheln zufügen und 1 Minute kochen lassen, bis sie undurchsichtig sind. Muscheln abgießen, die Flüssigkeit aufbewahren.
2 Petersilie und Knoblauch in einer Küchenmaschine 30 Sekunden zerkleinern. Die Mischung auf ein Brett verteilen und Muscheln darin wenden, bis sie völlig bedeckt sind.
3 Abwechselnd Muscheln (3 pro Spieß) und aufgerollte Schinkenstücke auf die Spieße stecken. Die Brochettes mit der Butter einpinseln, mit Salz und Pfeffer würzen.
4 In einem Topf Zwiebel, Essig und Muschel-Flüssigkeit erhitzen. 5 Minuten kochen bzw. bis die Flüssigkeit auf 2 Eßlöffel reduziert ist. Die mit der Speisestärke verrührte Sahne unterziehen. Bei niedriger Hitze solange rühren, bis die Flüssigkeit eindickt. Warm halten.
5 Den Grill auf mittlerer Stufe vorheizen und die Brochettes 5 Minuten garen, bis der Speck gar ist. Die Brochettes öfter wenden. Sofort mit Pasta oder auf einem Bett aus Reis und heißer Sauce servieren.
HINWEISE: Brochettes und Sauce können Stunden im voraus zubereitet und kalt gestellt werden. Kurz vor dem Servieren die Spieße grillen und die Sauce erwärmen.
Statt Kammuscheln können Sie auch Würfel von weißfleischigem Fisch verwenden.

GEGRILLTE SARDINEN

Vorbereitungszeit: 25 Minuten + 2 Stunden zum Marinieren
Garzeit: 6 Minuten
Für 4 Personen

8 große frische Sardinen
8 frische Zitronenthymianzweige
3 EL extra natives Olivenöl
2 Knoblauchzehen, zerdrückt
1 TL Zitronenschale, feingerieben
2 EL Zitronensaft
1 TL Kreuzkümmel, gemahlen
Zitronenscheiben zum Servieren

1 Die Sardinen vorsichtig vom Kopf bis zum Schwanz aufschneiden und die Innereien entfernen. Gründlich abspülen und mit Küchenpapier innen und außen trockentupfen. In jede Sardine 1 Thymianzweig legen. Die Sardinen in eine flache, säurebeständige Auflaufform legen.

2 Olivenöl, Knoblauch, Zitronenschale, -saft und Kreuzkümmel vermischen und über die Sardinen geben. Abgedeckt 2 Stunden kalt stellen.

3 Sardinen 2–3 Minuten im vorgeheizten Grill garen, oder bis das Fleisch beim Gabeltest auseinanderbricht. Mit Zitronenscheiben servieren.

KAMMUSCHELN MIT ZITRONEN-KRÄUTERBUTTER

In einer Schüssel 60 g geschmolzene Butter, 1 Teelöffel geriebene Zitronenschale, 1 Eßlöffel gehackten Kerbel, 1 Eßlöffel Schnittlauch und 1 Eßlöffel Zitronensaft verrühren. 24 Kammuscheln mit der Fleischseite nach unten auf den Grill legen und garen, bis sie leicht goldgelb sind. Muscheln umdrehen und Stücke der Zitronen-Kräuterbutter darauf legen. Garen, bis die Butter zerläuft. Zum Servieren die Muscheln mit Kräutern bestreuen, mit Zitronenscheiben reichen. Für 4–6 Personen.

Oben:
Gegrillte Sardinen

DAS GROSSE KOCHBUCH DER FISCHE & MEERESFRÜCHTE

SCHWERTFISCH
Der Fisch trägt seinen Namen wegen der schwertähnlichen Verlängerung des Oberkiefers. Er lebt weltweit in gemäßigten Gewässern. Das milde und sehr aromatische Fleisch des Schwertfisches mit seiner »fleischigen« Struktur eignet sich vorzüglich für Gerichte mit einem kräftig-würzigen Geschmack wie Schwertfisch Cajun.

Gegenüber: Schwertfisch Cajun (oben); Tandoori-Fischkoteletts

SCHWERTFISCH CAJUN

Vorbereitungszeit: 15 Minuten
Garzeit: 10 Minuten
Für 4 Personen

1 EL Knoblauchpulver
1 EL Zwiebelpulver
2 TL weißer Pfeffer
2 TL zerstoßener schwarzer Pfeffer
2 TL getrockneter Thymian
2 TL getrockneter Oregano
4 Schwertfischsteaks
Öl zum Grillen
Limonenscheiben zum Servieren
Joghurt, wahlweise, zum Servieren

1 Gewürze und Kräuter in einer Schale mischen.
2 Schwertfischsteaks mit Küchenpapier trockentupfen, anschließend die Steaks in der Gewürz-Kräutermischung wenden. Rest abschütteln.
3 Den Grill vorheizen und mit etwas Öl beträufeln. Die Steaks von jeder Seite 3–5 Minuten garen. Dickere Steaks benötigen etwas länger. Mit Limonenscheiben und nach Wunsch mit Joghurt servieren.
HINWEIS: Anstelle des Schwertfisches können Sie auch Thunfisch, Königsmakrele, Große Goldmakrele oder Marlin verwenden.

TANDOORI-FISCHKOTELETTS

Vorbereitungszeit: 15 Minuten + 1 Nacht zum Marinieren
Garzeit: 8 Minuten
Für 4 Personen

4 Fischkoteletts (Blue-Eye-Bastardmakrele, Schnapper, Warehou)
60 ml Zitronensaft
1 Zwiebel, feingehackt
2 Knoblauchzehen, zerdrückt
1 EL frischer Ingwer, gerieben
1 frischer roter Chili
1 EL Garam Masala
1 TL Paprika
1/4 TL Salz
500 g Naturjoghurt
rote und gelbe Lebensmittelfarbe

1 Fischkoteletts mit Küchenpapier trockentupfen und in einer flachen, säurebeständigen Auflaufform arrangieren. Den Fisch von beiden Seiten mit Zitronensaft beträufeln.
2 Zwiebel, Knoblauch, Ingwer, Chili, Garam Masala, Paprika und Salz in einer Küchenmaschine verrühren, bis eine glatte Mischung entsteht. Mit dem Joghurt mischen. Lebensmittelfarbe zufügen, bis die typische tieforange Tandoori-Farbe entsteht. Den Fisch mit der Marinade bedecken und über Nacht in den Kühlschrank stellen.
3 Den Grill vorheizen. Die Marinade von den Fischkoteletts entfernen. Diese von jeder Seite 3–4 Minuten grillen, oder bis das Fleisch beim Gabeltest zerfällt. Zu den Koteletts schmecken Joghurt und junger Spinat.

GEGRILLTER FISCH

Vorbereitungszeit: 5 Minuten
Garzeit 5–10 Minuten
Für 4 Personen

30 g Butter, geschmolzen
4 Fischfilets ohne Haut (Barsch, Schnapper, Kabeljau, Brasse, Weißfisch, Krokodilfisch, Petersfisch)
Salz und Pfeffer
Zitronenscheiben zum Servieren

1 Den Grill vorheizen und ein Blech mit der Butter einstreichen.
2 Fischfilets aufs Blech legen, mit der restlichen Butter einpinseln und leicht mit Salz und Pfeffer bestreuen.
3 Die Filets 5–10 Minuten grillen bzw. bis das dickste Stück beim Gabeltest zerfällt. Die Garzeit hängt von der Dicke der Filets ab. Mit Zitronenscheiben servieren.
HINWEIS: Nach Wunsch können Sie die Filets während des Grillens mit Zitronensaft beträufeln.

KÖSTLICHES VOM GRILL

DAS GROSSE KOCHBUCH DER FISCHE & MEERESFRÜCHTE

Oben: Garnelen mit Dill-Mayonnaise

GARNELEN MIT DILL-MAYONNAISE

Vorbereitungszeit: 15 Minuten + 2 Stunden zum Marinieren
Garzeit: 10–15 Minuten
Für 4 Personen

Marinade

125 ml Olivenöl
80 ml Zitronensaft
2 EL grobkörniger Senf
2 EL Honig
2 EL frischer Dill, gehackt

20 rohe große Garnelen

Dill-Mayonnaise

185 g Mayonnaise
2 EL frischer Dill, gehackt
1½ EL Zitronensaft
1 Gewürzgurke, kleingehackt
1 TL Kapern aus dem Glas, abgetropft, gehackt
1 Knoblauchzehe, zerdrückt

1 Olivenöl, Zitronensaft, Senf, Honig und frischen Dill in einer Schüssel zur Marinade verrühren. Die Garnelen damit begießen und für mindestens 2 Stunden kalt stellen, gelegentlich wenden.
2 Mayonnaise, Dill, Zitronensaft, Gewürzgurke, Kapern und Knoblauch zur Dill-Mayonnaise verrühren. In eine Servierschüssel füllen und kalt stellen.
3 Das Grillblech leicht einölen. Die abgetropften Garnelen portionsweise auf hoher Stufe 4 Minuten garen, dabei häufig wenden. Sie sind gar, wenn sie eine rosa Farbe haben. Mit der Dill-Mayonnaise servieren.

THUNFISCH MIT SOJASAUCE UND HONIG

Vorbereitungszeit: 15 Minuten + 1 Stunde zum Kühlen
Garzeit: 8–10 Minuten
Für 4 Personen

4 Thunfischsteaks
1 Stück frischer Ingwer à 10 cm, geschält und in Juliennestreifen geschnitten
2 Frühlingszwiebeln, kleingehackt
2 EL Honig
2 EL Balsamico-Essig
125 ml milde Sojasauce

1 Thunfischsteaks, Ingwer und Frühlingszwiebeln in eine flache, säurebeständige Auflaufform legen.
2 Honig, Balsamico-Essig und Sojasauce in einer Schüssel zur Marinade verrühren und über die Thunfischsteaks geben. 1 Stunde kühlen.
3 Den Grill vorheizen. Steaks von jeder Seite 3–4 Minuten garen. Die Garzeit hängt von der Dicke der Steaks ab.
HINWEIS: Schwertfisch, Marlin und Königsmakrele schmecken mit dieser Marinade ebensogut.

LACHS MIT DILL-SAHNE

Vorbereitungszeit: 25 Minuten
Garzeit: 25 Minuten
Für 4 Personen

4 Baby-Lachse
4 Knoblauchzehen, geschält
2 Zitronen, in Scheiben geschnitten
8 frische Lorbeerblätter
8 frische Petersilienzweige
8 frische Thymianzweige
Olivenöl zum Bestreichen

Dill-Sahne

90 g Butter
250 ml Fischfond
1½ TL grobkörniger Senf
250 ml Sahne
2 EL Zitronensaft
3 EL frischer Dill, gehackt
Salz und Pfeffer

1 Den Grill vorheizen. Lachs abspülen und innen und außen mit Küchenpapier trockentupfen. Jeden Lachs mit 1 Knoblauchzehe, einigen Zitronenscheiben und 1 Lorbeerblatt füllen. Jeweils 1 Petersilien- und Thymianzweig zusammenbinden und am Schwanz befestigen. Beide Seiten des Fisches mit Olivenöl bepinseln.

2 Für die Dill-Sahne die Butter in einem Topf schmelzen, Fischfond, Senf und Sahne zufügen. Zum Kochen bringen und bei reduzierter Hitze 15 Minuten köcheln lassen, bis die Sauce eindickt. Zitronensaft und Dill unterrühren. Beiseite stellen und warm halten. Je nach Geschmack mit Salz und Pfeffer würzen.

3 Während die Dill-Sahne köchelt, den Lachs von beiden Seiten 3–6 Minuten garen. Den Fisch vorsichtig wenden. Die Kräuter entfernen. Zum Servieren frische Zweige zusammenbinden und wieder am Schwanz befestigen. Lachs warm mit der Dill-Sahne servieren.

HINWEIS: Sie können auch Regenbogenforellen grillen. Sie schmecken ähnlich und passen gut zur Dill-Sahne-Sauce.

KÖSTLICHES VOM GRILL

Unten: Lachs mit Dill-Sahne

MEERESFRÜCHTE MIT PASTA, REIS & NUDELN

Viel Zeit ist vergangen, seitdem unsere Vorfahren nach Getreide suchten, nach Fisch jagten oder nach Muscheln gruben. Es ist wahrscheinlich, daß sie niemals daran gedacht haben, unterschiedliche Geschmacksrichtungen in ihren Steinschalen zu vermischen. Geschweige denn, ihr Essen mit einigen Spritzern Zitronensaft oder einer Prise Salz zu verfeinern! Heutzutage essen die Menschen nicht mehr allein um der Nahrung willen, und so ist es nur natürlich, daß kreative Köche unsere Lebensfreude steigern, wenn sie unterschiedliche Aromen mischen und Grundnahrungsmittel wie Pasta und Reis mit Meeresfrüchten servieren.

MEERESFRÜCHTE-RISOTTO

Miesmuscheln gründlich abbürsten und dann die Bärte herausziehen.

Einen Teil des Fonds unter den Reis rühren, bis er fast vollständig aufgesogen ist.

Die Miesmuscheln zugedeckt in einem Topf mit Wasser kochen, bis sich alle Schalen geöffnet haben.

Frische Kräuter und geriebenen Parmesan ins fertige Risotto rühren.

Rechts:
Meeresfrüchte-Risotto

MEERESFRÜCHTE-RISOTTO

Vorbereitungszeit: 25 Minuten
Garzeit: 45–50 Minuten
Für 4 Personen

8–10 Miesmuscheln
8 rohe mittelgroße Garnelen
150 g weiße Fischfilets ohne Haut (Seelachs, Blue-Eye-Bastardmakrele, Lengfisch, Kabeljau)
1,75 l Fisch- oder Geflügelfond
2 EL Öl
2 Zwiebeln, kleingehackt
2 Knoblauchzehen, feingehackt
1 Selleriestange, kleingehackt
440 g Arborio-Reis
2 EL frische Petersilie, gehackt
1 EL frischer Oregano, gehackt
1 EL frischer Thymian, gehackt
2 EL frischer geriebener Parmesan
Salz und Pfeffer

1 Muscheln mit einer harten Bürste reinigen und die Bärte herausziehen. Beschädigte Muscheln oder solche, die sich nach einem leichten Klopfen nicht schließen, wegwerfen. Muscheln gut abspülen und kühl stellen.
2 Garnelen häuten, den Schwanz intakt lassen. Den Darm aus dem Garnelenrücken ziehen. Garnelen und Fischfilet abgedeckt kühl stellen.
3 Fischfond in einem Topf zum Kochen bringen. Hitze reduzieren, bis der Fond leicht köchelt, Deckel auflegen.
4 Bei mittlerer Hitze in einer großen Pfanne Öl erhitzen. Zwiebeln, Knoblauch und Sellerie zufügen und 2–3 Minuten dünsten. 2 Eßlöffel Wasser zugießen und abgedeckt 5 Minuten köcheln lassen, bis das Gemüse gar ist. Den Reis hineingeben und bei mittlerer Hitze 3–4 Minuten umrühren, bis die Reiskörner mit den anderen Zutaten gut vermischt sind.
5 Nach und nach 125 ml heißen Fond zugeben, bei leichter Hitze mit einem Holzlöffel umrühren, bis der Reis den Fond vollständig aufgesogen hat. Wiederholen, bis nur noch ein kleiner Fondrest übrig und der Reis zart ist.
6 In der Zwischenzeit 60 ml Wasser zum Kochen bringen. Muscheln hineinlegen und zugedeckt 4–5 Minuten kochen, bis die Muscheln sich geöffnet haben Den Topf ab und zu leicht schwenken. Abgießen und geschlossene Muscheln wegwerfen. Beiseite stellen.
7 Fischfilet, Garnelen und restlichen Fond zum Reis geben und umrühren. 5–10 Minuten kochen, bis die Meeresfrüchte gar sind. Vom Herd nehmen, die Muscheln unterheben. Abgedeckt 5 Minuten ruhen lassen. Kräuter und Parmesan zum Risotto geben. Nach Geschmack würzen.

MEERESFRÜCHTE MIT PASTA, REIS & NUDELN

GARNELEN-RAVIOLI MIT BASILIKUMBUTTER

Vorbereitungszeit: 30 Minuten + 30 Minuten zum Kühlen
Garzeit: 20 Minuten
Für 4 Personen

500 g rohe mittelgroße Garnelen
1 EL frischer Schnittlauch, gehackt
1 Eiweiß, leicht verquirlt
350 ml Sahne
200 g Gow-Gee-Hüllen
1 Ei, leicht verquirlt
Salz und Pfeffer

Basilikumbutter

90 g Butter
1 Knoblauchzehe, zerdrückt
15 g frische Basilikumblätter, feingehackt
40 g Pinienkerne
frisch gemahlener schwarzer Pfeffer

1 Garnelen schälen und vorsichtig entdarmen. Zusammen mit Schnittlauch und Eiweiß in einer Küchenmaschine zerkleinern, mit Salz und Pfeffer würzen. Die Sahne zugießen und gut verrühren, ohne daß die Masse gerinnt. In eine Schüssel umfüllen und 30 Minuten kühl stellen.
2 Auf die Hälfte der Gow-Gee-Hüllen 2–3 Teelöffel Garnelenfarce geben. Den Rand mit verquirltem Eiweiß bestreichen, dann mit den restlichen Hüllen belegen. Die Ränder fest andrücken. Portionsweise in einem Topf mit kochendem Wasser 4 Minuten garen. Vorsichtig abgießen, um die Garnelen-Ravioli nicht zu beschädigen. Auf vorgewärmten Tellern anrichten.
3 Butter in einer Pfanne schmelzen und den Knoblauch so lange rösten, bis er duftet. Basilikumblätter, Pinienkerne und etwas schwarzen Pfeffer zugeben und köcheln lassen, bis die Butter nussig-braun ist. Basilikumbutter über die Ravioli träufeln und sofort servieren.
HINWEIS: Gow-Gee-Hüllen erhalten Sie in Asienläden.

PINIENKERNE

Sie stammen aus den Zapfen der Pinie, einer im Mittelmeerraum beheimateten Kiefernart. Pinienkerne enthalten natürliche Öle. Vor allem in der mediterranen Küche und in der des Mittleren Ostens werden sie gern verwendet. In der Pfanne geröstet, verstärkt sich ihr Aroma. In nebenstehendem Rezept zerkleinert man die Kerne zusammen mit Basilikum und Knoblauch zu einem Pesto. Das Aroma läßt sich auch in vielen anderen Gerichten nutzen.

Oben: Garnelen-Ravioli mit Basilikumbutter

DAS GROSSE KOCHBUCH DER FISCHE & MEERESFRÜCHTE

Oben: Meeresfrüchte-Lasagne

MEERESFRÜCHTE-LASAGNE

Vorbereitungszeit: 15 Minuten
Garzeit: 45 Minuten
Für 4–6 Personen

250 g Instant-Lasagneblätter
125 g Kammuscheln
500 g rohe mittelgroße Garnelen
500 g weiße Fischfilets ohne Haut (Blauer Weißfisch, Schnapper, Gemfish, Lengfisch)
125 g Butter
1 Porreestange (nur der weiße Teil), in dünne Scheiben geschnitten
85 g Mehl
500 ml Milch
500 ml trockener Weißwein
125 g geriebener Cheddar
125 ml Sahne
60 g geriebener Parmesan
2 EL frische Petersilie, gehackt
Salz und Pfeffer

1 Den Backofen auf 180 °C vorheizen. Eine feuerfeste, flache Auflaufform (ca. 30 cm lang) einfetten und mit Lasagneblättern auslegen.
2 Von den Kammuscheln alle Adern, Häute und harten, weißen Muskeln entfernen.
3 Garnelen schälen und entdarmen. Filets in gleich große Stücke schneiden.
4 Butter bei schwacher Hitze schmelzen, Porree zufügen und unter Rühren bei mittlerer Hitze 1 Minute weich dünsten. Mehl zugeben und 1 Minute rühren, bis es hell aufschäumt. Topf vom Herd nehmen und nach und nach Milch und Wein zugießen. Bei mittlerer Hitze köcheln lassen, bis die Sauce eindickt. Hitze reduzieren und 2 Minuten ziehen lassen. Den Cheddar unterrühren und mit Salz und Pfeffer würzen.
5 Die Hälfte der Meeresfrüchte auf den Lasagneblättern verteilen, dann erneut mit Lasagneblättern belegen. Restliche Meeresfrüchte darüber geben und mit Lasagneblättern bedecken.
6 Sahne darüber gießen und mit Parmesan und Petersilie bestreuen. 30 Minuten backen, bis der Käse zerläuft bzw. goldbraun ist.

SPAGHETTI MIT KALMARTINTE

Vorbereitungszeit: 20 Minuten
Garzeit: 20 Minuten
Für 4–6 Personen

500 g kleine Kalmarmäntel
375 g Spaghetti
4 EL extra natives Olivenöl
3 Knoblauchzehen, zerdrückt
1 Zwiebel, kleingehackt
80 ml Weißwein
12 g Kalmartinte
Salz und Pfeffer

1 Kalmarmäntel halbieren und anschließend in Streifen schneiden.

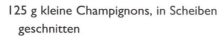

2 Spaghetti in einem großen Topf mit sprudelndem Wasser *al dente* kochen. Abgießen und warm halten.
3 In einer großen, tiefen Bratpfanne 2 Eßlöffel Öl erhitzen, Knoblauch und Zwiebel unter Rühren bei mittlerer Hitze goldgelb dünsten. Wein zugießen und 5 Minuten kochen, bis die Flüssigkeit auf die Hälfte reduziert ist. Bei schwacher Hitze Kalmartinte unterrühren. Spaghetti vorsichtig in der Sauce wenden. Mit Salz und Pfeffer würzen.
4 Restliches Öl erhitzen und Kalmar bei starker Hitze portionsweise 1 Minute unter Rühren anbraten. Er sollte weiß und zart sein. Über die Spaghetti geben.

FARFALLE MIT THUNFISCH, PILZEN UND SAHNE

Vorbereitungszeit: 10 Minuten
Garzeit: 15 Minuten
Für 4 Personen

60 g Butter
1 EL Olivenöl
1 Zwiebel, gehackt
1 Knoblauchzehe, zerdrückt
125 g kleine Champignons, in Scheiben geschnitten
250 ml Sahne
450 g Thunfisch aus der Dose, abgetropft und zerpflückt
1 EL Zitronensaft
1 EL frische Petersilie, gehackt
500 g Farfalle
Salz und Pfeffer

1 Butter und Olivenöl in einer großen Bratpfanne erhitzen. Zwiebel und Knoblauch zufügen und bei schwacher Hitze 3–5 Minuten dünsten, bis die Zwiebel weich ist.
2 Pilze zugeben und 2 Minuten braten. Sahne zugießen und aufkochen. Bei niedriger Hitze köcheln lassen, bis die Sahne eindickt. Thunfisch, Zitronensaft und Petersilie hineingeben und erhitzen. Mit Salz und Pfeffer abschmecken.
3 Während die Sauce kocht, die Farfalle in einem großen Topf mit sprudelndem Wasser *al dente* kochen. Abgießen und wieder in den Topf füllen. Die Pasta vorsichtig in der Sauce wenden und sofort servieren.
HINWEISE: Sie können auch Lachs aus der Dose verwenden.
Farfalle gibt es in unterschiedlichen Größen und Geschmacksrichtungen, beispielsweise mit Tomaten- oder Spinataroma.

KALMARTINTE
Um sich zu verteidigen bzw. Raubtiere zu vertreiben, setzen Kalmar und Oktopus Tinte ein. Diese wird ins Wasser gefeuert und formt eine Wolke, etwa so groß wie Kalmar oder Oktopus selbst sind. Diese Wolke ermöglicht die Flucht und verwirrt den räuberischen Angreifer. Kalmartinte ist heutzutage ein gern verwendeter Pasta-Farbstoff. Sepia, das Pigment aus dem Tintenbeutel, wurde bereits in der Antike von den Römern als Tinte genutzt.

Links: Farfalle mit Thunfisch, Pilzen und Sahne

DAS GROSSE KOCHBUCH DER FISCHE & MEERESFRÜCHTE

MEERESFRÜCHTE MIT PASTA, REIS & NUDELN

LACHS-PASTA-FRITTATA

Vorbereitungszeit: 25 Minuten + 10 Minuten zum Quellen
Garzeit: 35–40 Minuten
Für 6 Personen

150 g Spaghettini (siehe Hinweis)
300 g dicke Bohnen
415 g roter Lachs aus der Dose, abgetropft
30 g Butter
1 Porreestange (nur der weiße Teil), in dünne Scheiben geschnitten
6 Eier, leicht verquirlt
125 ml Sahne
185 ml Milch
Salz und zerstoßener schwarzer Pfeffer
grüner Blattsalat zum Servieren

1 Spaghettini in einem großen Topf mit sprudelnd kochendem Wasser *al dente* garen. Abgießen. Dicke Bohnen in eine Schüssel legen und vollständig mit kochendem Wasser bedecken, 10 Minuten ruhen lassen. Abgießen und die äußeren Hüllen entfernen. Haut und Gräten vom Lachs lösen und das Fleisch grob zerkleinern.
2 Die Butter in einer Pfanne schmelzen, den Porree zufügen und bei mittlerer Hitze weich, aber nicht braun dünsten. In einer großen Schüssel Pasta, Bohnen, Porree, Lachs, Eier, Sahne und Milch vermischen. Mit Salz und schwarzem Pfeffer würzen.
3 Die Masse in eine leicht gefettete, mittelgroße feuerfeste Pfanne (25 cm Durchmesser) füllen. Mit Folie oder einem Deckel verschließen und 25 Minuten bei schwacher Hitze garen.
4 In der Zwischenzeit den Grill vorheizen. Die Pfanne unter den Grill stellen (den Griff mit Folie umwickeln, um ihn vor der Hitze zu schützen) und backen, bis die Oberfläche gar ist. Die Pfanne 5 Minuten zur Seite stellen. Dann die Frittata vorsichtig vom Pfannenrand lösen. Eine große Platte auf die Pfanne legen, Pfanne stürzen und die Frittata auf die Platte gleiten lassen. Im ganzen servieren oder in Stücke schneiden. Einen grünen Blattsalat dazu reichen.
HINWEISE: Spaghettini sind eine dünnere Spaghetti-Version.
Sie können für dieses Gericht auch rosa Lachs oder Thunfisch aus der Dose verwenden. Achten Sie beim Thunfisch auf gute Qualität, damit er nicht zu trocken ist.

LACHS MIT ZITRONEN-CANNELLONI

Vorbereitungszeit: 25 Minuten
Garzeit: 40 Minuten
Für 4–6 Personen

Füllung

415 g rosa Lachs aus der Dose
250 g Ricotta
1 EL Zitronensaft
1 Eigelb, leicht verquirlt
2 EL Zwiebel, feingehackt
Salz und Pfeffer

Sauce

125 g Butter
85 g Mehl
685 ml Milch
1 TL Zitronenschale, feingerieben
1/4 TL Muskatnuß, gerieben
Salz und Pfeffer

16 Cannelloni
1–2 EL frischer Dill, gehackt, zum Garnieren

1 Den Lachs abtropfen lassen, Flüssigkeit für die Sauce aufbewahren. Haut und Gräten entfernen. Das Fleisch zerpflücken und mit dem Ricotta mischen. Zitronensaft, Eigelb und Zwiebel in eine Schüssel geben. Etwas Salz und Pfeffer nach Geschmack zufügen.
2 Bei schwacher Hitze die Butter in einer Pfanne schmelzen. Das Mehl 1 Minute rühren, bis die Butter hell aufschäumt. Vom Herd nehmen und nach und nach die Milch zugießen. Unter ständigem Rühren aufkochen lassen, bis die Mischung eindickt. Bei reduzierter Hitze 2 Minuten köcheln lassen. Die Lachsflüssigkeit zugießen, Zitronenschale, Muskatnuß sowie Salz und Pfeffer zufügen und verrühren. Abkühlen lassen.
3 Den Backofen auf 180 °C vorheizen. Mit einem Löffel die Lachs-Ricotta-Mischung in die Cannelloni füllen. Ein Drittel der Sauce in eine flache, ofenfeste Auflaufform füllen und die Cannelloni nebeneinander hineinlegen. Die restliche Sauce darüber gießen – es sollten alle Cannelloni bedeckt sein. Etwa 30 Minuten backen, bis die Sauce leicht sprudelt. Mit frischem Dill garnieren.

LACHS
Der Fisch wandert zwischen Flüssen und Meer. Im Süßwasser verbringt der Lachs seine Jugend. Dann geht es in den Nordatlantik oder Pazifik, wo er zum laichreifen Fisch heranwächst. Dem schottischen Lachs – wie übrigens den meisten anderen Arten auch – haftet schon etwas Heldenhaftes an. Mutig sucht er seinen Weg durch reißende Ströme, um seine Eier an seinem Geburtsort abzulegen. Das Fleisch des Lachses ist fett, rosafarben und zart. Man kann es auf unterschiedlichste Weise zubereiten und verwenden. Warm und kalt ist es ein Genuß.

*Gegenüber:
Lachs-Pasta-Frittata
(oben); Lachs mit
Zitronen-Cannelloni*

DAS GROSSE KOCHBUCH DER FISCHE & MEERESFRÜCHTE

GARNELEN-SAFRAN-RISOTTO

Vorbereitungszeit: 20 Minuten
Garzeit: 40 Minuten
Für 4 Personen

¼ TL Safranfäden
500 g rohe mittelgroße Garnelen
60 ml Olivenöl
2 Knoblauchzehen, zerdrückt
3 EL frische Petersilie, gehackt
60 ml trockener Sherry
60 ml Weißwein
1,5 l Fischfond
1 Zwiebel, gehackt
440 g Arborio-Reis
Salz und zerstoßener schwarzer Pfeffer

1 Safranfäden in heißem Wasser einweichen. Garnelen schälen, den Darm herausziehen, dabei die Schänze intakt lassen.

2 Die Hälfte des Olivenöls in einer Pfanne erhitzen. Knoblauch, Petersilie und Garnelen zufügen und mit Salz und Pfeffer würzen. 2 Minuten dünsten, dann Sherry, Wein, Safranfäden mit Einweichwasser zugeben. Solange köcheln lassen, bis die Flüssigkeit zur Hälfte reduziert ist. Fischfond und 250 ml Wasser zugießen. Abgedeckt köcheln lassen.

3 In einer gußeisernen Pfanne das restliche Öl erhitzen. Die Zwiebel 3 Minuten darin dünsten, bis sie goldgelb ist. Reis zufügen und 3 Minuten bei mittlerer Hitze rühren.

4 Den restlichen Fond nach und nach zugießen, bis der Reis zart und sahnig ist – das dauert 25–30 Minuten. Garnelen zufügen und rühren, bis sie heiß sind. Nach Geschmack mit Salz und schwarzem Pfeffer würzen. Sofort servieren.

ARBORIO-REIS
Arborio-Reis kommt aus der Po-Ebene Italiens. Der Reis ist ideal für die Zubereitung von Risotto, da er die Flüssigkeit völlig aufnimmt und trotzdem nicht zu weich wird. Gekochter Arborio-Reis hat eine sahnige Konsistenz. Das Korn ist kurz, gedrungen und oval mit durchsichtigen Rändern. Das Herz ist hart und weiß.

Rechts:
Garnelen-Safran-Risotto

MEERESFRÜCHTE MIT PASTA, REIS & NUDELN

FUSILLI MIT THUNFISCH, KAPERN UND PETERSILIE

Vorbereitungszeit: 15 Minuten
Garzeit: 10 Minuten
Für 4 Personen

425 g Thunfisch aus der Dose (in Salzlake), abgetropft
2 EL Olivenöl
2 Knoblauchzehen, feingehackt
2 kleine rote Chillies, feingehackt
3 EL Kapern aus dem Glas, abgetropft
30 g frische Petersilie, gehackt
60 ml Zitronensaft
375 g Fusilli
125 ml heißer Geflügelfond
Salz und frisch gemahlener schwarzer Pfeffer

1 Den Thunfisch in eine Schüssel legen und mit einer Gabel zerkleinern. Öl, Knoblauch, Chillies, Kapern, Petersilie und Zitronensaft vermischen. Die Mischung unter den Thunfisch rühren und mit Salz und schwarzem Pfeffer würzen.
2 In der Zwischenzeit Fusilli in einem großen Topf mit sprudelnd kochendem, leicht gesalzenem Wasser *al dente* kochen. Abgießen und mit der Thunfisch-Mischung vermengen. Reichlich Geflügelfond zugießen. Sofort servieren.

RÄUCHERLACHS MIT FETTUCINE

500 g Fettucine in einem großen Topf mit sprudelnd kochendem Wasser *al dente* kochen. Abgießen. 30 g Butter in einer Pfanne schmelzen und 1 in dünne Scheiben geschnittene Porreestange zufügen. Unter ständigem Rühren bei schwacher Hitze dünsten, bis der Porree weich ist. 300 g Sauerrahm, 125 ml Geflügelfond und 300 g in Streifen geschnittenen Räucherlachs zufügen und erwärmen. Die heiße Pasta unterheben. Jeweils 1–2 Eßlöffel gehackten Dill und Schnittlauch zufügen. Mit Salz und zerstoßenem schwarzem Pfeffer würzen.

Oben:
Fusilli mit Thunfisch,
Kapern und Petersilie

Oben: Spaghetti Marinara

20 Miesmuscheln
200 g rohe mittelgroße Garnelen
60 ml Weißwein
60 ml Fischfond
1 Knoblauchzehe, zerdrückt
375 Spaghetti
30 g Butter
125 Kalmarringe
125 g weiße Fischfilets ohne Haut (z. B. Blue-Eye-Bastardmakrele, Groper, Marlin), in Würfel geschnitten
10 g frische Petersilie, gehackt
200 g Venusmuscheln aus der Dose, abgetropft

SPAGHETTI MARINARA

Vorbereitungszeit: 40 Minuten
Garzeit: 50 Minuten
Für 6 Personen

Tomatensauce

2 EL Olivenöl
1 Zwiebel, feingehackt
1 Karotte, in Scheiben geschnitten
2 Knoblauchzehen, zerdrückt
425 g Tomaten aus der Dose, kleingehackt
125 ml Weißwein
1 TL Zucker

1 Für die Tomatensauce Olivenöl in einer Pfanne erhitzen, Zwiebel und Karotte zufügen und unter Rühren bei mittlerer Hitze 10 Minuten dünsten, bis das Gemüse leicht gebräunt ist. Knoblauch, Tomaten, Weißwein und Zucker unterrühren, zum Kochen bringen. Bei reduzierter Hitze 30 Minuten köcheln lassen, dabei gelegentlich umrühren.
2 Muscheln mit einer harten Bürste reinigen und die Bärte herausziehen. Beschädigte Muscheln oder offene, die sich nach einem leichten Klopfen nicht schließen, wegwerfen. Muscheln gut abspülen.
3 Garnelen schälen und dunklen Darm herausziehen.
4 Weißwein, Fond und Knoblauch in einem großen Topf erhitzen. Die Muscheln zugeben. Zugedeckt auf hoher Stufe 5 Minuten kochen. Nach 3 Minuten beginnen, die geöffneten Muscheln herauszunehmen. Nach 5 Minuten alle geschlossenen Muscheln wegwerfen. Flüssigkeit aufbewahren.
5 Spaghetti in einem großen Topf mit sprudelnd kochendem, gesalzenem Wasser *al dente* kochen. Abgießen und warm halten.
6 In der Zwischenzeit die Butter in einer Pfanne schmelzen und Kalmarringe, Fisch und Garnelen portionsweise 2 Minuten darin braten. Pfanne vom Herd nehmen und die Muschelflüssigkeit zusammen mit Muscheln, Kalmarringen, Fisch, Garnelen, Petersilie und Venusmuscheln zur Tomatensauce geben und unter ständigem Rühren erhitzen. Mit den Spaghetti vermischen und sofort servieren.

SINGAPUR-NUDELN

Vorbereitungszeit: 35 Minuten
Garzeit: 15 Minuten
Für 2–4 Personen

300 g getrocknete Reis-Vermicelli
300 g rohe mittelgroße Garnelen
2 EL Öl
2 Knoblauchzehen, fein zerdrückt
350 g Schweinelende, in Streifen geschnitten
1 große Zwiebel, in Stücke geschnitten
1–2 EL asiatisches Currypulver (siehe Hinweis)
150 g grüne Bohnen, in kurze Stücke geschnitten
1 große Karotte, in Scheiben geschnitten
1 TL Zucker
1 TL Salz
1 EL Sojasauce
200 g Bohnensprossen
1 Frühlingszwiebel, in feine Streifen geschnitten, zum Garnieren
Salz und Pfeffer

1 Vermicelli etwa 5 Minuten in kochendem Wasser einweichen, bis sie weich sind. Abgießen und in kurze Stücke schneiden.
2 Garnelen schälen und Darm entfernen.
3 Die Hälfte des Öls in einem Wok erhitzen und Knoblauch, Schweinefleisch und Garnelen portionsweise bei großer Hitze unter ständigem Rühren 2 Minuten anbraten. Aus dem Wok nehmen und beiseite stellen.
4 Die Hitze auf mittlere Stufe reduzieren. Restliches Öl in den Wok geben und Zwiebel und Currypulver 2–3 Minuten unter Rühren anbraten. Bohnen, Karotte, Zucker und Salz zufügen, die Mischung mit etwas Wasser beträufeln und 2 Minuten braten.
5 Vermicelli und Sojasauce unterheben. Bohnensprossen, Garnelen und Fleisch unterrühren. Mit Salz und Pfeffer würzen. Vermischen und mit Frühlingszwiebeln garnieren.
HINWEIS: Es gibt unterschiedliche Sorten von asiatischem Currypulver, je nachdem, ob es zum Würzen von Fleisch, Geflügel oder Meeresfrüchten dient. In diesem Gericht haben wir Fischcurrypulver verwendet, das wie auch die anderen Sorten in Asienläden erhältlich ist. Handelsübliche Marken eignen sich nicht.

REIS-VERMICELLI
Während sie in den Reisanbaugebieten Südchinas meist frisch gegessen werden, verkauft man Vermicelli hierzulande üblicherweise in getrockneter Form. Um sie verarbeiten zu können, müssen Vermicelli kurz in heißem Wasser eingeweicht werden. Getrocknet können sie auch in heißem Öl fritiert werden, um knusprige Nudeln zuzubereiten.

Links: Singapur-Nudeln

SPAGHETTI MIT MUSCHELN IN TOMATEN-KRÄUTER-SAUCE

Vorbereitungszeit: 15 Minuten
Garzeit: 30 Minuten
Für 4 Personen

✯

1,5 kg Miesmuscheln
2 EL Olivenöl
1 Zwiebel, in feine Scheiben geschnitten
2 Knoblauchzehen, zerdrückt
425 g Tomaten aus der Dose, zerdrückt
250 ml Weißwein
1 EL frisches Basilikum, gehackt
2 EL frische Petersilie, gehackt
500 g Spaghetti
Salz und Pfeffer

1 Muscheln mit einer Bürste reinigen und Bärte entfernen. Beschädigte Muscheln oder offene, die sich nach einem leichten Klopfen nicht schließen, wegwerfen. Die Muscheln abspülen und kalt stellen.
2 In einer großen Pfanne das Öl erhitzen, Zwiebel und Knoblauch unter Rühren bei schwacher Hitze 5 Minuten dünsten, bis die Zwiebel weich ist. Tomaten und Wein zugeben und würzen. Zum Kochen bringen und dann bei reduzierter Hitze 15–20 Minuten köcheln lassen, bis die Sauce eindickt.
3 Muscheln zufügen und abgedeckt 4–5 Minuten garen, dabei die Pfanne ab und zu etwas schwenken. Ungeöffnete Muscheln entfernen. Basilikum und Petersilie unterrühren. Während die Sauce kocht, die Spaghetti in einem großen Topf mit sprudelnd kochendem Wasser *al dente* kochen. Abgießen. Spaghetti mit Muscheln belegen und mit Sauce begießen.

SPAGHETTI ALLE VONGOLE

Vorbereitungszeit: 30 Minuten
Garzeit: 30 Minuten
Für 4–6 Personen

✯

750 g Venusmuscheln
2 EL Olivenöl
125 ml Weißwein
1 Zwiebel, feingehackt
1–2 Knoblauchzehen, fein zerdrückt
2 Zucchini, feingehackt
8 Tomaten, geschält und zerkleinert

Rechts: Spaghetti mit Muscheln in Tomaten-Kräuter-Sauce

MEERESFRÜCHTE MIT PASTA, REIS & NUDELN

2 EL Tomatenpüree
1 TL feiner Zucker
500 g Spaghetti
4 EL frische glatte Petersilie, gehackt
Salz und Pfeffer

1 Venusmuscheln abschrubben, beschädigte oder offene Muscheln wegwerfen. 5 Minuten in kaltem Wasser einweichen, um Schmutz und Sand zu entfernen. Die Hälfte des Öls in einer gußeisernen Pfanne erhitzen und Venusmuscheln, Weißwein und 125 ml Wasser zugeben. Abgedeckt 3–4 Minuten kochen, die Pfanne gelegentlich schwenken, bis die Schalen geöffnet sind. Die Muscheln auf eine Platte legen, ungeöffnete wegwerfen. Die Kochflüssigkeit aufbewahren.
2 Restliches Öl in der Pfanne erhitzen. Zwiebel, Knoblauch und Zucchini darin 3–4 Minuten dünsten. Tomaten, Tomatenpüree, Zucker und die Kochflüssigkeit zufügen und 20 Minuten köcheln lassen. Würzen.
3 Zwei Drittel der Muscheln aus ihrer Schale nehmen.
4 Während die Sauce köchelt, Spaghetti in einem großen Topf mit sprudelnd kochendem Wasser *al dente* kochen. Abgießen.
5 Alle Venusmuscheln (mit und ohne Schalen) in die Sauce geben und 2 Minuten erhitzen. Sauce und Muscheln über die Spaghetti geben, mit Petersilie bestreuen und sofort servieren.

RÄUCHERLACHS MIT PASTA

Vorbereitungszeit: 10 Minuten
Garzeit: 10 Minuten
Für 4 Personen

1 EL Olivenöl
1 Knoblauchzehe, zerdrückt
375 ml Sahne
3 EL frischer Schnittlauch, gehackt
1/4 TL Senfpulver
200 Räucherlachs, in Streifen geschnitten
2 TL Zitronensaft
500 g Fettucine
3 EL getrocknete Tomaten, gehackt
Salz und Pfeffer
2 EL geriebener Parmesan zum Garnieren

1 Das Öl erhitzen und Knoblauch kurz darin dünsten. Sahne zugießen, Schnittlauch und Senfpulver zugeben. Würzen und köcheln lassen, bis die Sauce eindickt.
2 Lachs und Zitronensaft zufügen und erwärmen. Fettucine in einem großen Topf mit sprudelnd kochendem Wasser *al dente* kochen. Abgießen und in den Topf zurückgeben. Die Sauce darüber gießen und gründlich verrühren. Mit Tomaten, Parmesan und Schnittlauch garnieren.

*Oben:
Räucherlachs mit Pasta*

MEERESFRÜCHTE-CANNELLONI

Meeresfrüchte so zerkleinern, daß sie leicht in die Cannelloni passen.

Meeresfrüchte zum Abtropfen in ein Sieb geben. Die Flüssigkeit aufbewahren.

Mit einem kleinen Teelöffel die Meeresfrüchtefarce in die Cannelloni füllen.

*Gegenüber:
Meeresfrüchte-Cannelloni*

MEERESFRÜCHTE-CANNELLONI

Vorbereitungszeit: 30 Minuten
Garzeit: 1 Stunde 55 Minuten
Für 6 Personen

1 Zwiebel, in Ringe geschnitten
1 Karotte, in Scheiben geschnitten
1 Selleriestange, halbiert
1 Bouquet garni
250 ml Weißwein
4 ganze schwarze Pfefferkörner
300 g Kammuscheln
500 g rohe mittelgroße Grnelen
300 g weiße Fischfilets ohne Haut
 (z. B. Krokodilfisch, Hecht, Lengfisch,
 Kabeljau), entgrätet und gehackt
60 g Butter
1 Zwiebel, feingehackt
200 g kleine Champignons, fein zerkleinert
800 g Tomaten aus der Dose, fein zerkleinert
2 EL frische Petersilie, gehackt
2 EL frisches Basilikum, gehackt
2 EL Sahne
15 Cannelloni
125 g geriebener Cheddar

Béchamelsauce

60 g Butter
2 EL Mehl
750 ml Milch
Salz und Pfeffer

1 Den Backofen auf 180 °C vorheizen. Zwiebel, Karotte, Sellerie, Bouquet garni und 500 ml Wasser in einem großen Topf zum Kochen bringen. Bei reduzierter Hitze 15 Minuten köcheln lassen. Weißwein und Pfefferkörner zugeben und weitere 15 Minuten köcheln. Die Flüssigkeit durch ein Sieb abgießen, das Gemüse entfernen, den Sud aufbewahren.
2 Von den Kammuscheln Adern, Häute und harte, weiße Muskeln entfernen. Muschelfleisch würfeln. Garnelen schälen und entdarmen. Garnelenfleisch zerkleinern und das Fischfilet so klein schneiden, daß es in die Cannelloni paßt.
3 Den Fond zum Kochen bringen. Meeresfrüchte zufügen und bei reduzierter Hitze 3 Minuten köcheln lassen. Durch ein Sieb abgießen und den Sud aufbewahren.
4 Die Butter in einer großen Pfanne schmelzen, Zwiebel zufügen und bei mittlerer Hitze dünsten, bis sie goldbraun ist. Champignons zugeben und weich dünsten. 60 ml Kochsud zugießen, Tomaten und Kräuter unterrühren und zum Kochen bringen. Bei schwacher Hitze 30 Minuten köcheln lassen, bis die Sauce leicht eindickt. Meeresfrüchte und Sahne einrühren und nach Geschmack würzen.
5 Für die Béchamelsauce Butter schmelzen, Mehl zufügen und 1 Minute rühren, bis es hell aufschäumt. Topf vom Herd nehmen, Milch zugießen. Köcheln lassen, bis die Sauce eindickt.
6 Die Meeresfrüchtefarce mit einem Löffel in die Cannelloni füllen und diese nebeneinander in eine ofenfeste 3-Liter-Auflaufform legen. Mit Sauce begießen und mit Cheddar bestreuen. 40 Minuten überbacken.

GEBRATENER REIS

Vorbereitungszeit: 15 Minuten
Garzeit: 10 Minuten
Für 4 Personen

250 g gekochte kleine Garnelen
2 Eier, leicht verquirlt
Salz und Pfeffer
2 EL Öl
1 Zwiebel, in Stücke geschnitten
250 g Hinterschinken, in Streifen geschnitten
740 g gekochter Reis
40 g Erbsen
2 EL Sojasauce
4 Frühlingszwiebeln, kleingeschnitten

1 Garnelen schälen und Därme entfernen. Die Eier mit Salz und Pfeffer würzen.
2 1 Eßlöffel Öl in der Pfanne oder im Wok erhitzen und die Eier zugeben. Bereits gestocktes Ei zur Mitte schieben, Pfanne oder Wok leicht kippen, damit flüssiges Ei zum Rand läuft. Wenn das gesamte Ei gestockt ist, in große Stücke teilen, damit es wie Rührei aussieht. Auf einen Teller heben.
3 Restliches Öl im Wok erhitzen. Zwiebel hineingeben und unter Rühren auf höchster Stufe braten, bis sie durchsichtig ist. Schinken unter Rühren 1 Minute dünsten. Reis und Erbsen zufügen und 3 Minuten unter Rühren braten. Eier, Sojasauce, Frühlingszwiebeln und Garnelen zugeben und erhitzen. Servieren.
HINWEISE: Den Reis (275 g) können Sie bereits am Vortag kochen. Kühl stellen. Anstelle des Hinterschinkens können Sie auch gegrilltes Schweinefleisch, durchwachsenen Speck oder eine pikante Wurst verwenden.

MEERESFRÜCHTE MIT PASTA, REIS & NUDELN

DAS GROSSE KOCHBUCH DER FISCHE & MEERESFRÜCHTE

MIESMUSCHELN
Manchmal als »Auster des armen Mannes« oder als blaue Miesmuschel bezeichnet, ist die Muschel Geschmack pur. Miesmuscheln hängen in Trauben an Felsen, in Muschelfarmen dagegen an langen Tauen, die an Pfosten im Wasser befestigt sind. Sie benötigen dort zum Wachsen 18–24 Monate. Beim Kauf sollten Sie keine beschädigten Muscheln nehmen. Miesmuscheln sollten stets frisch verbraucht oder an einem kühlen Ort aufbewahrt werden. Am besten in einem Behälter mit kaltem Wasser, der mit einem feuchten Tuch abgedeckt ist. Bevor Sie Muscheln kochen, sortieren Sie beschädigte oder offene, die sich nach einem leichten Klopfen nicht wieder schließen, aus. Wenn sich die Muscheln nach 3–5 Minuten Kochzeit nicht öffnen, sind sie ebenfalls ungenießbar.

Oben: Paella

PAELLA

Vorbereitungszeit: 30 Minuten + 2 Stunden zum Einweichen
Garzeit: 45 Minuten
Für 4 Personen

✷✷

12 rohe mittelgroße Garnelen
12–16 Miesmuscheln
125 ml Weißwein
1 kleine rote Zwiebel, gehackt
125 ml Olivenöl
1 kleines Hähnchenbrustfilet, in mundgerechte Würfel geschnitten
100 g Kalmarringe
100 g weiße Fischfilets ohne Haut (z. B. Kabeljau, Lengfisch, Große Goldmakrele, Blue-Eye-Bastardmakrele, Seeteufel), in Würfel geschnitten
½ kleine rote Zwiebel, feingehackt, zusätzlich
1 Scheibe Speck, feingehackt
4 Knoblauchzehen, zerdrückt
1 kleine rote Paprika, kleingehackt
1 Tomate, geschält und gehackt
90 g Chorizo oder Pepperoni, in dünne Scheiben geschnitten
1 Prise Cayennepfeffer
200 g Langkornreis
¼ TL Safranfäden
500 ml heißer Geflügelfond
80 g Erbsen
2 EL frische Petersilie, feingehackt
Salz und Pfeffer

1 Garnelen schälen und entdarmen.
2 Muscheln mit einer Bürste abschrubben und Bärte herausziehen. Beschädigte Muscheln oder offene, die sich nach einem leichten Klopfen nicht schließen, wegwerfen.
3 Wein und Zwiebel in einem großen Topf erhitzen. Muscheln zugeben und abgedeckt bei hoher Hitze 4–5 Minuten kochen. Alle ungeöffneten Muscheln wegwerfen. Die Flüssigkeit aufbewahren.
4 Die Hälfte des Öls in einer Pfanne erhitzen. Die Hähnchenbrust trockentupfen und dann 5 Minuten braten, bis sie goldbraun ist. Aus der Pfanne nehmen und beiseite stellen. Garnelen, Kalmarringe und Fisch in die Pfanne legen und 1 Minute braten. Herausnehmen.

MEERESFRÜCHTE MIT PASTA, REIS & NUDELN

5 Restliches Öl in der Pfanne erhitzen, zusätzliche Zwiebel, Speck, Knoblauch und Paprika hineingeben und 5 Minuten braten, bis die Zwiebel weich ist. Tomaten, Chorizo und Cayenne zufügen. Nach Geschmack würzen. Die zurückgestellte Kochflüssigkeit unterrühren, den Reis zugeben und alles gut vermischen.
6 Safranfäden mit 125 ml Fond vermischen, dann mit dem restlichen Fond zum Reis geben und gut verrühren. Bei schwacher Hitze ohne Deckel 15 Minuten köcheln lassen, ohne umzurühren.
7 Erbsen, Hähnchen, Garnelen, Kalmarringe und Fisch auf den Reis legen. Mit einem Holzlöffel vorsichtig Stücke davon in den Reis drücken, zugedeckt bei schwacher Hitze 10–15 Minuten garen, bis der Reis zart und die Meeresfrüchte gar sind. Wenn der Reis noch nicht gar ist, noch etwas Fond zugießen und für einige Minuten weiterköcheln lassen. In tiefen Tellern servieren, Muscheln darauf legen und mit Petersilie bestreuen.

FISCHRISOTTO MIT ZITRONEN-KRÄUTERN

Vorbereitungszeit: 20 Minuten
Garzeit: 30 Minuten
Für 4 Personen

60 g Butter
400 g weiße Fischfilets ohne Haut (z. B. Seelachs, Kabeljau, Blue-Eye-Bastardmakrele, Lengfisch), in 3 cm große Würfel geschnitten
1,25 l Fischfond
1 Zwiebel, feingehackt
1 Knoblauchzehe, zerdrückt
1 TL Kurkuma, gerieben
330 g Arborio-Reis
2 EL Zitronensaft
1 EL frische Petersilie, gehackt
1 EL frischer Schnittlauch, gehackt
1 EL frischer Dill, gehackt

1 Die Hälfte der Butter in einer Pfanne schmelzen. Portionsweise den Fisch zugeben und bei mittlerer Hitze 3 Minuten braten. Aus der Pfanne nehmen und beiseite legen.
2 Den Fischfond in einen Topf füllen, zum Kochen bringen und abgedeckt köcheln lassen.
3 Restliche Butter in die Pfanne geben, Zwiebel und Knoblauch 3 Minuten dünsten, bis die Zwiebel weich ist. Kurkuma zufügen und 1 Minute rühren. Reis unterrühren, 125 ml Fischfond zugießen und unter ständigem Rühren bei schwacher Hitze garen, bis der Reis die Flüssigkeit aufgesogen hat. Wiederholen, bis der gesamte Fond verbraucht und der Reis zart und cremig ist.
4 Abschließend Zitronensaft, Petersilie, Schnittlauch und Dill zugeben und den Fisch unterheben. Mit Zitronen- oder Limonenscheiben garnieren und mit frischen Kräutern bestreuen.
HINWEIS: Bis der Reis den gesamten Fond aufgesogen hat, dauert es ungefähr 20 Minuten. Wenn Sie keine Zeit haben, selbst Fischfond zuzubereiten, können Sie frischen oder tiefgefrorenen Fond in Delikatessengeschäften, Fischläden oder Supermärkten kaufen.

Unten: Fischrisotto mit Zitronen-Kräutern

DAS GROSSE KOCHBUCH DER FISCHE & MEERESFRÜCHTE

KEDGEREE

Vorbereitungszeit: 10 Minuten
Garzeit: 15 Minuten
Für 4 Personen

★

600 g Räucherkabeljaufilet
3 Zitronenscheiben
1 Lorbeerblatt
4 Eier, hartgekocht
60 g Butter
1 kleine Zwiebel, feingehackt
1–2 EL milde Currypaste
740 g gekochter Langkornreis
1 EL frische Petersilie, feingehackt
170 ml Sahne

1 Kabeljau mit Zitrone und Lorbeerblatt in eine tiefe Pfanne legen, mit Wasser bedecken und 6 Minuten köcheln lassen. Alles mit einem Schaumlöffel aus der Pfanne heben und den Fisch in Stücke teilen.
2 2 Eier sehr klein hacken. Die anderen beiden Eier vierteln und zum Garnieren aufheben.
3 Bei mittlerer Hitze die Butter in einer Pfanne schmelzen. Zwiebel darin 3 Minuten weich dünsten. Currypaste zufügen und 2 Minuten erhitzen. Vorsichtig den Reis unterrühren.

2 Minuten erwärmen. Petersilie, Fisch, Eier und Sahne zufügen und umrühren, bis alles erwärmt ist.
4 Sofort mit Toast servieren. Jede Portion mit Eiervierteln garnieren.

MEERESFRÜCHTE-SAHNE-RAVIOLI

Vorbereitungszeit: 45 Minuten + 30 Minuten zum Quellen
Garzeit: 15 Minuten
Für 4 Personen

★★★

Pasta

250 g Mehl
Salz
3 Eier
1 EL Olivenöl
1 Eigelb, zusätzlich

Füllung

100 g Kammuscheln
50 g Butter, geschmolzen
3 Knoblauchzehen, feingehackt
2 EL frische glatte Petersilie, gehackt
100 g rohes Garnelenfleisch, feingehackt

Oben: Kedgeree

MEERESFRÜCHTE MIT PASTA, REIS & NUDELN

MEERESFRÜCHTE-SAHNE-RAVIOLI

Den Teig auf einer leicht bemehlten Fläche glatt und elastisch kneten.

Je einen Teelöffel Füllung in Abständen entlang einer Teigseite setzen.

Mit einem Messer oder Pastarad die einzelnen Ravioli voneinander trennen.

Sauce

60 g Butter
30 g Mehl
375 ml Milch
300 ml Sahne
125 ml Weißwein
50 g geriebener Parmesan
2 EL frische glatte Petersilie, gehackt
Salz und Pfeffer

1 Für die Pasta Mehl und etwas Salz in eine Schüssel sieben, in der Mitte eine Vertiefung formen. Eier, Öl und 1 Eßlöffel Wasser verrühren, in die Vertiefung gießen und langsam mit dem Mehl zu einem festen Teig verrühren. Zu einer Kugel formen.

2 Auf einer leicht bemehlten Fläche kneten, bis der Teig elastisch und glatt ist. In eine eingeölte Schüssel legen, mit Frischhaltefolie abdecken und 30 Minuten ruhen lassen.

3 Von den Kammuscheln Adern, Häute und harte, weiße Muskeln abtrennen. Für die Füllung die Muscheln sehr fein hacken. Mit Butter, Knoblauch, Petersilie und Garnelenfleisch vermischen und beiseite stellen.

4 Jeweils ein Viertel des Pastateigs auf einer bemehlten Fläche ausrollen (oder eine Pastamaschine benutzen), bis der Teig hauchdünn ist (jede Portion sollte 10 cm breit ausgerollt sein). Im Abstand von 5 cm 1 TL Füllung entlang einer Teigseite setzen. Das Eigelb mit 3 Eßlöffeln Wasser verrühren und entlang einer Randseite und zwischen die Füllung streichen. Die andere Teighälfte darüber legen und die Ränder fest zusammendrücken.

5 Mit einem Pastarad (oder Messer) zwischen die Ravioli fahren und auseinandertrennen. In einem großen Topf mit sprudelnd kochendem Wasser portionsweise 6 Minuten garen. Gut abgießen und warm halten.

6 Für die Sauce die Butter bei schwacher Hitze in einer Pfanne schmelzen. Das Mehl zufügen und 1 Minute rühren, bis es hell aufschäumt. Topf vom Herd nehmen und nach und nach Milch, Sahne und Weißwein (vorher gut vermischen) zugeben. Unter Rühren kochen lassen, bis die Sauce eindickt. Parmesan zufügen und die Petersilie unterrühren. Nach Geschmack würzen. Die Sauce über die Ravioli gießen und vorsichtig verrühren, bis die Pasta vollständig mit Sauce überzogen ist.

Oben: Meeresfrüchte-Sahne-Ravioli

TAGLIATELLE MIT GARNELEN-SAHNE

Vorbereitungszeit: 30 Minuten
Garzeit: 20 Minuten
Für 4 Personen

500 g rohe mittelgroße Garnelen
500 g frische Tagliatelle
60 g Butter
6 Frühlingszwiebeln, feingehackt
60 ml Brandy
315 ml Crème double
1 EL frischer Thymian, gehackt
15 frische glatte Petersilie, feingehackt
Salz und frisch gemahlener schwarzer Pfeffer
geriebener Parmesan zum Servieren

1 Garnelen schälen und entdarmen.
2 Tagliatelle in einem Topf mit sprudelnd kochendem Wasser *al dente* kochen. Abgießen.
3 In der Zwischenzeit die Butter in einer großen gußeisernen Pfanne schmelzen, die Frühlingszwiebeln zufügen und 2 Minuten rühren. Garnelen 2 Minuten unterrühren, bis sie die Farbe wechseln. Aus der Pfanne nehmen und beiseite stellen.
4 Brandy zugießen und 2 Minuten kochen, bis er auf die Hälfte reduziert ist. Crème double, Thymian und die Hälfte der Petersilie zugeben und mit Pfeffer würzen. 5 Minuten köcheln, bis die Sauce eindickt. Pikant abschmecken.
5 Sauce mit der Pasta vermischen. Bevorzugen Sie eine dünne Sauce, gießen Sie etwas heißes Wasser oder heiße Milch zu. Mit der restlichen Petersilie und Parmesan bestreuen.
HINWEIS: Statt Brandy können Sie Sherry oder Weißwein verwenden.

MEERESFRÜCHTE-SPAGHETTI-PÄCKCHEN

Vorbereitungszeit: 20 Minuten
Garzeit 35 Minuten
Ergibt 6 Portionen

185 g Spaghetti
4 Eiertomaten
1 EL Olivenöl
4 Frühlingszwiebeln, feingehackt
1 Stange Sellerie, feingehackt
80 ml Weißwein
125 ml Tomaten-Pasta-Sauce
4 Gewürzgurken, in dünne Scheiben geschnitten
2 EL Kapern aus dem Glas, abgetropft, gehackt
6 Lachsfilets à 175 g oder Meerforellen ohne Haut und Gräten
6 große Dillzweige
geriebene Schale von 2 Zitronen
30 g Butter, in kleine Würfel geschnitten
Salz und frisch gemahlener schwarzer Pfeffer

1 Den Backofen auf 180 °C vorheizen. Spaghetti in einem großen Topf mit sprudelnd kochendem Wasser *al dente* kochen. In ein Sieb gießen und mit kaltem Wasser abspülen. Spaghetti in eine Schüssel geben.
2 Ein Kreuz in die Unterseite der Tomaten ritzen. In eine hitzebeständige Schüssel setzen und mit kochendem Wasser bedecken. Nach 30 Sekunden in kaltes Wasser legen und vom Kreuz aus die Schale abziehen. Tomaten halbieren, Kerne entfernen und kleinhacken.
3 In einer Pfanne das Öl erhitzen, Frühlingszwiebeln und Sellerie zufügen und 2 Minuten rühren. Tomaten und Wein zugeben und zum Kochen bringen. Nach 3 Minuten Kochzeit die Hitze reduzieren. Tomaten-Pasta-Sauce, Gurken und Kapern unterheben und mit Salz und schwarzem Pfeffer würzen. Die Sauce gründlich mit der Pasta vermischen.
4 Aus Backpapier 6 Quadrate (je nach Größe des Fisches) à 30 cm ausschneiden und die äußeren Kanten mit Öl einstreichen. Pasta in 6 Portionen teilen und jede mit einer Gabel aufrollen. Lachs auf die Spaghetti legen, mit Dill und Zitronenschale bedecken, darauf einen Butterwürfel setzen.
5 Das Backpapier zu Paketen zusammenfalten, oben zweimal zusammenschlagen, die Enden dabei unter das Paket legen. Auf ein Backblech setzen und 20 Minuten backen. Zum Servieren oben öffnen oder das Papier ganz entfernen.
HINWEIS: Die Päckchen können bereits einige Stunden vor dem Servieren zusammengestellt und gekühlt werden. Die Garzeit verlängert sich dadurch um einige Minuten.

MEERESFRÜCHTE-SPAGHETTI-PÄCKCHEN

Lachsfilets mit Dill, geriebener Zitronenschale und Butterwürfeln bedecken.

Jedes Päckchen oben zweimal zusammenschlagen und die Enden unterlegen.

Gegenüber: Tagliatelle mit Garnelen-Sahne (oben); Meeresfrüchte-Spaghetti-Päckchen

JAMBALAYA

Das kreolische Reisgericht erinnert sehr an die spanische Paella. Jambalaya kann mit Hähnchen, Wurst, Schinken, Garnelen oder anderen Schalentieren zubereitet werden. Traditionell wird es mit Tabasco serviert, einer scharfen Pfeffersauce.

Oben:
Jambalaya-Garnelen

JAMBALAYA-GARNELEN

Vorbereitungszeit: 20 Minuten
Garzeit: 1 Stunde 10 Minuten
Für 6 Personen

✷ ✷

1 kg große rohe Garnelen
1 kleine Zwiebel, feingehackt
2 Selleriestangen, gehackt
250 ml trockener Weißwein
60 ml Pflanzenöl
200 g Chorizo oder andere Wurst, gehackt
1 Zwiebel, kleingehackt, zusätzlich
1 rote Paprika, kleingeschnitten
425 g Tomaten aus der Dose, zerkleinert
1/2 TL Cayennepfeffer
1/2 TL zerstoßener scharzer Pfeffer
1/4 TL getrockneter Thymian
1/4 TL getrockneter Oregano
400 g Langkornreis

1 Garnelen schälen und Darm aus dem Rücken ziehen. Schalen aufbewahren, Garnelenfleisch kalt stellen. Köpfe, Schalen und Schwänze in eine Pfanne geben. Zwiebel, 1 Selleriestange, Wein und 1 Liter Wasser zufügen und zum Kochen bringen. Bei reduzierter Hitze 20 Minuten köcheln lassen, durch ein Sieb abgießen. Fond aufbewahren.
2 In einer großen gußeisernen Pfanne das Öl erhitzen und die Wurst 5 Minuten braten, bis sie gebräunt ist. Mit einem Schaumlöffel herausnehmen, beiseite legen.
3 Zwiebel, Paprika und restliche Selleriestücke 5 Minuten unter Rühren braten. Tomaten, Cayennepfeffer und Kräuter unterrühren und zum Kochen bringen. Bei reduzierter Hitze zugedeckt weitere 10 Minuten köcheln lassen.
4 Die Wurst wieder in die Pfanne legen. Reis und Garnelenfond zugeben, zum Kochen bringen und abgedeckt bei reduzierter Hitze 25 Minuten köcheln, bis der Reis die Flüssigkeit vollkommen aufgenommen hat und weich ist.
5 Garnelen mit den übrigen Zutaten vermischen. Zugedeckt noch einmal 5 Minuten köcheln lassen. Sofort servieren.

MEERESFRÜCHTE MIT PASTA, REIS & NUDELN

KNUSPRIG GEBRATENE NUDELN MIT GARNELEN

Vorbereitungszeit: 30 Minuten + 20 Minuten zum Trocknen
Garzeit: 15 Minuten
Für 4 Personen

100 g getrocknete Reis-Vermicelli
Öl zum Fritieren
100 g Tofu, in Streifen geschnitten
2 Knoblauchzehen, feingehackt
1 Stück frischer Ingwer à 4 cm, feingerieben
150 g Geflügel- oder Schweinehackfleisch (siehe Hinweis)
100 g rohes Garnelenfleisch, grob zerkleinert
2 EL Fischsauce
1 EL Weißweinessig
2 EL brauner Zucker
2 EL Chilisauce
1 TL roter Chili, feingehackt
2 kleine Stücke eingelegter Knoblauch, gehackt
40 g frischer Schnittlauch, gehackt
30 g frisches Koriandergrün

1 Reis-Vermicelli in eine hitzebeständige Schüssel legen, mit kochendem Wasser begießen und 1 Minute einweichen. Abgießen und 20 Minuten zum Trocknen auf Küchenpapier legen.
2 In einer gußeisernen Pfanne oder in einem Wok das Öl (2,5 cm hoch) auf 180 °C erhitzen. Ein Brotwürfel sollte in 15 Sekunden braun sein. Den Tofu in 2 Portionen jeweils 1 Minute knusprig anbraten. Herausnehmen und auf Küchenpapier trocknen.
3 Reis-Vermicelli nach und nach jeweils 10 Sekunden anbraten, bis sie knusprig sind. Sofort herausnehmen, damit sie nicht zuviel Öl absorbieren. Auf Küchenpapier abtropfen und abkühlen lassen.
4 Bis auf 1 Eßlöffel das Öl abgießen. Wok auf höchster Stufe erhitzen. Knoblauch, Ingwer, Hackfleisch sowie Garnelenfleisch hineingeben und 3 Minuten anbraten. Fischsauce, Essig, Zucker, Chilisauce und Chili zufügen und unter ständigem Rühren zum Kochen bringen.
5 Nudeln und Tofu unterheben und mit den übrigen Zutaten mischen. Eingelegten Knoblauch, Schnittlauch und Koriandergrün zufügen und gut verrühren. Sofort servieren, bevor die Vermicelli weich werden.
HINWEISE: Geflügelhackfleisch ist nicht im Handel erhältlich. Sie müssen es selbst zubereiten.
Eingelegter Knoblauch ist ein Geschmacksverstärker.

Unten: Knusprig gebratene Nudeln mit Garnelen

DAS GROSSE KOCHBUCH DER FISCHE & MEERESFRÜCHTE

Oben: Gebratene Thai-Nudeln mit Garnelen

GEBRATENE THAI-NUDELN MIT GARNELEN

Vorbereitungszeit: 25 Minuten + 8 Minuten zum Einweichen
Garzeit: 10 Minuten
Für 4 Personen

200 g getrocknete dicke Reisnudeln
1 EL Öl
2 Knoblauchzehen, zerdrückt
2 frische rote Chillies, entkernt und kleingehackt
1 Hähnchenbrustfilet, in dünne Scheiben geschnitten
150 g rohes Garnelenfleisch, gehackt
30 g frischer Schnittlauch, gehackt
2 EL Fischsauce
1 EL brauner Zucker
2 EL Zitronensaft
1 Ei, leicht verquirlt
50 g fritierter Tofu, in Streifen geschnitten
3 EL frisches Koriandergrün
25 g Bohnensprossen
40 g geröstete Erdnüsse, gehackt
1 Zitrone, in Spalten geschnitten, zum Garnieren

1 Nudeln in eine hitzebeständige Schale legen, mit kochendem Wasser begießen und 5–8 Minuten ruhen lassen, bis die Nudeln weich sind. Abgießen und beiseite stellen.
2 Den Wok auf höchster Stufe erhitzen, Öl zugeben, dabei den Wok etwas drehen, damit die Seiten mit Öl bedeckt sind. Knoblauch, Chillies und Hähnchenbrust 2–3 Minuten anbraten, bis das Fleisch gebräunt ist.
3 Garnelenfleisch zufügen und 2 Minuten anbraten, bis das Fleisch rosa ist. Nudeln und Schnittlauch unterrühren.
4 Fischsauce, Zucker, Zitronensaft, Ei und Tofu mit einem Holzlöffel vorsichtig mit den übrigen Zutaten vermischen. Mit Koriandergrün, Bohnensprossen, Erdnüssen und Zitronenspalten servieren.
HINWEIS: Fritierten Tofu gibt es in Asienläden und in einigen gut sortierten Supermärkten.

MEERESFRÜCHTE MIT PASTA, REIS & NUDELN

NASI GORENG

Vorbereitungszeit: 25 Minuten
Garzeit: 15 Minuten
Für 6 Personen

✯✯

300 g mittelgroße rohe Garnelen
5–8 große rote Chillies,
   entkernt und kleingehackt
2 TL Garnelenpaste
8 Knoblauchzehen, feingehackt
4 EL Öl
2 Eier, leicht verquirlt
350 g dünne Hähnchenfilets,
   in dünne Streifen geschnitten
1,5 kg gekochter Reis
80 ml Kecap Manis
80 ml Sojasauce
2 kleine Salatgurken, kleingehackt
1 große Tomate, entkernt und kleingehackt
Salz und zerstoßener schwarzer Pfeffer
Limonenhälften zum Garnieren

1 Garnelen schälen und vorsichtig den Darm aus dem Rücken herausziehen.

2 Chillies, Garnelenpaste und Knoblauch in einer Küchenmaschine pürieren.

3 Den Wok auf hoher Stufe erhitzen, 1 EL Öl zufügen. Wok etwas drehen, damit auch die Seiten mit Öl bedeckt sind. Eimasse hineingeben und 1 Minute bei mittlerer Hitze braten, bis sie gestockt ist. Wenden und das Omelett von der anderen Seite 1 Minute braten. Aus dem Wok heben und kalt stellen. In Streifen schneiden.

4 Den Wok wieder erhitzen. 1 EL Öl zugeben und Hähnchenfleisch und die Hälfte der Chili-Garnelenpaste anbraten, bis das Fleisch gar ist. Fleisch aus dem Wok nehmen.

5 1 EL Öl in den heißen Wok geben. Garnelen und restliche Chili-Garnelenpaste anbraten. Aus dem Wok nehmen.

6 1 EL Öl in den heißen Wok geben. Bei mittlerer Hitze den Reis 4–5 Minuten anbraten. Kecap Manis und Sojasauce unterrühren, bis der Reis vollständig damit überzogen ist. Hähnchenfleisch und Garnelen mit den übrigen Zutaten vermischen und erwärmen. Mit Pfeffer und Salz würzen. In eine Servierschüssel füllen und mit Omelettestreifen, Gurke und Tomate belegen. Mit Limonenhälften servieren.

NASI GORENG

Kerne aus den roten Chillies herauskratzen und das Fleisch sehr fein hacken.

Chillies, Garnelenpaste und Knoblauch in einer Küchenmaschine pürieren.

Links: Nasi Goreng

PIES, GESCHMORTES & ÜBERBACKENES

Auch wenn es eine goldene Regel gibt, die besagt, daß Meeresfrüchte am besten einfach zubereitet werden sollen. Wir wissen: Regeln sind dazu da, daß man sie bricht. Wäre es verpönt, Meeresfrüchte in einer Mischung aus mediterranen Kräutern und Wein zu garen, gäbe es keinen Cioppino. Wäre es gegen die Vorschriften, Garnelen in einer Sauce aus wohlriechenden Gewürzen und Kokoscreme zuzubereiten, wir müßten auf das Thailändische Garnelencurry verzichten. Dürften wir Fisch in Zitronen-Dill-Sauce, bedeckt mit sahnigem Püree, nicht überbacken, wir wären um die Fischpie beraubt. Unvorstellbar!

DAS GROSSE KOCHBUCH DER FISCHE & MEERESFRÜCHTE

MEERESFRÜCHTE-QUICHE

Vorbereitungszeit: 20 Minuten + 20 Minuten zum Kühlen
Garzeit: 60 Minuten
Für 4–6 Personen

2 Scheiben Mürbeteig

100 g Kammuscheln

30 g Butter

100 g rohes Garnelenfleisch

100 g Krebsfleisch, frisch, tiefgefroren oder aus der Dose

90 g geriebener Cheddar

3 Eier

1 EL Mehl

125 ml Sahne

125 ml Milch

1 kleine Fenchelknolle, in feine Scheiben geschnitten

1 EL geriebener Parmesan

Salz und Pfeffer

1 Eine flache Kuchen- oder Quicheform (22 cm Durchmesser) leicht einfetten. Die beiden Teigscheiben überlappend auf eine Arbeitsplatte legen und ausrollen, bis der Teig groß genug ist, um die Form auszufüllen. Teig in die Form und an die Ränder drücken, überstehenden Teig abschneiden. 20 Minuten kalt stellen.
2 Von den Kammuscheln Adern, Haut und harte, weiße Muskel abtrennen. Den Backofen auf 190 °C vorheizen.
3 Den Teig mit Backpapier auslegen, mit getrockneten Bohnen oder Reiskörnern beschweren und 10 Minuten backen. Papier und Hülsenfrüchte entfernen und noch einmal 10 Minuten backen. Auf einem Kuchengitter abkühlen lassen. Wenn der Teig Blasen wirft, mit einem Küchenhandtuch herunterdrücken.
4 Die Butter in einer Pfanne schmelzen und Garnelenfleisch und Kammuscheln 2–3 Minuten braten. Die abgekühlten Meeresfrüchte auf dem Mürbeteig auslegen und mit Cheddar bestreuen.
5 Eier verquirlen und Mehl, Sahne und Milch unterrühren, mit Salz und Pfeffer würzen. Über die Meeresfrüchte gießen. Mit Fenchel und Parmesan bestreuen. 30–35 Minuten im Backofen garen, bis die Kruste goldbraun ist. Vor dem Servieren etwas abkühlen lassen.

Rechts: Meeresfrüchte-Quiche

PIES, GESCHMORTES & ÜBERBACKENES

COULIBIAC

Vorbereitungszeit: 25 Minuten + 30 Minuten zum Kühlen
Garzeit: 40 Minuten
Für 4–6 Personen

60 g Butter
1 Zwiebel, kleingehackt
200 g kleine Champignons, in Scheiben geschnitten
2 EL Zitronensaft
220 g Lachsfilet, ohne Haut und Gräten, in 2 cm große Würfel geschnitten
2 hartgekochte Eier, gehackt
2 EL frischer Dill, gehackt
2 EL frische Petersilie, gehackt
185 g gekochter Reis
60 ml Sahne
375 g TK-Blätterteig, aufgetaut
1 Ei, leicht verquirlt
Salz und Pfeffer

1 Ein Backblech leicht einfetten. Die Hälfte der Butter in einer Pfanne schmelzen. Zwiebel bei mittlerer Hitze 5 Minuten darin dünsten, bis diese weich ist. Champignons zugeben und 5 Minuten braten. Den Zitronensaft unterrühren und die Mischung in eine Schüssel füllen.
2 Den Lachs in der restlichen Butter 2 Minuten braten. Herausnehmen und abkühlen lassen. Eier, Dill, Petersilie, Salz und Pfeffer in der Pfanne miteinander verrühren. Reis und Sahne in einer Schüssel vermischen, mit Salz und Pfeffer würzen.
3 Die Hälfte des Blätterteigs zu einem 18 x 30 cm großen Rechteck ausrollen, auf das vorbereitete Backblech legen. Die Hälfte der Reismischung darauf verteilen, dabei jeweils einen 3 cm großen Rand lassen. Den Reis zuerst mit Lachs, dann mit Pilzen bedecken. Mit einer Schicht Reis abschließen.
4 Den restlichen Blätterteig zu einem 20 x 32 großen Rechteck ausrollen. Über die Füllung legen. Die Ränder fest zusammendrücken und verschließen. Nach Wunsch mit kleinen, ausgestochenen Formen verzieren. 30 Minuten kalt stellen. Den Ofen auf 210 °C vorheizen. Den Teig mit Ei bestreichen und 15 Minuten backen. Bei 180 °C weitere 15–20 Minuten backen, bis die Oberfläche goldbraun ist.
HINWEISE: Sie können auch Meerforelle oder roten Lachs aus der Dose verwenden.
Sie benötigen 65 g rohen Reis.

GEBACKENE KARTOFFELN, GARNELEN UND JOGHURT

4 große Kartoffeln waschen, abtrocknen und rundum mit einer Gabel einstechen. Auf ein Bachblech legen und mit Öl einreiben. Kartoffeln bei 230 °C 1–1½ Stunden backen. 300 g gekochte und geschälte Garnelen zusammen mit 1 zerdrückten Knoblauchzehe in einer eingeölten Pfanne braten. Etwas gehackten Schnittlauch und 125 g Naturjoghurt unterrühren. In jede Kartoffel ein Kreuz schneiden und mit der Garnelenmischung füllen. Mit Zitronenscheiben servieren. Ergibt 4 Portionen.

Oben: Coulibiac

DAS GROSSE KOCHBUCH DER FISCHE & MEERESFRÜCHTE

ZARZUELA

Vorbereitungszeit: 40 Minuten
Garzeit: 1 Stunde 10 Minuten
Für 4 Personen

★★★

Sofrito-Sauce

1 EL Olivenöl
2 Zwiebeln, feingehackt
2 große Tomaten, geschält, entkernt und gehackt
1 EL Tomatenpüree

Picada-Sauce

3 Scheiben Weißbrot ohne Rinde
3 Knoblauchzehen
1 EL Mandeln, geröstet
1 EL Olivenöl

1 roher Hummerschwanz (ca. 400 g)
12–15 Miesmuscheln
750 g weiße Fischfilets ohne Haut
  (z. B. Kabeljau, Warehou, Seeteufel),
  in mundgerechte Stücke geschnitten
Mehl, gewürzt mit Salz und Pfeffer
1–3 EL Olivenöl
125 g Kalmarringe
12 große rohe Garnelen, geschält
125 ml Weißwein
125 ml Brandy
3 EL frische Petersilie, gehackt
Salz und frisch gemahlener schwarzer Pfeffer

1 Für die Sofrito-Sauce in einem Topf bei mittlerer Hitze das Öl erwärmen. Zwiebeln zufügen und 5 Minuten unter Rühren dünsten, ohne daß sie braun werden. Tomaten, Tomatenpüree und 125 ml Wasser unterrühren und bei mittlerer Hitze 10 Minuten köcheln. Weitere 125 ml Wasser zugießen, mit Salz und schwarzem Pfeffer würzen. Beiseite stellen.
2 Für die Picada-Sauce das Brot zusammen mit Knoblauch und Mandeln in einer Küchenmaschine zerkleinern. Bei laufendem Motor nach und nach das Öl zugießen und zu einer Paste verrühren. Bei Bedarf etwas mehr Öl verwenden.
3 Den Backofen auf 180 °C vorheizen. Den Hummerschwanz in Scheiben schneiden (durch die Haut zwischen den Panzerbereichen).
4 Miesmuscheln mit einer harten Bürste abschrubben und Bärte herausziehen. Beschädigte Muscheln oder offene, die sich nach einem leichten Klopfen nicht schließen, wegwerfen. Gut abspülen.

ZARZUELA

Wörtlich übersetzt bedeutet Zarzuela »Operette«. Ein überaus passender Name für das katalonische Gericht: Zarzuela ist eine farbenfrohe Zusammenstellung aller Arten von Meeresfrüchten, wie Garnelen, Hummer, Venus- oder Miesmuscheln, die in einer Kasserolle gebacken werden. Dazu gehört eine Sauce, die aus Tomaten zubereitet wird (manchmal mit gehackten roten und grünen Paprika). Die Zugabe von Wein hält den Saft in den Meeresfrüchten. Oft wird Zarzuela mit Croûtons serviert.

Oben: Zarzuela

5 Den Fisch leicht in Mehl wenden. In einer großen Pfanne Öl erhitzen und den Fisch portionsweise bei mittlerer Hitze 2–3 Minuten goldbraun braten. In eine Kasserolle legen.
6 Kalmarringe in die Pfanne geben und unter Rühren 1–2 Minuten braten. Zum Fisch legen. Hummerscheiben und Garnelen 2–3 Minuten braten, bis das Fleisch rosa ist. Ebenfalls in die Kasserolle legen.
7 Den Wein in die Pfanne gießen und zum Kochen bringen. Hitze reduzieren und Muscheln zugedeckt 4–5 Minuten darin köcheln. Beschädigte Muscheln wegwerfen, den Rest zu den Meeresfrüchten geben.
8 Den Brandy in die Pfanne gießen und anzünden, sobald er erwärmt ist. Über die Meeresfüchte in der Kasserolle träufeln.
9 Sofrito-Sauce auf den Meeresfrüchten verteilen. Abgedeckt 20 Minuten backen. Die Picada-Sauce unterrühren und weitere 10 Minuten im Ofen garen. Mit Petersilie bestreuen.

THUNFISCH-KASSEROLLE MIT WEISSEN BOHNEN

Vorbereitungszeit: 40 Minuten + 8 Stunden zum Einweichen
Garzeit 3 Stunden
Für 6 Personen

400 g getrocknete Cannellini-Bohnen
60 ml Olivenöl
2 rote Zwiebeln, gehackt
2 Knoblauchzehen, zerdrückt
1 TL Koriander, gemahlen
1 TL fein geriebene Zitronenschale
1 TL frischer Thymian, feingehackt
500 ml Weißwein
500 ml Fischfond
475 g Thunfisch in Öl aus der Dose, abgetropft
60 g Basilikumblätter
4 große Tomaten, in dicke Scheiben geschnitten

Belag

40 g frische, grobe Semmelbrösel
1 Knoblauchzehe, zerdrückt
3 EL frische Petersilie, feingehackt
30 g Butter, geschmolzen

1 Die Bohnen 8 Stunden in Wasser einweichen. Danach gut abgießen und auf Küchenpapier trocknen lassen.

2 In einer großen Pfanne das Öl erhitzen, Zwiebeln, Knoblauch, Koriander, Zitronenschale und Thymian bei mittlerer Hitze 10 Minuten darin dünsten. Bohnen zufügen und weitere 10 Minuten garen.
3 Weißwein und Fond zugießen und zum Kochen bringen. Bei schwacher Hitze abgedeckt 2 Stunden köcheln, bis die Bohnen gar sind.
4 Den Backofen auf 210 °C vorheizen. Die Bohnenmischung in eine Kasserolle füllen. Mit Thunfisch, Basilikum und Tomaten belegen.
5 Semmelbrösel, Knoblauch und Petersilie für den Belag vermischen. Über die Tomaten geben, mit Butter beträufeln und 30 Minuten backen, bis die Kruste goldbraun ist. Mit knusprigem Brot servieren.
HINWEISE: Das Gericht kann bereits am Vortag zubereitet werden.
Sie können auch Lachs verwenden, aber traditionell gehört Thunfisch zu Bohnen.

Unten: Thunfisch-Kasserolle mit weißen Bohnen

FISCHPIE

Kartoffeln stampfen und mit Milch oder Sahne, Ei und Butter verrühren.

Die Fischstücke in eine tiefe Pfanne legen und vollständig mit Milch bedecken.

Das cremige Kartoffelpüree über den Fisch verteilen.

FISCHPIE

Vorbereitungszeit: 10 Minuten
Garzeit: 45 Minuten
Für 4 Personen

500 g Kartoffeln
60 ml Milch oder Sahne
1 Ei, leicht verquirlt
60 g Butter
60 g geriebener Cheddar
800 g weiße Fischfilets ohne Haut (z. B. Lengfisch, Hornhecht, Schnapper, Seeteufel), in große Stücke geschnitten
375 ml Milch
1 Zwiebel, feingehackt
1 Knoblauchzehe, zerdrückt
2 EL Mehl
2 EL Zitronensaft
1 TL Zitronenschale
1 EL frischer Dill, gehackt
Salz und zerstoßener schwarzer Pfeffer

1 Den Backofen auf 180 °C vorheizen. Kartoffeln dämpfen oder kochen (wenn sie gar sind, sollte sich ein Messer leicht wieder herausziehen lassen). Kartoffeln zerstampfen und mit Milch oder Sahne und der Hälfte der Butter verrühren. Die Hälfte des Cheddars zufügen. Warm stellen.
2 Fisch in eine tiefe Pfanne legen und mit Milch bedecken. Zum Kochen bringen, bei reduzierter Hitze 2–3 Minuten köcheln lassen. Gut abgießen, die Milch aufbewahren.
3 Die restliche Butter in einem Topf schmelzen, Zwiebel und Knoblauch darin bei mittlerer Hitze 2 Minuten dünsten. Mehl zufügen und 1 Minute rühren, bis es hell aufschäumt. Den Topf vom Herd nehmen und nach und nach die Milch unterrühren. Kochen, bis die Sauce eindickt. Weitere 2 Minuten köcheln lassen, dann Zitronensaft, Zitronenschale und Dill zugeben. Mit reichlich Salz und schwarzem Pfeffer würzen.
4 Fisch in eine ofenfeste 1,5-Liter-Form heben und vorsichtig mit der Sauce vermischen. Das Kartoffelpüree über den Fisch verteilen und anschließend mit dem restlichen Cheddar bestreuen. 35 Minuten backen, bis die Kruste goldbraun ist.

Gegenüber: Fischpie (oben); Thunfisch Mornay

THUNFISCH MORNAY

Vorbereitungszeit: 20 Minuten
Garzeit: 25 Minuten
Für 4 Personen

60 g Butter
2 EL Mehl
500 ml Milch
½ TL Senfpulver
90 g geriebener Cheddar
600 g Thunfisch in Salzlake aus der Dose, abgetropft
2 EL frische Petersilie, feingehackt
2 hartgekochte Eier, gehackt
25 g frische Semmelbrösel
Paprika zum Bestreuen

1 Den Backofen auf 180 °C vorheizen. Butter in einem kleinen Topf schmelzen. Mehl zufügen und bei schwacher Hitze rühren, bis es hell aufschäumt. Topf vom Herd nehmen und nach und nach die Milch zugießen. Wieder auf den Herd stellen und rühren, bis die Sauce eindickt. Bei reduzierter Hitze 2 Minuten köcheln lassen. Den Topf wieder vom Herd nehmen, Senfpulver und 60 g Cheddar unterrühren, bis der Käse geschmolzen ist.
2 Thunfischfleisch mit einer Gabel zerpflücken und mit der Sauce vermischen. Petersilie und Eier unterrühren und mit Salz und Pfeffer würzen. Die Mischung auf 4 ofenfeste Ramequinformen verteilen. Semmelbrösel mit dem restlichen Cheddar mischen und auf die Thunfischmasse geben. Leicht mit Paprika bestreuen. 15–20 Minuten backen, bis der Belag goldbraun ist.
HINWEISE: Ersetzen Sie einen Teil der Semmelbrösel durch feingehackte Kartoffelchips. Wählen Sie einfache gesalzene Chips.
Sie können für dieses Gericht auch Lachs aus der Dose verwenden. Die Mengen bleiben gleich.

PIES, GESCHMORTES & ÜBERBACKENES

MUSCHELN MIT ZWEIERLEI SAUCEN

Vorbereitungszeit: 25 Minuten
Garzeit: 45 Minuten
Für 4 Personen

1,25 kg Miesmuscheln
3 EL Olivenöl
3 EL geriebener Mozzarella
2 EL geriebener Parmesan
Salz und Pfeffer

Tomatensauce

2 Knoblauchzehen, zerdrückt
125 ml Weißwein
3 EL Tomatenpüree

Weiße Sauce

25 g Butter
30 g Mehl
250 ml Milch

Unten: Muscheln mit zweierlei Saucen

1 Muscheln mit einer harten Bürste abschrubben und Bärte herausziehen. Beschädigte oder offene Muscheln, die sich nach einem Klopfen nicht schließen, wegwerfen. Gut abspülen.
2 Die Hälfte des Öls in einer Pfanne erhitzen. Muscheln zufügen und bei hoher Hitze 4–5 Minuten dünsten, Pfanne ab und zu leicht schwenken. Flüssigkeit abgießen und aufbewahren. Muscheln abkühlen lassen, dann aus der Schale nehmen. Den Backofen auf 190 °C vorheizen.
3 Für die Tomatensauce das restliche Öl in einem Topf erhitzen. Knoblauch bei mittlerer Hitze goldbraun dünsten. Wein und Muschelflüssigkeit zugießen und zum Kochen bringen. Bei reduzierter Hitze 4–5 Minuten köcheln lassen. Tomatenpüree mit 3 Eßlöffeln Wasser verrühren und zur Sauce geben. 10 Minuten weiterköcheln, nach Geschmack würzen. Vom Herd nehmen.
4 Für die weiße Sauce bei schwacher Hitze Butter schmelzen. Das Mehl zufügen und 1 Minute rühren, bis es hell aufschäumt. Topf vom Herd nehmen und nach und nach die Milch zugießen. Unter Rühren aufkochen lassen, bis die Sauce eindickt. Bei reduzierter Hitze 2 Minuten köcheln. Nach Geschmack mit Salz und Pfeffer würzen.
5 Tomatensauce und Muschelfleisch mischen. Auf 4 ofenfeste Ramequinformen (250 ml) verteilen. Darauf die weiße Sauce geben und mit geriebenem Käse bestreuen. 20 Minuten backen, bis die Kruste goldbraun ist. Mit knusprigem Brot servieren.

GEBACKENER HUMMER

Vorbereitungszeit: 15 Minuten
Garzeit: 20 Minuten
Für 4 Personen

2 große rohe Hummerschwänze
1 kleine Knoblauchzehe, zerdrückt
125 ml Öl
60 ml Brandy
60 ml Zitronensaft
Salz und Cayennepfeffer
Zitronenscheiben zum Garnieren

1 Den Backofen auf 200 °C vorheizen. Den Hummerschwanz der Länge nach durchschneiden. Knoblauch, Öl, Brandy und Zitronensaft miteinander vermischen.

PIES, GESCHMORTES & ÜBERBACKENES

2 Hummer mit Salz und Cayennepfeffer würzen und mit der Marinade einpinseln. In eine Backform legen und 15–20 Minuten garen – das Hummerfleisch sollte weiß und die Schale tieforange sein. Während des Backens häufiger begießen. Mit Zitronenscheiben servieren.

MEERESFRÜCHTE-EINTOPF MIT FENCHEL UND KARTOFFELN

Vorbereitungszeit: 25 Minuten
Garzeit: 30 Minuten
Für 6 Personen

18–20 Miesmuscheln
6 Baby-Oktopus
16 mittelgroße rohe Garnelen
1 große Fenchelknolle
2 EL Olivenöl
2 Porreestangen (nur der weiße Teil), in dünne Scheiben geschnitten
2 Knoblauchzehen, zerdrückt
1/2 TL Paprika
2 EL Pernod oder Ricard (siehe Hinweis)
170 ml trockener Weißwein
1/4 TL Safranfäden
1/4 TL frische Thymianblätter
500 g Fischkoteletts (z. B. Schwertfisch, Königsmakrele, Warehou, Seeteufel), in große Stücke geschnitten
400 g kleine, neue Kartoffeln
Salz und Pfeffer
Fenchelgrün zum Garnieren

1 Muscheln mit einer harten Bürste abschrubben und Bärte herausziehen. Beschädigte Muscheln oder offene, die sich nach einem Klopfen nicht schließen, wegwerfen. Abspülen.
2 Mit einem kleinen, scharfen Messer Kopf und Körperbeutel vom Oktopus abtrennen. Mit den Fingern das Kauwerkzeug herausdrücken und wegwerfen. Kopfteile aufschlitzen, Innereien entfernen und gut abspülen.
3 Garnelen schälen und Darm aus dem Rücken ziehen.
4 Den Fenchel in dünne Scheiben schneiden. Das Öl in einem großen Topf erhitzen und Fenchel, Porree und Knoblauch hineingeben. Paprika, Salz und Pfeffer unterrühren und bei mittlerer Hitze 8 Minuten dünsten. Pernod und Weißwein zugießen und 1 Minute kochen, bis die Flüssigkeit um ein Drittel reduziert ist.
5 Muscheln zufügen und 4–5 Minuten kochen, Topf dabei gelegentlich etwas schwenken. Ungeöffnete Muscheln wegwerfen. Abkühlen lassen und die Muscheln aus der Schale nehmen.
6 Safran und Thymian zum Kochen bringen und unter Rühren 1–2 Minuten bei mittlerer Hitze köcheln. Bei Bedarf mit Salz und Pfeffer würzen. Alles in eine Kasserolle füllen.
7 Oktopus, Garnelen, Fisch und die zuvor geschälten Kartoffeln in die Kasserolle legen. Abgedeckt 10 Minuten kochen, bis die Kartoffeln und die Meeresfrüchte gar sind. Die Muscheln zufügen und erwärmen. Mit Fenchelgrün garniert servieren.
HINWEISE: Pernod oder Ricard haben den typischen Anisgeschmack, der gut zur Fenchelknolle paßt.
Wählen Sie für dieses Gericht möglichst kleine Kartoffeln.

Oben: Meeresfrüchte-Eintopf mit Fenchel und Kartoffeln

DAS GROSSE KOCHBUCH DER FISCHE & MEERESFRÜCHTE

Oben: Forelle mit Ingwer und Koriander

FORELLE MIT INGWER UND KORIANDER

Vorbereitungszeit: 20 Minuten
Garzeit: 30 Minuten
Für 2 Personen

2 Regenbogenforellen (à 330 g), entschuppt und gesäubert
2 Limonen, in dünne Scheiben geschnitten
1 Stück Ingwer à 5 cm, in Juliennestreifen geschnitten
60 g feiner Zucker
60 ml Limonensaft
Schale von 1 Limone, in Streifen geschnitten
10 g frisches Koriandergrün

1 Den Backofen auf 180 °C vorheizen. Den Fisch abspülen und innen und außen mit Küchenpapier trockentupfen. Das Innere mit Limonenscheiben und etwas Ingwer füllen. Die Forellen auf leicht eingeölte Alufolie legen, die Folie umschlagen und den Fisch einwickeln. Auf einem Backblech 20–30 Minuten backen, bis das Fleisch sich mit einer Gabel zerpflücken läßt. Während die Forellen im Backofen garen, wird der Sirup zubereitet.
2 Zucker und Limonensaft verrühren und mit 250 ml Wasser in einem Topf zum Kochen bringen, bis der Zucker sich auflöst. Bei reduzierter Hitze 10 Minuten köcheln, bis die Masse sirupartig wird. Restlichen Ingwer und Limonenstreifen unterrühren. Forellen auf Tellern anrichten. Mit Koriandergrün bestreuen und mit heißem Sirup begießen.
HINWEISE: Auch kleiner Lachs kann verwendet werden.
Dieses Gericht eignet sich für alle, die eine Low-Fett-Diät machen.

QUICHES MIT KREBSFLEISCH UND FRÜHLINGSZWIEBELN

Vorbereitungszeit: 25 Minuten
Garzeit: 20 Minuten
Ergibt 15 Portionen

6 Scheiben Filo-Teig
30 g Butter, geschmolzen
340 g Krebsfleisch aus der Dose, abgetropft
4 Frühlingszwiebeln, gehackt
2 Eier
185 ml Sahne
1 EL Mehl
90 g geriebener Gruyère oder Cheddar
frische Thymianzweige

1 Den Backofen auf 180 °C vorheizen. Den Filo-Teig mit der Butter einstreichen. 15 Kreise (8 cm Durchmesser) ausstechen und in kleine, runde Formen legen.
2 Das Krebsfleisch mit den Händen ausdrücken. Etwas zusätzliche Butter in einer Pfanne schmelzen und die Frühlingszwiebeln darin weich dünsten. Mit Krebsfleisch, Eiern, Sahne, Mehl und 60 g Käse mischen.
3 Diese Mischung in die Teigformen füllen und mit dem restlichen Käse bestreuen. Einen Thymianzweig darauf legen. 20 Minuten backen, bis der Belag goldbraun ist.

264

PIES, GESCHMORTES & ÜBERBACKENES

FISCH MIT ZITRONENGRAS UND KORIANDER

Vorbereitungszeit: 15 Minuten
Garzeit: 40 Minuten
Für 4 Personen

4 Fischkoteletts à 200 g (z. B. Blue-Eye-Bastardmakrele, Große Goldmakrele, Schnapper, Adlerfisch)
Mehl
Salz und Pfeffer
2–3 EL Erdnußöl
2 Zwiebeln, in Scheiben geschnitten
2 Zitronengrasstengel (nur der weiße Teil), feingehackt
4 Kaffir-Limonenblätter, feingehackt
1 TL Kreuzkümmel, gemahlen
1 TL Koriander, gemahlen
1 TL roter Chili, kleingehackt
185 ml Geflügelfond
375 ml Kokosmilch
3 EL frisches Koriandergrün, gehackt
2 TL Fischsauce
Salz und frisch gemahlener schwarzer Pfeffer

1 Den Backofen auf 180 °C vorheizen. Die Fischkoteletts leicht in dem mit Salz und Pfeffer vermischten Mehl wenden. Die Hälfte des Öls in einer großen gußeisernen Pfanne erhitzen und den Fisch bei mittlerer Hitze von beiden Seiten braten, bis das Fleisch leicht gebräunt ist. In eine ofenfeste Form legen.
2 Das restliche Öl in einem Topf erhitzen. Zwiebeln und Zitronengras zufügen und unter Rühren 5 Minuten dünsten, bis die Zwiebeln weich sind. Limonenblätter, Kreuzkümmel, Koriander und Chili 2 Minuten unter Rühren mitdünsten.
3 Geflügelfond und Kokosmilch zugießen und zum Kochen bringen. Über den Fisch geben und abgedeckt 30 Minuten backen.
4 Den Fisch auf einer Servierplatte anrichten. In die restliche Sauce Koriandergrün und Fischsauce geben und nach Geschmack mit Salz und schwarzem Pfeffer würzen. Über den Fisch träufeln.

BARRAMUNDI

In Australien gehört der Barramundi zu den am häufigsten gegessenen Fischen. Er lebt in Buchten, Tideseen und -häfen, Lagunen und großen Flüssen. Bei den meisten Anglern im Norden Australiens ist der Barramundi sehr beliebt. Der Name des Fisches stammt von den Ureinwohnern, den Aborigines. Er bedeutet soviel wie »Flußfisch mit großen Schuppen«. Wenn Sie ihn bei Ihrem Fischhändler nicht bekommen können, verwenden Sie stattdessen Kabeljau.

Links: Fisch mit Zitronengras und Koriander

PIES, GESCHMORTES & ÜBERBACKENES

FISCH MIT KNOBLAUCH-SEMMELBRÖSEL

Vorbereitungszeit: 15 Minuten
Garzeit: 10–15 Minuten
Für 4 Personen

4 weiße Fischfilets ohne Haut à 200 g
    (z. B. Petersfisch, Rotbarsch, Schnapper, Brasse)
75 g Butter, geschmolzen
3 Knoblauchzehen, zerdrückt
160 g frische weiße Semmelbrösel
1 EL frische Petersilie, feingehackt
Zitronenscheiben zum Garnieren

1 Den Backofen auf 200 °C vorheizen. Eine große ofenfeste Form mit Öl einstreichen und die Filets nebeneinander hineinlegen.
2 Butter und Knoblauch in einer Schüssel verrühren. Beiseite stellen. Semmelbrösel und Petersilie mischen und in einer dicken Schicht auf den Fisch legen. Mit Knoblauchbutter beträufeln.
3 10–15 Minuten backen. Das Fleisch sollte weiß und die Semmelbrösel goldgelb sein. Bei Bedarf kurz grillen. Mit Zitronenscheiben servieren.

FISCH EN PAPILLOTE

Vorbereitungszeit: 20 Minuten
Garzeit: 20 Minuten
Für 4 Personen

4 Fischfilets ohne Haut à 200 g
    (z. B. Petersfisch, Großer Roter Drachenkopf, Schnapper, Brasse)
1 Porreestange (nur der weiße Teil), in Juliennestreifen geschnitten
4 Frühlingszwiebeln, in Juliennestreifen geschnitten
1 Zitrone, in 12 dünne Scheiben geschnitten
2–3 EL Zitronensaft

1 Den Backofen auf 180 °C vorheizen. Jedes Fischfilet auf ein Stück Backpapier legen, groß genug, um den Fisch darin einzuwickeln.
2 Mit Porree und Frühlingszwiebeln bestreuen. Auf jedes Fischfilet ein Stück Butter und 3 Scheiben Zitrone legen. Mit Zitronensaft beträufeln. Das Papier zusammenfalten und die Enden wie ein Päckchen formen. Auf ein Backblech legen und 20 Minuten (der Dampf bläht das Papier auf) backen. Das Fleisch sollte weiß sein. Als Päckchen servieren oder auspacken und auf Tellern anrichten.

GEBACKENER FISCH MIT WEIZENSCHROT

Vorbereitungszeit: 25 Minuten + 30 Minuten zum Quellen
Garzeit: 35 Minuten
Für 4 Personen

130 g Weizenschrot (Bulgur)
1 Zwiebel, kleingehackt
250 g Fischfilets ohne Haut (z. B. Roter Schnapper, Hecht, Kabeljau, Brasse), in kleine Stücke geschnitten
1/2 TL fein geriebene Orangenschale
2 TL frisches Koriandergrün, feingehackt
2 EL Öl
2 Zwiebeln, in Scheiben geschnitten, zusätzlich
1 Prise Safranfäden
Salz und Pfeffer

1 Den Weizenschrot 30 Minuten in 375 ml Wasser einweichen. Abgießen und die restliche Flüssigkeit zwischen Küchenpapier auspressen.
2 In der Zwischenzeit die Zwiebel in einer Küchenmaschine zerkleinern. Fisch zufügen und alles zu einer glatten Paste verrühren. 10 Minuten kalt stellen.
3 Den Backofen auf 200 °C vorheizen. Weizenschrot, Fischmischung, Orangenschale und Koriander in einer Schüssel mischen. Mit Salz und Pfeffer würzen. Gründlich verrühren und anschließend 5 Minuten kneten, bis eine glatte Masse entsteht.
4 1 Eßlöffel Öl erhitzen und die zusätzlichen Zwiebeln leicht goldgelb dünsten. Den zuvor in Wasser eingeweichten Safran mit der Flüssigkeit zugeben und nach Geschmack würzen.
5 Die Hälfte der Fischmasse in eine kleine, runde ofenfeste Form füllen. Mit gedünsteter Zwiebel bestreichen und mit dem restlichen Fisch bedecken. Ein Karomuster einritzen, mit dem restlichen Öl beträufeln und 25–30 Minuten backen. Abkühlen lassen und in kleine Stücke schneiden.

EN PAPILLOTE
Wenn Fisch, Geflügel, Fleisch oder Gemüse in Backpapier gegart wird, spricht man von der Zubereitungsmethode »en papillote«, also »in der Papierhülle gegart«. Hierbei entsteht Dampf, der das Papier aufbläht und einreißt. Es bildet eine Zelt- oder Kuppelform, die Flüssigkeit und Aroma erhält. Die kleinen »Päckchen« können bei Tisch in Anwesenheit der Gäste geöffnet werden. Sie können auch Alufolie verwenden, allerdings reißt diese nicht so schön wie Papier.

Gegenüber: Fisch mit Knoblauch-Semmelbrösel (oben); Fisch en papillote

BRIK À L`OEUF

Vorsichtig ein Ei aufschlagen und in die Mitte der Thunfisch-Mischung geben.

Zwei Filo-Teigscheiben auf Thunfisch und Ei legen und die Teigseiten einschlagen.

Vorsichtig die Teigscheiben aufrollen, ohne das Ei zu beschädigen.

BRIK À L`OEUF

Vorbereitungszeit: 30 Minuten
Garzeit: 15 Minuten
Für 2 Personen

★★

6 Scheiben Filo-Teig
30 g Butter, geschmolzen
1 kleine Zwiebel, feingehackt
200 g Thunfisch in Öl aus der Dose, abgetropft
6 schwarze Oliven, entsteint und gehackt
1 EL frische Petersilie, feingehackt
2 Eier
Salz und frisch gemahlener schwarzer Pfeffer

1 Den Backofen auf 200 °C vorheizen. Filo-Teigscheiben halbieren, so daß 12 kleinere Scheiben entstehen. 4 davon mit Butter bestreichen und aufeinanderlegen. Den restlichen Teig mit einem Küchenhandtuch abdecken. Zwiebel, Thunfisch, Oliven und Petersilie mischen. Die Hälfte der Masse in die Mitte der eingebutterten Teigscheiben setzen, dabei einen Rand lassen. In eine Vertiefung in der Mitte ein Ei geben. Mit Salz und Pfeffer würzen.
2 2 weitere Filo-Scheiben mit Butter bestreichen und auf die Thunfisch-Ei-Masse legen. Die Teigseiten zusammenfalten und zu einem Päckchen wickeln. Auf ein eingeöltes Backblech legen und mit Butter bestreichen. Mit den restlichen 6 Scheiben genauso verfahren.
3 15 Minuten backen, bis der Teig goldbraun ist. Warm servieren.
HINWEIS: Wenn sie ein festeres Ei bevorzugen, etwas länger backen lassen.

SCHELLFISCH DUGLESE

Vorbereitungszeit: 20 Minuten
Garzeit: 30 Minuten
Für 4 Personen

★

500 g geräucherte Schellfisch- oder Kabeljaufilets
250 ml trockener Weißwein
1 TL ganze schwarze Pfefferkörner
1 große Zwiebel, in 1 cm dicke Scheiben geschnitten
30 g Butter
2 EL Mehl
2 Tomaten, geschält, entkernt und gehackt
60 ml Sahne
1 EL frische Petersilie, gehackt, zum Garnieren

Rechts: Brik à l`oeuf

PIES, GESCHMORTES & ÜBERBACKENES

1 Den Backofen auf 180 °C vorheizen. Schellfisch reinigen und in eine Pfanne legen. Mit Wasser bedecken und langsam zum Kochen bringen. Bei reduzierter Hitze 5 Minuten köcheln lassen, dann das Wasser abgießen.
2 Wein und 250 ml Wasser über den Schellfisch gießen, Pfefferkörner und Zwiebelscheiben darauf legen. Abgedeckt 5–8 Minuten köcheln.
3 Mit einem Fischheber den Schellfisch herausnehmen und in eine ofenfeste Auflaufform legen. 250 ml Sud aufbewahren.
4 Für die Sauce die Butter bei schwacher Hitze in einem Topf schmelzen. Mehl zufügen und 1 Minute unter Rühren kochen, bis es hell aufschäumt. Den Topf vom Herd nehmen und nach und nach die Flüssigkeit unterrühren. Aufkochen lassen, bis die Sauce eindickt. Weitere 2 Minuten bei schwacher Hitze köcheln. Tomaten und Sahne zufügen und erhitzen.
5 Die Sauce über den Fisch geben, mit Petersilie bestreuen und 15–20 Minuten backen. Sofort mit heißem, lockerem Kartoffelbrei und gedämpftem Gemüse servieren.

GARNELENPIES

Vorbereitungszeit: 30 Minuten + 15 Minuten zum Kühlen
Garzeit: 30 Minuten
Für 4 Personen

250 g Mehl
125 g gekühlte Butter, in Würfel geschnitten
1 kg mittelgroße rohe Garnelen
1 EL Öl
1 Stück frischer Ingwer à 5 cm, gerieben
3 Knoblauchzehen, zerdrückt
80 ml süße Chilisauce
80 ml Limonensaft
80 ml Crème double
25 g frisches Koriandergrün, gehackt
1 Eigelb, leicht verquirlt, zum Glasieren
Limonenzesten zum Garnieren

1 Das Mehl in eine große Schüssel sieben, die Butter zufügen und mit den Händen vermischen. Eine Mulde formen und 3 Eßlöffel Wasser zugießen. Ein Messer mit flacher Klinge zur Hilfe nehmen, um den Teig zu verschlagen. Teig fest zusammendrücken und dann auf eine leicht bemehlte Arbeitsfläche legen. Zu einer

Scheibe flachdrücken. In Frischhaltefolie wickeln und 15 Minuten kühl stellen.
2 Den Backofen auf 200 °C vorheizen. Garnelen schälen und entdarmen.
3 In einer großen Pfanne das Öl erhitzen, Ingwer, Knoblauch und Garnelen 3 Minuten darin braten. Garnelen herausnehmen. Chilisauce, Limonensaft und Crème double zufügen und bei mittlerer Hitze köcheln, bis die Sauce um ein Drittel reduziert ist. Garnelen und Koriander unterrühren, abkühlen lassen.
4 2 Backbleche einölen. Den Teig in 4 Portionen teilen und jede zwischen 2 Stücken Backpapier zu einem Kreis ausrollen (20 cm Durchmesser). Auf jeden Kreis ein Viertel der Füllung legen, einen breiten Rand lassen. Die Ränder locker über die Füllung falten und mit Eigelb bestreichen. 25 Minuten backen, bis der Teig goldgelb ist. Mit Limonenschale garnieren.

Oben: Garnelenpies

KRÄUTER-FISCH-TÖRTCHEN

Vorbereitungszeit: 40 Minuten + 15 Minuten zum Kühlen
Garzeit: 45 Minuten
Ergibt 8 Portionen

155 g Mehl
90 g Butter, in Stücke geschnitten
1 EL frischer Thymian, gehackt
1 EL frischer Dill, gehackt
2 EL frische Petersilie, gehackt
90 g feingeriebener Cheddar
3–4 EL Eiswasser

Füllung

400 g weiße Fischfilets ohne Haut (z.B. Blue-Eye-Bastardmakrele, Warehou, Kabeljau)
2 Frühlingszwiebeln, feingehackt
2 EL frische Petersilie, gehackt
60 g feingeriebener Cheddar
2 Eier
125 ml Sahne

1 8 runde, kannelierte Förmchen (10 cm Durchmesser) leicht einfetten. Das Mehl in eine große Schüssel sieben. Mit den Händen die Butter einarbeiten. Kräuter und Käse zufügen. In der Teigmitte eine Vertiefung formen. Wasser zugießen und mit Hilfe eines Messers den Teig kräftig durchschlagen. Teig zusammendrücken und zu einer Kugel formen. Falls nötig, weiteres Wasser zugeben. In Frischhaltefolie wickeln und 15 Minuten kühl stellen.
2 Den Backofen auf 210 °C vorheizen. Den Teig in 8 Portionen teilen und auf einer leicht bemehlten Fläche ausrollen. In die Förmchen legen und an den Rändern festdrücken. Rest abschneiden. Die Formen mit Backpapier auslegen. Getrocknete Bohnen oder Reiskörner darauf verteilen und 10 Minuten backen. Papier und Hülsenfrüchte entfernen. Weitere 10 Minuten backen, dann abkühlen lassen.
3 Fischfilets in eine Pfanne legen und mit Wasser bedecken. Zum Kochen bringen und 3 Minuten köcheln lassen. Mit einem Fischheber herausnehmen und mit Küchenpapier trockentupfen. Abkühlen lassen, dann mit einer Gabel zerpflücken. Fleisch auf die einzelnen Formen verteilen und mit der Frühlingszwiebel-Petersilie-Käse-Mischung bedecken. Eier und Sahne verrühren und darüber gießen.
25 Minuten backen, bis der Belag goldbraun ist. Sofort servieren.
HINWEIS: Sie können auch geräucherten Fisch oder eine einzige, größere Form (ca. 23 cm Durchmesser) verwenden. Möglicherweise verlängert sich die Garzeit dadurch ein wenig.

Oben:
Kräuter-Fisch-Törtchen

PIES, GESCHMORTES & ÜBERBACKENES

MEERESFRÜCHTE-PÄCKCHEN

Vorbereitungszeit: 25 Minuten
Garzeit: 35 Minuten
Ergibt 20 Portionen

250 g weiße Fischfilets ohne Haut (z. B. Kabeljau, Schnapper, Seelachs, Rotbarsch)
100 g Kammuscheln
400 g mittelgroße gekochte Garnelen
30 g Butter
1 EL Zitronensaft
1 EL Mehl
250 ml Milch
60 geriebener Cheddar
1 EL frischer Schnittlauch, gehackt
1 EL frischer Dill, gehackt
10 Scheiben Filo-Teig
60 g Butter, geschmolzen
2 TL Mohn- oder Sesamsamen

1 Den Backofen auf 180 °C vorheizen und ein Blech mit Backpapier auslegen.
2 Die Fischfilets in 1 cm breite Streifen schneiden. Kammuscheln abspülen und entdarmen. Häute und harte, weiße Muskeln entfernen. Garnelen schälen und Darm aus dem Rücken herausziehen.
3 In einer gußeisernen Pfanne die Butter schmelzen. Fischstreifen, Kammuscheln und Zitronensaft zufügen. Bei mittlerer Hitze 1 Minute dünsten. Meeresfrüchte aus der Pfanne nehmen und warm halten.
4 Das Mehl in die Butter streuen und 1 Minute rühren, bis sie hell aufschäumt. Die Pfanne vom Herd nehmen und nach und nach die Milch zugießen. Bei reduzierter Hitze köcheln, bis die Sauce eindickt. Cheddar, Schnittlauch, Dill, Fisch, Muscheln und Garnelen unterrühren, mit Salz und Pfeffer würzen. Mit Frischhaltefolie abdecken.
5 2 Scheiben Filo-Teig mit Butter einpinseln, übereinanderlegen und in 4 gleich breite Streifen schneiden. Den restlichen Teig mit einem Küchenhandtuch abdecken. Jeweils 2 Eßlöffel der Meeresfrüchte-Mischung auf das kurze Ende setzen. Zusammenfalten und aufrollen. Diesen Vorgang mit dem restlichen Teig wiederholen. Die Meeresfrüchte-Päckchen mit der Naht nach unten auf das Backblech legen, mit Butter bestreichen und mit Mohn- oder Sesamsamen verzieren. 20 Minuten backen.
HINWEIS: Die Sauce können Sie bereits einen Tag im voraus zubereiten. Sie muß im Kühlschrank aufbewahrt werden.

*Links:
Meeresfrüchte-Päckchen*

WÜRZIG GEBACKENE FISCHKOTELETTS

Vorbereitungszeit: 15 Minuetn
Garzeit: 15–20 Minuten
Für 4 Personen

1 EL Öl
1 Zwiebel, sehr fein gehackt
2 Knoblauchzehen, feingehackt
1 Stück frischer Ingwer à 5 cm, feingerieben
1 TL Koriander, gemahlen
1 Zitronengrasstengel (nur der weiße Teil), feingehackt
2 TL Tamarindenkonzentrat
2 TL feingeriebene Zitronenschale
4 kleine Fischkoteletts (Blue-Eye-Bastardmakrele, Schnapper, Königsmakrele, Adlerfisch)
gemahlener schwarzer Pfeffer
Limonenscheiben zum Garnieren

1 Den Backofen auf 160 °C vorheizen. Ein Backblech mit Alufolie auslegen und leicht einölen, damit der Fisch nicht festklebt.
2 Das Öl in einer Pfanne erhitzen. Zwiebel, Knoblauch, Ingwer, Koriander und Zitronengras zugeben und bei mittlerer Hitze 5 Minuten unter Rühren dünsten.
3 Tamarindenkonzentrat, Zitronenschale und etwas schwarzen Pfeffer unterrühren. Abkühlen lassen. Fischkoteletts in einer Schicht auf das Backblech legen und mit der Würzmischung bedecken. 10–15 Minuten backen. Der Fisch ist gar, wenn das Fleisch sich leicht auseinanderpflücken läßt. Mit Limonenscheiben garnieren.

FISCHCURRY BOMBAY

Vorbereitungszeit: 15–20 Minuten
Garzeit: 40 Minuten
Für 4–6 Personen

60 g Ghee
1 kleine Zwiebel, feingehackt
1 Knoblauchzehe, zerdrückt
2 getrocknete rote Chillies, entkernt, gehackt
½ TL frischer Ingwer, gerieben
1 EL Koriander, gemahlen
1 TL Kurkuma, gemahlen
1 TL Senfpulver
½ TL Chilipulver

Unten: Würzig gebackene Fischkoteletts

PIES, GESCHMORTES & ÜBERBACKENES

315 ml Kokosmilch
2 EL frischer Zitronensaft
1 kg ganzer Fisch (z. B. Schnapper, Brasse), entschuppt und gereinigt

1 Ghee in einer Pfanne schmelzen. Zwiebel, Knoblauch, Chillies, Ingwer, Koriander, Kurkuma, Senf- und Chilipulver zufügen. 3 Minuten unter Rühren kochen.
2 Kokosmilch und Zitronensaft zugießen. Zum Kochen bringen, dann bei schwacher Hitze köcheln lassen, bis die Mischung eindickt.
3 Fisch in die Pfanne legen, abdecken und bei schwacher Hitze 20 Minuten köcheln. Den Fisch wenden, die Sauce gelegentlich umrühren.

SCHNAPPER AUF THAILÄNDISCHE ART

Vorbereitungszeit: 10 Minuten
Garzeit: 30 Minuten
Für 4–6 Personen

2 Knoblauchzehen, zerdrückt
1 EL Fischsauce
2 EL Zitronensaft
1 EL frischer Ingwer, gerieben
2 EL süße Chilisauce
2 EL frisches Koriandergrün, gehackt
1 EL Reisweinessig
1 kg ganzer Schnapper, entschuppt und gesäubert
2 Frühlingszwiebeln, in Juliennestreifen geschnitten

1 Den Backofen auf 190 °C vorheizen. Knoblauch, Fischsauce, Zitronensaft, Ingwer, Chilisauce, Koriander und Reisweinessig gut mischen.
2 Den Schnapper auf ein mit Alufolie ausgelegtes Backblech legen. Folie etwas einölen. Die Marinade über den Fisch gießen und mit den Frühlingszwiebelstreifen bedecken.
3 Alufolie über den Fisch schlagen und 20–30 Minuten backen, bis das Fleisch sich mit einer Gabel zerpflücken läßt. Sofort mit gedämpftem Reis servieren.
HINWEISE: Fetten Sie die Folie gut ein, damit der Fisch nicht festklebt.
Sie können auch eine Brasse oder einen Rotbarsch für dieses Gericht verwenden.

GOLDBRASSE
Die Goldbrasse gehört zu den Rundfischen. Sie hat schmackhaftes, festes weißes Fleisch. Bekannter als der deutsche Name ist für viele Feinschmecker die französische Bezeichnung »Dorade royale«. Kennzeichnend ist das breite Goldband zwischen den Augen. Brassen sind das ganze Jahr über erhältlich. Sie können gegrillt oder im ganzen gebacken werden, aber auch filetiert und fritiert oder pochiert schmecken Goldbrassen hervorragend.

Oben: Schnapper auf thailändische Art

DAS GROSSE KOCHBUCH DER FISCHE & MEERESFRÜCHTE

MALAYSISCHES FISCHCURRY

Vorbereitungszeit: 25 Minuten
Garzeit: 25 Minuten
Für 4 Personen

500 g weiße Fischfilets ohne Haut
 (z. B. Lengfisch, Hecht, Seelachs)
3–6 mittelgroße, frische rote Chillies
1 Zwiebel, gehackt
4 Knoblauchzehen
3 Zitronengrasstengel (nur der weiße Teil),
 in Scheiben geschnitten
1 Stück frischer Ingwer à 4 cm, in Scheiben
 geschnitten
2 TL Garnelenpaste
60 ml Öl
1 EL Fischcurrypulver (siehe Hinweis)
250 ml Kokosmilch
1 EL Tamarindenkonzentrat
1 EL Kecap Manis
2 Tomaten, gehackt
1 EL Zitronensaft
Salz und Pfeffer

1 Fisch in Würfel schneiden. Chillies, Zwiebel, Knoblauch, Zitronengras, Ingwer und Garnelenpaste in einer Küchenmaschine zerkleinern. 2 Eßlöffel Öl zugießen und die Zutaten zu einer glatten Paste verarbeiten.
2 Restliches Öl in einem Wok oder einer tiefen gußeisernen Pfanne erhitzen. Paste hineingeben und 3–4 Minuten bei schwacher Hitze unter ständigem Rühren erhitzen. Currypulver zufügen und weitere 2 Minuten rühren. Kokosmilch, Tamarindenkonzentrat, Kecap Manis und 250 ml Wasser zugeben und zum Kochen bringen. Bei mittlerer Hitze unter ständigem Rühren 10 Minuten köcheln.
3 Fisch, Tomaten und Zitronensaft unterrühren. Mit Salz und Pfeffer abschmecken und 5 Minuten köcheln lassen. Sofort mit gedämpftem Reis servieren.
HINWEISE: Fischcurrypulver ist eine besondere Gewürzmischung für Meeresfrüchte. Sie ist in Asienläden erhältlich.
Wie viele Chillies Sie verwenden, bleibt Ihrem Geschmack überlassen. Wenn Sie sie nicht entkernen, wird das Fischcurry sehr viel schärfer.

Oben:
Malaysisches Fischcurry

PIES, GESCHMORTES & ÜBERBACKENES

GRÜNES THAI-FISCHCURRY

Vorbereitungszeit: 40 Minuten
Garzeit: 20 Minuten
Für 4 Personen

★★

4 frische grüne Chillies, entkernt und gehackt
4 Frühlingszwiebeln, gehackt
1 kleine Zwiebel, feingehackt
2 Knoblauchzehen, zerdrückt
2 Zitronengrasstengel (nur der weiße Teil), gehackt
1 EL frische Korianderwurzel, feingehackt
6 EL frisches Koriandergrün
6 ganze Pfefferkörner
1 TL Koriander, gemahlen
2 TL Kreuzkümmel, gemahlen
2 TL fein geriebene Limonenschale
2 TL Garnelenpaste
1 TL Kurkuma, gemahlen
1 TL Salz
3 EL Öl
600 ml Kokosnußmilch
2 getrocknete Kaffir-Limonenblätter
1 Stück getrocknete Galangalwurzel à 2 cm
1 EL Fischsauce
750 g weiße Fischfilets ohne Haut (Kabeljau, Seelachs, Lengfisch), in Würfel geschnitten

1 Chillies, Frühlingszwiebeln, Zwiebel, Knoblauch, Zitronengras, Korianderwurzel, Hälfte des Koriandergrüns, Pfefferkörner, gemahlenen Koriander, Kreuzkümmel, Limonenschale, Garnelenpaste, Kurkuma, Salz und 2 Eßlöffel Öl in einer Küchenmaschine mischen. Zu einer glatten Sauce verarbeiten.
2 Restliches Öl in einem Topf erhitzen. Die Hälfte der Sauce zufügen und 2 Minuten erhitzen. Kokosmilch, Kaffir-Limonenblätter, Galangal und Fischsauce unterrühren.
3 Fisch zufügen und 15 Minuten köcheln lassen. Restliches Koriandergrün unterrühren. Mit Reis servieren.
HINWEIS: Dieses Curry schmeckt noch besser, wenn es bereits am Vortag zubereitet wird. Abgedeckt kalt stellen. Wer es scharf mag, kann darauf verzichten, die Chillies zu entkernen. Übriggebliebene Sauce hält sich im Kühlschrank 2 Wochen, im Tiefkühlfach bis zu 2 Monaten.

GALANGAL
Eine scharfe Wurzel, die dem Ingwer ähnelt und ein pfeffriges Aroma hat. Es gibt zwei Galangal-Arten: Der weißfleischige große Galangal (auch bekannt unter den Namen Siamesischer-, Laos- oder Thai-Ingwer) ist der bekanntere. Der kleine Galangal besitzt orangerotes Fleisch, ist schärfer und kräftiger im Geschmack und wird meist als Gemüse gekocht.

Oben:
Grünes Thai-Fischcurry

GARNELEN-GUMBO

Mit einem Holzlöffel das Mehl ins Öl rühren, bis es nußbraun ist.

Okras, Lorbeerblatt und Tomaten in die Pfanne geben und erhitzen.

Geschälte Garnelen und Mehlschwitze zufügen. Nach Geschmack würzen.

GARNELEN-GUMBO

Vorbereitungszeit: 30 Minuten
Garzeit: 50 Minuten
Für 4 Personen

1 kg mittelgroße rohe Garnelen
60 ml Öl
6 dünne Scheiben Schinkenspeck, feingehackt
2 ½ EL Mehl
2 EL Öl, zusätzlich
2 Zwiebeln, feingehackt
½ TL Cayennepfeffer
1 rote Paprika, gehackt
1 grüne Paprika, gehackt
16 Okras, die Enden abgeschnitten, und der Länge nach halbiert
1 Lorbeerblatt
800 g Tomaten aus der Dose, ohne Haut
Salz und Pfeffer
½–1 TL Tabascosauce

1 Garnelen schälen und Darm aus dem Rücken herausziehen. Abdecken.
2 In einer großen Saucenpfanne das Öl erhitzen, Speck zugeben und bei mittlerer Hitze 5 Minuten braten. Das Mehl zugeben und rühren, bis es nußbraun ist. In einen Topf abgießen. Die Mehlschwitze verleiht dem Eintopf später seine dicke Konsistenz.
3 Zusätzliches Öl erhitzen. Zwiebel, Cayennepfeffer und Paprika zufügen und unter Rühren bei mittlerer Hitze 5 Minuten dünsten, bis die Zwiebeln goldbraun sind.
4 Okras, Lorbeerblatt und Tomaten zugeben, zum Kochen bringen und bei reduzierter Hitze 30 Minuten köcheln. Wenn die Mischung zu dick wird, 250 ml Wasser zugießen.
5 Garnelen und Mehlschwitze unter die Mischung rühren und mit Salz, Pfeffer und Tabascosauce würzen. 5 Minuten kochen, bis das Garnelenfleisch rosa ist.

MEERESFRÜCHTE-BURRITOS

Vorbereitungszeit: 45 Minuten
Garzeit: 40 Minuten
Für 4 Personen

250 g Kammuscheln
500 g mittelgroße rohe Garnelen
500 g Lachs- oder Meerforellenfilet, ohne Haut
2 EL Öl
60 g Butter
2 Knoblauchzehen, zerdrückt
3 kleine rote Chillies, entkernt und feingehackt
4 große Weizenmehl-Tortillas
2 ½ EL Mehl
125 ml Sahne
185 ml Milch
125 g Sauerrahm
35 g geriebener Parmesan
2 EL frische Petersilie, gehackt
125 g geriebener Cheddar
Chilisauce zum Servieren

1 Adern, Häute und weiße, harte Muskeln von den Kammuscheln abschneiden. Garnelen schälen und Darm aus dem Rücken ziehen. Lachs in kleine Stücke schneiden.
2 Den Backofen auf 160 °C vorheizen. Öl und Hälfte der Butter in einer Pfanne erhitzen. Knoblauch und Chillies zufügen und 1 Minute dünsten. Kammuscheln zugeben und 2–3 Minuten garen. Herausnehmen und auf Küchenpapier trocknen lassen. Garnelen 2–3 Minuten im Öl braten, herausnehmen und auf Küchenpapier abtropfen lassen. Lachsstücke in die Pfanne legen und 3–4 Minuten braten. Ebenfalls auf Küchenpapier abtropfen lassen. Anschließend alle Meeresfrüchte in eine Schüssel füllen.
3 Tortillas in Alufolie wickeln und im Backofen 10 Minuten erwärmen. Die restliche Butter bei schwacher Hitze schmelzen, das Mehl zufügen und 1 Minute rühren, bis es hell aufschäumt. Vom Herd nehmen und langsam die Milch zugießen. Unter Rühren eindicken lassen. Sauerrahm unterheben. Parmesan und Petersilie unterrühren. Sauce über die Meeresfrüchte gießen und gut mischen.
4 Tortillas mit Meeresfrüchte-Mischung füllen und zusammenwickeln. In eine eingeölte ofenfeste Auflaufform legen, mit Cheddarkäse bestreuen und 15–20 Minuten backen, bis der Käse gut verlaufen ist. Mit Chilisauce servieren.

Gegenüber: Garnelen-Gumbo (oben); Meeresfrüchte-Burritos

PIES, GESCHMORTES & ÜBERBACKENES

SARDINEN MIT GEGRILLTEM GEMÜSE

Vorbereitungszeit: 25 Minuten
Garzeit: 35 Minuten
Für 4 Personen

2 große rote Paprika
4 Auberginen, der Länge nach in Viertel geschnitten

Dressing

1 EL Olivenöl
1 EL Balsamico-Essig
½ TL brauner Zucker
1 Knoblauchzehe, zerdrückt
1 EL frischer Schnittlauch, gehackt

16 frische Sardinen, auseinandergedrückt (300 g)
1 Scheibe Weißbrot ohne Rinde
1 Knoblauchzehe, zerdrückt
1 EL Petersilienblätter, grobgehackt
1 TL geriebene Zitronenschale

1 Den Backofen auf 180 °C vorheizen. Ein großes Backblech einölen. Grill vorheizen und mit Folie auslegen.
2 Paprika in Viertel schneiden, entkernen und grillen, bis die Haut Blasen wirft und schwarz wird. Abkühlen lassen, häuten und in Scheiben schneiden. Auberginen leicht einölen und von jeder Seite 3–5 Minuten grillen.
3 Öl, Essig, Zucker, Knoblauch und Schnittlauch vermischen. Paprika und Auberginen in eine Schüssel füllen und das Dressing darüber gießen. Gut vermischen.
4 Sardinen in einer Schicht auf ein Backblech legen. In einer Küchenmaschine Brot, Petersilie, Knoblauch und Zitronenschale fein zerkleinern. Jede Sardine damit bedecken. 10–15 Minuten backen. Mit Paprika und Auberginen servieren.

ITALIENISCHE FISCHROLLEN

Vorbereitungszeit: 25 Minuten
Garzeit: 20 Minuten
Für 4–6 Personen

1 große Tomate
1 EL Kapern aus dem Glas, abgetropft
45 g entsteinte, grüne Oliven, gehackt
3 EL frischer Zitronenthymian, feingehackt
30 g Romano-Käse
2 TL feingeriebene Zitronenschale
¼ TL frisch gemahlener schwarzer Pfeffer
8 dünne weiße Fischfilets ohne Haut, 850 g
   (z. B. Petersfisch, Brasse, Barsch, Schnapper)
250 ml Weißwein
2 EL Zitronensaft
3 EL frische Zitronenthymianblätter
2 Lorbeerblätter

1 Den Backofen auf 160 °C vorheizen. In die Tomate ein Kreuz ritzen. In eine feuerfeste Schale legen, mit kochendem Wasser begießen. Nach 30 Sekunden kurz in kaltes Wasser legen und dann die Haut abziehen. Tomate halbieren und Kerne entfernen. Fruchtfleisch zerkleinern und mit Kapern, Oliven, Thymian, Käse,

Unten: Sardinen mit gegrilltem Gemüse

PIES, GESCHMORTES & ÜBERBACKENES

Zitronenschale und schwarzem Pfeffer vermischen.
2 Die Fischfilets auf eine glatte Fläche legen und mit der Tomaten-Mischung belegen. Aufrollen und mit Zahnstochern feststecken. In einer Schicht in eine flache Kasserolle legen.
3 Wein, Zitronensaft, Thymian und Lorbeerblätter mischen und über die Filets gießen. 20 Minuten backen, bis der Fisch sich leicht mit einer Gabel zerpflücken läßt.

OKTOPUS IN ROTWEIN

Vorbereitungszeit: 45 Minuten
Garzeit: 2 Stunden 20 Minuten
Für 4 Personen

1 kg Baby-Oktopus
2 EL Olivenöl
180 g kleine, eingelegte braune Zwiebeln
80 ml Rotweinessig
185 ml trockener Rotwein
1 Tomate, geraspelt
1 Lorbeerblatt
1 TL Oregano, getrocknet
1/2 TL zerstoßener schwarzer Pfeffer

1 Körperbeutel und Fangarme mit einem kleinen, scharfen Messer voneinander trennen. Augen durch einen runden Schnitt entfernen. Den Körperbeutel umstülpen und Innereien entfernen. Körper unter kaltem Wasser abspülen. Fangarme festhalten und mit den Fingern das Kauwerkzeug herausdrücken. Abspülen. Den Kopf aufschneiden und ausnehmen. Die Haut vom Körper abziehen, Fangarme und Körper kleinschneiden.
2 Oktopus in einen großen Topf legen und in der eigenen Flüssigkeit bei hoher Hitze 15–20 Minuten kochen. Öl und Zwiebeln zufügen und vermischen. Essig, Wein, Tomate, Lorbeerblatt, Oregano, 250 ml Wasser und schwarzen Pfeffer zugeben, zum Kochen bringen. Hitze reduzieren und 1½–2 Stunden köcheln lassen. Wenn das Fleisch noch nicht zart genug ist, weiteres Wasser zugießen, noch einmal aufkochen und kurze Zeit köcheln lassen. Die Flüssigkeit sollte so weit reduziert sein, daß der Oktopus gerade bedeckt ist.
HINWEIS: Junger, kleiner Oktopus ist zarter als größere Exemplare. Stattdessen können Sie Kalmar oder Tintenfisch verwenden.

OKTOPUS IN ROTWEIN

Das Fleisch rund um die Augen herausschneiden, um die Augen zu entfernen.

Den Kopf aufschneiden. Die Innereien herausnehmen.

Mit den Fingern das Kauwerkzeug aus der Mitte der Fangarme drücken.

Den Oktopus bei hoher Hitze in der eigenen Flüssigkeit kochen, bis diese reduziert ist.

*Oben:
Oktopus in Rotwein*

279

DAS GROSSE KOCHBUCH DER FISCHE & MEERESFRÜCHTE

SCHNAPPER
Größere Exemplare werden häufig auch »Alter-Mann-Schnapper« genannt. Zum Teil entwickeln ältere Fische über dem Genick eine Beule, während das Maul eine erhebliche Schwellung zeigt. Der Fischkopf von der Seite betrachtet erinnert viele an einen alten Mann.

Oben:
Meeresfrüchte Mornay

MEERESFRÜCHTE MORNAY

Vorbereitungszeit: 35 Minuten
Garzeit: 35 Minuten
Für 8–10 Personen

80 g Butter
60 g Mehl
125 ml trockener Weißwein
250 ml Crème double
250 ml Milch
125 g geriebener Cheddar
2 EL grobkörniger Senf
1 EL Meerettichsahne
6 Frühlingszwiebeln, gehackt
80 g frische Semmelbrösel
1 kg weiße Fischfilets ohne Haut
 (z. B. Seeteufel, Seelachs, Schnapper, Krokodilfisch), in Würfel geschnitten
450 g Kammuscheln, gereinigt
400 g gekochte kleine Garnelen, geschält
Salz und Pfeffer

Belag
240 g frische Semmelbrösel
3 EL frische Petersilie, gehackt
60 g Butter, geschmolzen
125 geriebener Cheddar

1 Den Backofen auf 180 °C vorheizen. Eine ofenfeste 2-Liter-Form leicht einölen.
2 60 g Butter bei schwacher Hitze schmelzen. Das Mehl zufügen und rühren, bis es hell aufschäumt. Vom Herd nehmen und nach und nach Wein, Crème double und Milch unterrühren. Bei hoher Hitze unter Rühren kochen, bis die Flüssigkeit eindickt. Mit Salz und Pfeffer würzen. Cheddar, Senf, Meerettich, Frühlingszwiebeln und Semmelbrösel zufügen und vermischen. Beiseite stellen.
3 Die restliche Butter in einem Topf schmelzen, Fisch und Kammuscheln portionsweise zufügen. Bei schwacher Hitze garen, bis die Meeresfrüchte ihre Farbe verändern. Abgießen und zusammen mit den Garnelen zur Sauce geben. In die vorbereitete Auflaufform füllen.
4 Belag-Zutaten mischen und auf den Meeresfrüchten verteilen. 35 Minuten goldbraun backen, bis die Crème double schäumt.

PIES, GESCHMORTES & ÜBERBACKENES

CIOPPINO

Vorbereitungszeit: 30 Minuten + 30 Minuten zum Einweichen
Garzeit: 1 Stunde
Für 4 Personen

2 getrocknete chinesische Pilze
1 kg weiße Fischfilets ohne Haut
   (z. B. Hecht, Schnapper, Barsch, Rotbarbe)
375 g große rohe Garnelen
1 roher Hummerschwanz (ca. 400 g)
12–15 Miesmuscheln
60 ml Olivenöl
1 große Zwiebel, gehackt
1 grüne Paprika, feingehackt
2–3 Knoblauchzehen, zerdrückt
425 g Tomaten aus der Dose, zerdrückt
250 ml Weißwein
250 ml Tomatensaft
250 ml Fischfond
1 Lorbeerblatt
2 frische Petersilienzweige
2 TL frisches Basilikum, gehackt
Salz und Pfeffer
1 EL frische Petersilie, gehackt, zusätzlich

1 Pilze in eine kleine Schale legen, mit kochendem Wasser bedecken und 30 Minuten einweichen. Den Fisch in mundgerechte Stücke schneiden, alle Gräten entfernen.
2 Garnelen schälen und Darm aus dem Rücken ziehen.
3 Mit der Küchenschere den Hummerschwanz durchschneiden. Das Fleisch aus dem Panzer lösen und in kleine Stücke schneiden.
4 Muscheln gründlich mit einer harten Bürste abschrubben und Bärte herausziehen. Beschädigte Muscheln oder offene, die sich nach einem leichten Klopfen nicht schließen, wegwerfen. Muscheln gut abspülen.
5 Pilze abgießen, trockentupfen und in kleine Stücke schneiden. In einer gußeisernen Pfanne Öl erhitzen, Zwiebel, Paprika, Pfeffer und Knoblauch zufügen und unter Rühren 5 Minuten braten. Pilze, Tomaten, Wein, Tomatensaft, Fond, Lorbeerblatt, Petersilienzweige und Basilikum unterrühren. Zum Kochen bringen und bei reduzierter Hitze 30 Minuten köcheln.
6 Fisch und Garnelen in einen großen Topf legen. Sauce zugießen und abgedeckt bei schwacher Hitze 10 Minuten kochen. Hummerfleisch und Muscheln zugeben und weitere 4–5 Minuten kochen. Würzen. Ungeöffnete Muscheln entfernen. Mit Petersilie bestreuen.

ÜBERBACKENER LACHS

1 kg mehlige Kartoffeln schälen und vierteln. Gar kochen, abgießen und zerstampfen. 60 g Butter schmelzen und darin 10 feingehackte Frühlingszwiebeln und 2 zerdrückte Knoblauchzehen dünsten. Mischung zu den Kartoffeln geben und mit 4 Eßlöffeln Milch und 415 g Lachs aus der Dose vermischen. In eine flache Kasserolle füllen. 60 g geschmolzene Butter, 160 g frische Semmelbrösel, 3 Eßlöffel geriebener Cheddar und etwas gehackte Petersilie miteinander verrühren. Über die Kartoffelmischung geben. Bei 200 °C etwa 20 Minuten überbacken, bis der Belag knusprig ist. Für 4–6 Personen.

Unten: Cioppino

INDISCHES GARNELENCURRY

Vorbereitungszeit: 25 Minuten
Garzeit: 20 Minuten
Für 4 Personen

1 kg mittelgroße rohe Garnelen
25 g Ghee oder Butter
1 Zwiebel, feingehackt
3 Knoblauchzehen, zerdrückt
1 TL frischer Ingwer, gerieben
½ TL Cayennepfeffer
2 TL Kreuzkümmel, gemahlen
1 TL Garam Masala
½ TL Kurkuma, gemahlen
425 g Tomaten aus der Dose, gehackt
80 ml Kokoscreme
2 TL grüne Chillies, feingehackt
2 EL frisches Koriandergrün, gehackt

1 Garnelen schälen und Darm aus dem Rücken ziehen. Schwänze intakt lassen.
2 Ghee in einer großen, tiefen Pfanne erhitzen. Zwiebel darin bei mittlerer Hitze 1 Minute dünsten, bis sie weich und goldbraun ist. Knoblauch und Ingwer zufügen, 1 Minute mitdünsten. Cayennepfeffer, Kreuzkümmel, Garam Masala und Kurkuma unterrühren und 1 Minute erhitzen.
3 Garnelen und Tomaten (mit Saft) zugeben. 10–15 Minuten köcheln lassen, bis die Garnelen gar sind und die Flüssigkeit reduziert ist.
4 Die Kokoscreme zugießen. Chillies kurz vor dem Servieren unterrühren. Mit Salz und Pfeffer würzen und mit Koriandergrün bestreuen.
HINWEIS: Die Hälfte der Garnelen können Sie durch weißes Fischfilet ersetzen.

Oben: Indisches Garnelencurry

PIES, GESCHMORTES & ÜBERBACKENES

THAI-GARNELENCURRY

Vorbereitungszeit: 30 Minuten
Garzeit: 10 Minuten
Für 4 Personen

1 kg mittelgroße Garnelen
1 kleine Zwiebel, grobgehackt
3 Knoblauchzehen
4 getrocknete rote Chillies
4 ganze schwarze Pfefferkörner
2 EL frisches Limonengras, gehackt
1 EL frische Korianderwurzel, gehackt
2 TL geriebene Limonen- oder Zitronenschale
2 TL Kreuzkümmelsamen
1 TL edelsüßer Paprika
1 TL Koriander, gemahlen
1 TL Salz
3 EL Öl
2 EL Fischsauce
1 Stück Galangal à 2 cm, in dünne Scheiben geschnitten
2 Kaffir-Limonenblätter
500 ml Kokoscreme

1 Garnelen schälen, Darm aus dem Rücken ziehen, Schwänze intakt lassen.
2 Zwiebel, Knoblauch, Chillies, Pfefferkörner, Zitronengras, Korianderwurzel, Limonenschale, Kreuzkümmelsamen, Paprika, Koriandergrün, Salz und 2 Eßlöffel Öl in einer Küchenmaschine mischen, bis eine glatte Masse entsteht.
3 Das restliche Öl in einem Topf erhitzen. Die Hälfte der Mischung zufügen und unter Rühren bei schwacher Hitze kurz erwärmen. Fischsauce, Galangal, Kaffir-Limonenblätter und Kokoscreme zugießen und alles gut vermischen.
4 Garnelen zugeben und 10 Minuten köcheln, bis die Garnelen gar und die Flüssigkeit eingedickt ist. Mit gedämpftem Reis servieren.
HINWEIS: Übriggebliebene Currysauce hält sich luftdicht verschlossen 2 Wochen im Kühlschrank. Sie kann bis zu 2 Monaten eingefroren werden.

THAI-GARNELENCURRY

Garnelen schälen, den Darm aus dem Rücken ziehen, die Schwänze intakt lassen.

Zwiebel, Knoblauch, Chillies, Salz, Öl, Limonenschale, Kräuter und Gewürze zu einer Sauce verarbeiten.

Fischsauce, Galangal, Kokoscreme und Limonenblätter in die Pfanne geben.

Garnelen zufügen und köcheln lassen, bis sie rosa sind und die Flüssigkeit eindickt.

Oben: Thai-Garnelencurry

DAS GROSSE KOCHBUCH DER FISCHE & MEERESFRÜCHTE

BACKFISCH IN SALZ

Vorbereitungszeit: 20 Minuten
Garzeit: 30–40 Minuten
Für 6 Personen

1,8 kg ganzer Fisch (z. B. Blue-Eye-Bastardmakrele, Adlerfisch, Königsmakrele, Groper), gesäubert und entschuppt
2 Zitronen, in Scheiben geschnitten
4 frische Thymianzweige
1 Fenchelknolle, in dünne Scheiben geschnitten
3 kg Steinsalz
100 g Mehl

1 Den Backofen auf 200 °C vorheizen. Fisch abspülen und innen und außen mit Küchenpapier trockentupfen. Zitrone, Thymian und Fenchel ins Innere des Fisches legen.
2 Eine große Backform mit der Hälfte des Salzes füllen. Darauf den Fisch legen.
3 Den Fisch mit dem restlichen Salz gut bedecken.
4 Mehl und etwas Wasser zu einem glatten Teig mischen und damit gleichmäßig die Oberfläche des Salzes einstreichen.
5 30–40 Minuten backen. Bei der Garprobe sollte nichts am hineingestochenen Spieß kleben. Vorsichtig die Salzkruste aufbrechen und die Haut des Fisches entfernen. Es sollten keine Salzreste mehr vorhanden sein. Mit Montpellier-Butter (siehe Seite 129) servieren.

CURRY-GARNELEN

Vorbereitungszeit: 20 Minuten
Garzeit: 10 Minuten
Für 4 Personen

1 kg mittelgroße rohe Garnelen
30 g Butter
1 Zwiebel, feingehackt
1 Knoblauchzehe, zerdrückt
1 EL Currypulver
60 g Mehl
500 ml Milch
1/4 TL Muskatnuß, gemahlen
1/4 TL Paprika

1 Garnelen schälen, Darm aus dem Rücken ziehen, Schwänze intakt lassen.
2 Bei schwacher Hitze die Butter schmelzen, Zwiebel zufügen und dünsten, bis sie weich ist. Knoblauch, Currypulver und Mehl zugeben. 1 Minute köcheln, bis die Zwiebel mit Mehl bedeckt ist.
3 Vom Herd nehmen. Nach und nach Milch, Muskatnuß und Paprika unterrühren. Köcheln lassen, bis die Sauce eindickt.
4 Garnelen zugeben und bei mittlerer Hitze 2–3 Minuten garen, bis das Fleisch rosa ist.

ZWIEBEL-SELLERIE-FISCH

Vorbereitungszeit: 30–40 Minuten
Garzeit: 45 Minuten
Für 4 Personen

1 kg ganzer Fisch (z. B. Schnapper, Flußbarsch, Seebarsch), gesäubert und entschuppt
Salz
60 ml Zitronensaft
30 g Butter, in Stücke geschnitten
Zitronenscheiben und frische Dillzweige zum Garnieren

Füllung

2 EL Olivenöl
1 kleine Zwiebel, feingehackt
3 EL Selleriegrün, gehackt
2 EL frische Petersilie, gehackt
80 g frische Semmelbrösel
1 1/2 EL Zitronensaft
Salz
1 Ei, leicht verquirlt

1 Den Backofen auf 180 °C vorheizen. Fisch abspülen, innen und außen trockentupfen und mit Salz und Zitronensaft einreiben.
2 Für die Füllung das Öl in einem Topf erhitzen. Zwiebel zufügen und bei mittlerer Hitze 2 Minuten dünsten. Selleriegrün und Petersilie unter Rühren 2 Minuten mitgaren. In eine Schüssel umfüllen. Semmelbrösel, Zitronensaft und Salz unterrühren. Abkühlen lassen und das Ei unterheben.
3 Die vorbereitete Füllung im Inneren des Fisches verteilen und diesen mit Zahnstochern zusammenstecken. In eine gebutterte Backform legen und 30–35 Minuten backen. Beim Gabeltest sollte das Fleisch auseinanderfallen. Die Garzeit hängt von der Dicke des Fisches ab. Auf einer Servierplatte anrichten, mit Zitronenscheiben und Dillzweigen belegen.

BACKFISCH IN SALZ
Wenn ganzer Fisch in einer Schicht aus Salz gegart wird, bleibt das Fleisch saftig, ohne zu salzig zu werden. Nach dem Lösen der Haut erwartet Sie köstliches Fleisch. Salz hält Flüssigkeit und Aroma. Seit alters her wird Salz zum Konservieren von Lebensmitteln benutzt.

Gegenüber:
Backfisch in Salz (oben);
Zwiebel-Sellerie-Fisch

Oben: Meeresfrüchte-Terrine

MEERESFRÜCHTE-TERRINE

Vorbereitungszeit: 60 Minuten
Garzeit: 35 Minuten + 1 Stunde zum Kühlen
Für 8 Personen

★★★

Erste Schicht

500 g mittelgroße rohe Garnelen
2 Eiweiße, eisgekühlt
1 Prise frisch geriebene Muskatnuß
250 ml Sahne, eisgekühlt
150 g kleine grüne Bohnen
Salz und Pfeffer

Zweite Schicht

250 g Lachs- oder Meerforellenfilet ohne Haut, gehackt
2 Eiweiße, eisgekühlt
2 EL frischer Schnittlauch, gehackt
250 ml Sahne, eisgekühlt

Tomaten-Coulis

750 g sehr reife Eiertomaten
2 EL extra natives Olivenöl
1 Zwiebel, feingehackt
2 EL Grand Marnier (nach Wunsch)
Salz und Pfeffer

1 Backofen auf 180 °C vorheizen. Eine 1,5-Liter-Terrinenform (22 x 12 cm) einölen und den Boden mit Backpapier auslegen.
2 Zur Vorbereitung der ersten Schicht Garnelen schälen und entdarmen. In einer Küchenmaschine kleinhacken. Eiweiße zufügen und rühren, bis eine glatte Masse entsteht. Mit Salz, Pfeffer und Muskatnuß würzen. Die Sahne zugießen. Die Mischung in die Form füllen und kalt stellen.
3 Bohnen in kochendem Wasser garen. Abgießen und kurz in kaltes Wasser tauchen. Auf Küchenpapier trocknen lassen. Bohnen der Länge nach auf der ersten Schicht anordnen.
4 Für die zweite Schicht den Fisch in einer Küchenmaschine kleinhacken. Eiweiße unterrühren, bis eine glatte Masse entsteht. Schnittlauch zufügen und die Sahne untermischen. Über den grünen Bohnen verteilen.
5 Die Terrine gut mit eingefetteter Folie bedecken und in eine Backform stellen. Diese zur Hälfte mit kaltem Wasser füllen. 35 Minuten backen, bis sich die Mischung in der Mitte etwas abgesenkt hat. Abkühlen lassen, erst dann die Folie abnehmen. Mit Frischhaltefolie bedecken und kalt stellen, bis die Terrine fest geworden ist. Zimmerwarm servieren.
6 Für das Tomaten-Coulis in den Boden jeder Tomate ein Kreuz ritzen. In eine feuerfeste Form legen und mit kochendem Wasser bedecken. 30 Sekunden in kaltes Wasser legen. Abgießen und die Haut abziehen. Tomaten halbieren, entkernen und kleinhacken. Das Öl erhitzen und die Zwiebel 2–3 Minuten unter Rühren dünsten. Tomaten zufügen und unter Rühren 8 Minuten dünsten, bis die Mischung eindickt. Grand Marnier zugießen und 1 Minute köcheln lassen. Die abgekühlte Mischung in der Küchenmaschine feinhacken. Würzen und mit Scheiben von der Terrine servieren.

PIES, GESCHMORTES & ÜBERBACKENES

BRASSE MIT TOMATEN-KÄSE-KRUSTE

Vorbereitungszeit: 40 Minuten
Garzeit: 15 Minuten
Für 4 Personen

2 Tomaten
1 kleine Zwiebel, feingehackt
1 EL Tomatenpüree
1/2 TL Kreuzkümmel, gemahlen
1/2 TL Koriander, gemahlen
Tabasco zum Würzen
1/4 TL Pfeffer, gemahlen
1 EL Zitronensaft
20 g Butter, geschmolzen
4 mittelgroße Brassenfilets, ohne Haut
90 g geriebener Cheddar
40 g frische Semmelbrösel
Zitronen- oder Limonenscheiben
  zum Servieren

1 In den Boden der Tomaten ein Kreuz einritzen. In eine feuerfeste Form legen und mit kochendem Wasser bedecken. 30 Sekunden in kaltes Wasser legen. Abgießen und die Haut abziehen. Tomaten halbieren, entkernen und kleinhacken.

2 Den Backofen auf 180 °C vorheizen und ein Backblech einfetten. Tomaten in eine Schüssel füllen und mit Zwiebel, Tomatenpüree, Kreuzkümmel, Koriander und Tabasco vermischen.

3 Pfeffer, Zitronensaft und Butter verrühren. Die Brassenfilets auf das Backblech legen und mit der Butter-Pfeffer-Mischung einpinseln. Mit der Tomatensauce bedecken. Cheddar und Semmelbrösel mischen und als Belag auf die Filets verteilen. 15 Minuten backen, bis das Filet sich mit einer Gabel zerpflücken läßt.
Mit Zitronenscheiben servieren.
HINWEIS: Anstelle der Brasse können Sie auch Schnapper, Petersfisch oder Barsch verwenden.

Unten: Brasse mit Tomaten-Käse-Kruste

GEFÜLLTE BLAUKRABBE

Vorbereitungszeit: 30 Minuten
Garzeit: 25 Minuten
Für 6 Personen

6 mittelgroße gekochte Blaukrabben
60 g Butter
2 Knoblauchzehen, feingehackt
1/2 rote Paprika, feingehackt
1/2 kleine grüne Paprika, feingehackt
1 kleine Zwiebel, feingehackt
1 Selleriestange, feingehackt
1/2 frischer roter Chili, gehackt
1/4 TL Selleriesalz
1/4 TL Thymian, getrocknet
170 ml Fischcremesuppe aus der Dose (Bisque)
80 g feine frische Semmelbrösel
Salz und Pfeffer

1 Beine und Scheren der Krebse abziehen und aufbrechen, um das Fleisch herauszuholen. 2 Vorderscheren aufbewahren. Schwanzplatte auf der unteren Seite hochziehen und den Panzer entfernen. Kiemen und Innereien herauslösen. Die Schalen gründlich abschrubben und beiseite legen. Das Fleisch kleinhacken, Schalenreste entfernen.
2 Die Butter schmelzen und Knoblauch, Paprika, Zwiebel, Sellerie und Chili zufügen. Bei mittlerer Hitze 5 Minuten dünsten.
3 Selleriesalz, Thymian und Bisque zugeben. Krebsfleisch und die Hälfte der Semmelbrösel unterrühren. Mit Salz und Pfeffer würzen.
4 Den Backofen auf 200 °C vorheizen. Die Krebsfarce in die Schalen füllen, die Oberfläche glätten und mit den restlichen Semmelbröseln bedecken. Blaukrabben auf ein Backblech legen und 15 Minuten backen, bis der Belag eine goldene Farbe hat. Kurz vor Ende der Garzeit die beiden Scheren zum Erhitzen mit auf das Blech legen.
HINWEIS: Sie können auch gefrorenes Krebsfleisch verwenden, das Sie in Ramequinformen füllen.

Unten:
Gefüllte Blaukrabbe

MEERESFRÜCHTE-CREPES

Vorbereitungszeit: 25 Minuten + 1 Stunde zum Quellen
Garzeit: 30 Minuten
Für 6 Personen

85 g Mehl
250 ml Milch
1 Ei
15 g Butter, geschmolzen
1 TL Zucker

Meeresfrüchte-Füllung

300 g rohe Garnelen
60 g Butter
4 Frühlingszwiebeln, feingehackt
  (weißer und grüner Teil getrennt)
1 TL Cajun-Gewürzmischung (siehe Hinweis)
1/2 TL edelsüßer Paprika
1 große Tomate, gehackt
125 ml trockener Weißwein
170 g Krebsfleisch aus der Dose,
  abgetropft und zerpflückt
125 ml Sahne

PIES, GESCHMORTES & ÜBERBACKENES

1 EL Mehl
24 frische Austern
2 EL geriebener Cheddar
Zitronen- oder Limonenscheiben zum Servieren
Brunnenkresse zum Garnieren

1 Das Mehl in eine große Schüssel sieben und in der Mitte eine Vertiefung formen. Milch, Ei, Butter und Zucker verrühren. Nach und nach zum Mehl geben und rühren, bis ein glatter Teig entsteht. Abgedeckt 1 Stunde kühlen.
2 Für die Füllung Garnelen schälen und Darm aus dem Rücken ziehen, anschließend das Garnelenfleisch fein hacken. Die Butter schmelzen und weiße Teile der Frühlingszwiebeln bei mittlerer Hitze 2 Minuten dünsten. Cajun-Gewürzmischung, Paprika und Tomate zugeben und unter Rühren 3–4 Minuten dünsten. Weißwein zugießen und zum Kochen bringen. Rühren, bis die Flüssigkeit eindickt.
3 Garnelen- und Krebsfleisch in die Sauce rühren und 2–3 Minuten köcheln. Sahne und Mehl miteinander verrühren und zur Sauce gießen. Rühren, bis die Flüssigkeit eindickt.

Austern und grünen Teile der Frühlingszwiebeln zufügen. Beiseite stellen.
4 Den Backofen auf 180 °C vorheizen. Eine Crêpe-Pfanne oder eine kleine beschichtete Pfanne mit Butter oder Öl einfetten. Bei mittlerer Hitze erwärmen. Eine kleine Menge Teig hineingießen, dabei die Pfanne leicht hin und her schwenken, damit der Teig zu allen Seiten läuft. Wenn der Teig leicht schäumt, die Crêpe wenden und goldbraun backen. Wiederholen, bis der Teig verbraucht ist. Crêpes aufeinanderstapeln und mit einem Küchenhandtuch abdecken.
5 Auf jede Crêpe etwas Füllung geben und anschließend aufrollen. Eine ofenfeste Auflaufform einfetten und die Crêpesröllchen in einer Schicht hineinlegen. Mit Käse bestreuen und 10 Minuten backen. Mit Zitronen- oder Limonenscheiben servieren und mit Brunnenkresse garnieren.
HINWEIS: Cajun-Gewürzmischung gibt es in einigen Supermärkten und im Asienladen. Sie können auch Ihre eigene Gewürzmischung zubereiten (siehe Seite 143).

CREPES

Crêpes sind dünne Pfannkuchen, die aus Eiern, Mehl und Milch zubereitet werden. Man kann auch etwas geschmolzene Butter hinzufügen. Süße Crêpes enthalten Zucker, pikante Crêpes Kräuter und Gewürze. Ungefüllte können bis zu drei Monaten eingefroren werden. Sie sollten dafür mit Backpapier voneinander getrennt und zuerst in Frischhaltefolie, dann in Alufolie eingewickelt werden. Sie können die Crêpes aber auch einfach in einem luftdichten Behälter einfrieren. Tiefgefrorene Crêpes sollten stets im Kühlschrank langsam aufgetaut werden.

*Oben:
Meeresfrüchte-Crêpes*

Oben: Kuchen mit geräuchertem Dorsch

KUCHEN MIT GERÄUCHERTEM DORSCH

Vorbereitungszeit: 30 Minuten + 20 Minuten zum Kühlen
Garzeit: 55 Minuten
Für 6 Personen

Teig

125 g Mehl
60 g Butter, in Stücke geschnitten
1 Ei, leicht verquirlt
1 EL Zitronensaft

Füllung

300 g Räucherdorsch- oder Schellfischfilets
3 Eier, leicht verquirlt
125 ml Sahne
60 g geriebener Cheddar
1 EL frischer Dill, gehackt

Zitronenscheiben und grüner Salat, zum Servieren

1 Den Backofen auf 210 °C vorheizen. Eine kannellierte Kuchenform mit dünnem Boden (22 cm Durchmesser) leicht einfetten.

2 Das Mehl in eine große Schüssel sieben. Mit den Händen die Butter einarbeiten. In der Mitte eine Vertiefung formen und Ei, Zitronensaft und 1–2 Eßlöffel Wasser zufügen. Den Teig mischen und zu einer Kugel kneten. Zu einer Scheibe flachklopfen und in Frischhaltefolie wickeln. 20 Minuten in den Kühlschrank stellen.

3 Den Teig zwischen 2 Stücken Backpapier ausrollen – so groß, daß er Boden und Ränder der Kuchenform bedeckt. Den Teig in die Form drücken, mit Backpapier belegen und mit getrockneten Bohnen oder Reiskörnern füllen. 10 Minuten backen. Aus dem Ofen nehmen, Hülsenfrüchte und Backpapier entfernen. Weitere 5 Minuten backen, bis der Boden eine goldene Farbe hat. Die Ofentemperatur auf 180 °C drosseln.

4 Den Dorsch in eine Pfanne legen und mit Wasser bedecken. Zum Kochen bringen und bei reduzierter Hitze 10–15 Minuten köcheln, bis sich das Fleisch mit der Gabel auseinanderpflücken läßt.

5 Für die Füllung den Dorsch mit einer Gabel in kleine Stücke zerpflücken. Eier, Sahne, Käse und Dill vermischen, zum Dorschfleisch geben und gut verrühren. Auf dem Boden verteilen und 40 Minuten backen. Heiß oder kalt mit Zitronenscheiben und grünem Salat servieren.

PIES, GESCHMORTES & ÜBERBACKENES

FISCH WELLINGTON

Vorbereitungszeit: 30 Minuten
Garzeit: 1 Stunde 15 Minuten
Für 6 Personen

40 g Butter
3 Zwiebeln, in dünne Scheiben geschnitten
600 g Fischfilet ohne Haut (z. B. Seeteufel, Hornhecht, Lengfisch, jeweils 30 cm lang)
½ TL edelsüßer Paprika
2 rote Paprika
1 große Aubergine, ca. 300 g, in 1 cm dicke Scheiben geschnitten
375 g TK-Blätterteig, aufgetaut
35 g Semmelbrösel
1 Ei, leicht verquirlt
250 g Naturjoghurt
1–2 EL frischer Dill, gehackt
Salz und Pfeffer

1 Die Butter in einer Pfanne schmelzen und Zwiebeln zufügen. Bei schwacher Hitze 15 Minuten dünsten, bis die Zwiebeln weich und gebräunt sind. Abkühlen lassen, mit Salz und Pfeffer würzen.

2 Eine Seite der Filets mit Paprika einreiben. Filets mit der Paprikaschicht nach oben aufeinanderlegen.

3 Paprikaschoten in Viertel schneiden, Kerne und weiße Haut entfernen. Mit der gewölbten Seite nach oben backen, bis die Haut Blasen wirft und schwarze Stellen hat. Abkühlen lassen, dann die Haut abziehen. Auberginenscheiben auf ein Backblech legen und mit Salz und Pfeffer würzen. Backen, bis die Auberginen leicht gebräunt sind, dabei die Scheiben einmal wenden.

4 Den Backofen auf 220 °C vorheizen. Den Teig auf einer bemehlten Fläche auf 35 x 25 cm ausrollen. Der Fisch sollte ganz mit Teig umhüllt werden können. Semmelbrösel auf dem Teig verteilen und den Fisch darauf legen. Mit Zwiebeln, dann mit einer Schicht Paprika und zum Schluß mit Auberginenscheiben bedecken.

5 Die Ränder des Teiges mit Ei einpinseln. Den Teig überschlagen und an den Seiten fest zusammendrücken. Abgeschnittene Teigreste können Sie zum Verzieren benutzen. Mit Ei bestreichen und 30 Minuten backen. Wenn der Teig zu dunkel wird, locker mit Alufolie abdecken. Zum Servieren in Scheiben schneiden.

6 Joghurt, Dill, Salz und Pfeffer verrühren. Zum Fisch Wellington servieren.

Unten: Fisch Wellington

DAS GROSSE KOCHBUCH DER FISCHE & MEERESFRÜCHTE

GEWÜRZTER BACKFISCH MIT GEMÜSE

Vorbereitungszeit: 15 Minuten + 30 Minuten zum Marinieren
Garzeit: 45 Minuten
Für 4 Personen

1 EL Kreuzkümmelsamen
4 Knoblauchzehen
1 kleiner frischer roter Chili
Koriandergrün, -stiele und -wurzeln, grobgehackt
1 TL Salz
1 EL Zitronensaft
5 EL Olivenöl
1,5 kg ganzer Fisch oder 2 x 750 g (z. B. Schnapper, Kaiserschnapper, Barsch, Seeteufel), gesäubert und entschuppt
2–3 Tomaten
450 g neue Kartoffeln, in Scheiben geschnitten
100 g grüne Oliven, entsteint und halbiert

1 Kreuzkümmelsamen in einer Pfanne bei mittlerer Hitze 2–3 Minuten rösten. In einer Gewürzmühle oder mit einem Mörser zu feinem Pulver zermahlen.
2 Gerösteten Kreuzkümmel mit Knoblauch, Chili, Koriander, Salz und Zitronensaft in einer Küchenmaschine zerkleinern, bis eine glatte Mischung entsteht. Bei laufendem Motor das Öl zugießen und die Masse cremig rühren.
3 Den Fisch abspülen und gründlich trockentupfen. Auf beiden Seiten des Fisches 3–4 diagonale Einschnitte machen, anschließend den Fisch mit der Gewürzpaste einreiben. Mit Frischhaltefolie bedecken und 30 Minuten im Kühlschrank marinieren.
4 Den Backofen auf 240 °C vorheizen. Den Fisch in eine Auflaufform legen. Tomaten in dünne Scheiben schneiden und diese halbieren. Tomaten- und Kartoffelscheiben sowie Olivenhälften rund um den Fisch verteilen. 40 Minuten backen, dabei öfter begießen. Der Fisch ist gar, wenn sich das Fleisch leicht mit einer Gabel auseinanderpflücken läßt.

Oben: Gewürzter Backfisch mit Gemüse

PIES, GESCHMORTES & ÜBERBACKENES

CALAMARES AUF GRIECHISCHE ART

Vorbereitungszeit: 30 Minuten
Garzeit: 35 Minuten
Für 4–6 Personen

★★

Füllung

1 EL Olivenöl
2 Frühlingszwiebeln, gehackt
280 g gekochter Reis
60 g Pinienkerne
75 g Korinthen
2 EL frische Petersilie, gehackt
2 TL feingeriebene Zitronenschale
1 Ei, leicht verquirlt
1 kg mittelgroße Kalmarmäntel

Sauce

4 große Tomaten
1 EL Olivenöl
1 Zwiebel, feingehackt
1 Knoblauchzehe, zerdrückt
60 ml Rotwein
1 EL frischer Oregano, gehackt

1 Den Backofen auf 160 °C vorheizen. Für die Füllung Öl mit Frühlingszwiebeln, Reis, Pinienkernen, Korinthen, Petersilie und Zitronenschale vermischen. Das Ei unterrühren.
2 Kalmarmäntel abspülen und innen und außen mit Küchenpapier trockentupfen. Mänteln jeweils zu drei Vierteln mit der Mischung füllen, die Enden mit Zahnstochern oder Spießen verschließen. In einer Schicht in eine Kasserolle legen.
3 Für die Sauce in den Boden der Tomaten ein Kreuz einritzen. 30 Sekunden in eine Schüssel mit kochendem Wasser legen. Kurz in kaltes Wasser tauchen und anschließend die Haut abziehen. Das Fruchtfleisch kleinhacken. In einer Pfanne das Öl erhitzen. Zwiebel und Knoblauch bei schwacher Hitze 2 Minuten dünsten, dann Tomaten, Wein und Oregano unterrühren. Zum Kochen bringen und bei reduzierter Hitze 10 Minuten köcheln lassen.
4 Die heiße Sauce über die Kalmarmäntel gießen. Abgedeckt 20 Minuten backen, bis der Kalmar zart ist. Zahnstocher herausnehmen und Kalmare in dünne Scheiben schneiden. Die Sauce kurz vor dem Servieren darüber gießen.
HINWEIS: Sie müssen für die Füllung 100 g Reis kochen.

Oben: Calamares auf griechische Art

Oben: Gebackener Lachs

GEBACKENER LACHS

Vorbereitungszeit: 10 Minuten
Garzeit: 35 Minuten + 45 Minuten zum Ruhen
Für 8 Personen

2 kg ganzer Lachs, gesäubert und ausgenommen
2 Frühlingszwiebeln, grobgehackt
3 frische Dillzweige
1/2 Zitrone, in dünne Scheiben geschnitten
6 schwarze Pfefferkörner
60 ml trockener Weißwein
3 Lorbeerblätter

1 Den Backofen auf 180 °C vorheizen. Den Lachs unter fließend kaltem Wasser abspülen und innen und außen mit Küchenpapier trockentupfen. Das Innere mit Frühlingszwiebeln, Dill, Zitronenscheiben und Pfefferkörnern füllen.
2 Doppelt gelegte Alufolie einölen und den Lachs darauf legen. Mit Wein beträufeln und mit Lorbeerblättern bedecken. Die Folie fest über dem Lachs zusammenfalten.
3 Den Lachs in eine flache Auflaufform legen und 30 Minuten backen. Den Ofen ausstellen und den Fisch weitere 45 Minuten im Backofen lassen, die Tür dabei geschlossen halten.
4 Die Folie öffnen und vorsichtig die obere Haut vom Lachs ablösen. Den Fisch auf einen Servierteller legen und die Haut von der anderen Seite ablösen. Alle sichtbaren Gräten sowie die Flossen entfernen. Zimmerwarm mit einer Sauce Ihrer Wahl servieren.
HINWEISE: Öffnen Sie die Folie nicht, solange der Lachs noch gart. Sie können auch Meerforelle auf diese Art zubereiten.
Für eine einfache Gurkensauce verrühren Sie gehackte Salatgurke mit frischem gehacktem Schnittlauch und 2 Eßlöffeln Mayonnaise mit ein wenig Dijon-Senf.

PIES, GESCHMORTES & ÜBERBACKENES

SCHNAPPER-PIE

Vorbereitungszeit: 25 Minuten
Garzeit: 80 Minuten
Für 4 Personen

2 EL Olivenöl
4 Zwiebeln, in dünne Scheiben geschnitten
375 ml Fischfond
875 ml Sahne
1 kg Schnapperfilet ohne Haut, in große Stücke geschnitten
2 Scheiben TK-Blätterteig, aufgetaut
1 Ei, leicht verquirlt

1 Den Backofen auf 220 °C vorheizen. Das Öl in einer großen Pfanne erhitzen, Zwiebeln zufügen und unter Rühren bei mittlerer Hitze 20 Minuten goldbraun dünsten.
2 Den Fischfond zugießen, zum Kochen bringen und 10 Minuten köcheln, bis die Flüssigkeit fast vollständig verdampft ist. Die Sahne zugeben und erneut zum Kochen bringen. Bei schwacher Hitze 20 Minuten köcheln, bis die Flüssigkeit um die Hälfte reduziert ist.
3 Die Hälfte der Sauce auf 4 tiefe 500-ml-Ramequin-Formen verteilen. Etwas Fisch in jede Form legen und mit der restlichen Sauce bedecken.
4 Die Blätterteigscheiben in Kreise schneiden, die der Größe der Ramequinformen entsprechen. Die Ränder mit Ei einpinseln. Den Teig auf die Formen drücken und leicht mit dem restlichen Ei bestreichen. 30 Minuten backen, bis der Teig knusprig und goldbraun ist.
HINWEIS: Anstelle des Schnappers können Sie auch Brassen-, Barsch- oder Hornhechtfilets verwenden.

Oben: Schnapper-Pie

DAS GROSSE KOCHBUCH DER FISCHE & MEERESFRÜCHTE

REGISTER

Kursiv gedruckte Seitenzahlen verweisen auf Abbildungen.
Fett gedruckte Seitenzahlen verweisen auf Randspalten.

A

Abalone 21, *21*
Adlerfisch 15, *15*
Amerikanischer Hummer 138, *139*
Anchovis 12, *12*
Angasi-Auster 22, *22*
Anglerfisch 16, *16*
Arborio-Reis **236**
Arnold-Bennett-Omelett 83, *83*
Asiatisch
    Asiatische Meeresfrüchte-Suppe 55, *55*
    Gegrillte asiatische Garnelen 194, *194*
Asiatische Meeresfrüchte-Suppe 55, *55*
Atlantischer Lachs 18, *18*
    Pochierte Atlantik-Lachs-Koteletts mit Sauce Hollandaise 171, *171*
    Pochierter Atlantik-Lachs 170, *170*, **170**
Aubergine
    Fisch auf Aubergine mit Röstpaprika-Aioli 157, *157*
Auster
    »Auster des kleinen Mannes« 22, *22*
    Austern »Kilpatrick« 89, *89*
    Austern 88, *88*, 89, *89*, **215**
    Austern mit Lachsrogen und Crème fraîche 89, *89*
    Austern-Sahne-Suppe 50
    Frische Austern mit Estragon 68, *69*
    Ingwer-Soja-Austern *88*, 89
    Japanische Austern 159, *159*
    Kammuschel-Pasteten mit Austern-Sahnesauce 183, *183*
    Mittelmeer-Austern 89, *89*
    Mornay-Austern 88, *88*
    New-Orleans-Austern 142, *143*
    Pochierte Flunderfilets mit Wein-Austern-Sauce 189, *189*
    Rockefeller-Austern 88, *88*
    Wasabi-Sauce für Austern 215
Australischer Flußkrebs 23, *23*, **105**
Australischer Sandbärenkrebs 21, *21*, **175**
    Sandbärenkrebs mit Limone-Koriander-Butter 216, *216*, **216**
    Sandbärenkrebs mit Mangosauce 175, *175*
    Süßes Balsamico-Dressing für Sandbärenkrebse 215
Australischer Tiefwasserkrebs 22, *22*
Avocado-Salsa
    Krebs-Küchlein mit Avocado-Salsa 87, *87*
    Zitrusfisch mit Avocado-Salsa 195, *195*

B

Bacalao 13, *13*
Backen von Meeresfrüchten 10
    Gebackene Kartoffeln, Garnelen und Joghurt 257
    Gebackener Fisch mit Weizenschrot 267
    Gebackener Hummer 262, *263*
    Gebackener Lachs 294, *294*
Backfisch in Salz 284, *285*, **285**
Backteige 144, *144*, 145, *145*
Bagna Cauda 64
Balinesische Chili-Kalmare 136, *136*
Bananenblätter
    Gedämpfte Garnelen in Bananenblättern 71, *71*
Barbounia 17, *17*
Barramundi 12, *12*, **265**
    Barramundi-Kebabs 202, *203*
Basilikum
    Garnelen-Ravioli mit Basilikumbutter 231, *231*
    Marinierter Fischsalat mit Chili und Basilikum 111, *111*
    Muscheln mit Zitronengras, Basilikum und Wein 178, *178*
Bastardmakrele 19, *19*
Bierteig 144, *145*
Blauer Warehou 20, *20*
Blauer Weißfisch 14, *14*
Blaukrabbe 21, *21*
    Gefüllte Blaukrabbe 288, *288*
Blue Manna 21, *21*
Blue-Eye-Bastardmakrele 12, *12*
Bonito 12, *12*
Bouillabaisse 48, *48*, **48**
Brasse 12, *12*
    Brasse mit Tomaten-Käse-Kruste 287, *287*
Braten von Meeresfrüchten 11
    Gebratene Breitlinge *134*, 135
    Gebratene Heringe in Hafermehl 165
    Gebratene Thai-Nudeln mit Garnelen 252, *252*
    Gebratener Fisch 120, *120*, **120**
    Gebratener Gravad Lachs 127
    Gebratener Lachs mit Gremolata 147
    Gebratener Reis 242
    Gebratenes Krusten-Fischcurry 132, *132*
Breitling 20, *20*, **135**
    Breitlinge im Backteig 138, *138*
    Gebratene Breitlinge *134*, 135
Brik à l'oeuf 268, *268*, **268**
Bulmain bug 21, *21*
Butter
    Dillfisch mit Zitronen-Butter-Sauce 196, *196*
    Garnelen-Ravioli mit Basilikumbutter 231, *231*
    Gedämpfte Forelle mit Limonenbutter 188, *188*
    Kammuscheln mit Zitronen-Kräuterbutter 223
    Montpellier-Butter 129, *129*

REGISTER

Sandbärenkrebs mit
Limone-Koriander-Butter
216, *216*, **216**
Spanische Makrele mit
Knoblauchbutter 131
Zitronen-Kapern-Butter
129, *129*

C

Cajun
Cajun-Popcorn 143, *143*
Schwertfisch Cajun 224, *225*
Cajun-Gewürze **143**
Calamares
Calamares auf griechische Art
293, *293*
Calamares mit grünen
Pfefferkörnern 146
Panierte Calamares mit
Chili-Pflaumen-Sauce
122, *123*
Carpetbag-Steak 146, *146*
Cäsar-Salat 107
Chili
Balinesische Chili-Kalmare
136, *136*
Chili-Krebs **148**, 149
Chili-Krebs-Tomaten-Dip
59, *59*
Chili-Pfeffer-Flußkrebse 196
Dip mit Garnelen,
Mais und süßem Chili
60, *60*
Fisch mit süßem Chili auf
thailändische Art 124, *124*
Garnelen mit Limonen
und süßer Chilisauce 199
Gedämpfte Fischkoteletts
mit Ingwer und Chili
179, *179*
Lachs-Chili-Päckchen
181, *181*
Marinierter Chili-Kalmar
139, *139*
Marinierter Fischsalat
mit Chili und Basilikum
111, *111*
Marinierter Oktopus
mit süßem Chili-Dressing
81, *81*
Panierte Calamares
mit Chili-Pflaumen-Sauce
122, *123*
Räucherforelle
mit Chili-Himbeer-Dressing
106, *106*
Venusmuscheln in Chilipaste
137, *137*
China-Pilze mit Kammuscheln
180, *180*
Chirashi-Zushi 75, *75*

Chowder
Chowder mit
Räucherschellfisch 38, *38*
Meeresfrüchte-Chowder
nach Manhattan-Art 49, *49*
New-England-Clam-Chowder
39, *39*
Cioppino 281, *281*
Cockney bream 18, *18*
Cocktailsauce 128, *128*
Coquilles Saint Jacques 80
Coulibiac 257, *257*
Court-Bouillon 34, *35*
Curry
Curry-Garnelen 285
Fischcurry Bombay 272, *273*
Gebratenes Krusten-Fischcurry
132, *132*
Grünes Thai-Fischcurry
275, *275*
Indisches Garnelencurry
282, *282*
Malaysisches Fischcurry
274, *274*
Thai-Garnelencurry
283, *283*, **283**

D

Dämpfen von Meeresfrüchten
10, **179**
Gedämpfte Fischkoteletts
mit Ingwer und Chili
179, *179*
Gedämpfte Forelle
mit Limonenbutter
188, *188*
Gedämpfte Garnelen
in Bananenblättern 71, *71*
Gedämpfte Kammuscheln
187, *187*
Deepwater bug 22, *22*
Deutscher Kaviar 18, *18*
Dill
Dillfisch mit Zitronen-
Butter-Sauce 196, *196*
Garnelen mit Dill-Mayonnaise
226, *226*
Lachs mit Dill-Sahne
227, *227*
Petersfisch mit Garnelen und
Sahne-Dillsauce 152, *152*
Pochierte Filets
in Dillsauce 184
Räucherlachs
in Dill-Dressing 68
Dip
Chili-Krebs-Tomaten-Dip
59, *59*
Dip mit Garnelen, Mais
und süßem Chili 60, *60*
Gestürzter Ei-Kaviar-Dip 58

Räucherfischdip 60, *61*
Taramasalata 58, *58*, **58**
Dolphin 16, *16*
Dorade royale 12, *12*
Dorsch 13, *13*, **197**
Dorschrogen 17, *17*
Dressing
Balsamico-Dressing 92, *93*
Chermoula-Dressing 110
Chili-Himbeer-Dressing
106, *106*
Dill-Dressing 68
Essig-Schalotten-Dressing
für Miesmuscheln 215
Grüne-Göttinnen-Dressing
128, *128*
Limonen-Dressing 101, *101*
Safran-Dressing 102, *103*
Süßes Gurkendressing
217, *217*
Drückerfisch 15, *15*
Dublin-Bay-Prawn 21, *21*

E

Eier **86**
Einfrieren von Meeresfrüchten 9
Eingelegte Meeresfrüchte
Eingelegte Garnelen
108, *108*, 109
Eingelegte Garnelen 62, *63*
Eingelegte Meeresfrüchte 108,
108, 109, *109*
Eingelegte Muscheln
108, *108*
Eingelegte Sardinen 108, *108*
Eingelegter Oktopus
109, *109*
Einlegen von Fischen 220
Eintopf- und Schmorgerichte 11
Eiweißteig 144, *144*
En papillote **267**
Escabèche 102, *103*
Essig-Schalotten-Dressing
für Miesmuscheln 215

F

Farfalle
Farfalle mit Thunfisch,
Pilzen und Sahne 233, *233*
Feuriger Salat Hawaii 106
Filet
Glasierte Fischfilets 201, *201*
Knusprige Fischfilets
131, *131*
Pochierte Filets in Dillsauce
184
Pochierte Flunderfilets
mit Wein-Austern-Sauce
189, *189*
Räuchern von Fischfilets 221

Fisch auf Aubergine mit
  Röstpaprika-Aioli 157, *157*
Fisch en papillote 266, *267*
Fisch in Ingwerbouillon 178
Fisch Meunière 153, *153*
Fisch mit Knoblauch-
  Semmelbrösel 266, 267
Fisch mit Parmesan-Kräuter-
  Kruste 120
Fisch mit Reisfüllung 210, *210*
Fisch mit süßem Chili
  auf thailändische Art 124, *124*
Fisch mit Zitronengras
  und Koriander 265, *265*
Fisch Wellington 291, *291*
Fischburger mit Kartoffelspalten
  154, *154*, **154**
Fischcurry Bombay 272, 273
Fischfond 34, 35
Fischfrikadellen *198*, 199
Fisch-Kebabs mit Mais-Salsa
  200
Fisch-Kroketten 86, *86*
Fisch-Nudel-Suppe 50, *50*
Fischpie 260, **260**, 261
Fischrisotto mit Zitronen-
  Kräutern 244, *245*
Fischrouladen 150, *150*
Fisch-Tempura 135
Fish und Chips 122, *122*, *123*
Flapjack 21, *21*
Flunder 14, *14*
  Pochierte Flunderfilets
    mit Wein-Austern-Sauce
    189, *189*
  Zitronenflunder 151
Flußkrebs 22, *22*
  Chili-Pfeffer-Flußkrebse 196
Forelle
  Forelle mit Ingwer und
    Koriander 264, *264*
  Gedämpfte Forelle
    mit Limonenbutter
    188, *188*
  Mandel-Forelle 151, *151*
  Meerforelle mit Porree-
    Kapern-Sauce 213, *213*
  Räucherforelle
    mit Chili-Himbeer-Dressing
    106, *106*
  Regenbogenforelle
    mit Zitronenkräutern
    212, *212*
Fregattenmakrele 12, *12*
Freshwater crayfish 23, *23*
Frische Austern mit Estragon
  68, *69*
Frischekriterien
  bei Meeresfrüchten 8, 9
Frisches Lachstatar 82, *82*
Frischer Thunfisch à la Algarve
  140

Frischer Thunfisch
  mit grünen Bohnen 148, 149
Fritieren von Meeresfrüchten
  Fritierte Kalmare 134, 135
  Fritiertes Misto di Mare
    166, *166*
  Knusprig fritierter Krebs
    163, *163*
Fusilli
  Fusilli mit Thunfisch,
    Kapern und Petersilie
    237, *237*

G
Galangal **275**
Garmethoden für Meeresfrüchte
  10, 11
Garnelen
  Garnelen mit Dill-Mayonnaise
    226, *226*
  Garnelen mit Limonen
    und süßer Chilisauce 199
  Garnelen und Kalmare
    159, *159*
  Garnelen-Bisque 40, *41*
  Garnelenburger
    mit Cocktailsauce 154
  Garnelen-Cocktail 78, *79*
  Garnelen-Croustade 76, *76*
  Garnelen-Fritter 77, *77*
  Garnelen-Gumbo
    276, **276**, 277
  Garnelen-Kammuschel-Spieße
    in Honig *198*, 199
  Garnelen-Koteletts 78, *79*
  Garnelen-Nudeln-Nori-Pakete
    66, *66*, **66**
  Garnelen-Papaya-Salat
    mit Limonen-Dressing
    101, *101*
  Garnelenpaste **124**
  Garnelenpies 269, *269*
  Garnelen-Ravioli mit
    Basilikumbutter 231, *231*
  Garnelenrouladen 187
  Garnelen-Safran-Risotto
    236, *236*
  Garnelensuppe
    mit Udon-Nudeln 51, *51*
  Garnelen-Thunfisch-Nigiri
    73, *73*
  Garnelen-Toasts 67, *67*
  Garnelen-Wan-Tans
    181, *181*
  Garnelen-Zitronengras-Spieße
    219
  Gebackene Kartoffeln,
    Garnelen und Joghurt 257
  Karamelisierte Garnelen
    133, *133*
Gebackene Kartoffeln,

  Garnelen und Joghurt 257
Gebackener Fisch mit
  Weizenschrot 267
Gebackener Hummer 262, 263
Gebackener Lachs 294, *294*
Gebratene Breitlinge 134, 135
Gebratene Heringe
  in Hafermehl 165
Gebratene Thai-Nudeln
  mit Garnelen 252, *252*
Gebratener Fisch 120, *120*, **120**
Gebratener Gravad Lachs 127
Gebratener Lachs
  mit Gremolata 147
Gebratener Reis 242
Gebratenes Krusten-Fischcurry
  132, *132*
Gedämpfte Fischkoteletts mit
  Ingwer und Chili 179, *179*
Gedämpfte Forelle
  mit Limonenbutter 188, *188*
Gedämpfte Garnelen
  in Bananenblättern 71, *71*
Gedämpfte Kammuscheln
  187, *187*
»Gefüllte« Fisch 191, *191*, **191**
Gefüllte Blaukrabbe 288, *288*
Gefüllte Garnelen in knusprigen
  Wan-Tan-Hüllen 97, *97*
Gefüllte Muscheln 84, **84**, *85*
Gefüllte Sardinen 91, *91*
Gefüllter Krebs 95, *95*
Gegrillte asiatische Garnelen
  194, *194*
Gegrillte Garnelen mit süßem
  Gurkendressing 217, *217*
Gegrillte Kammuscheln
  mit Limonen-Hollandaise
  210, *211*
Gegrillte Lachskoteletts
  mit süßem Gurkendressing 201
Gegrillte Sardinen 223, *223*
Gegrillter Baby-Oktopus
  219, *219*
Gegrillter Fisch 224
Gegrillter Fisch mit Zwiebeln
  und Ingwer 203, *203*
Gegrillter Kalmar 218, *218*, **218**
Gelbfisch 15, *15*
Gelbflossen-Thun 20, *20*
Gemfish 14, *14*
Gemischter Meeresfrüchtesalat
  104, 105
Gemüse-Kammuscheln mit
  Balsamico-Dressing 92, *92*
Geräucherte Forelle 20, *20*
Geräucherte Meeresfrüchte
  220, 221
Geräucherter Dorsch 13, *13*
Geräucherter Kabeljau 13, *13*
Geschwärzter Fisch 142, *142*
Gestürzter Ei-Kaviar-Dip 58

REGISTER

Gewürzte Joghurt-Marinade 204, *204*
Gewürzter Backfisch mit Gemüse 292, *292*
Glasierte Fischfilets 201, *201*
Goldbarsch 17, *17*
Goldbrasse 12, *12*, **273**
Graue Meerasche 16, *16*
Graumakrele 16, *16*
Gravad Lachs 62, *63*, **63**
Greenlip mussel 22, *22*
Grillen von Meeresfrüchten 10, 11, **219**
　Gegrillte asiatische Garnelen 194, *194*
　Gegrillte Garnelen mit süßem Gurkendressing 217, *217*
　Gegrillte Kammuscheln mit Limonen-Hollandaise 210, *211*
　Gegrillte Lachskoteletts mit süßem Gurkendressing 201
　Gegrillte Sardinen 223, *223*
　Gegrillter Baby-Oktopus 219, *219*
　Gegrillter Fisch 224
　Gegrillter Fisch mit Zwiebeln und Ingwer 203, *203*
　Gegrillter Kalmar 218, *218*, **218**
Groper 14, *14*
Große Goldmakrele 16, *16*
Großer Australischer Flußkrebs 22, *22*
Großer Flußbarsch 12, *12*
Großer Roter Drachenkopf 16, *16*
Grundteig für Panade 144, *144*
Grüne-Göttinnen-Dressing 128, *128*
Grünes Thai-Fischcurry 275, *275*

H

Hecht 17, *17*
Hechtdorsch 17, *17*
Heilbutt 15, *15*
Heiße Meeresfrüchte-Platte 159, *159*
Hering 15, *15*
　Heringe mit Sauerrahm 82
　Gebratene Heringe in Hafermehl 165
Heringskönig 15, *15*
Herzmuscheln 21, *21*
Hollandaise
　Gegrillte Kammuscheln mit Limonen-Hollandaise 210, *211*

Pochierte Atlantik-Lachs-Koteletts mit Sauce Hollandaise 171, *171*
Thunfisch mit Sauerampfer-Hollandaise 127, *127*
Honiggarnelen 165, *165*
Hornhecht 14, *14*
Hummer 22, *22*
　Amerikanischer Hummer 138, *139*
　Gebackener Hummer 262, *263*
　Hummer-Bisque 40, *41*
　Hummer Mornay 208, *209*
　Hummer Thermidor 208, **208**, *209*

I

In Wein und Knoblauch gedämpfte Pipis 182, *182*
Indischer Fisch 184, **184**, *185*
Indisches Garnelencurry 282, *282*
Ingwer
　Forelle mit Ingwer und Koriander 264, *264*
　Gegrillter Fisch mit Zwiebeln und Ingwer 203, *203*
　Gedämpfte Fischkoteletts mit Ingwer und Chili 179, *179*
　Ingwer-Soja-Austern 88, *89*
　Knoblauch-Ingwer-Garnelen 130, *130*, **130**
Insalata di Mare 84, *85*
Internationale Schalentier-Grillplatte 214, *215*
Italienische Fischrollen 278, *279*

J

Jakobsmuscheln 23, *23*
　Coquilles Saint Jacques 80
Jambalaya **250**
Jambalaya-Garnelen 250, *250*
Japanische Austern 159, *159*
Japanische Lachs-Päckchen 186, *186*, **186**
Japanischer Garnelen-Gurken-Salat 71

K

Kabeljau 13, *13*, **197**
Kaisergranat 21, *21*
Kaiserschnapper 17, *17*
　Pochierter Kaiserschnapper in Kokosmilch 184, *185*
Kalifornien-Rollen 74, *74*

Kalmar 23, *23*, **110**
　Balinesische Chili-Kalmare 136, *136*
　Fritierte Kalmare *134*, 135
　Garnelen und Kalmare 159, *159*
　Gegrillter Kalmar 218, *218*, **218**
　Kalmar mit grünem Pfeffer 146
　Kalmartinte **233**
　Kalmar und Kammuscheln mit Chermoula-Dressing 110
　Knoblauch-Kalmar mit Parmesan 200, *200*
　Marinierter Chili-Kalmar 139, *139*
　Salz-und-Pfeffer-Kalmar 160, *160*
　Spaghetti mit Kalmartinte 232, *233*
Kalte Meeresfrüchte-Platte 158, *158*
Kammuscheln 23, *23*, **222**
　China-Pilze mit Kammuscheln 180, *180*
　Garnelen-Kammuschel-Spieße in Honig *198*, 199
　Gedämpfte Kammuscheln 187, *187*
　Gegrillte Kammuscheln mit Limonen-Hollandaise 210, *211*
　Kalmar und Kammuscheln mit Chermoula-Dressing 110
　Kammuschel-Céviche *104*, 105
　Kammuschel-Ei-Suppe 54, *54*
　Kammuscheln en brochette 222, *222*
　Kammuscheln in Prosciutto 159, *159*
　Kammuscheln mit Zitronen-Kräuterbutter 223
　Kammuscheln und Gemüse mit Balsamico-Dressing 92, *93*
　Kammuschel-Pasteten mit Austern-Sahnesauce 183, *183*
　Sahne-Kammuscheln 140, *141*
　Salsa verde für Kammuscheln 215
　Warmer Ganelen-Kammuschel-Wok 121, *121*
Kapern **199**
　Fusilli mit Thunfisch, Kapern und Petersilie 237, *237*
　Meerforelle mit Porree-Kapern-Sauce 213, *213*

Zitronen-Kapern-Butter 129, *129*
Karamelisierte Garnelen 133, *133*
Karpfen 12, *12*
Kartoffeln
  Fischburger mit Kartoffelspalten 154, *154*, **154**
  Gebackene Kartoffeln, Garnelen und Joghurt 257
  Meeresfrüchte-Eintopf mit Fenchel und Kartoffeln 263, *263*
Kaviar
  Deutscher Kaviar 18, *18*
  Gestürzter Ei-Kaviar-Dip 58
  Pfannkuchen mit Kaviar 79
Kebabs und Spieße
  Barramundi-Kebabs 202, 203
  Fisch-Kebabs mit Mais-Salsa 200
  Pikante Fisch-Kebabs 206
  Rosmarin-Thunfisch-Kebabs 207, *207*
  Süß-saure Fischkebabs 197, *197*
  Tandoori-Fischspieße 213
Kedgeree 246, *246*
Kegelrollen 72, 73
King Prawns 23, *23*
King-George-Weißfisch 20, *20*
Klare Suppe mit Lachsknödeln 47, 48
Kliesche 13, *13*
Klippfisch 13, *13*
Knoblauch **133**
  Fisch mit Knoblauch-Semmelbrösel *266*, 267
  In Wein und Knoblauch gedämpfte Pipis 182, *182*
  Knoblauch-Ingwer-Garnelen 130, *130*, **130**
  Knoblauch-Kalmar mit Parmesan 200, *200*
  Knoblauch-Marinade 205, *205*
  Spanische Makrele mit Knoblauchbutter 131
  Thunfischsalat mit Knoblauch-Mayonnaise 112, *113*
Knusprig fritierter Krebs 163, *163*
Knusprig gebratene Nudeln mit Garnelen 251, *251*
Knusprige Fischfilets 131, *131*
Knusprige Zitronen-Fisch-Streifen 159, *159*
Köhler 13, *13*
Kokosmilch
  Pochierter Kaiserschnapper in Kokosmilch 184, *185*
Königsmakrele 15, *15*

Korallenforelle 19, *19*
Koteletts
  Gedämpfte Fischkoteletts mit Ingwer und Chili 179, *179*
  Garnelen-Koteletts 78, *79*
  Lachskoteletts mit Früchte-Salsa 164, *164*
  Pochierte Atlantik-Lachs-Koteletts mit Sauce Hollandaise 171, *171*
  Tandoori-Fischkoteletts 224, *225*
  Würzig gebackene Fischkoteletts 272, *272*
Krake 22, *22*
Kräuter-Fisch-Törtchen 270, *270*
Kräuter-Scampi mit süßer Apfelweinsauce 217
Krebs
  Chili-Krebs *148*, 149
  Chili-Pfeffer-Flußkrebse 196
  Gefüllter Krebs 95, *95*
  Knusprig fritierter Krebs 163, *163*
  Krebs-Garnelen-Nori-Rollen 68
  Krebs-Küchlein mit Avocado-Salsa 87, *87*
  Krebs-Mango-Salat 116, *116*, **116**
  Mais-Krebs-Suppe mit Koriander 43, *43*
  Sandbärenkrebs mit Limone-Koriander-Butter 216, *216*, **216**
  Sandbärenkrebs mit Mangosauce 175, *175*
  Quiches mit Krebsfleisch und Frühlingszwiebeln 264
Krokodilfisch 13, *13*
Kuchen mit geräuchertem Dorsch 290, *290*
Kühlen von Meeresfrüchten 9
Kürbis-Garnelen-Kokos-Suppe 45, *45*
Kürbis-Garnelen-Salat mit Rauke 101
Kurz anbraten von Meeresfrüchten 11

L

Lachs **47**, **235**
  Frisches Lachstatar 82, *82*
  Gebratener Gravad Lachs 127
  Lachs in Nori mit Nudeln 167, *167*
  Lachs mit Dill-Sahne 227, *227*
  Lachs mit Porree und Camembert 125, *125*

Lachs mit Zitronen-Cannelloni 234, 235
Lachs-Chili-Päckchen 181, *181*
Lachs-Fenchel-Salat 110, *110*
Lachskoteletts mit Früchte-Salsa 164, *164*
Lachs-Mousse 94
Lachs-Pasta-Frittata *234*, 235
Lachs-Rilettes 94, *94*
Lachsrogen 18, *18*
Lachs-Schnittlauch-Baum 61, *61*
Nori-Rollen mit Thunfisch oder Lachs 72, *72*
Pochierte Atlantik-Lachs-Koteletts mit Sauce Hollandaise 171, *171*
Pochierter Atlantik-Lachs 170, *170*, **170**
Räucherlachs in Dill-Dressing 68
Räucherlachs mit Fettucine 237
Räucherlachs mit Pasta 241, *241*
Reibekuchen mit Lachs 153
Rollen mit Lachs, Gurke und Schnittlauch 73, *73*
Salat mit Lachs und grünen Bohnen 114, *114*
Überbackener Lachs 281
Lagerung von Meeresfrüchten 9
Laksa **42**
Langoustine 21, *21*
Leng 16, *16*
Lengfisch 16, *16*
Leopardenforelle 19, *19*
Limande 15, *15*
Limonen **195**
  Garnelen mit Limonen und süßer Chilisauce 199
  Gedämpfte Forelle mit Limonenbutter 188, *188*
  Limonen-Dressing 101, *101*
  Limonen-Pfefferkorn-Marinade 204, 205
  Sandbärenkrebs mit Limone-Koriander-Butter 216, *216*, **216**
Lotte de mer 16, *16*

M

Mahi-Mahi 16, *16*
Mais-Krebs-Suppe mit Koriander 43, *43*
Malaysisches Fischcurry 274, *274*
Mandel-Forelle 151, *151*
Mango
  Krebs-Mango-Salat 116, *116*, **116**

REGISTER

Sandbärenkrebs
  mit Mangosauce 175, *175*
Mangrovenkrebs 21, *21*
Marinaden 204, *204*, 205, *205*
  Gewürzte Joghurt-Marinade
    204, *204*
  Knoblauch-Marinade
    205, *205*
  Limonen-Pfefferkorn-
    Marinade *204*, 205
  Thai-Marinade 205, *205*
Marine crayfish 22, *22*
Marinierter Chili-Kalmar
  139, *139*
Marinierter Fischsalat
  mit Chili und Basilikum
  111, *111*
Marinierter Oktopus
  mit süßem Chili-Dressing
  81, *81*
Marmite Dieppoise 47, 48
Mayonnaise
  Garnelen mit Dill-Mayonnaise
    226, *226*
  Thunfischsalat mit Knoblauch-
    Mayonnaise 112, *113*
Mediterrane Fischsuppe 36, *36*
Meeräsche 16, *16*
Meerbarbe
  Meerbarbe in Tomaten-
    Oliven-Sauce 156, *156*
Meerbrasse 12, *12*
Meeresfrüchte »Poststickers«
  180, *180*
Meeresfrüchte Mornay 280, *280*
Meeresfrüchte-Burritos 276, *277*
Meeresfrüchte-Cannelloni
  242, **242**, *243*
Meeresfrüchte-Chowder
  nach Manhattan-Art 49, *49*
Meeresfrüchte-Crêpes
  288, *289*, **289**
Meeresfrüchte-Eintopf
  mit Fenchel und Kartoffeln
  263, *263*
Meeresfrüchte-Fajitas 147, *147*
Meeresfrüchte-Knödel 174, *174*
Meeresfrüchte-Laksa 42, *42*
Meeresfrüchte-Lasagne 232, *232*
Meeresfrüchte-Päckchen
  271, *271*
Meeresfrüchte-Platten
  158, *158*, 159, *159*
Meeresfrüchte-Quiche
  256, *256*
Meeresfrüchte-Sahne-
  Ravioli 246, 247,
  247, *247*
Meeresfrüchte-Risotto
  230, *230*, **230**
Meeresfrüchtesalat
  auf spanische Art 117, *117*

Meeresfrüchte-Saucen
  128, *128*, 129, *129*
Meeresfrüchte-Spaghetti-
  Päckchen 248, *249*, **249**
Meeresfrüchte-Terrine 286, *286*
Meerforelle 19, *19*
  Meerforelle mit Porree-
    Kapern-Sauce 213, *213*
Meerhecht 17, *17*
Meerohr 21, *21*
Miesmuscheln 22, *22*, **244**
Mittelmeer-Austern 89, *89*
Montpellier-Butter 129, *129*
Mornay-Austern 88, *88*
Moules marinière 80, *80*
Mulloway 15, *15*
Murray-Flußbarsch 13, *13*
Muscheln
  China-Pilze mit Kammuscheln
    180, *180*
  Eingelegte Muscheln
    108, *108*
  Essig-Schalotten-Dressing
    für Miesmuscheln 215
  Kammuscheln **222**
  Kammuschel-Céviche
    104, *105*
  Kammuschel-Ei-Suppe
    54, *54*
  Kammuscheln en brochette
    222, *222*
  Kammuscheln in Prosciutto
    159, *159*
  Kammuscheln mit Zitronen-
    Kräuterbutter 223
  Kammuscheln und Gemüse
    mit Balsamico-Dressing
    92, *93*
  Kammuschel-Pasteten mit
    Austern-Sahnesauce
    183, *183*
  Muscheln mit Zitronengras,
    Basilikum und Wein
    178, *178*
  Muscheln mit zweierlei Saucen
    262, *262*
  Muscheln Saganaki 90, *90*
  Muschelsalat mit Safran-
    Dressing 102, *103*
  Räuchern von Muscheln
    221
  Sahne-Kammuscheln
    140, *141*
  Sahne-Muschelsuppe 38
  Salsa verde für Kammuscheln
    215
  Spaghetti mit Muscheln in
    Tomaten-Kräuter-Sauce
    240, *240*
  Thai-Muscheln 68, **68**, *69*
  Venusmuscheln in Chilipaste
    137, *137*

Warmer Ganelen-
  Kammuschel-Wok
  121, *121*

N

Nannygai 17, *17*
Nasi Goreng 253, *253*, **253**
Neuseeländische Miesmuscheln
  22, *22*
New-England-Clam-Chowder
  39, *39*
New-Orleans-Austern 142, *143*
Nori
  Garnelen-Nudel-Nori-Pakete
    66, *66*, **66**
  Krebs-Garnelen-Nori-Rollen
    68
  Lachs in Nori mit Nudeln
    167, *167*
  Nori-Rollen
    mit Thunfisch oder Lachs
    72, *72*
  Nori-Semmelbrösel-Panade
    145, *145*
Norway lobster 21, *21*
Nudeln
  Garnelensuppe
    mit Udon-Nudeln 51, *51*
  Gebratene Thai-Nudeln
    mit Garnelen 252, *252*
  Knusprig gebratene Nudeln
    mit Garnelen 251, *251*
  Lachs in Nori
    mit Nudeln 167, *167*
  Nudelkörbe mit Erbsen und
    Garnelen 65, *65*, **65**
  Singapur-Nudeln 239, *239*
  Udon-Nudeln **51**

O

Ohrschnecke 21, *21*
Oktopus 22, *22*
  Eingelegter Oktopus
    109, *109*
  Gegrillter Baby-Oktopus
    219, *219*
  Marinierter Oktopus
    mit süßem Chili-Dressing
    81, *81*
  Oktopus in Rotwein
    279, *279*, **279**
Ozeanmantel 15, *15*

P

Paella 244, *244*
Panaden 144, *144*, 145, *145*
Panierte Anchovis 149
Panierte Calamares mit Chili-
  Pflaumen-Sauce 122, *123*

Panierte Scampi 122, *123*
Panierter Fisch 216
Paprika
    Fisch auf Aubergine
        mit Röstpaprika-Aioli
        157, *157*
Parmesan
    Fisch mit Parmesan-Kräuter-
        Kruste 120
    Knoblauch-Kalmar
        mit Parmesan 200, *200*
Pazifikauster 22, *22*
Pazifischer Taschenkrebs 21, *21*
Petersfisch 15, *15*, **131**
    Petersfisch mit Garnelen
        und Sahne-Dillsauce
        152, *152*
Pfahlmuscheln 22, *22*
Pfannkuchen mit Kaviar 79
Pie
    Garnelenpies 269, *269*
    Schnapper-Pie 295, *295*
Pikante Fisch-Kebabs 206
Pilchard 18, *18*
Pilgermuscheln 23, *23*
Pinienkerne **231**
Pipis 23, *23*
    In Wein und Knoblauch
        gedämpfte Pipis
        182, *182*
Piri-Piri-Garnelen 202, *202*
Pochieren 10
    Pochierte Atlantik-Lachs-
        Koteletts mit
        Sauce Hollandaise 171, *171*
    Pochierte Filets in Dillsauce
        184
    Pochierte Flunderfilets
        mit Wein-Austern-Sauce
        189, *189*
    Pochierter Atlantik-Lachs
        170, *170*, **170**
    Pochierter Kaiserschnapper in
        Kokosmilch 184, *185*
    Pochierter Schnapper
        in frischer Tomatensauce
        172, *172*
    Pochierter Schnapper in
        Limonensauce 172, **172**, *173*
Porree
    Lachs mit Porree
        und Camembert 125, *125*
    Meerforelle mit Porree-
        Kapern-Sauce 213, *213*
Portugiesische Felsenauster 23, *23*

Q

Queen scallops 23, *23*
Quiches
    Meeresfrüchte-Quiche
        256, *256*
    Quiches mit Krebsfleisch und
        Frühlingszwiebeln 264

R

Räucherfisch mit weißer Sauce 177, *177*
Räucherfischdip 60, *61*
Räucherforelle mit Chili-
    Himbeer-Dressing 106, *106*
Räucherlachs in Dill-Dressing 68
Räucherlachs mit Fettucine 237
Räucherlachs mit Pasta 241, *241*
Räucherlachs 18, *18*
Räuchermakrele 16, *16*
Räuchern 220, 221
Räuchern von Fischfilets 221
Räuchern von ganzem Fisch 221
Räuchern von Muscheln 221
Räucherschellfisch **83**, 176
Ravioli
    Garnelen-Ravioli mit
        Basilikumbutter 231, *231*
    Meeresfrüchte-Sahne-Ravioli
        246, *247*
Regenbogenforelle 19, *19*
    Regenbogenforelle mit
        Zitronenkräutern 212, *212*
Reibekuchen mit Lachs 153
Reis-Vermicelli **239**
Riesengarnelen 23, *23*
Risotto
    Fischrisotto mit Zitronen-
        Kräutern 244, *245*
    Garnelen-Safran-Risotto
        236, *236*
    Meeresfrüchte-Risotto
        230, *230*, **230**
Rochen 18, *18*
    Rochen in brauner Butter
        140, **140**, *141*
Rock lobster 22, *22*
Rockefeller-Austern 88, *88*
Rollen mit Lachs,
    Gurke und Schnittlauch 73, *73*
Rollmops 109, *109*
Rosmarin-Thunfisch-Kebabs 207, *207*
Rotbarbe 17, *17*
    Rotbarbe in Maisblättern
        211, *211*
Rotbarsch 17, *17*
Roter Felsdrachenkopf 17, *17*
Roter Schnapper 17, *17*
Rotzunge 15, *15*
Rouille 48

S

Sahne-Fischsuppe 37, *37*
Sahne-Kammuscheln 140, *141*
Sahne-Muschelsuppe 38
Sahne-Räucherschellfisch 176, *176*
Salat
    Cäsar-Salat 107
    Feuriger Salat Hawaii 106
    Garnelen-Papaya-Salat
        mit Limonen-Dressing
        101, *101*
    Insalata di Mare 84, *85*
    Japanischer Garnelen-
        Gurken-Salat 71
    Krebs-Mango-Salat
        116, *116*, **116**
    Kürbis-Garnelen-Salat
        mit Rauke 101
    Lachs-Fenchel-Salat 110, *110*
    Marinierter Fischsalat
        mit Chili und Basilikum
        111, *111*
    Meeresfrüchtesalat
        auf spanische Art 117, *117*
    Muschelsalat mit Safran-
        Dressing 102, *103*
    Salat mit Garnelen,
        Rauke und Feta 107, *107*
    Salat mit Lachs
        und grünen Bohnen
        114, *114*
    Salat mit Thunfisch
        und weißen Bohnen 115
    Salat Niçoise 100, *100*
    Thailändischer Nudelsalat
        115, *115*
    Thunfischsalat
        mit Knoblauch-Mayonnaise
        112, *113*
Salsa verde für Kammuscheln 215
Salz-und-Pfeffer-Kalmar 160, *160*
Sand crayfish 21, *21*
Sand lobster 21, *21*
Sandbärenkrebs
    mit Limone-Koriander-Butter
        216, *216*, **216**
Sandbärenkrebs mit Mangosauce 175, *175*
Sandkrabbe 21, *21*
Sandweißfisch 20, *20*
Sandy bug 22, *22*
Sardelle 12, *12*
Sardinen 18, *18*, **112**
    Eingelegte Sardinen
        108, *108*
    Gefüllte Sardinen 91, *91*
    Gegrillte Sardinen
        223, *223*
    Sardinen
        mit gegrilltem Gemüse
        278, *278*
    Süß-saure Sardinen 112, *113*

REGISTER

Sashimi
 72, *72*, 73, *73*, 74, *74*, 75, *75*
Saucen 204, *204*, 205, *205*
 Kammuschel-Pasteten
  mit Austern-Sahnesauce
  183, *183*
 Kräuter-Scampi mit süßer
  Apfelweinsauce 217
 Meerbarbe in Tomaten-
  Oliven-Sauce 156, *156*
 Meeresfrüchte-Saucen
  128, *128*, 129, *129*
 Muscheln mit zweierlei Saucen
  262, *262*
 Pochierte Atlantik-Lachs-
  Koteletts mit Sauce
  Hollandaise 171, *171*
 Sandbärenkrebs mit
  Mangosauce 175, *175*
 Spaghetti mit Muscheln
  in Tomaten-Kräuter-Sauce
  240, *240*
 Süß-pikante Sauce 204, *204*
 Tartarsauce 128, *128*
 Texanische Barbecue-Sauce
  205, *205*
 Thai-Koriander-Sauce
  für Garnelen 215
 Thunfisch mit Sojasauce
  und Honig 226
 Wasabi-Sauce für Austern 215
 Weißweinsauce 129, *129*
Scampi 23, *23*
 Kräuter-Scampi
  mit süßer Apfelweinsauce
  217
 Panierte Scampi 122, *123*
Scharbe 13, *13*
Schellfisch 14, *14*
 Chowder mit
  Räucherschellfisch 38, *38*
 Sahne-Räucherschellfisch
  176, *176*
 Schellfisch Duglese 268, *269*
Schlammkrebs 21, *21*, **149**
Schnapper 18, *18*, **280**
 Pochierter Schnapper in frischer
  Tomatensauce 172, *173*
 Pochierter Schnapper in
  Limonensauce 172, **172**, *173*
 Schnapper auf thailändische
  Art 273, *273*
 Schnapper-Pie 295, *295*
Schnittlauch-Zitronen-Panade
 145, *145*
Scholle 17, *17*
Schwarzkrabbe 21, *21*
Schwertfisch 19, *19*, **224**
 Schwertfisch Cajun 224, *225*
 Schwertfisch mit Bok Choy
  126, *126*
Scotch Woodcock 62

Seeaal 14, *14*
Seebarsch 18, *18*
Seeforelle 19, *19*
Seehasenrogen 18, *18*
Seehecht 14, *14*
Seeigel 23, *23*
Seelachs 13, *13*
Seeohr 21, *21*
Seeteufel 16, *16*
Seezunge Veronique 190, *190*
Sesam-Panade 145, *145*
Shrimps 23, *23*
Singapur-Nudeln 239, *239*
Skippy 19, *19*
Soupe de Poisson 52, *53*, **53**
Spaghetti
 Spaghetti alle Vongole 240
 Meeresfrüchte-Spaghetti-
  Päckchen 248, 249, **249**
 Spaghetti Marinara 238, *238*
 Spaghetti mit Kalmartinte 232,
  233
 Spaghetti mit Muscheln
  in Tomaten-Kräuter-Sauce
  240, *240*
Spanische Makrele 16, *16*
 Spanische Makrele
  mit Knoblauchbutter 131
Spiegelkarpfen 12, *12*
Spieße und Kebabs
 Barramundi-Kebabs 202, *203*
 Fisch-Kebabs mit Mais-Salsa
  200
 Pikante Fisch-Kebabs 206
 Rosmarin-Thunfisch-Kebabs
  207, *207*
 Süß-saure Fischkebabs
  197, *197*
 Tandoori-Fischspieße 213
Sprotte 20, *20*
Steaks
 Thunfischsteaks mit Tapenade
  206, *206*
Steinbutt 20, *20*
Stockfisch 13, *13*
 Stockfisch-Kroketten
  mit Skordalia 161, *161*
Strandschnecke 23, *23*
Surf 'n' Turf 162, *162*
Sushi
 72, *72*, 73, *73*, 74, *74*, 75, *75*
Sushi-Reis 74
Süß-pikante Sauce 204, *204*
Süß-saure Fischkebabs
 197, *197*
Süß-saure Sardinen 112, *113*

T

Tagliatelle
 Tagliatelle mit Garnelen-Sahne
  248, *249*

Tandoori-Fischkoteletts
 224, *225*
Tandoori-Fischspieße 213
Tarama 17, *17*
Taramasalata 58, *58*, **58**
Tartarsauce 128, *128*
Tasmanische Kammuscheln
 23, *23*
Texanische Barbecue-Sauce
 205, *205*
Thai-Koriander-Sauce
 für Garnelen 215
Thai-Fischbratlinge 70, *70*
Thai-Garnelencurry
 283, *283*, **283**
Thailändischer Nudelsalat
 115, *115*
Thailändisches Garnelen-Omelett
 96, *96*
Thai-Marinade 205, *205*
Thai-Muscheln 68, **68**, *69*
Thunfisch
 Farfalle mit Thunfisch, Pilzen
  und Sahne 233, *233*
 Frischer Thunfisch
  à la Algarve 140
 Frischer Thunfisch
  mit grünen Bohnen
  148, 149
 Fusilli mit Thunfisch, Kapern
  und Petersilie 237, *237*
 Garnelen-Thunfisch-Nigiri
  73, *73*
 Nori-Rollen mit Thunfisch
  oder Lachs 72, *72*
 Rosmarin-Thunfisch-Kebabs
  207, *207*
 Salat mit Thunfisch
  und weißen Bohnen 115
 Thunfisch mit Sauerampfer-
  Hollandaise 127, *127*
 Thunfisch mit Sojasauce
  und Honig 226
 Thunfisch Mornay
  260, *261*
 Thunfisch-Bratlinge 64, *64*
 Thunfisch-Kasserolle
  mit weißen Bohnen
  259, *259*
 Thunfischsalat
  mit Knoblauch-Mayonnaise
  112, *113*
 Thunfischsteaks mit Tapenade
  206, *206*
Tiefseegarnele 23, *23*
Tiefsee-Trevalla 12, *12*
Tigergarnelen 23, *23*, **165**
Tomaten
 Brasse mit Tomaten-
  Käse-Kruste 287, *287*
 Chili-Krebs-Tomaten-Dip
  59, *59*

303

Meerbarbe in Tomaten-
  Oliven-Sauce
  156, *156*
Spaghetti mit Muscheln
  in Tomaten-Kräuter-Sauce
  240, *240*
Tintenfisch 21, *21*
Tom Yum Goong 44, *44*
Trevally 19, *19*
Tweed Kettle 176

U
Überbackener Lachs 281
Udon-Nudeln **51**
Uferschnecke 23, *23*
Umgedrehte Rollen 75, *75*

V
Venusmuscheln 21, *21*

Venusmuscheln in Chilipaste
  137, *137*
Vietnamesische Frühlings-
  Garnelenrollen 92, **92**, *93*
Vol-au-vents mit Meeresfrüchten
  76

W
Wan-Tan
  Garnelen-Wan-Tans 181, *181*
  Gefüllte Garnelen
    in knusprigen Wan-Tan-
    Hüllen 97, *97*
  Wan-Tan-Suppe 44
Warmer Ganelen-Kammuschel-
  Wok 121, *121*
Wasabi-Sauce für Austern 215
Wasserkastanien **67**
Weißweinsauce 129, *129*
Wellhornschnecke 23, *23*

Würzig gebackene Fischkoteletts
  272, *272*

Y
Yabbies 23, *23*
Yum Cha 180, 181

Z
Zackenbarsch 14, *14*
Zarzuela 258, *258*, **258**
Ziegenfisch 17, *17*
Zitronenflunder 151
Zitronen-Kapern-Butter
  129, *129*
Zitrusfisch mit Avocado-Salsa
  195, *195*
Zuppa di Cozze 52, 53
Zwiebel-Sellerie-Fisch
  284, 285

DANKSAGUNG

FACHLICHE MITWIRKUNG: Miles Beaufort, Anna Beaumont, Anna Boyd, Wendy Brodhurst, Kerrie Carr, Rebecca Clancy, Bronwyn Clark, Michelle Earl, Maria Gargas, Wendy Goggin, Kathy Knudsen, Michelle Lawton, Melanie McDermott, Beth Mitchell, Kerrie Mullins, Briget Palmer, Justine Poole, Tracey Port, Kerrie Ray, Jo Richardson, Maria Sampsonis, Christine Sheppard, Dimitra Stais, Alison Turner, Jody Vassallo

REZEPTE: Roslyn Anderson, Anna Beaumont, Wendy Berecry, Janelle Bloom, Wendy Brodhurst, Janene Brooks, Rosey Bryan, Rebecca Clancy, Amanda Cooper, Anne Creber, Michelle Earl, Jenny Grainger, Lulu Grimes, Eva Katz, Coral Kingston, Kathy Knudsen, Michelle Lawton, Barbara Lowery, Rachel Mackey, Voula Mantzouridis, Rosemary Mellish, Kerrie Mullins, Sally Parker, Jacki Passmore, Rosemary Penman, Tracey Port, Jennene Plummer, Justine Poole, Wendy Quisambing, Kerrie Ray, Jo Richardson, Tracy Rutherford, Stephanie Souvilis, Dimitra Stais, Beverly Sutherland Smith, Alison Turner, Jody Vassallo

FOTOS: Jon Bader, Paul Clarke, Tim Cole, Joe Filshie, Andrew Furlong, Chris Jones, Andre Martin, Luis Martin, Reg Morrison, Andy Payne, Lynsday Ross, Hans Sclupp, Peter Scott

STYLISTEN: Marie-Hélène Clauzon, Georgina Dolling, Kay Francis, Mary Harris, Donna Hay, Vicki Liley, Rosemary Mellish, Lucy Mortensen, Sylvia Seiff, Suzi Smith

Der Verlag dankt folgenden Firmen für die Bereitstellung von Fotos für dieses Buch:

The Bay Tree Kitchen Shop, NSW;
Bertoli Olive Oil;
Breville Holdings Pty Ltd, NSW;
Chief Australia;
MEC-Kambrook Pty Ltd, NSW;
Orson & Blake Collectables, NSW;
Royal Doulton Australia Pty Ltd, NSW;
Ruby Star Traders Pty Ltd, NSW;
Southcorp Appliances;
Sydney Fish Market Pty Ltd, NSW;
Villery & Boch Australia Pty Ltd, NSW;
Waterford Wedgwood Australia Ltd, NSW.